Der aufsichtführende Richter

bei den Preußischen Amtsgerichten,

seine Rechte und seine Pflichten.

Eine systematische Darstellung der für den aufsichtführenden Amtsrichter wissenswerthen Vorschriften

der

Justizaufsicht und Justizverwaltung

von

P. Magunna,
Aufsichtf. Richter bei dem Königl. Amtsgericht zu Stettin.

Dritte, verbesserte Auflage.

Berlin 1902.
Verlag von H. W. Müller.
W. Potsdamerstr. 121 k.

Vorwort zur ersten Auflage.

Die Vorschriften der Justizverwaltung sind bereits in vielen, zum Theil sehr umfangreichen Werken gesammelt worden, so daß es fast der Herausgabe eines weiteren erübrigen möchte. Meine mehrjährige Erfahrung als aufsichtführender Richter hat mir aber die Ueberzeugung verschafft, daß ein Buch, wie das vorliegende, für den praktischen Gebrauch dennoch nicht unzweckmäßig sein dürfte. Während die großen Werke eine eingehende Darstellung der gesammten Justizverwaltung geben, soll in diesem nur derjenige Kreis berührt werden, in welchem sich die Thätigkeit des aufsichtführenden Richters bewegt. Es giebt keine einheitliche gesetzliche Vorschrift, welche dem aufsichtführenden Amtsrichter gewissermaßen als Instruktion für die Aufsichtführung dienen könnte. Der Kollege, der mit diesen Geschäften betraut wird, muß daher seine Rechte und Pflichten erst durch die Praxis kennen lernen; er wird sich zunächst naturgemäß auf den Ersten Gerichtsschreiber verlassen und im einzelnen Falle sich die einschlägigen Bestimmungen erst aus den Werken der allgemeinen Justizverwaltung, aus den Justiz-Ministerial-Blättern, aus den Generalakten 2c. heraussuchen müssen.

Dieser Umstand brachte mich auf den Gedanken, die für den aufsichtführenden Amtsrichter wissenswerthen Vorschriften der Justizaufsicht und Justizverwaltung zu sammeln und in systematischer Weise darzustellen, einerseits um dem Kollegen von vornherein einen Ueberblick über das Gebiet seiner Thätigkeit zu verschaffen, andrerseits um dem erfahreneren ein zuverlässiges Handbuch darzubieten, welches indeß keineswegs den Gebrauch der allgemeinen Werke der Justizverwaltung und der Gesetzbücher unnöthig machen will; im Gegentheil habe ich dieselben an geeigneter Stelle angeführt, um aus ihnen eingehendere Information schöpfen zu können. Daß hier und da Wiederholungen vorkommen, mag der beabsichtigten Uebersichtlichkeit zu Gute gehalten werden.

Schwetz (Weichsel), im Januar 1887.

Vorwort zur dritten Auflage.

Seit der im Herbst 1890 erschienenen zweiten Auflage sind, namentlich an der Wende des Jahrhunderts, so viele neue Gesetze und Verwaltungsvorschriften in Kraft getreten, daß das Erscheinen einer neuen Auflage gerechtfertigt erscheint. Da mein Verleger sich in dankenswerther Weise zur Herausgabe derselben bereit erklärt hat, so habe ich das Buch von Grund aus neu bearbeitet, indem ich mir dabei die Erfahrungen meiner langjährigen Aufsichtführung zu Nutzen machte. Im Besonderen habe ich namentlich auf die Werke von Müller (5. Auflage) und Kayser (6. Auflage) Bezug genommen, welche wohl in jeder Gerichtsbibliothek vorhanden und daher dem aufsichtführenden Richter leicht zugänglich sein dürften. Das Sachregister, welches bei einem zum Handgebrauch bestimmten Werke von besonderem Werthe ist, ist noch ausführlicher, als bisher, bearbeitet, um das Auffinden des Gesuchten möglichst zu erleichtern; das neu hinzugefügte Quellenregister wird diesem Zwecke ebenfalls zu Gute kommen.

Stettin, im Juli 1902.

Der Verfasser.

Inhalts-Uebersicht.

Einleitung.

Erster Abschnitt.

Die Dienstaufsicht über die Gerichtsbeamten.

Erklärendes Verzeichniß
der benutzten Werke und wichtigeren Abkürzungen.

AG. = Ausführungsgesetz.
AG. z. BGB. = Ausführungsgesetz v. 20. September 1899 zum Bürgerlichen Gesetzbuch (GS. S. 177).
AG. z. GVG. = Ausführungsgesetz zum Deutschen Gerichtsverfassungsgesetz v. 24. April 1878/21. September 1899 (GS. S. 249).
AGO. = Allgemeine Gerichtsordnung für die Preuß. Staaten v. 6. Juli 1793.
Allg. Verf. = Allgemeine Verfügung.
ALR. = Allgemeines Landrecht v. 5. Februar 1794.
Anw. d. ORK. = Anweisung der Ober-Rechnungskammer für die Rechnungslegung über die Ausführung des Etats der Justiz-Verwaltung v. 4. Juni 1886.
BBl. = Büreaublatt für gerichtliche Beamte.
Bek. = Bekanntmachung.
BGB. = Bürgerliches Gesetzbuch v. 18. August 1896.
BGBl. = Bundesgesetzblatt.
Cirk.Verf. = Cirkular-Verfügung des Justizministers.
CPO. = Civilprozeßordnung v. 30. Januar 1877/17. Mai 1898.
Dalcke, Gefängnißordnung für die Justizverwaltung in Preußen, 1899.
Dalcke und Genzmer, Handbuch der Strafvollstreckung und Gefängnißverwaltung in Preußen, 2. Auflage, 1889.
Daubenspeck, Leitfaden für die Revision der Geschäfte bei den Preußischen Amts- und Landgerichten, 1884.
DO. = Dienstordnung für die Gerichtsdiener v. 21. Dezember 1899 (JMBl. S. 862).
DO. = Dolmetscherordnung v. 18. Dezember 1899 (JMBl. S. 856).
EV. = Vorschriften für die Verwaltung der Etatsfonds bei den Justizbehörden v. 31. März 1900 (JMBl. S. 301).
FDG. = Gesetz, betr. den Forstdiebstahl v. 15. April 1878 (GS. S. 222).
F. u. FPG. = Feld- und Forstpolizeigesetz v. 1. April 1880 (GS. S. 230).
GBO. = Grundbuchordnung v. 24. März 1897/20. Mai 1898 (RGBl. S. 754).
GKG. = Deutsches Gerichtskostengesetz v. 18. Juni 1878/20. Mai 1898 (RGBl. S. 659).
Gesch.Anw. = Geschäftsanweisung für die Gerichtsvollzieher v. 12. Dezember 1899 (JMBl. S. 627).
Gesch.O. = Geschäftsordnung für die Gerichtsschreibereien der Amtsgerichte v. 26. November 1899 (JMBl. S. 395).
GO. = Gerichtsschreiberordnung v. 17. Dezember 1899 (JMBl. S. 849).
GS. = Gesetzsammlung.
GVG. = Gerichtsverfassungsgesetz v. 27. Januar 1877/17. Mai 1898.
GVO. = Gerichtsvollzieherordnung v. 31. März 1900 (JMBl. S. 345).
HGB. = Handelsgesetzbuch v. 10. Mai 1897 (RGBl. S. 219).
HO. = Hinterlegungsordnung v. 14. März 1879/20. September 1899 (GS. S. 177).

Jahrbuch = v. Kamptz, Jahrbücher für die Preuß. Gesetzgebung, Rechtswissenschaft und Rechtsverwaltung.
JMBl. = Justiz-Ministerial-Blatt.
KG. = Kammergericht.
Kanzl.O. = Kanzleiordnung v. 9. Februar 1895 (JMBl. Nr. 8 Beilage).
Kayser, Die gesammten Reichs-Justizgesetze rc., 6. Auflage, 1901.
KO. = Ordnung für die Verwaltung der Kassen bei den Justizbehörden v. 31. März 1900 (JMBl. S. 103).
Konk.O. = Konkursordnung v. 10. Februar 1877/17. Mai 1898 (RGBl. S. 612).
Krohne, Lehrbuch der Gefängnißkunde.
MBl. f. d. i. V. = Ministerialblatt für die gesammte innere Verwaltung in den Königl. Preuß. Staaten.
Müller, Die Preußische Justizverwaltung, 5. Auflage, 1901.
ORK. = Oberrechnungskammer.
OVG. = Oberverwaltungsgericht.
Pr. FGG. = Preußisches Gesetz über die freiwillige Gerichtsbarkeit v. 21. September 1899 (GS. S. 249).
Pr. GKG. = Preußisches Gerichtskostengesetz v. 25. Juni 1895/6. Oktober 1899 (GS. S. 326).
Rabe, Sammlung Preußischer Gesetze und Verordnungen, 1817.
Reg. = Regulativ.
Regl. = Reglement.
Reskr. = Reskript des Justizministers.
RFGG. = Reichsgesetz über die Angelegenheiten der freiwilligen Gerichtsbarkeit v. 17. Mai 1898 (RGBl. S. 771).
RG. = Reichsgericht.
RGBl. = Reichsgesetzblatt.
RO. = Rechtsanwaltsordnung v. 1. Juli 1878 (RGBl. S. 177).
von Rönne, Ergänzungen und Erläuterungen des Allgemeinen Landrechts.
SchO. = Schiedsmannsordnung v. 29. März 1879.
StGB. = Strafgesetzbuch für das Deutsche Reich v. 15. Mai 1871.
StPO. = Strafprozeßordnung v. 1. Februar 1877.
StS. = Strafsachen.
Turnau, Die Schiedsmannsordnung, 1880.
Walter, Der Preußische Gerichtsvollzieher, 1885.
WO. = Allgemeine Deutsche Wechselordnung (BGBl. 1869 S. 382, 402).
Wulff, Die Gefängnisse der Justizverwaltung in Preußen.
ZVG. = Gesetz über die Zwangsversteigerung und Zwangsverwaltung v. 24. März 1897/20. Mai 1898 (RGBl. S. 750).

Einleitung.

§ 1.

Der aufsichtführende Richter.

1. Die am 1. Oktober 1879 in Kraft getretene Organisation setzte an die Stelle der unter einem Direktor stehenden kollegialischen Kreisgerichte und deren Deputationen und Kommissionen die aus einem oder mehreren Einzelrichtern bestehenden Amtsgerichte. Jeder Amtsrichter erledigt die ihm obliegenden Geschäfte als Einzelrichter (§ 22 GVG.). Bei jedem Amtsgericht, dem mehrere Einzelrichter vorstehen, giebt es aber gemeinsame Angelegenheiten, deren Erledigung nur in Eine Hand gelegt werden kann. Diese Angelegenheiten betreffen die Dienstaufsicht über die bei dem Amtsgericht angestellten oder beschäftigten nicht richterlichen Beamten und die Geschäfte der Justizverwaltung. Ist ein Amtsgericht mit mehreren Richtern besetzt, so wird einem derselben von der Landesjustizverwaltung die allgemeine Dienstaufsicht übertragen; ist die Zahl der Richter höher als fünfzehn, so kann die Dienstaufsicht zwischen mehreren von ihnen getheilt werden (§ 22 GVG.). Nach § 79 AG. z. GVG. wird bei den mit mehreren Richtern besetzten Amtsgerichten die Aufsicht über die bei denselben angestellten oder beschäftigten nicht richterlichen Beamten einem der Richter durch den Justizminister übertragen. Ernennung und Geschäftskreis.

Bei dem Amtsgericht I in Berlin steht das Recht der Aufsicht einem Amtsrichter zu, welcher den Amtstitel „Amtsgerichtspräsident" führt und vom Könige ernannt wird; er ist in den Besoldungsetat der Landgerichtspräsidenten aufgenommen. Er kann die Aufsicht über die bei dem Amtsgericht angestellten oder beschäftigten nichtrichterlichen Beamten durch Richter desselben Gerichts ausüben; die Richter, welche von ihm zu beauftragen sind, werden durch den Justizminister bestimmt (§§ 2, 6 Gesetz v. 10. April 1892, GS. S. 77; Allg. Verf. v. 4. Septbr. 1900, JMBl. S. 559).

Der aufsichtführende Richter bildet den Vorstand des Amtsgerichts; eine pekuniäre Entschädigung erhält er für seine Mühewaltung nicht; besondere Vergütungen dürfen ihm nicht gewährt werden (§ 7 GVG.; § 11 AG. z. GVG.). Er hat auf Verlangen der Aufsichtsbehörden über Angelegenheiten der Gesetzgebung und der Justizverwaltung Gutachten abzugeben (§ 84 AG. z. GVG.). Im steht die Aufsicht über das Dienstlokal und das gesammte Inventar zu; er trifft Anordnungen über die Verwendung der seiner Verfügung unterstellten Fonds; ihm liegt auch die Einführung und Vereidigung des gesammten Personals und endlich die Aufsicht über die im Vorbereitungsdienst beschäftigten Personen ob.

Auf das Betragen der Subalternen in ihren Amtsgeschäften müssen nach Vorschrift der AGO. Th. III Tit. 2 § 6 die Vorgesetzten ein wachsames Auge haben, sie dabei, so viel als möglich ist, kontroliren; einen jeden zur Pflicht mit Glimpf und Freundlichkeit, nöthigenfalls aber mit Ernst und Nachdruck anhalten; auch zugleich dahin sehen, daß ein jeder in den Schranken des ihm angewiesenen Berufs verbleibe.

Die Vorstände der Gerichte sind nach näherer Bestimmung des Justizministers die Organe desselben bei den Geschäften der Justizverwaltung. Sie können bei Erledigung dieser Geschäfte die Mitwirkung der ihrer Aufsicht unterstellten Beamten in Anspruch nehmen (§ 77 AG. z. GVG.).

Der aufsichtführende Richter fungirt auch, sofern nicht andere Anordnungen getroffen sind, als Kurator der Gerichtskasse (§ 6 Nr. 2 KO.) und als Gefängnißvorsteher (§ 3 Nr. 2 Gef.O.).

Stellung zu den übrigen Amtsrichtern.

2. Der aufsichtführende Richter steht zu den übrigen Richtern des Amtsgerichts in einem paritätischen Verhältnisse; die Aufsicht verleiht ihm weder irgend welche Disziplinargewalt über dieselben, noch eine sachliche Einwirkung auf die ihnen zugewiesenen Geschäfte. Er ist nicht ihr Vorgesetzter (Erk. des RG. v. 2. Januar 1883, Entsch. StS. Bd. 7 S. 404). „Unregelmäßigkeiten, welche sich die Richter, namentlich in Beziehung auf den Geschäftsgang und den formellen Betrieb der Geschäfte schuldig machen, darf er diesen gegenüber selbstverständlich nicht rügen; doch wird er, da er für den Geschäftsgang mitverantwortlich ist, Gelegenheit nehmen müssen, durch kollegialische Rücksprache die Sache zu erledigen, falls aber diese nicht zum Ziele führen sollte, höheren Orts Anzeige machen" (Daubenspeck, § 65).

Da der aufsichtführende Richter nur primus inter pares ist, so hat er m. E. auch schriftliche Verfügungen rc., welche er seinen Kollegen zur Kenntnißnahme vorlegen läßt, mit seiner vollen Namensunterschrift, nicht nur mit dem Anfangsbuchstaben seines Namens, zu unterzeichnen.

Mittheilungen der Richter an den Aufsichtsrichter.

Ueber die erforderlichen Mittheilungen der Amtsrichter an den aufsichtführenden Richter, falls sie sich selber beurlauben oder aus sonst einem Grunde an der Wahrnehmung ihrer Dienstgeschäfte verhindert sind, treffen §§ 2 und 12 der Allg. Verf. v. 28. Mai 1885 (JMBl. S. 175) folgende Bestimmungen:

§ 2. Die Präsidenten der Oberlandesgerichte und Landgerichte, die Oberstaatsanwälte und die Ersten Staatsanwälte können bis zur Dauer von 72 Stunden sich selbst beurlauben.

Die gleiche Befugniß steht den Amtsrichtern zu, welche nicht am Orte des Landgerichts ihren amtlichen Wohnsitz haben. Dieselben dürfen von dieser Befugniß jedoch nur in dringenden Fällen Gebrauch machen.

Die Amtsrichter, welche sich selbst beurlauben, haben vor Antritt des Urlaubs dem Präsidenten des Landgerichts unter Angabe der Veranlassung von der Selbstbeurlaubung Anzeige zu erstatten, auch dem aufsichtführenden Amtsrichter, sowie den ihnen im Voraus bestellten Vertretern Mittheilung zu machen. Die Kosten, welche durch eine etwa nothwendig werdende Vertretung der beurlaubten Amtsrichter entstehen, fallen in der Regel diesem zur Last; zur Uebernahme solcher Kosten auf die Staatskasse bedarf es der Genehmigung des Justizministers.

§ 12. Beamte, welche wegen Krankheit, wegen Einberufung zu militärischen Dienstleistungen oder aus einer anderen Veranlassung, bei welcher es der Beurlaubung nicht bedarf, in der Wahrnehmung ihrer Dienstgeschäfte verhindert sind, haben hiervon der unmittelbar vorgesetzten Aufsichtsbehörde sobald als möglich Anzeige zu erstatten. Die Amtsrichter haben in solchen Fällen zugleich dem aufsichtführenden Amtsrichter und den ihnen im Voraus bestellten Stellvertretern Mittheilung zu machen.

Der aufsichtführende Richter muß den rechtzeitigen Wiedereintritt der betr. Beamten natürlich kontroliren, damit Geschäftsstockungen vorgebeugt werden kann.

3. Scheidet der aufsichtführende Richter aus, oder ist er zeitweise verhindert, seine Dienstgeschäfte wahrzunehmen, so ist die Dienstaufsicht bis auf anderweite besondere Anordnung des Justizministers stets von dem dem Dienstalter nach ältesten Richter zu führen (Allg. Verf. v. 29. Mai 1885, JMBl. S. 174). Vertretung.

Trifft der Stellvertreter während einer kurzen Abwesenheit des aufsichtführenden Richters in dringender Angelegenheit gelegentlich eine Anordnung, z. B. er ernennt einen Gerichtsschreiber zum Protokollführer oder dergl., so bedarf diese Anordnung natürlich bei Ankunft des aufsichtführenden Richters nicht noch dessen Genehmigung. Obgleich dies selbstverständlich erscheint, erwähne ich es doch, weil in der Praxis darüber Zweifel entstanden sind. Natürlich kann er die Anordnung seines Vertreters abändern.

4. Die Ausschließung der Oeffentlichkeit steht der Anwesenheit der die Dienstaufsicht führenden Beamten der Justizverwaltung bei den Verhandlungen vor dem erkennenden Gericht nicht entgegen (§ 176 GVG.). Anwesenheit bei nicht öffentlichen Gerichtsverhandlungen.

5. Für das Verhalten der Civilbehörden bei Reisen Sr. Majestät des Kaisers und Königs, sowie anderer Fürstlicher Personen in den Preußischen Staaten, sind die Allerh. Bestimmungen v. 29. Juli 1890 (Dtschr. Reichsanzeiger Nr. 208) maßgebend. Demnach sind bei dem Empfang Ihrer Majestäten je nach Befehl zu unterscheiden: Großer und kleiner Empfang. Nur im Falle des ersteren hat sich in den Orten, in denen sich nur ein Amtsgericht befindet, der Amtsrichter, oder, falls mehrere vorhanden, der aufsichtführende Richter, an der für den Empfang bestimmten Stelle einzufinden. Beim Empfange haben die Civilbeamten in Gala-Uniform mit dunklem Beinkleidern zu erscheinen. Repräsentation.

Die Uniformen der preußischen Staatsbeamten sind durch die Allerhöchste Verordnung v. 29. Juli 1889 festgestellt. Näheres darüber bei Müller S. 586 und Magunna in der zweiten Auflage dieses Buches S. 4.

6. Die gerichtliche Beglaubigung amtlicher Unterschriften zum Zwecke der Legalisation im diplomatischen Wege erfolgt durch den Landgerichtspräsidenten; sie kann von dem Justizminister auch dem zur Führung der Aufsicht bei einem Amtsgericht berufenen Richter übertragen werden (§ 43 AG. z. GVG.). Beglaubigung amtlicher Unterschriften.

Erster Abschnitt.

Die Dienstaufsicht über die Gerichtsbeamten.

§ 2.

I. Die Dienstaufsicht im Allgemeinen.

Vereidigung der Beamten.

1. Es ist ein allgemein festgehaltener Grundsatz, daß die Vereidigung eines jeden Beamten seitens der ihm zunächst vorgesetzten Dienstbehörde oder nach deren näherer Bestimmung vor einem anderen älteren, in höherer oder doch in gleicher Stellung befindlichen Beamten desselben Verwaltungszweiges zu bewirken ist (Allg. Verf. v. 13. Februar 1850, JMBl. S. 43). Die Abnahme eines Diensteides ist nirgends als eine Handlung, die nur gerichtlich vorgenommen werden kann, angesehen worden. Daher werden alle Diensteide bei den Verwaltungsbehörden ohne Zuziehung einer Gerichtsperson abgenommen (Müller S. 427).

Form des Diensteides.

Die Form des Diensteides ist durch die Verordnungen v. 6. Mai 1867 (GS. S. 715) und v. 22. Januar 1867 (GS. S. 132) für die im unmittelbaren oder im mittelbaren Staatsdienste stehenden Beamten dahin festgestellt:

Ich N. N. schwöre zu Gott, dem Allmächtigen und Allwissenden, daß Seiner Königlichen Majestät von Preußen, meinem Allergnädigsten Herrn, ich unterthänig, treu und gehorsam sein und alle mir vermöge meines Amtes obliegenden Pflichten nach meinem besten Wissen und Gewissen genau erfüllen, auch die Verfassung gewissenhaft beobachten will, so wahr mir Gott helfe.

Dem Schwörenden bleibt es überlassen, den vorstehenden Eidesworten die seinem konfessionellen Bekenntnisse entsprechende Bekräftigung (z. B. „so wahr mir Gott helfe durch Jesum Christum zur ewigen Seligkeit", oder: „so wahr mir Gott helfe und sein heiliges Evangelium" oder dergl.) hinzuzufügen. Die Eidesformel muß dem Beamten vor der Eidesleistung zum Durchlesen zugestellt oder vorgelesen werden; er kann den Eid dann durch Ablesen der Formel oder durch langsames Nachsprechen derselben leisten. In dem über den Hergang der Eidesleistung aufzunehmenden Protokoll ist die Eidesformel selbst niederzuschreiben.

Dieser Eid verpflichtet den Schwörenden nicht nur für die zur Zeit der Eidesleistung von ihm bekleideten, sondern auch für alle ihm etwa später zu übertragenden Aemter (Müller S. 423).

Vorhaltung bei Diensteiden.

Solchen Offizianten, von welchen man nach ihrer Erziehung und Bildung mit Sicherheit nicht voraussetzen kann, daß sie von dem Zweck, der Wichtigkeit und den Folgen eines Diensteides hinlängliche Kenntniß haben, muß bei der Vorladung zur Verpflichtung ein gedrucktes Formular der nachstehenden Vorhaltung zugefertigt, auch vor der Eidesleistung Nachfrage gehalten werden, ob dessen Inhalt von ihnen reiflich erwogen worden, damit, wenn dieses nicht geschehen sein sollte, die Vorhaltung

nachgeholt werden kann (§ 4 der Verordn. v. 26. Oktober 1799, Rabe Bd. 5 S. 586).

Vorhaltung bei Diensteiden.

Der Diensteid ist bestimmt, den Schwörenden feierlich angeloben zu lassen, daß er in treuer Wahrnehmung seines Amtes und strenger Erfüllung der ihm obliegenden Pflichten nicht allein den Vorschriften der Gesetze, sondern auch der inneren Stimme seines Gewissens überall Folge leisten wolle. Die Erinnerung, diesen Eid geleistet zu haben, soll und wird jeden rechtschaffenen Mann bewegen, die übernommenen Verbindlichkeiten nicht allein so zu erfüllen, wie er es vor seinem Landesherrn und den vorgesetzten Behörden, sondern auch wie er es vor dem höchsten Richter verantworten kann.

Wer seiner eidlichen Zusage stets eingedenk bleibt, wird auch dann, wenn kein anderer Zeuge, als sein eigenes Gewissen gegen ihn auftreten könnte, jeder Gelegenheit zur Versuchung widerstehen, und sich durch Menschenfurcht, Parteilichkeit, Gewinnsucht oder andere unlautere Absichten nicht abhalten lassen, überall mit unerschütterlicher Rechtschaffenheit zu handeln. Bei jeder Eidesleistung wird Gott angerufen, den Meineid zu strafen und die genaue Befolgung der übernommenen Verpflichtung zu belohnen. Die feste Ueberzeugung von der göttlichen Allwissenheit, Allgegenwart, Gerechtigkeit und Allmacht muß Jeden abhalten, sich Vernachlässigungen seiner angelobten Dienstpflicht zu erlauben, vielmehr auch die kleinste Abweichung von der erhaltenen Instruktion auf das Sorgfältigste zu verhüten.

Wer sich solchergestalt als ein gewissenhafter, redlicher Diener des Königs beträgt, und mit unwandelbarer Treue unermüdlichen Diensteifer verbindet, kann sich des göttlichen Segens und unausbleiblicher Belohnung in dieser oder jener Welt versichert halten, wird auch bei jeder Gefahr oder Widerwärtigkeit den Trost und die Beruhigung genießen, die nur allein ein unverletztes Gewissen gewähren kann. Auf gleiche Art wird auch von Seiten der vorgesetzten Behörde Derjenige stets rühmlich ausgezeichnet werden, dessen Dienstführung zeigt, daß er sich bei jeder Gelegenheit seinem eidlichen Angelöbnisse gemäß beträgt, und sich dadurch würdig macht, dem Landesherrn zur weiteren Beförderung oder sonst zu erwartenden Gnadenbezeugung empfohlen zu werden. Dahingegen haben Diejenigen, welche die feierlich beschworenen Dienstpflichten vernachlässigen, oder sich soweit vergehen, der ihnen ertheilten Instruktion freventlich entgegen zu handeln, außer der allgemeinen Verachtung, auch die in den Gesetzen den pflichtvergessenen Offizianten angedrohten harten Strafen zu gewärtigen, welche nach Verhältniß des beträchtlicheren oder geringeren Verschuldens ohne Nachsicht und Ansehen der Person an ihnen unausbleiblich werden vollzogen werden.

Die durch den Allerh. Erlaß v. 10. Februar 1835 angeordnete Verweisung auf den geleisteten Diensteid bei Einführung in ein anderes Amt ist allgemein in Wegfall gekommen (Allg. Verf. v. 31. Dezember 1888, JMBl. 1889 S. 7). Dagegen ist die Erneuerung der Vereidigung bei jedem Thronwechsel erforderlich und ergeht dieserhalb stets besondere Verfügung (Cirk.Verf. v. 17. März 1888, C. B. 103).

2. Ueber die Verleihung einer jeden mit einem besonderen Dienstrange ausgestatteten Amtsstellung an einen Justizbeamten wird von dem König oder von der mit der Besetzung der Stelle beauftragten Behörde Bestallungen.

eine Bestallung ertheilt, über deren Form und Inhalt die Bestimmungen bei Müller S. 399 abgedruckt sind. Titel und Rang, welche mit dem Amt verbunden sind, werden nebst den davon abhängigen Vorrechten schon durch die darüber ausgefertigte Bestallung verliehen (§ 84 Tit. 10 Th. II ALR.). Die Bestallung wird dem Ernannten mit einer Eröffnung darüber zugefertigt, unter welchen Bedingungen die Anstellung erfolgt, welches Diensteinkommen bewilligt ist, von welchem Zeitpunkte ab und aus welcher Kasse das letztere zu beziehen ist. Nichtpensionsfähige Theile des Diensteinkommens sind als solche zu bezeichnen (Nr. 36 EV.). Zu den Bestallungen für besoldete Beamte ist ein Stempel von 1 Mk. 50 Pf. zu verwenden; diejenigen für unbesoldete Beamte sind stempelfrei (Tarif zu d. Stempelgesetz v. 31. Juli 1895, GS. S. 413).

Rang der Justizbeamten.

3. Die Gerichtsbeamten werden eingetheilt in Subaltern- und Unterbeamte.

Entsprechend den Grundsätzen des Rangreglements sind die Subalternbeamten bei sämmtlichen Behörden in zwei Klassen eingetheilt (Müller S. 563), nämlich

in „Sekretäre", welche die erste, und
in „Büreauassistenten", welche die zweite

Klasse bilden. In Berücksichtigung des weiteren Umstandes, daß die Subalternbeamten zweiter Klasse bei einer höheren Behörde mit denjenigen erster Klasse bei einer nachgeordneten Behörde auf gleichem Niveau stehen, sind die Subalternbeamten bei den Provinzial- und Lokalbehörden der Justizverwaltung, soweit ihnen nicht der Rang der fünften Klasse der höheren Beamten der Provinzialkollegien beigelegt ist, in folgende Klassen eingetheilt:

I. in Subalternbeamte erster Klasse bei den Oberlandesgerichten,
IIa. in Subalternbeamte zweiter Klasse bei den Oberlandesgerichten,
IIb. in Subalternbeamte erster Klasse bei den Landgerichten und bei den Amtsgerichten.

Zu letzteren gehören bei den Amtsgerichten die Gerichtskassenrendanten, der Vorsteher bei dem Einziehungsamt in Berlin, der Oberbuchhalter daselbst, die etatsmäßigen Kalkulatoren, der Zwangsverwaltungsinspektor in Berlin, die Gerichtsschreiber, die Gefängnißinspektoren und Rendanten bei Gefängnissen.

Die Beamten unter IIa und IIb stehen in einem gleichen Rangverhältnisse, vorausgesetzt, daß die Beamten zu a für die Stellen zu b qualifizirt sind.

III. in Subalternbeamte zweiter Klasse bei den Landgerichten und bei den Amtsgerichten.

Zu denselben gehören bei den Amtsgerichten die etatsmäßigen Gerichtsschreibergehülfen, Assistenten und Kanzlisten, die Gerichtsvollzieher, die Inspektionsassistenten an den Gefängnissen, die etatsmäßigen Lehrer bei den Gefängnissen.

Die Gerichtsdiener, Kastellane, Oberaufseher und Gefangenaufseher gehören zu den Unterbeamten.

4. Die Gehälter der etatsmäßigen Subalternbeamten nach Dienstaltersstufen sind durch die Allg. Verf. v. 5. April 1893 (JMBl. S. 91, Müller S. 647, Kayser S. 186), die Gehälter der etatsmäßigen Unterbeamten nach Dienstaltersstufen durch die Allg. Verf. v. 22. März 1892 (JMBl. S. 115, Müller S. 654, Kayser S. 185) und die Allg. Verf. v. 27. März 1893 (JMBl. S. 82, Kayser S. 185) geregelt. Ferner sind zu beachten die Allg. Verf. v. 25. Juni 1894, betr. die Anrechnung eines Theiles der diätarischen Dienstzeit bei Bemessung der Gehälter der Subaltern- und Unterbeamten nach Dienstaltersstufen (JMBl. S. 162, Kayser S. 187), die Allg. Verf. v. 24. Juli 1894 betr. das Dienstalter für diejenigen Fälle, in denen es sich nicht um die Gehaltsbemessung nach Dienstaltersstufen handelt (JMBl. S. 233, Kayser S. 189) und die Allg. Verf. v. 17. März 1896 betr. die Vereinigung der Stellen der Gerichtsschreibergehülfen und Assistenten mit den Stellen der Gerichtsschreiber und Sekretäre zu einer Besoldungsklasse (JMBl. S. 85, Kayser S. 189). Gehälter und sonstige Dienstbezüge.

Bezüglich der Gewährung von Funktions-, Stellen- und sonstigen Zulagen siehe Müller S. 667, von Wohnungsgeldzuschüssen daselbst S. 674 und von Diäten daselbst S. 702.

5. Von dem Dienstantritt eines Beamten, auch wenn er nur zur Aushülfe oder zur Vertretung eingetreten ist, muß der aufsichtführende Richter selbstverständlich den Richtern und sämmtlichen Gerichtsbeamten durch eine Umlaufverfügung Kenntniß geben. Sofern er ihn nicht persönlich vorstellt, wird mit dieser Vorstellung zweckmäßig der Erste Gerichtsschreiber beauftragt oder der Beamte angewiesen werden, sich selber den Richtern und seinen Kollegen vorzustellen. Dienstantritt eines Beamten.

Bei neueintretenden Beamten ist die Invalidenpension zu regeln. Zu diesem Zwecke hat der Beamte sein Militär-Pensionsquittungsbuch vorzulegen, in welches der aufsichtführende Richter unter Siegel und Unterschrift die amtliche Stellung und das Einkommen des Beamten einträgt; das Buch ist sodann dem zuständigen Regierungspräsidenten behufs Regelung der Pensionsverhältnisse zu übersenden (§ 102 Ges. v. 27. Juni 1871, RGBl. S. 275; Bekanntmachung des Reichskanzlers v. 22. Februar 1875, JMBl. S. 175, Allg. Verf. v. 8. Mai 1894, JMBl. S. 128, Müller S. 798 ff., S. 805 zu a, S. 818 zu i). Militär-Pensions-Quittungsbuch.

6. Ein jeder Beamte ist verpflichtet, an dem Sitze der Behörde, welcher er angehört, seinen Wohnsitz zu nehmen. Er hat seine gesammte Arbeitskraft dem Staate zu widmen und die ihm übertragenen Geschäfte ordnungsmäßig zu erledigen. Im Verkehr mit dem Publikum soll sich der Beamte einer steten Höflichkeit befleißigen und wegen der durch seine Hände gehenden Sachen und Geschäfte ein gewissenhaftes Stillschweigen (Amtsverschwiegenheit) beobachten. Ein Beamter darf für eine in sein Amt einschlagende an sich nicht pflichtwidrige Handlung weder Geschenke noch andere Vortheile annehmen, fordern oder sich versprechen lassen (§ 331 StGB.). Thut er dies für eine Handlung, die eine Verletzung einer Amts- oder Dienstpflicht enthält, so wird er wegen Bestechung mit Zuchthaus bis zu 5 Jahren bestraft (§ 332 StGB.). Allgemeine Dienstpflichten.

Die Justizbeamten haben im amtlichen Verkehr mit dem Publikum jede Schroffheit zu vermeiden, bei Abfertigung der Parteien sich die thunlichste Förderung angelegen sein zu lassen und namentlich in Angelegenheiten der nicht streitigen Gerichtsbarkeit rechts- und geschäftsunkundigen Personen bereitwillig Auskunft und Rath zu ertheilen, soweit nicht dienstliche Pflichten oder zu berücksichtigende Interessen anderer Betheiligter entgegenstehen (Rundverf. v. 30. April 1896, I. 2376).

Zu den Pflichten eines Beamten gehört es, daß derselbe sich von seinem Platze erhebt, wenn das Zimmer, in welchem er dienstlich beschäftigt ist, von dem Vorgesetzten betreten wird (Entsch. d. OVG. v. 21. Juni 1890, Bochmann, Rechtsgrundsätze S. 599).

Ordnungsstrafen.

7. Der aufsichtführende Richter kann gegen einen Beamten, welcher die Pflichten verletzt, die ihm sein Amt auferlegt, oder welcher sich durch sein Verhalten in oder außer dem Dienste der Achtung, des Ansehens oder des Vertrauens, die sein Beruf erfordert, unwürdig zeigt, Ordnungsstrafen festsetzen. Diese sind nach § 15 des Gesetzes v. 21. Juli 1852 (GS. S. 467):

1. Warnung;
2. Verweis;
3. Geldstrafe bis zu 9 Mark (§ 18 des Ges. v. 9. April 1879, GS. S. 348);
4. gegen Unterbeamte Arreststrafe bis auf die Dauer von höchstens 3 Tagen.

Die Arreststrafe ist nur in solchen Räumen zu vollstrecken, die den Verhältnissen der zu bestrafenden Beamten angemessen sind (§ 20 Ges. v. 21. Juli 1852, GS. S. 469); sie kann auch im Gerichtsgefängniß vollstreckt werden, doch sind die betreffenden Beamten von den anderen Gefangenen getrennt zu halten. Auf diese Beamten finden dann die im § 104 Gef.O. enthaltenen Bestimmungen für Civilgefangene Anwendung.

Der aufsichtführende Richter hat dem Präsidenten des Landgerichts über die im einzelnen Falle von ihm festgesetzten Ordnungsstrafen zu den Personalakten des Beamten Anzeige zu erstatten.

Beschwerden gegen die Festsetzung von Ordnungsstrafen werden im Aufsichtswege erledigt (§ 20 Ges. v. 9. April 1879, GS. S. 349); die Beschwerde selbst ist an keine Frist gebunden (Reskr. v. 22. Juli 1856, I. 3033). Solange der Beamte gegen die verhängte Ordnungsstrafe bei dem Präsidenten des Landgerichts nicht Beschwerde eingelegt hat, kann der aufsichtführende Richter die Strafe zurücknehmen oder niederschlagen (Reskr. v. 5. März 1884, I. 618; Müller S. 518).

Die Vollstreckung der gegen Unterbeamte festgesetzten Arreststrafen soll in jedem Falle nur dann stattfinden, wenn über die gegen die Straffestsetzung nach § 21 Disz.G. zulässige Beschwerde endgültig Entscheidung getroffen ist (Verf. des Minist. d. J. v. 3. Mai 1889, MBl. f. d. i. V. S. 119).

In dem Recht der Aufsicht liegt auch die Befugniß, gegenüber nichtrichterlichen Beamten die ordnungswidrige Ausführung eines Amtsgeschäfts zu rügen und die Erledigung eines Amtsgeschäfts durch Ordnungsstrafen bis zum Gesammtbetrage von 100 Mark zu erzwingen. Der Festsetzung der Strafe muß die Androhung derselben vorausgehen (§ 80 AG. z. GVG.).

Die gegen Justizbeamte im Wege der Aufsicht oder durch Erkenntniß ausgesprochenen Geldstrafen werden zur Staatskasse vereinnahmt (Allg. Verf. v. 21. Mai 1885, JMBl. S. 170). Zahlt der Beamte die Strafe nicht binnen der ihm gestellten Frist an die Gerichtskasse, so wird deren zwangsweise Beitreibung verfügt, was dem Beamten bei Bekanntmachung der Bestrafung ausdrücklich mitzutheilen ist.

8. Wird gegen einen nichtrichterlichen Beamten des Amtsgerichts das förmliche Disziplinarverfahren eröffnet, so wird zumeist der aufsichtführende Richter zum Untersuchungskommissar ernannt werden. In der Voruntersuchung wird der Angeschuldigte unter Mittheilung der Anschuldigungspunkte vorgeladen und, wenn er erscheint, gehört, es werden die Zeugen eidlich vernommen und die zur Aufklärung der Sache dienenden sonstigen Beweise herbeigeschafft (§§ 23, 32 Gesetz v. 21. Juli 1852, GS. S. 470, 472). Disziplinarverfahren.

Ueber die vorläufige Dienstenthebung eines nichtrichterlichen Beamten enthält das Disziplinargesetz v. 21. Juli 1852 (GS. S. 465), welches durch die Verordnung v. 23. September 1867 (GS. S. 1613) auch in den 1866 erworbenen Landestheilen eingeführt ist, Bestimmung. Der aufsichtführende Richter kann nach § 54 dieses Gesetzes nur, wenn Gefahr im Verzuge ist, einem Beamten die Ausübung der Amtsverrichtungen vorläufig untersagen; er hat aber sofort an den Präsidenten des Landgerichts zu berichten. Vorläufige Amtsentehebung.

Falls gegen einen Beamten das Strafverfahren oder die Disziplinaruntersuchung eingeleitet wird, ist seitens der Beamten der Staatsanwaltschaft der vorgesetzten Dienstbehörde in Gemäßheit der Allg. Verf. v. 25. August 1879 (JMBl. S. 251) Mittheilung zu machen, ebenso von dem rechtskräftigen Urtheil. In dem Verfahren auf erhobene Privatklage ist, falls der Angeklagte ein im unmittelbaren oder mittelbaren Staatsdienste stehender Beamter ist, alsbald nach Eröffnung des Hauptverfahrens (§ 423 StPO.) der dem Angeklagten zunächst vorgesetzten Dienstbehörde Abschrift der Klage mitzutheilen. Eine gleiche Mittheilung hat im Falle einer gegen einen Beamten erhobenen Widerklage (§ 428 StPO.) und zwar alsbald nach deren Erhebung, zu geschehen. Diese Mittheilungen sind durch den Amtsrichter (nicht durch den Gerichtsschreiber) zu vollziehen (Allg. Verf. v. 5. April 1882, JMBl. S. 86). Strafverfahren gegen Beamte.

In der Allg. Verf. v. 25. Aug. 1879 ist unter der einem Beamten vorgesetzten Behörde, soweit nicht hinsichtlich gewisser Beamtenkategorien ausdrücklich etwas Anderes bestimmt worden, die zunächst vorgesetzte Behörde (also beim Amtsgericht der aufsichtführende Richter) zu verstehen, indem dabei als selbstverständlich vorausgesetzt wird, daß dieselbe der höheren Aufsichtsinstanz über den Inhalt der Mittheilung alsbald Bericht erstatten werde (Cirk.Verf. v. 7. Juli 1881, I. 2676).

9. Kein Beamter darf den zur Ausübung seines Amts ihm angewiesenen Wohnort ohne Vorwissen und Genehmigung seiner Vorgesetzten verlassen, d. h. über Nacht, oder gar Reisen unternehmen (§ 92 Tit. 10 Urlaub.

Th. II ALR.; § 39 Tit. 2, §§ 8 bis 10 Tit. 3, § 20 Tit. 5 Th. III AGO.).

Nach der Allg. Verf. v. 28. Mai 1885 (JMBl. S. 175) ist jeder Vorstand einer Justizbehörde ermächtigt, denjenigen Beamten, hinsichtlich deren ihm das Recht der Aufsicht zusteht, Urlaub zu ertheilen. Der aufsichtführende Amtsrichter kann Urlaub bis zur Dauer von 14 Tagen bewilligen. Diese Ermächtigung bezieht sich nicht auf Fälle, in welchen eine Stellvertretung auf Staatskosten erforderlich wird; sie bezieht sich ferner nicht auf Beurlaubungen der Gerichtsvollzieher, Gerichtsvollzieher kraft Auftrags und Hülfsgerichtsvollzieher, sofern für die Dauer der Beurlaubung die Bestellung eines Gerichtsvollziehers, Gerichtsvollziehers kraft Auftrags oder Hülfsgerichtsvollziehers durch den Präsidenten des Oberlandesgerichts erforderlich wird.

Auf Beurlaubungen des Kanzleipersonals findet die Vorschrift, daß der aufsichtführende Richter einen 14 tägigen Urlaub bewilligen kann, ohne Ausnahme Anwendung.

Die aufsichtführenden Amtsrichter und die Landgerichtspräsidenten sind nicht ermächtigt, den Kanzleibeamten, soweit denselben aus anderen Gründen als wegen Krankheit oder behufs Wiederherstellung der Gesundheit Urlaub bewilligt wird, über eine Gesammturlaubszeit von 21 Werktagen hinaus den Erlaß des Arbeitspensums zu bewilligen (Cirk.Verf. v. 31. Mai 1883, I. 2366, Müller S. 450).

Ueber die Folgen der Ueberschreitung des Urlaubs und der unerlaubten Entfernung vom Amt enthalten §§ 8 ff. des Disziplinargesetzes v. 21. Juli 1852 (GS. S. 465) Bestimmungen (Müller S. 462).

Urlaubsgesuche.

Die Urlaubsgesuche der Gerichtsbeamten sind unter Angabe der Veranlassung und des Zwecks dem aufsichtführenden Richter einzureichen, welcher sie auf dem regelmäßigen Dienstwege an die für die Ertheilung des Urlaubs zuständige Stelle befördert (§ 9 Allg. Verf. v. 28. Mai 1885), falls er nicht selber zur Ertheilung des Urlaubs zuständig ist. Wird ein Urlaub zur Wiederherstellung der Gesundheit nachgesucht, so ist dem Antrage eine ärztliche Bescheinigung beizufügen. Die Stelle, welcher die Entscheidung über den Antrag zusteht, ist berechtigt, die Beibringung einer solchen Bescheinigung ausnahmsweise zu erlassen (§ 10 a. a. O.).

Die ärztlichen Atteste brauchen nicht von dem Kreisarzt ausgestellt oder doch bescheinigt zu werden (Müller S. 454).

Wegen der ärztlichen Atteste siehe auch weiter unter 10.

Urlaubsertheilung seitens des Ersten Gerichtsschreibers und der Büreauvorsteher.

Ueber die Urlaubsertheilung seitens des Ersten Gerichtsschreibers und der Vorsteher der Gerichtsschreiberei-Abtheilungen an die Büreaubeamten sind in der Gesch.O. keine Bestimmungen getroffen. Es wird daher auf die Vorschriften des Geschäfts-Reglements für die Subaltern-Büreaus der Königl. Gerichte v. 3. August 1841 (JMBl. S. 292) zurückzugreifen sein. Nach § 4 dieses Reglements dürfen die Vorgesetzten in den Büreaus ihren Gehülfen das Ausbleiben während der Arbeitsstunden in Privatangelegenheiten nur auf kurze Zeit und aus dringenden Ursachen gestatten; Urlaub auf einen ganzen Tag oder länger kann nur der Dirigent ertheilen.

Die Gerichtsferien beginnen am 15. Juli und endigen am 15. September (§ 201 GVG.); sowohl der 15. Juli, als auch der 15. September sind Ferientage. Ferienurlaub.

Die Urlaubsanträge der Beamten für die Ferien sind rechtzeitig, vielleicht anfangs Juni, von dem aufsichtführenden Richter entgegenzunehmen und insgesammt mittels Berichts an den Präsidenten des Landgerichts in Abgang zu bringen. Auf Grund des bewilligten Urlaubs ist sodann ein Plan für die Geschäftsvertheilung in den Ferien zu entwerfen, welcher den Richtern und einzelnen Gerichtsschreiberei-Abtheilungen mitzutheilen ist.

Zur Kontrole des Urlaubs empfiehlt es sich, die Beamten zur schriftlichen Anzeige zu veranlassen, sobald sie ihren Ferienurlaub antreten; in dieser Anzeige ist der Endtermin des Urlaubs anzugeben. Der Wiedereintritt ist ebenfalls selbst oder durch den Ersten Gerichtsschreiber zu den Generalakten, in welchen die Ferienangelegenheiten behandelt werden, anzuzeigen.

Ueber die Urlaubsgesuche für eine lediglich in die Gerichtsferien fallende Zeit kommen die Vorschriften in § 8 der Allg. Verf. v. 28. Mai 1885 in Anwendung, welche nebst den später erlassenen Verfügungen bei Müller S. 451 ff. zu finden sind. Die Gerichtsferien sind ohne Einfluß auf die Verpflichtung des Gerichtsvollziehers, die ihm ertheilten Aufträge zu erledigen (§ 9 Gesch.Anw.).

10. Beamte, welche durch Krankheit verhindert sind, ihre Dienstgeschäfte wahrzunehmen, bedürfen eines Urlaubs nur dann, wenn sie ihren Wohnsitz zu verlassen beabsichtigen. Von dem aufsichtführenden Richter ist darauf zu halten, daß die Beamten, sobald ihr Gesundheitszustand dies gestattet, den Dienst wieder antreten (§ 11 Allg. Verf. v. 28. Mai 1885). Bleibt ein Beamter voraussichtlich länger als 3 Tage wegen Krankheit außer Dienst, so wird er anzuhalten sein, ein ärztliches Attest einzureichen. (§ 4 Büreau-Rgl. v. 3. August 1841, JMBl. S. 242). Thut er dies nicht, so kann der aufsichtführende Richter durch den Kreisarzt oder einen anderen Arzt den Zustand des Patienten feststellen lassen und über die vermuthliche Dauer der Krankheit ein Gutachten einfordern. Sofern die Krankheit voraussichtlich mehrere Wochen dauern wird, wird der aufsichtführende Richter eine Vertretung des erkrankten Beamten bei dem Präsidenten des Landgerichts mit Erfolg in Antrag bringen können; für kürzere Zeit wird, abgesehen von den besonderen Verhältnissen des betreffenden Amtsgerichts, die Vertretung durch die übrigen Beamten nach Anordnung des aufsichtführenden Richters erfolgen müssen. Dienstverhinderungen der Beamten.

Die ärztliche Bescheinigung hat sich nach der Cirk.Verf. des Ministers der geistlichen, Unterrichts- und Medizinal-Angelegenheiten v. 20. Januar 1853 (JMBl. S. 66) auf folgende Punkte auszudehnen:

1. die bestimmte Angabe der Veranlassung zur Ausstellung des Attestes, des Zweckes, zu welchem dasselbe gebraucht, und der Behörde, welcher es vorgelegt werden soll;
2. die etwaigen Angaben des Kranken oder der Angehörigen desselben über seinen Zustand;

3. bestimmt gesondert von den Angaben zu 2 die eigenen thatsächlichen Wahrnehmungen des Arztes über den Zustand des Kranken;
4. die aufgefundenen wirklichen Krankheitserscheinungen;
5. das thatsächlich und wissenschaftlich motivirte Urtheil über die Krankheit;
6. die diensteidliche Versicherung, daß die Mittheilungen des Kranken oder seiner Angehörigen richtig in das Attest aufgenommen sind, daß die eigenen Wahrnehmungen des Ausstellers überall der Wahrheit gemäß sind, und daß das Gutachten auf Grund der eigenen Wahrnehmungen des Ausstellers nach dessen bestem Wissen abgegeben ist.

Außerdem müssen die Atteste mit dem vollständigen Datum der Ausstellung, mit der Angabe des Ortes und des Tages der stattgefundenen ärztlichen Untersuchung (Cirk.Verf. des Ministers der geistl. Angel. v. 11. Februar 1856; Allg. Verf. v. 21. Februar 1856, JMBl. S. 58), mit vollständiger Namensunterschrift, insbesondere auch mit dem Amtscharakter des Ausstellers und mit dem Abdruck des Dienstsiegels versehen sein. Die Cirk.Verf. v. 20. Januar 1853 findet auch auf diejenigen Atteste der Medizinalbeamten Anwendung, welche von ihnen in ihrer Eigenschaft als praktische Aerzte zum Gebrauch vor Gerichtsbehörden ausgestellt werden (JMBl. 1856 S. 58).

Hat die Aufsichtsbehörde von Amtswegen den Arzt mit der Feststellung des Gesundheitszustandes beauftragt, so muß angenommen werden, daß eine derartige Maßnahme im dienstlichen Interesse nothwendig geworden ist, und es fehlt dann an einem Rechtsgrunde, dem Beamten die Kosten aufzuerlegen (Reskr. v. 21. August 1882, I. 4474).

Beamte, welche wegen Krankheit, wegen Einberufung zu militärischen Dienstleistungen oder aus einer anderen Veranlassung, bei welcher es der Beurlaubung nicht bedarf, an der Wahrnehmung ihrer Dienstgeschäfte verhindert sind, haben hiervon dem aufsichtführenden Richter sobald als möglich Anzeige zu erstatten. Von ihrem Wohnorte abwesende Beamte haben dafür zu sorgen, daß ihnen während der Abwesenheit Verfügungen der vorgesetzten Behörde zugesandt werden können (§ 12 Allg. Verf. v. 28. Mai 1885).

Katholische Feiertage. Die Cirk.Verf. v. 2. Februar 1888 (I. 267), betreffend die Beurlaubung der Büreau-, Kanzlei- und Unterbeamten katholischer Konfession an den besonderen katholischen Feiertagen, bestimmt Folgendes:

Die Büreau-, Kanzlei- und Unterbeamten sind zwar auch an den besonderen gebotenen katholischen Feiertagen zur Wahrnehmung der Dienstgeschäfte verpflichtet, auf ihr Ansuchen ist ihnen jedoch, soweit es das dienstliche Interesse gestattet, an solchen Tagen, insbesondere für die Dauer der kirchlichen Feier, Urlaub zu ertheilen.

Den katholischen Kanzleibeamten ist das Pensum für die Zeit eines derartigen Urlaubs von dem Arbeitspensum am Monatsschlusse in Abzug zu bringen. Auf den in (§ 2 Nr. 7c Kanzl.O. v. 9. Februar 1895) erwähnten 21 tägigen Urlaub kommt die Zeit der Beurlaubung an den katholischen Feiertagen nicht in Anrechnung.

Die Aufsichtsbehörden haben übrigens darauf zu achten, daß die Beurlaubung an den katholischen Feiertagen von den Kanzleibeamten nicht mißbräuchlich zur Gewinnung oder Steigerung des Ueberverdienstes verwendet wird. Geben Kanzleibeamten zum Verdacht eines derartigen Mißbrauchs Veranlassung, so kann der Gerichtsvorstand anordnen, daß denselben bei Feststellung des Ueberverdienstes das Pensum für die Zeit, während deren sie an katholischen Feiertagen beurlaubt gewesen sind, von dem Arbeitspensum nicht in Abzug zu bringen ist.

Die besonderen katholischen Feiertage sind das Fest der Heiligen drei Könige oder der Epiphaniastag (6. Januar), das Fest der Reinigung Mariä oder Mariä Lichtmeß (2. Februar), Mariä Verkündigung (25. März), das Frohnleichnamsfest (Donnerstag nach Trinitatis), das Fest der Apostel Petrus und Paulus (29. Juni), Allerheiligen (1. November) und Mariä Empfängniß (8. Dezember) (Müller S. 1447).

Ueber die Ansetzung öffentlicher Gerichtsverhandlungen an katholischen Feiertagen siehe die Allg. Verf. v. 12. April 1850 (JMBl. S. 127) und v. 10. Januar 1887 (JMBl. S. 9), sowie die bei Kayser S. 562 abgedruckten Reskripte v. 2. Februar 1888 (I. 267) und v. 21. Oktober 1896.

11. Justizbeamte, welche sich verheirathen, haben von der erfolgten Eheschließung alsbald der unmittelbar vorgesetzen Dienstbehörde Anzeige zu erstatten. In der Anzeige sind der Tag der Eheschließung, der Name der Frau, sowie die Namen, der Wohnort und der Beruf ihrer Eltern anzugeben. Eine vorgängige Nachsuchung der Genehmigung zur Eheschließung findet nicht statt (Allg. Verf. v. 20. April 1897, JMBl. S. 98). Verheirathung von Beamten.

12. Bezüglich der Uebernahme von Nebenämtern und Nebenbeschäftigungen durch Justizbeamte wird auf die Zusammenstellung im JMBl. 1893 S. 3 (Kayser S. 388) hingewiesen. Nach Nr. 7 dieser Zusammenstellung wird die Genehmigung des aufsichtführenden Richters, als der unmittelbaren Dienstaufsichtsbehörde über die Gerichtsbeamten, erfordert Nebenämter und Nebenbeschäftigungen.

a) für die Uebernahme einer Vormundschaft (§ 1784 BGB.), Gegenvormundschaft (§ 1792 BGB.) oder Pflegschaft (§ 1915 BGB.);
b) für die Uebernahme des Amtes als Schiedsmann;
c) für den Betrieb eines Gewerbes durch einen Beamten, dessen Ehefrau, dessen in seiner väterlichen Gewalt stehende Kinder, seine Dienstboten oder andere Mitglieder seines Hausstandes;
d) für die Uebernahme eines Amtes in einer Gemeindeverwaltung.

Die Genehmigung wird in der Regel nur widerruflich ertheilt.

Eine Genehmigung wird in den Fällen nicht erfordert, in denen die Uebernahme des betreffenden Nebenamtes eine absolute gesetzliche Pflicht des zu ihm Gewählten ist, insbesondere auch die Bekleidung des Hauptamts keinen Grund zur Ablehnung des Nebenamtes abgiebt. Zu solchen Nebenämtern gehören die Aemter als Mitglied der Gemeindevertretung oder des Gemeindekirchenraths einer evangelischen Kirchengemeinde oder des Vorstandes einer katholischen Kirchengemeinde.

Soweit im Uebrigen die Genehmigung einer höheren Dienststelle zur Annahme eines Nebenamtes oder einer Nebenbeschäftigung erforderlich ist, wird der aufsichtführende Richter die betreffenden Anträge mit seinen Erklärungen dem Landgerichtspräsidenten zur weiteren Veranlassung zuzusenden haben.

Die Wahrnehmung der Funktionen als Schöffe oder Geschworener ist als ein Nebenamt nicht zu erachten (Kayser S. 388).

Den Gerichtsvollziehern darf der Gewerbebetrieb eines Agenten nicht gestattet werden (§ 15 Nr. 2 GVO.), ebensowenig einem Kassenbeamten die Uebernahme eines mit einer erheblichen Kassenverwaltung verbundenen Nebenamtes (Verf. v. 25. März 1895, II b. 436). Im Allgemeinen ist den Justiz-Subalternbeamten das Amt eines Konkursverwalters nicht zu übertragen (Cirk.Verf. v. 26. Juli 1893, I. 3078, Müller S. 435). Die nebenbeschäftliche Besorgung der Mittheilungen von Nachrichten über Eigenthumsveränderungen an Gemeindebehörden durch die Gerichtsschreiber gegen eine Vergütung ist im Allgemeinen unzulässig und daher zu untersagen (Cirk.Verf. v. 8. Mai 1896, I. 3138).

Anträge und Gesuche der Beamten.

13. Gesuche, Anträge, Unterstützungsgesuche, Beschwerden und dergl. der Beamten des Amtsgerichts sind an den aufsichtführenden Richter zu richten. Es ist ganz unzulässig, soweit nicht ganz besondere, noch dazu sehr erhebliche Gründe hiervon eine Ausnahme rechtfertigen, unter Uebergehung desselben derartige Eingaben den höheren Vorgesetzten direkt zu übermitteln. Der Justizminister hat bezüglich seiner Person durch Erlaß v. 29. Juni 1880 (I. 2926) an diese Vorschrift erinnert. Da derartige Eingaben regelmäßig die Einforderung von Berichten und die Vornahme von Ermittelungen nothwendig machen, so wird dadurch die Geschäftslast der Behörden ohne Noth vermehrt und die Erledigung der Sachen selbst verzögert. Gehört die Angelegenheit vor die höhere Instanz, so hat der aufsichtführende Richter die Eingabe mit den erforderlichen Erläuterungen mittels Berichtes weiter zu geben.

Gesuche um Unterstützung, Remuneration u. dergl. sind stets an die nächstvorgesetzte Behörde zu richten. Die letztere hat die Gesuche einer näheren Prüfung zu unterwerfen und entweder die Bittsteller zu bescheiden oder die Vorstellungen derselben mit ihrem gutachtlichen Bericht weiterzureichen (Allg. Verf. v. 29. Novbr. 1865, JMBl. S. 270). Anträge auf Bewilligung von Unterstützungen können nur dann berücksichtigt werden, wenn der Bittsteller kein Vermögen besitzt und zugleich besondere Umstände vorliegen, welche, wie z. B. langwierige und kostspielige Krankheiten, Todesfälle oder andere mit ungewöhnlichen Ausgaben verbundene Ereignisse die Gewährung einer außerordentlichen Unterstützung zu rechtfertigen geeignet sind (Cirk.Verf. v. 5. Januar 1863, I. 20). Unterstützungen zur Ausführung der ärztlicherseits verordneten Badekuren können bewilligt werden (Reskr. v. 11. Juni 1878, II d. 1690).

Defekte der Beamten.

14. Die Defekte sind entweder Rechnungs- oder Kassendefekte. Rechnungsdefekte sind Zuvielverausgabungen, sei es in Folge unrichtiger Berechnung, sei es in Folge von Zahlungen gegen gesetzliche oder sonstige Vorschriften oder in Fällen, in denen in Folge von Irrthum zu wenig vereinnahmt ist. Unter Kassendefekten werden die dem Staatseigenthum oder dem vermöge besonderer amtlicher Anordnung in den Gewahrsam eines Beamten gelangten Privatvermögen in Folge von Untreue oder Dienstvernachlässigung, sowie von Diebstahl, Brand und sonstigen nicht vorherzusehenden Ereignissen entzogenen Beträge verstanden.

Die von einem Beamten des Amtsgerichts verübten Kassendefekte werden durch den aufsichtführenden Richter nach Vorschrift der

Verordnung v. 24. Januar 1844 (GS. S. 52) festgestellt (Reskr. v. 22. Dezember 1880, I. 5655). Er hat sodann den im § 4 jener Verordnung vorgeschriebenen Beschluß (sog. Defektenbeschluß) abzufassen. Ueber das Verfahren bei Feststellung der Defekte u. s. w. sind die Vorschriften bei Müller S. 1271 ff. nachzulesen. Ueber die Vollstreckung der von den Justizbehörden gefaßten Defektenbeschlüsse handelt die Allg. Verf. v. 19. November 1886 (JMBl. S. 322, Kayser S. 612).

§ 4 der Verordnung lautet:

Ueber den Betrag des Defektes, die Person des zum Ersatz Verpflichteten und den Grund seiner Verpflichtung ist von [dem aufsichtführenden Richter] ein motivirter Beschluß abzufassen, und zwar ohne Verzug und ohne Rücksicht darauf, ob die Erstattung eines Defektes zu erwarten steht oder nicht (Müller S. 1272 Anm.).

15. Durch die Cirk. Verf. v. 15. Juni 1857 (I. 2315) ist es den Dirigenten der Gerichte zur ernstesten Pflicht gemacht, den ökonomischen Verhältnissen der ihnen untergeordneten Beamten die nöthige Aufmerksamkeit zuzuwenden, damit sie im Stande sind, da, wo ein Beamter sich zu Ausgaben, welche seinem Einkommen nicht entsprechen, hinreißen läßt, einem leichtsinnigen Schuldenmachen durch Ermahnungen und Verwarnung zeitig vorzubeugen; andererseits aber auch in Fällen, in welchen ein Beamter durch Krankheiten oder andere dergleichen Unglücksfälle in Schulden gerathen ist, durch Anträge bei dem Obergericht auf außerordentliche Unterstützungen und durch Regulirung seiner Schuldenverhältnisse die geeignete Hülfe zu schaffen. Schuldenmachen.

Im Allgemeinen ist darauf zu halten, daß der vorgesetzten Dienstbehörde von allen gegen die Justizbeamten eingereichten Klagen wegen Schuldverbindlichkeiten durch Mittheilung einer Abschrift der Klage Kenntniß gegeben werde (Reskr. v. 22. Januar 1872, I. 78). Es wird im Allgemeinen wohl genügen, wenn die Klagen, Zahlungsbefehle u. s. w. dem aufsichtführenden Richter zur Kenntnißnahme und weiteren Veranlassung vorgelegt werden und dieser die Angelegenheit in den Personalakten kontrolirt.

Verfällt ein Beamter des Amtsgerichts in Konkurs, so hat der Gerichtsschreiber unter Bezeichnung des Konkursverwalters eine beglaubigte Abschrift des Eröffnungsbeschlusses dem aufsichtführenden Richter mitzutheilen (§ 112 Konk.O.). Ihm ist auch vom Gerichtsvollzieher Anzeige zu machen, sofern ein Beamter zur Leistung des Offenbarungseides (§ 910 CPO.), zur Vornahme einer Handlung (§ 888 CPO.) oder zur Erzwingung des Zeugnisses (§ 390 CPO.) verhaftet werden soll.

Ueber die Zwangsvollstreckung gegen Beamte, insbesondere Pfändung des Diensteinkommens (§§ 811, 832, 833, 834, 850 CPO.) siehe bei Müller S. 887, und die Allg. Verf. v. 29. Juni 1886, betr. das bei der Pfändung des Diensteinkommens der Justizbeamten zu beobachtende Verfahren (JMBl. S. 192, Kayser S. 585).

Häufen sich die Schuldklagen, so wird der aufsichtführende Richter im Interesse des Beamten und des Ansehens des Gerichts die Einleitung des freiwilligen Gehaltsabzugsverfahrens in Er- Freiwilliges Gehaltsabzugsverfahren.

wägung ziehen müssen. Haben sich die Gläubiger, — denen durch dieses Verfahren keine Kosten entstehen, — mit dem Gehaltsabzugsverfahren einverstanden erklärt, so wird die Angelegenheit dem Präsidenten des Landgerichts zur Kenntnißnahme und Ernennung des Kommissars, — welcher wohl immer der aufsichtführende Richter sein wird, — mitgetheilt. Demnächst wird dem Beamten vierteljährlich der von ihm benannte Gehaltstheil durch die Gerichtskasse, welche mit gehöriger Anweisung zu versehen ist, in Abzug gebracht; die abgezogene Quote wird dann am Anfange jedes Vierteljahres nach dem jedesmal im Voraus aufzustellenden Theilungsplan durch die Kasse auf Anweisung des aufsichtführenden Richters an die einzelnen Gläubiger abgeschickt. Dies Verfahren entspricht den Wünschen des Justizministers, wie aus der Allg. Verf. v. 24. Januar 1843 (JMBl. S. 22) hervorgeht; Absatz 10 derselben bestimmt:

Wenn Justizbeamte ohne ihr eigenes Verschulden durch Unglücksfälle und andere ungewöhnliche Ereignisse in Schulden gerathen sind, so ist von ihren Vorgesetzten darauf zu halten, daß diese Schulden nach und nach bezahlt und die Beamten dabei möglichst erleichtert werden. Dies wird besonders dadurch geschehen können, wenn durch einen zu ernennenden Kommissarius eine außergerichtliche kostenfrei zu bearbeitende gütliche Vereinigung zwischen den Gläubigern und dem Schuldner über deren Befriedigung durch freiwillige Gehaltsabzüge versucht, und falls diese Vereinigung gelingt, die Befriedigung der Gläubiger in Quartalsraten durch den Kommissarius bewirkt und dadurch die Einleitung eines förmlichen gerichtlichen Gehaltsabzugsverfahrens vermieden wird.

Die Schriftstücke, welche dies Gehaltsabzugsverfahren betreffen, werden am Besten in einem besonderen Beilagefascikel zu den Personalakten des Beamten (betreffend das freiwillige Gehaltsabzugsverfahren des N.N.) vereinigt, um die Personalakten selbst nicht anschwellen zu lassen und um die einschlägigen Schriften ohne anderweite Unterbrechung beisammen zu haben.

Will nur ein Gläubiger befriedigt sein und ist der Beamte mit vierteljährlichen Gehaltsabzügen einverstanden, so hat der aufsichtführende Richter sich der Zustimmung des Gläubigers zu versichern. Der Beamte muß dann am Anfange eines jeden Vierteljahres den Postschein oder eine Quittung über den gezahlten Betrag zur Kontrole vorlegen. Die Kasse zur Einbehaltung des Betrages anzuweisen, hat der Aufsichtsrichter kein Recht. Es liegt kein Gehaltsabzugsverfahren vor, sondern der Beamte verspricht nur, bei Gelegenheit einer Gehaltszahlung eine Abschlagszahlung auf seine Schuld zu leisten. Zahlt er nicht, muß das Weitere dem Gläubiger überlassen bleiben.

Förmliches Gehaltsabzugsverfahren.

Sobald gegen einen Beamten das förmliche Gehaltsabzugsverfahren eingeleitet wird, gebührt die Bearbeitung der Sache dem mit der Zwangsvollstreckung allgemein betrauten Richter des Amtsgerichts. Dieses Amtsgericht bleibt auf Grund der §§ 832, 833 CPO. auch dann weiterhin zuständig, sofern der Beamte an ein anderes Gericht versetzt wird, denn das Pfandrecht, welches durch die Pfändung einer Gehaltsforderung erworben wird, erstreckt sich auch auf die nach der Pfändung fällig werdenden Beträge.

16. Bei dem Abgange eines Beamten ist von dem aufsichtführenden Richter zweckmäßig eine kurze Verhandlung aufzunehmen, inhalts deren der Beamte förmlich aus seinem Dienstverhältnisse bei dem Amtsgericht entlassen wird; vielfach wird auch die diensteidliche Versicherung des Beamten verlangt, daß er dem Amtsgericht gehörige Schriftstücke, Akten, Bücher oder dergl. nicht mehr hinter sich habe. Selbstverständlich wird der aufsichtführende Richter die Richter und Beamten des Gerichts von dem Abgange des Beamten durch eine Umlaufverfügung in Kenntniß setzen müssen. Abgang eines Beamten.

Bei dem Abgang eines Gerichtsvollziehers ist § 34 GVO. zu beachten.

17. Die Gerichtsbeamten haben die Liquidation ihrer Umzugskosten, über deren Höhe das Gesetz v. 24. Febr. 1877 (GS. S. 15) Bestimmung getroffen hat, in zwei Exemplaren nach Formular Nr. 55 Anw. d. ORK. (§ 35 Nr. 4 Anw.) dem aufsichtführenden Richter einzureichen, welcher sie mittels Berichtes an den Präsidenten des Landgerichts weitergiebt (Nr. 67 EV.); auf der Liquidation ist zutreffendenfalls eine Bescheinigung dahin zu ertheilen, „daß der Beamte zur Zeit des Umzuges Familie im Sinne der Allg. Verf. v. 2. Juli 1881 (JMBl. S. 148) gehabt hat". Diese Verfügung bestimmt: Umzug eines Beamten

Unter Familie im Sinne des § 5 des Gesetzes v. 24. Februar 1877 (GS. S. 15) sind nicht nur Ehefrau, Kinder oder Eltern, sondern auch andere nahe Verwandte und Pflegekinder zu verstehen, sofern der Beamte denselben im eigenen Hausstande Wohnung und Unterhalt auf Grund einer gesetzlichen oder moralischen Unterstützungsverbindlichkeit gewährt. Die Gewährung der vollen Umzugskostenvergütung (§ 1 Gesetz v. 24. Februar 1877) ist lediglich von der Thatsache abhängig zu machen, daß der Beamte zur Zeit des Umzugs Familie gehabt hat, mag er den Umzug mit oder ohne Familie bewirkt haben.

18. Die Ansprüche der Preuß. Civilbeamten auf Gewährung einer Pension regeln sich nach dem Pensionsgesetz v. 27. März 1872 (GS. S. 268). Dem Antrage eines Beamten, welcher das 65. Lebensjahr noch nicht vollendet hat, auf Versetzung in den Ruhestand unter Gewährung einer Pension darf nur dann entsprochen werden, wenn die Anstellungsbehörde denselben nach pflichtmäßigem Ermessen wegen Schwäche seiner geistigen oder körperlichen Kräfte für dauernd unfähig erachtet, die Pflichten des ihm übertragenen oder eines anderen Amtes der Justizverwaltung von nicht geringerem Range und Diensteinkommen zu erfüllen, und der Beamte den Antrag bedingungslos gestellt hat (Allg. Verf. v. 17. März 1885, JMBl. S. 104). Das Formular zu der erforderlichen Pensionsnachweisung ist bei Müller S. 871 abgedruckt. Pensionirung eines Beamten. Pensionsnachweisung.

Die näheren Bestimmungen enthalten das Pensionsgesetz v. 27. März 1872 (GS.S. 268), die Gesetze v. 31. März 1882 (GS. S. 133) und v. 30. April 1884 (GS. S. 126), die Allg. Verf. v. 17. März 1885 (JMBl. S. 104) und die Gesetze v. 1. März 1891 (GS. S. 19) und v. 25. April 1896 (GS. S. 87); Kayser S. 192, Müller S. 826.

Anträge auf Verleihung von Auszeichnungen an Beamte aus Anlaß ihrer von der Anstellungsbehörde verfügten Pensionirung sind, soweit thunlich, spätestens 6 Wochen vor dem bestimmt zu bezeichnenden Zeitpunkte des Anträge auf Verleihung von Auszeichnungen.

Ausscheidens der Beamten aus dem Dienste einzureichen (Allg. Verf. v. 17. März 1885 Nr. 17).

Tod eines Beamten.

19. Im Falle des Ablebens eines Beamten ist der Anstellungsbehörde auf dem Instanzenwege Anzeige zu erstatten. Ist der Beamte etatsmäßig angestellt oder als Hülfsarbeiter ständig beschäftigt gewesen, so ist zugleich zu berichten, von welchem Zeitpunkte ab das Einkommen der Stelle als erledigt zu betrachten ist (Reskr. v. 17. Dezbr. 1869, II c. 2551). Der aufsichtführende Richter hat unverzüglich dem Präsidenten des Landgerichts Anzeige zu machen.

Vorschlagsnachweisung.

War der Beamte verheirathet, so sind gleichzeitig, oder doch wenigstens möglichst bald, die Unterlagen zu beschaffen und einzusenden, welche zur Ausfüllung der im JMBl. 1882 Seite 176 u. 177 abgedruckten Vorschlagsnachweisung behufs Bewilligung von Wittwen- und Waisengeld für die Hinterbliebenen erforderlich sind (Gesetz v. 20. Mai 1882, GS. S. 298). Darnach sind zu beschaffen: die Geburts-, Eheschließungs- und Sterbeurkunde des Beamten und die Geburtsurkunden der Wittwe und der hinterbliebenen Kinder unter 18 Jahren; das letzte pensionsfähige Diensteinkommen und die anrechnungsfähige Dienstzeit des Verstorbenen sind unter Beifügung spezieller Angaben mitzutheilen. Von dem oben genannten Formulare sind die ersten 13 Spalten, welche vom aufsichtführenden Richter auszufüllen sind, nachstehend abgedruckt.

Vorschlagsnachweisung

behufs

Bewilligung von Wittwen- und Waisengeld auf Grund des Gesetzes vom 20. Mai 1882 (GS. S. 298) für die Hinterbliebenen des am .... zu .... verstorbenen ....

Nummer	Der Wittwe				Alter des verstorbenen Ehemannes	Zeitpunkt der Eheschließung	Name der hinterbliebenen Kinder unter		Deren Alter			Letztes pensionsfähiges Diensteinkommen des Ehemannes.	Anrechnungsfähige Dienstzeit desselben (spez. Angaben).
	Vor-, Zu- und Eltern-name	Ehemann war	Wohnort	Alter			Nr.	18 Jahren	Tag.	Monat.	Jahr.	ℳ	
1.	2.	3.	4.	5.	6.	7.	8.		9.	10.	11.	12.	13.

War der Verstorbene unverheirathet, so ist zu ermitteln, ob Personen vorhanden sind, welche nach den folgenden beiden Bestimmungen einen Anspruch auf Berücksichtigung haben:

1. Allerh. Order v. 15. November 1819 (GS. 1820 S. 45).

Auf den Bericht des Staatsministeriums vom 3. d. M. setze Ich zur Deklaration Meiner Order vom 27. April 1816 hierdurch fest, daß nur dasjenige, was die Hinterbliebenen eines Beamten, der bemerkten Order gemäß, an Besoldung außer dem Sterbequartal erhalten, für dieselben Gnadenbewilligung ist, — daß auf letztere kein Gläubiger des Verstorbenen Anspruch hat, — [siehe jetzt § 850 CPO.] — daß solche der Regel nach nur der Wittwe, den Kindern und Enkeln, ohne Rücksicht, ob sie dessen Erben sind oder nicht, zusteht; daß aber den Ministern, als Departementschefs, freigelassen ist, im Falle der Erblasser der Ernährer armer Eltern, Geschwister, Geschwisterkinder oder Pflegekinder gewesen ist, ausnahmsweise denselben das Gnadengehalt anzuweisen, und die Minister jedenfalls befugt sein sollen, die Vertheilung desselben unter die Hinterbliebenen zu reguliren und dessen Verwendung zu bestimmen. Zugleich genehmige Ich, daß die Bestimmungen wegen des Gnadengehalts auch auf den Gnadenmonat, welcher den Hinterbliebenen des Pensionärs außer dem Sterbemonat bewilligt ist, angewendet werden.

2. § 3 des Gesetzes v. 6. Februar 1881 (GS. S. 17).

Hat ein verstorbener Beamter eine Wittwe oder eheliche Nachkommen nicht hinterlassen, so kann mit Genehmigung des Verwaltungschefs das Gnadenquartal außer den in der Kabinetsorder vom 15. November 1819 erwähnten auch solchen Personen, welche die Kosten der letzten Krankheit und der Beerdigung bestritten haben, für den Fall gewährt werden, daß der Nachlaß zu deren Deckung nicht ausreicht.

In den Fällen zu 1 und 2 werden die Angehörigen beizubringen haben:

1. einen Erbschein,
2. ein vorschriftsmäßiges Nachlaßinventar, dessen Richtigkeit eidesstattlich zu versichern ist,
3. die Belege über die zur Bestreitung der Kosten der letzten Krankheit und der Beerdigung gemachten Aufwendungen.

Bei Aufstellung der Vorschlagsnachweisung ist auch festzustellen, ob der verstorbene Beamte Soldat gewesen ist; die Zeit des Militärdienstes, namentlich der Tag des Eintritts (der Vereidigung), das Regiment, die Kompagnie bezw. Schwadron und etwa mitgemachte Feldzüge sind durch Nachfrage bei den Hinterbliebenen zu ermitteln. Feststellung der Militärverhältnisse.

Alle sowohl Königlich Preußischen, als fremden Orden, ingleichen die Königlich Preußischen Ehrenzeichen, sind nach dem Ableben ihrer inländischen Besitzer von deren Hinterbliebenen oder der vorgesetzen Behörde mit Anzeige des Todestages des Verstorbenen unmittelbar an die Generalordenskommission in Berlin einzusenden, während sämmtliche Ordens-Verleihungs-Patente und Besitzzeugnisse den Hinterbliebenen als Andenken verbleiben. Rückgabe von Orden ꝛc.

Von der Rückgabe sind ausgeschlossen:

1) die am Erinnerungsbande (weißes, sechsmal schwarz gestreiftes Band mit rothem Vorstoß) verliehenen Dekorationen des Kronen-Ordens 3. und 4. Klasse und des allgemeinen Ehrenzeichens mit dem rothen Kreuze bezw. ohne dasselbe, aber am Erinnerungsbande; 2) das Rechtsritterkreuz des Johanniter-Ordens; 3) das Ver-

dienstkreuz für Frauen und Jungfrauen; außerdem 4) die Krönungs-Medaille; 5) die Kriegs-Denkmünze für 1864; 6) die Kriegs-Denkmünze für 1870/71 und 7) die Landwehr-Dienstauszeichnung 2. Klasse. Das Düppeler Sturmkreuz, sowie das Alsenkreuz und das Erinnerungskreuz von 1866 werden bei dem Kirchspiel aufbewahrt, zu welchem der Verstorbene gehört hat. Das Dienstauszeichnungskreuz für Offiziere und die drei Klassen der Militär-Dienstauszeichnung werden an das Bekleidungsamt des 6. Armeekorps in Breslau, die Landwehr-Dienstauszeichnung 1. Klasse dagegen an das Bekleidungsamt des Garde-Korps in Berlin zurückgesandt. Die Erinnerungsmedaille zum 100. Geburtstage des Kaisers Wilhelm des Großen verbleibt den Hinterbliebenen.

Sicherung amtlicher Akten und Papiere.

Beim Tode eines Beamten muß der aufsichtführende Richter auch Art. 20 Pr. FGG. beachten, welcher Folgendes vorschreibt:

Nach dem Tode eines Beamten hat, unbeschadet der Zuständigkeit des Nachlaßgerichts, die Behörde, welcher der Verstorbene angehörte, oder die Aufsichtsbehörde für die Sicherung der amtlichen Akten und der sonstigen Sachen, deren Herausgabe auf Grund des Dienstverhältnisses verlangt werden kann, zu sorgen, soweit hierfür ein Bedürfniß besteht.

Werden bei der Ausführung einer Maßregel, die das Gericht zur Sicherung eines Nachlasses angeordnet hat, Sachen der im Abs. 1 bezeichneten Art vorgefunden, so hat das Gericht die Behörde, welcher der Verstorbene angehörte, oder die Aufsichtsbehörde hiervon zu benachrichtigen und ihr zugleich von den Sicherungsmaßregeln, die in Ansehung dieser Sachen vorgenommen worden sind, Mittheilung zu machen. Der Behörde liegt es ob, das Weitere zu veranlassen.

Ueber die Ablieferung der Dienstpapiere und anderweitige Sicherungsmaßnahmen bei dem Tode eines Gerichtsvollziehers hat § 34 GVO. Bestimmung getroffen.

II. Die Dienstaufsicht im Besonderen.

§ 3.

Referendare.

Regulativ v. 1. Mai 1883, betr. die juristischen Prüfungen und die Vorbereitung zum höheren Justizdienst (JMBl. S. 13), dessen §§ 1—11 durch die Allg. Verf. v. 3. Novbr. 1890 (JMBl. 270) und 6. März 1899 (JMBl. S. 57) wesentliche Aenderungen erfahren haben (Kayser S. 48, Müller S. 111). Bekanntmachung des Justizministers und des Ministers der geistlichen Angelegenheiten, betr. die Zulassung zum Rechtsstudium v. 1. Februar 1902 (JMBl. S. 30).

Beeidigung.

1. Der Referendar hat den allgemeinen Diensteid zu leisten. Mit dem Tage der eidlichen Verpflichtung, welche auf Anordnung des Oberlandesgerichtspräsidenten durch den aufsichtführenden Richter zu erfolgen pflegt, beginnt der Vorbereitungsdienst (§ 16 Reg.).

Die Referendare werden zu den höheren Justizbeamten gerechnet (§ 7 Allg. Verf. v. 28. Mai 1885, JMBl. S. 175).

Aufsicht und Leitung des Vorbereitungsdienstes.

2. Nach der Allg. Verf. v. 12. März 1888 (JMBl. S. 64), durch welche § 23 des Regulativs abgeändert ist, erfolgt die Ausbildung der Referendare zunächst während der Dauer von neun Monaten bei einem

Amtsgericht, welches mit nicht mehr als drei Richtern besetzt ist, und zwar wenn möglich bei einem solchen Gericht, bei dem nicht eine Geschäftsvertheilung nach Gattungen besteht. Während des folgenden Jahres ist der Referendar bei einem Landgericht zu beschäftigen, und demnächst vier Monate in den Geschäften der Staatsanwaltschaft und sechs Monate in den Geschäften der Rechtsanwaltschaft und des Notariats auszubilden. Nachdem er dann nochmals neun Monate lang einem Amtsgericht überwiesen ist, erfolgt der Schluß der Ausbildung durch eine sechsmonatliche Beschäftigung bei einem Oberlandesgericht.

Die allgemeine Beaufsichtigung und Leitung des Vorbereitungsdienstes liegt den Präsidenten der Oberlandesgerichte ob. Dieselbe gewährt jedoch nicht die Befugniß, durch allgemeine Verfügung den Gang des Vorbereitungsdienstes in den Einzelheiten zu regeln (§ 18 Reg.). Die besondere Beaufsichtigung und Leitung des Vorbereitungsdienstes liegt den Vorständen der Gerichte, den Staatsanwälten, den Rechtsanwälten und den Notaren, welchen die Referendare zur Ausbildung überwiesen sind, ob (§ 19 Reg.). Während ihrer Beschäftigung bei einem Amtsgericht — 9 Monate und später vor ihrer Beschäftigung bei einem Oberlandesgericht nochmals 9 Monate (Allg. Verf. v. 12. März 1888, JMBl. S. 64) — stehen die Referendare demnach unter der Aufsicht des aufsichtführenden Richters. Dieser hat während dieser Zeit darauf zu halten, daß sie im Dienst wie außerhalb desselben ein den Zwecken des Vorbereitungsdienstes und ihrer amtlichen Stellung entsprechendes Verhalten beobachten (§ 18 III 4 AGO.). Wenn ein Referendar sich so tadelhaft führt, daß er zur Belassung im Dienste sich nicht würdig zeigt, oder wenn er seine Ausbildung durch Unfleiß vernachlässigt, so ist in Gemäßheit des § 84 des Gesetzes v. 21. Juli 1852 (GS. S. 465) die Entlassung desselben aus dem Dienst in Antrag zu bringen (§ 27 Reg.).

3. Die Referendare sind während des Vorbereitungsdienstes bei dem Amtsgerichte einem oder mehreren Richtern zu überweisen. Vorbereitungsdienst.

Die Beschäftigung eines Referendars im Vorbereitungsdienste bei seinem Vater oder bei nahen Verwandten ist zwar nicht wünschenswerth; in dem Umstande, daß alsdann das Zeugniß über die Beschäftigung von dem Vater bezw. dem nahen Verwandten des Referendars auszustellen ist, liegt aber kein genügender Grund, dem letzteren eine solche grundsätzlich und ausnahmslos zu untersagen (Reskr. v. 24. Oktober 1882, I. 3800).

Die Richter haben die Ausbildung und Schulung der Referendare in allen Zweigen der gerichtlichen Thätigkeit, einschließlich der Justizverwaltung und des Büreaudienstes, zu leiten und zu fördern. Sie werden dabei der Ausbildung der Referendare in schriftlichen Arbeiten ihre besondere Aufmerksamkeit zuzuwenden und darauf zu achten haben, daß dieselben nicht blos pünktlich, sondern auch in einer sorgfältigen Form erledigt werden (§ 20 Reg.). Es sind dem einzelnen Beamten nicht mehr Referendare zu überweisen, als mit der Aufgabe einer wirksamen Beschäftigung und Ueberwachung verträglich erscheint (§ 21 Reg.). Es ist ferner darauf zu halten, daß sie regelmäßig den Sitzungen beiwohnen, die von ihnen bearbeiteten Sachen mündlich vortragen, ihre Ansicht in freiem Vortrag entwickeln, auch in anderen als den von ihnen selbst bearbeiteten Sachen in geeigneter Weise zur Darlegung ihrer Ansicht veranlaßt werden. Sie sind in allen Gerichtsschreibereien zu beschäftigen; über den Erfolg haben sie Bescheinigungen der betreffenden Gerichtsschreiber beizubringen. Haben sie in der ersten Station den Gang und die Behandlung der eingehenden Schriftstücke kennen gelernt, so werden sie in den anderen Stationen damit nicht weiter aufzuhalten sein, sondern nur die Einrichtung der betreffenden Gerichtsschreiberei kennen zu lernen und in den Geschäften sich zu üben haben, welche der Gerichtsschreiber selbständig zu erledigen hat. Wird hiernach der Aufenthalt in den anderen Stationen von kürzerer Dauer sein können, muß auf die Station, in der die Justizverwaltungsgeschäfte geführt werden, mehr Zeit verwendet werden. Uebung in Anfertigung der Kostenrechnungen darf in keiner Station unterbleiben.

Für den zweiten amtsgerichtlichen Kursus würde es sich empfehlen, die Referendare in den Sachen der nicht streitigen Gerichtsbarkeit, in Nachlaß- und Vormundschaftssachen in ausgedehnter Weise arbeiten zu lassen; zeigen sich doch in diesen Sachen die angehenden Richter wenig gewandt, während sie in den Sachen der streitigen Gerichtsbarkeit ungleich mehr zu leisten pflegen. Dabei wird es nöthig werden, sie gleichzeitig in mehreren Stationen zu beschäftigen, doch auch darauf zu achten sein, daß sie in einzelnen Stationen nicht überlastet werden.

Es ist auch darauf Bedacht zu nehmen, daß die Referendare während ihrer Ausbildung möglichst eingehend mit den Aufgaben der Gefängnißverwaltung bezw. der praktischen Handhabung derselben bekannt gemacht und so für die dereinst von ihnen zu übenden Funktion als Gefängnißvorsteher vorbereitet werden. Auch erscheint es ersprießlich, sie thunlichst häufig bei den Gefängnißrevisionen zuzuziehen und ihnen Gelegenheit zu geben, sich mit dem Inhalt der betreffenden Generalakten bekannt zu machen (Cirk.Verf. v. 16. April 1887, IIa. 3417).

Die Referendare sind in ausgedehntem Maße zur Wahrnehmung der Verrichtungen eines Gerichtsschreibers heranzuziehen. Fungiren sie in öffentlichen Sitzungen als Gerichtsschreiber, so haben sie die Amtstracht derselben anzulegen (Cirk.Verf. v. 8. Mai 1880, I. 2476 bei Müller S. 601).

Nach § 195 GVG. dürfen bei der Berathung und Abstimmung außer den zur Entscheidung berufenen Richtern nur die bei demselben Gerichte zu ihrer juristischen Ausbildung beschäftigten Personen zugegen sein, soweit der Vorsitzende deren Anwesenheit gestattet.

Es erscheint auch zweckmäßig, die Referendare in den Geschäften der Gerichtskassen unterweisen zu lassen (Reskr. v. 8 März 1887, I. 839).

Wahrnehmung richterlicher Geschäfte.

Referendare, welche im Vorbereitungsdienste seit mindestens zwei Jahren beschäftigt sind, können nach § 2 AG. z. GVG. im Falle des Bedürfnisses durch die Justizverwaltung mit der zeitweiligen Wahrnehmung richterlicher Geschäfte bei den Amtsgerichten beauftragt werden.

Denselben kann nach näherer Anordnung der Justizverwaltung durch den Amtsrichter, welchem sie zur Ausbildung überwiesen sind, die Erledigung einzelner richterlicher Geschäfte übertragen werden.

Zur Urtheilsfällung, zur Beurkundung einer Verfügung von Todeswegen, zur Beurkundung eines Ehevertrages, zur Entscheidung über Durchsuchungen, Beschlagnahmen und Verhaftungen, sowie zu den Geschäften des Amtsrichters bei Bildung der Schöffengerichte und Schwurgerichte sind Referendare nicht befähigt.

Zur Ausführung dieser Vorschriften im § 2 AG. z. GVG. bestimmt die Allg. Verf. v. 9. Dezbr. 1879 (JMBl. S. 466):

1. Referendaren, welche im Vorbereitungsdienste seit mindestens zwei Jahren beschäftigt sind, kann durch den Amtsrichter, welchem sie zur Ausbildung überwiesen sind, die selbständige Erledigung einzelner richterlicher Geschäfte mit Ausschluß solcher, zu welchen sie nach Abs. 3 des angezogenen § 2 nicht befähigt sind, übertragen werden. Es wird jedoch als Regel zu beachten sein, daß von dieser Vorschrift nur hinsichtlich der Abhaltung von Terminen Gebrauch gemacht werde.

2. Die Bestellung von Referendaren zu Hülfsrichtern gemäß Abs. 1 und 3 desselben Paragraphen erfolgt bis auf Weiteres durch den Justizminister.

Abhandlungen über die Anleitung der Referendare in den einzelnen gerichtlichen Geschäftszweigen befinden sich in Gruchots Beiträgen Bd. 24 S. 629, Bd. 25 S. 222 und in Goltdammers Archiv Bd. 28 S. 177.

Geschäftsverzeichniß.

4. Der Referendar hat ein Geschäftsverzeichniß zu führen, in welchem eine Uebersicht seiner Thätigkeit unter Hervorhebung der einzelnen bedeutenderen Geschäfte zu geben ist. Dasselbe ist allmonatlich dem mit der besonderen Leitung des Vorbereitungsdienstes Betrauten zu übergeben und von diesem zum Zeichen genommener Einsicht mit einem Vermerke zu versehen (§ 25 Reg.). Während des Militärdienstjahres ist das Verzeichniß ganz besonders sorgfältig und eingehend zu führen, so daß aus demselben Zeit, Art und besondere Beschaffenheit der Beschäftigung im Vorbereitungsdienste ganz speziell ersichtlich wird (Cirk.Verf. v. 22. Januar 1878; Näheres Müller S. 126 zu § 29 Reg.).

Zeugniß.

5. Der aufsichtführende Richter hat sich, wenn die Beschäftigung der Referendare beim Amtsgericht aufgehört hat, in einem an den Präsidenten des Oberlandesgerichts unmittelbar einzureichenden Zeugniß über das dienstliche und außerdienstliche Verhalten, sowie über die Leistungen derselben und die darin etwa hervorgetretenen Mängel auszusprechen (§ 19 Reg.). Dies Zeugniß ist aber erst auszustellen, sobald das Gesuch des Referendars um Ueberweisung in eine andere Station des Vorbereitungsdienstes, welches durch Vermittelung und mit den Bemerkungen des aufsichtführenden Richters dem Präsidenten des Oberlandesgerichts überreicht ist, genehmigt und dadurch der Vorbereitungsdienst bei dem Amtsgericht für beendet erklärt ist. Die Bemerkungen des aufsichtführenden Richters werden sich darauf zu erstrecken haben, ob etwa Unterbrechungen des Vorbereitungsdienstes bezw. welche stattgefunden haben, sowie ferner, ob hinsichtlich der Leistungen des betreffenden Referendars Bedenken gegen das Versetzungsgesuch obwalten.

Bei der Ausstellung des Zeugnisses hat der aufsichtführende Richter die nothwendige Strenge walten zu lassen und in demselben stets zu bemerken, ob die Vorbereitungszeit des Referendars insofern eine vorschriftsmäßige gewesen ist, daß er in derselben sich dasjenige Maß von Kenntnissen erworben hat, welches billigerweise in der betreffenden Zeit von ihm erwartet werden durfte (Cirk.Verf. v. 14. Juli 1885, I. 2856). — Das Zeugniß ist nicht stempelpflichtig (Müller S. 122).

§ 4.

Gerichtsschreiber.

Gesetz, betr. die Dienstverhältnisse der Gerichtsschreiber v. 3. März 1879 (GS. S. 99, Kayser S. 196, Müller S. 166).

Gerichtsschreiberordnung v. 17. Dezember 1899 (JMBl. S. 38, Kayser S. 197, Müller S. 168).

Qualifikation.

1. Zum Gerichtsschreiber kann nach § 1 des Ges. v. 3. März 1879 nur ernannt werden, wer

1. das 21. Lebensjahr vollendet hat,
2. die aktive Dienstpflicht im stehenden Heere oder in der Flotte erfüllt hat oder von derselben für die Friedenszeit endgültig befreit ist, und
3. eine Prüfung bestanden hat.

Referendare sind von Ablegung dieser Prüfung befreit, wenn sie im richterlichen Vorbereitungsdienst seit mindestens 2 Jahren beschäftigt gewesen sind.

Der Prüfung muß nach § 2 a. a. O. ein zweijähriger Vorbereitungsdienst vorangehen. Wer die erste juristische Prüfung bestanden hat, kann nach sechsmonatlicher Beschäftigung im Gerichtsschreiberdienst zur Prüfung zugelassen werden.

Ueber die Beschäftigung und Anstellung der Referendare im Justizsubalterndienst siehe die bei Müller S. 182 abgedruckten Bestimmungen.

Zu dem Vorbereitungsdienst soll außer den Militäranwärtern nach § 1 GO. nur zugelassen werden, wer

1. das 18. Lebensjahr vollendet hat,
2. die erforderliche wissenschaftliche Befähigung (s. Allg. Verf. v. 4. März 1901, JMBl. S. 51) und
3. die für den Gerichtsschreiberdienst erforderliche körperliche Rüstigkeit besitzt,
4. sich mindestens drei Jahre aus eigenen Mitteln oder durch Unterstützung seiner Angehörigen ohne Beihülfe des Staats zu unterhalten im Stande ist, und
5. eine gute Handschrift besitzt.

Inwieweit die Oberlandesgerichtspräsidenten ermächtigt sind, ausnahmsweise Personen, welche noch nicht das 18., wohl aber das 16. Lebensjahr zurückgelegt haben, zum Vorbereitungsdienst zuzulassen, bestimmt § 1 Abs. 2 GO.

Justizanwärter. Beeidigung.

2. Die zum Vorbereitungsdienst zugelassenen Anwärter führen, soweit sie nicht bereits in einem Amte der Justizverwaltung angestellt sind, die Bezeichnung Justizanwärter. Sie haben bei Antritt des Vorbereitungsdienstes den für unmittelbare Staatsbeamte vorgeschriebenen Diensteid zu leisten (§ 5 GO.).

Vorbereitungsdienst bei den Amtsgerichten.

3. Der Vorbereitungsdienst soll nach § 6 GO. alle Zweige des Gerichtsschreiberdienstes und des Büreaudienstes bei der Staatsanwalt-

schaft, insbesondere auch die Beschäftigung mit dem Kassen- und Rechnungswesen, dem Gefängnißwesen und den Justizverwaltungssachen umfassen.

Der Anwärter ist nach näherer Bestimmung des Oberlandesgerichtspräsidenten mindestens 18 Monate bei einem Amtsgericht, 8 Monate bei einem Landgericht und 4 Monate bei der Staatsanwaltschaft eines Landgerichts zu beschäftigen.

Innerhalb des Vorbereitungsdienstes bei dem Amtsgericht ist der Anwärter theils bei einem Amtsgerichte mit 1 oder 2 Richtern, theils bei einem solchen mit 3 oder mehr Richtern, und zwar während dieser Beschäftigung 3 Monate in der Kasse und 1 Monat bei einem Gerichtsvollzieher, zu beschäftigen. Die Beschäftigung in der Kasse hat am Schlusse der amtsgerichtlichen Vorbereitungszeit zu erfolgen.

Während des Vorbereitungsdienstes, namentlich bei dem Amtsgerichte, sind dem Anwärter größere Rechnungsarbeiten, unter Leitung und unter Verantwortlichkeit des Rechnungsbeamten, zu übertragen.

Die in der Vorbildung befindlichen Justizanwärter werden auch mit dem Gefängnißdienst in allen Richtungen, insbesondere auch in der Registerführung und mit den schriftlichen und Rechnungsarbeiten, vertraut zu machen sein (Gen.Verf. v. 16. April 1887, II a. 3417).

Die Vorschriften über die Dauer des Vorbereitungsdienstes für die Gerichtsschreiberprüfung und seiner einzelnen Abschnitte findet auf Justizanwärter, die diesen Dienst bereits vor dem 1. Januar 1900 begonnen haben, keine Anwendung (§ 31 GO.).

Den aufsichtführenden Amtsrichtern liegt nach § 7 GO. die allgemeine Leitung des Vorbereitungsdienstes ob. Sie haben die Dauer und Reihenfolge der einzelnen Abschnitte des Vorbereitungsdienstes innerhalb des Zeitraums, für welchen der Anwärter dem Amtsgericht überwiesen ist, festzusetzen und die Beamten zu bestimmen, unter deren besonderer Leitung der Anwärter beschäftigt werden soll. Bei Auswahl dieser Beamten ist auf ihre Befähigung zur Anleitung der Anwärter besondere Rücksicht zu nehmen. Leitung desselben.

Der Oberlandesgerichtspräsident kann nach Maßgabe des Bedürfnisses die Reihenfolge der einzelnen Abschnitte des Vorbereitungsdienstes unter Innehaltung ihrer Mindestdauer abweichend bestimmen.

Ueber den Erfolg des Vorbereitungsdienstes in den einzelnen Dienstzweigen und über das dienstliche und außerdienstliche Verhalten des Anwärters hat der aufsichtführende Richter nach Anhörung des mit der besonderen Leitung des Vorbereitungsdienstes beauftragten Beamten ein Zeugniß auszustellen und dem Oberlandesgerichtspräsidenten vorzulegen (§ 9 GO.). Zeugniß.

4. Die Prüfung wird bei den Oberlandesgerichten oder bei den Landgerichten, welche der Justizminister bezeichnet, abgelegt. Sie ist eine schriftliche und eine mündliche, und ist darauf zu richten, ob der Bewerber die für sämmtliche Zweige des Gerichtsschreiberdienstes und des Büreaudienstes bei den Staatsanwaltschaften erforderliche Kenntniß und praktische Gewandtheit sich erworben hat (§ 3 Ges. v. 3. März 1879). Prüfung.

Prüfungskommissionen werden nach § 10 GO. nur bei den Oberlandesgerichten und bei dem Landgericht in Hechingen gebildet. Die Prüfungskommission besteht aus Beamten des höheren Justizdienstes, welche am Sitze der Prüfungskommission ihren Wohnsitz haben, und aus dem Rechnungsrevisor des Oberlandesgerichts. Die Ersteren werden zu Mitgliedern der Prüfungskommission auf die Dauer des Geschäftsjahres von dem Oberlandesgerichtspräsidenten ernannt. Wird ein Staatsanwalt zum Mitgliede der Kommission ernannt, so hat sich der Oberlandesgerichtspräsident des Einverständnisses des Oberstaatsanwalts zu vergewissern (§ 11 GO.).

Die einzelnen Prüfungen sind von zwei Beamten des höheren Justizdienstes, denen als drittes Mitglied der Rechnungsrevisor des Oberlandesgerichts hinzutritt, abzunehmen. Bei der Prüfungskommission in Hechingen tritt an die Stelle des Rechnungsrevisors des Oberlandesgerichts der als Rechnungsrevisor des Landgerichts fungirende Gerichtsschreiber.

Die geschäftliche Leitung der Prüfungskommission steht dem Präsidenten des Gerichts zu (§ 11 GO.).

Ueber die Zulassung zur Prüfung entscheidet der Oberlandesgerichtspräsident. Die Zulassung darf nur erfolgen, wenn der Anwärter zur Ablegung der Prüfung für genügend vorbereitet zu erachten ist. Die schriftliche Prüfung geht der mündlichen voraus (§§ 12, 13 GO.).

Ueber die Prüfung selbst enthalten die §§ 13—17 GO. die nöthigen Vorschriften. — Die Prüfungsgebühr beträgt 12 M. (Müller S. 174).

Hat der Anwärter die Gerichtsschreiberprüfung nicht bestanden, so kann er nach Zurücklegung eines weiteren Vorbereitungsdienstes zu einer zweiten und letzten Prüfung für das Gerichtsschreiberamt zugelassen werden. Die Dauer des weiteren Vorbereitungsdienstes und die Behörden, bei welchen der Anwärter während derselben zu beschäftigen ist, werden von dem Oberlandesgerichtspräsidenten bestimmt (§ 18 GO.). Civilanwärter, welche innerhalb eines Zeitraumes von 5 Jahren seit dem Beginne des Vorbereitungsdienstes die Prüfung nicht bestehen, sind nach § 19 GO. in der Regel zu entlassen.

Aktuar. 5. Die Anwärter, welche die Prüfung als Gerichtsschreiber bestanden haben, führen, soweit sie nicht etatsmäßig angestellt sind, den Titel Aktuar (§ 20 GO.).

Sekretär. 6. Die Gerichtsschreiber führen den Amtstitel Sekretär (Allg. Verf. v. 12. Dezbr. 1879, JMBl. S. 471).

§ 5.

Gerichtsschreibergehülfen.

Gesetz, betr. die Dienstverhältnisse der Gerichtsschreiber v. 3. März 1879 (GS. S. 99, Kayser S. 196, Müller S. 166).

Gerichtsschreiberordnung v. 17. Dezember 1899 (JMBl. S. 38, Kayser S. 197, Müller S. 168).

Qualifikation. 1. Neben den Gerichtsschreibern können Gerichtsschreibergehülfen ernannt werden. Zu Gerichtsschreibergehülfen dürfen nur Personen ernannt werden, welche die Prüfung als Gerichtsschreiber oder eine besondere Prüfung bestanden haben. Die näheren Vorschriften über diese Prüfung und die sonstigen Bestimmungen über die Befähigung zur Bekleidung der Stelle eines Gerichtsschreibergehülfen werden von dem Justizminister erlassen (§ 4 Ges. v. 3. März 1879).

Zu Gerichtsschreibergehülfen können nur Militäranwärter ernannt werden, welche

1. das 21. Lebensjahr vollendet und
2. die Gerichtsschreiberprüfung oder die Gerichtsschreibergehülfenprüfung bestanden haben.

Die Eigenschaft als Militäranwärter sowie die Erfüllung der in der Nr. 1 bezeichneten Voraussetzung sind nicht erforderlich, wenn die Beschäftigung gegen Diäten auf Kündigung erfolgen soll. (§ 21 GO.).

Die Stellen der etatsmäßigen Gerichtsschreibergehülfen bei den Landgerichten und den Amtsgerichten, sowie der etatsmäßigen Assistenten bei den Staatsanwaltschaften der Landgerichte und der Amtsgerichte bleiben nach der Allg. Verf. v. 23. März 1896 (JMBl. S. 97) den Militäranwärtern ausschließlich vorbehalten Eine Ausnahme bilden diejenigen Stellen, welche für Dolmetscher bestimmt und für welche als Dolmetscher qualifizirte Civilanwärter vorhanden sind. Aeltere qualifizirte Militäranwärter haben auch für diese Stellen den Vorrang.

Von den Stellen der diätarischen Gerichtsschreibergehülfen bei den Landgerichten und den Amtsgerichten, sowie der diätarischen Assistenten bei den Staatsanwaltschaften der Landgerichte und der Amtsgerichte wird der fünfte Theil der im Oberlandesgerichtsbezirk überhaupt vorhandenen Stellen dieser Art den Militäranwärtern ausschließlich vorbehalten.

2. Die Anwärter haben bei Antritt des Vorbereitungsdienstes den für unmittelbare Staatsbeamte vorgeschriebenen Diensteid zu leisten (§§ 5, 22 GO.). Vereidigung.

3. Zum Vorbereitungsdienste für die Gerichtsschreibergehülfenprüfung werden nach § 22 GO. nur Militäranwärter mit einer guten Elementarschulbildung zugelassen. Bei der Zulassung ist dem Militäranwärter zu eröffnen, daß seine Entlassung erfolgen werde, wenn sich nach dem Ablaufe von drei Monaten oder schon vorher ergebe, daß er für den Vorbereitungsdienst nicht ausreichend befähigt sei. Vorbereitungsdienst.

Der Vorbereitungsdienst beträgt 9 Monate. Während dieses Zeitraums ist der Anwärter nach näherer Bestimmung des Oberlandesgerichtspräsidenten mindestens 6 Monate bei einem kleineren Amtsgerichte zu beschäftigen.

Der aufsichtführende Amtsrichter hat spätestens, nachdem 3 Monate des Vorbereitungsdienstes verflossen sind, in einem dem Oberlandesgerichtspräsidenten zu erstattenden, durch Vermittelung des Landgerichtspräsidenten einzureichenden Berichte sich darüber zu äußern, ob der Militäranwärter für den Gerichtsschreibergehülfen-Vorbereitungsdienst die erforderlichen Vorkenntnisse und ausreichende Begabung gezeigt hat, ob er mit Fleiß und Diensteifer sich seine Ausbildung hat angelegen sein lassen, und ob daher erwartet werden darf, daß er nach dem Ablaufe der regelmäßigen Dauer des Vorbereitungsdienstes die Gerichtsschreibergehülfenprüfung mit Erfolg werde bestehen können. Der Oberlandesgerichtspräsident hat den Militäranwärter, welcher für den Vorbereitungsdienst nicht als ausreichend befähigt anzusehen ist, sofort zu entlassen. Befindet sich der Militäranwärter noch im aktiven Militärdienste, so ist der Militärbehörde von der Entlassung unter Angabe des Grundes derselben Mittheilung zu machen.

Leitung desselben. Der Vorbereitungsdienst ist in der Weise zu leiten, daß der Anwärter Gelegenheit erhält, sich für die den Gegenstand der Gerichtsschreibergehülfenprüfung bildenden Zweige des Gerichtsschreiberdienstes (§ 24 GO.) auszubilden.

Auf den Vorbereitungsdienst kann der Zeitraum, während dessen der Anwärter im Vorbereitungsdienste für die Gerichtsschreiberprüfung beschäftigt oder mit der einstweiligen Wahrnehmung des Gerichtsschreiberdienstes beauftragt war, ganz oder theilweise angerechnet werden.

Zeugniß. Im Uebrigen finden auf den Vorbereitungsdienst bezüglich der Leitung und des Zeugnisses die Vorschriften über den Vorbereitungsdienst der Gerichtsschreiber entsprechende Anwendung.

Prüfung. 4. Die Gerichtsschreibergehülfenprüfung wird nach § 23 GO. bei Landgerichten, welche hierzu von dem Oberlandesgerichtspräsidenten bestimmt werden, abgelegt.

Die Mitglieder der Prüfungskommission werden auf die Dauer des Geschäftsjahrs aus Justizbeamten, welche am Sitze des Landgerichts ihren Wohnsitz haben, von dem Oberlandesgerichtspräsidenten ernannt. Wird ein Staatsanwalt zum Mitgliede der Kommission ernannt, so hat sich der Oberlandesgerichtspräsident des Einverständnisses des Oberstaatsanwalts zu vergewissern.

Die einzelnen Prüfungen sind von einem Beamten des höheren Justizdienstes, welchem als zweites Mitglied der Rechnungsrevisor oder ein am Sitze der Prüfungskommission angestellter Gerichtsschreiber oder der Rendant der Gerichtskasse hinzutritt, abzunehmen.

Die geschäftliche Leitung der Prüfungskommission steht dem Präsidenten des Landgerichts zu. Die Prüfung ist eine schriftliche und eine mündliche und regelt sich nach Vorschrift des § 24 GO.

Die Prüfungsgebühr beträgt 6 Mk. (Müller S. 174).

Assistent. 5. Die gegen festes Gehalt auf Lebenszeit angestellten Gerichtsschreibergehülfen führen den Amtstitel Assistent (Allg. Verf. vom 12. Dezember 1879, JMBl. S. 471).

§ 6.

Dolmetscher.

Dolmetscherordnung v. 18. Dezember 1899 (JMBl. S. 856, Kayser S. 251, Müller S. 226), nur gültig für die Bezirke Berlin, Breslau, Kiel, Köln, Königsberg, Marienwerder, Posen und Stettin (§ 22 DO.).

Qualifikation. 1. Zum Dolmetscher kann nur ernannt werden, wer als Gerichtsschreiber oder Gerichtsschreibergehülfe auf Lebenszeit angestellt ist und die Dolmetscherprüfung bestanden hat (§ 1 DO.)

2. Der Dolmetscherprüfung muß ein Vorbereitungsdienst von mindestens 1 Jahr 6 Monaten vorangehen. Während dieses Zeitraumes ist der Anwärter nach näherer Bestimmung des Oberlandesgerichtspräsidenten mindestens 9 Monate bei einem Amtsgericht und mindestens 4 Monate bei einem Landgerichte zu beschäftigen. Der Oberlandesgerichtspräsident ist ermächtigt, in besonders gearteten Fällen die Gesammtdauer des Vorbereitungsdienstes um 3 Monate zu verkürzen. Der Vorbereitungsdienst kann zurückgelegt werden, während der Anwärter gleichzeitig in dem Vorbereitungsdienste für die Gerichtsschreiberprüfung oder für die Gerichtsschreibergehülfenprüfung beschäftigt ist. Auf die vorgeschriebene Dauer des Vorbereitungsdienstes für jeden dieser Dienstzweige hat die Verbindung keinen Einfluß (§ 2 DO.). Vorbereitungsdienst.

Zu dem Vorbereitungsdienste soll nach § 3 DO. nur zugelassen werden, wer

1. die Dolmetschervorprüfung bestanden hat, und
2. die Gerichtsschreiberprüfung oder die Prüfung zum Gerichtsschreibergehülfen bestanden hat oder zum Vorbereitungsdienste für diese Prüfung zugelassen ist.

Den aufsichtführenden Richtern liegt die allgemeine Leitung des Vorbereitungsdienstes bei den Amtsgerichten ob. Sie haben den Dolmetscher zu bestimmen, unter dessen besonderer Leitung der Anwärter beschäftigt werden soll. Jeder Dolmetscher, dem ein Anwärter nach Maßgabe des § 6 Abs. 2 DO. zur Ausbildung zugetheilt ist, hat über deren Erfolg ein Zeugniß auszustellen und zu den Akten zu geben (§ 6 DO.). Leitung desselben.

Ueber den Erfolg des Vorbereitungsdienstes haben die Vorstände der Gerichte, bei welchen der Anwärter beschäftigt worden ist, auf Grund der im § 6 bezeichneten schriftlichen Arbeiten und Zeugnisse ein allgemeines Zeugniß auszustellen und dieses dem Oberlandesgerichtspräsidenten vorzulegen (§ 7 DO.). Zeugniß.

3. Die Dolmetschervorprüfung wird vor der Prüfungskommission für die Dolmetscherprüfung abgelegt. Sie ist darauf zu richten, ob der Anwärter sich über die Gegenstände des gewöhnlichen Lebens mündlich und schriftlich in der deutschen und in der fremden Sprache fließend ausdrücken kann, ob er die Regeln der Grammatik beider Sprachen hinlänglich inne hat und ob er genügendes Auffassungsvermögen besitzt. Als bestanden gilt die Vorprüfung nur, wenn der Beschluß der Prüfungskommission einstimmig gefaßt ist (§ 3 DO.). Dolmetschervorprüfung.

4. Die Dolmetscherprüfung wird nach § 8 DO. bei einem von dem Oberlandesgerichtspräsidenten für den Bezirk des Oberlandesgerichts zu bestimmenden Gericht abgelegt. Dolmetscherprüfung.

Die Mitglieder der Prüfungskommission werden auf die Dauer des Geschäftsjahrs aus Richtern, Staatsanwälten und Dolmetschern ernannt, die an dem Sitze des Gerichts, bei welchem die Kommission gebildet ist, ihren Wohnsitz haben. Zu Mitgliedern dürfen nur solche Richter und Staatsanwälte ernannt werden, welche der fremden Sprache mächtig sind.

Soll ein Staatsanwalt zum Mitgliede der Kommission ernannt werden, so hat sich der Oberlandesgerichtspräsident des Einverständnisses des Oberstaatsanwalts zu vergewissern.

In die für den Bezirk des Oberlandesgerichts in Posen zu bildende Prüfungskommission sind auch Lehrer der polnischen Sprache, welche an einer höheren Lehranstalt angestellt sind, zu berufen.

In Ermangelung von Dolmetschern können an Stelle derselben auch andere Personen, welche der fremden Sprache mächtig sind, zu Mitgliedern der Prüfungskommission ernannt werden. Die einzelnen Prüfungen sind von einem Richter oder einem Staatsanwalt und einem Dolmetscher, im Oberlandesgerichtsbezirk in Posen von einem Richter oder einem Staatsanwalt, einem Dolmetscher und einem Lehrer der polnischen Sprache abzunehmen.

Die geschäftliche Leitung der Prüfungskommission steht dem Vorstande des Gerichts zu.

Sind im Bezirk eines Landgerichts Dolmetscher für verschiedene Sprachen angestellt, so sind für die verschiedenen Sprachen besondere Prüfungskommissionen zu bilden.

Die Prüfung ist eine schriftliche und eine mündliche und wird nach Vorschrift der §§ 10—12 DO. abgenommen.

Ernennung. Gehaltszulage.

5. Die Dolmetscher werden von dem Oberlandesgerichtspräsidenten ernannt (§ 14 DO.) und beziehen eine stellenmäßige Gehaltszulage. Ihre Ernennung erfolgt für die Dauer der Bekleidung der Gerichtsschreiberstelle oder der Gerichtsschreibergehülfenstelle bei dem betreffenden Gerichte. (§ 15 DO.).

Dolmetschereid.

6. Die Dolmetscher sind als solche im Allgemeinen zu beeidigen.

Der Eid ist dahin zu leisten, daß sie die ihnen anvertrauten Uebertragungen aus der — Polnischen, Litthauischen usw. — Sprache und in diese Sprache treu und gewissenhaft ausführen werden (§ 19 DO.).

Hülfsdolmetscher.

7. Im Falle einer erforderlichen Aushülfe oder Stellvertretung können nach § 16 DO. mit der einstweiligen Wahrnehmung der Dolmetschergeschäfte Personen beauftragt (zu Hülfsdolmetschern bestellt) werden, welche die Dolmetscherprüfung bestanden haben. In Ermangelung solcher Personen können beauftragt werden: Personen, welche im Vorbereitungsdienst für die Dolmetscherprüfung seit mindestens 3 Monaten beschäftigt sind und Personen, welche als Gerichtsschreiber oder Gerichtsschreibergehülfen angestellt sind, oder mit der einstweiligen Wahrnehmung der Gerichtsschreibergeschäfte beauftragt werden können (§ 26 GO.), sofern nach einem Zeugnisse des Vorstandes des Gerichts, bei welchem sie beschäftigt sind, anzunehmen ist, daß sie zur einstweiligen Wahrnehmung des Dolmetscherdienstes befähigt sind.

Unter besonderen Verhältnissen kann der Auftrag auch anderen für befähigt erachteten Personen ertheilt werden. Der Auftrag wird von dem Oberlandesgerichtspräsidenten ertheilt. In dringenden Fällen kann derselbe bis auf weitere Anordnung des Oberlandesgerichtspräsidenten von dem Vorstande des Gerichts — bei dem Amtsgericht also von dem aufsichtführenden Richter — ertheilt werden.

Die Hülfsdolmetscher haben den Dolmetschereid zu leisten (§ 19 DO.).

8. **Auf die allgemeine Beeidigung eines Dolmetschers (§ 191 Abs. 2 GVG.) finden, sofern er nicht auf Grund der Dolmetscherordnung ernannt oder bestellt wird, § 10 der Allg. Verf. v. 5. Februar 1900 (JMBl. S. 48, Kayser S. 392) und die Allg. Verf. v. 5. März 1901 (JMBl. S. 51) Anwendung.** Allgemeine Beeidigung von Dolmetschern.

§ 7.

Kanzleipersonal.

Kanzleiordnung v. 9. Februar 1895 (Beilage zum JMBl. Nr. 8, Kayser S. 260, Müller S. 236).

Abgeändert durch die Allg. Verf. v. 18. Jan. 1897 (JMBl. S. 21), v. 18. Jan. 1899 (JMBl. S. 159), v. 28. März 1901 (JMBl. S. 74) und v. 9. Februar 1902 (JMBl. S. 34). Die Abänderungen sind als Theile der Kanzleiordnung anzusehen und demgemäß zu bezeichnen.

1. Behufs Erledigung des Schreibwerks werden bei den Kollegialgerichten, den Staatsanwaltschaften und bei den mit 8 Richtern und mehr besetzten Amtsgerichten Kanzlisten und Kanzleidiätare, bei sämmtlichen Justizbehörden aber Kanzleigehülfen (Lohnschreiber) beschäftigt. Allgemeines.

2. Als Kanzleibeamter (Kanzlist, Kanzleidiätar) darf nur angestellt werden, wer mindestens einen Monat als Kanzleigehülfe (Lohnschreiber) beschäftigt worden ist und seine Befähigung für den Kanzleidienst durch Ablegung einer Prüfung dargethan hat. Die näheren Anordnungen über die Prüfung werden von dem Präsidenten des Oberlandesgerichts erlassen. Für die Prüfung sind Gebühren nicht zu entrichten. Der Ablegung dieser Prüfung bedarf es nicht für diejenigen Beamten, welche die Prüfung als Gerichtsschreibergehülfe oder als Gerichtsvollzieher bestanden haben. Kanzleibeamte. Prüfung.

Die Kanzlisten werden gegen festes Gehalt auf Lebenszeit, die Kanzleidiätare gegen Diäten unter Vorbehalt einmonatiger Kündigung angestellt. Die Anstellung erfolgt durch die in der Allg. Verf. v. 2. März 1885 (JMBl. S. 96) bezeichnete Behörde.

3. Die Kanzleigehülfen (Lohnschreiber) werden nach § 3 Kanzl.O. von der Anstellungsbehörde (Nr. 4 der Allg. Verf. v. 2. März 1885) nach Bedürfniß angenommen. Die zur Befriedigung eines dauernden Bedürfnisses angenommenen Kanzleigehülfen werden nach den für die Staatsbeamten ergangenen Vorschriften vereidigt. Kanzleigehülfen, welche nur vorübergehend zur Aushülfe angenommen sind, werden durch Handschlag an Eidesstatt zur Amtsverschwiegenheit verpflichtet; dieselben haben nicht die Eigenschaft von Staatsbeamten. Kanzleigehülfen. (Lohnschreiber.) Annahme. Vereidigung.

§ 4 Allg. Verf. v. 2. März 1885 (JMBl. S. 96): Die Annahme derjenigen Lohnschreiber (Kanzleigehülfen), welche nicht eine fixirte Remuneration erhalten, erfolgt bei den Amtsgerichten durch den aufsichtführenden Richter.

Nichtversorgungsberechtigte Personen, welche das 35. Lebensjahr überschritten haben, sind nicht mit der Aussicht auf dauernde Beschäftigung und daher nicht als Staatsbeamte anzunehmen.

Die Grundsätze über die Besetzung der Subaltern- und Unterbeamtenstellen bei den Reichs- und Staatsbehörden mit Militäranwärtern vom 7./21. März 1882 (JMBl. S. 325, Kayser S. 179, Müller S. 360) sind auch bei der Annahme der Kanzleigehülfen sorgfältig zu beachten. Die Kanzleigehülfenstellen sind ausschließlich den Militäranwärtern vorbehalten.

Ueber die Annahme von Kanzleigehülfen bestimmt die Allg. Verf. v. 8. Mai 1897 (JMBl. S. 105) Folgendes:

1. Bewerberverzeichnisse gemäß § 15 der Anstellungsgrundsätze sind auch in Ansehung der Kanzleigehülfenstellen und zwar von den Oberlandesgerichtspräsidenten und den Oberstaatsanwälten gemeinschaftlich zu führen. In dieselben sind auch diejenigen Militäranwärter einzutragen, welche sich nicht für den ganzen Oberlandesgerichtsbezirk, sondern nur für eine Kanzleigehülfenstelle bei einer bestimmten Justizbehörde zur Verfügung stellen. Der Führung von Bewerberverzeichnissen bei den übrigen Justizbehörden bedarf es nicht.
2. Gesuche, welche bei den Landgerichtspräsidenten, den Ersten Staatsanwälten oder den aufsichtführenden Amtsrichtern behufs Notirung für eine noch nicht vakante Kanzleigehülfenstelle eingehen, sind dem Oberlandesgerichtspräsidenten und dem Oberstaatsanwalt einzureichen.
3. Ist bei einem Landgericht oder Amtsgericht eine Kanzleigehülfenstelle, für welche nach § 4 der Kanzleiordnung ein Militäranwärter angenommen werden muß, zu besetzen, so ist seitens der Anstellungsbehörden (Nr. 4 der Allg. Verf. vom 2. März 1885) zunächst festzustellen, ob ein geeigneter Militäranwärter in der Bewerberliste (Nr. 1) eingetragen steht; verneinendenfalls ist die Vakanz von dem Oberlandesgerichtspräsidenten und dem Oberstaatsanwalt auf dem vorgeschriebenen Wege durch die Vakanzenliste bekannt zu machen.
4. Die Beobachtung dieser Vorschriften ist im Dienstaufsichtswege zu kontroliren; insbesondere bietet die Revision der Rechnungsbeläge mit Rücksicht auf das Formular zur Zahlungsanweisung unter der Zusammenstellung der Ergebnisse aus den Monatszetteln der Kanzleigehülfen hierzu Gelegenheit.

Nichtversorgungsberechtigte Personen dürfen als Kanzleigehülfen nur angenommen werden, wenn innerhalb sechs Wochen nach der Veröffentlichung der vakanten Stelle in der Vakanzenliste Bewerbungen von Militäranwärtern bei der Anstellungsbehörde nicht eingegangen sind. Zur vorübergehenden Beschäftigung als Kanzleigehülfen können jedoch auch Nichtversorgungsberechtigte angenommen werden, falls qualifizirte Militäranwärter, deren Eintritt ohne unverhältnißmäßigen Zeitverlust oder Kostenaufwand herbeigeführt werden kann, nicht vorhanden sind.

Nichtversorgungsberechtigte Personen, welche in Folge vorschriftsmäßig festgestellten Mangels an Militäranwärtern als Kanzleigehülfen zur dauernden Beschäftigung angenommen sind, dürfen aus ihren Stellen durch später sich meldende Militäranwärter nicht verdrängt werden (§ 3 Kanzl.O.).

Die nur vorübergehend und aushülfsweise beschäftigten Lohnschreiber sind als Hülfsarbeiter im Sinne des Gesetzes über die Invaliditäts- und Altersversicherung v. 13. Juli 1899 (RGBl. S. 463) anzusehen und daher versicherungspflichtig (s. a. Müller S. 912 ff.). Auf die ständigen Kanzleigehülfen, soweit ihnen ein Mindesteinkommen nicht bewilligt ist, sowie auf alle vorübergehend beschäftigten Kanzleigehülfen erstreckt sich nach der Allg. Verf. v. 25. April 1901 (JMBl. S. 95) auch die Krankenfürsorge.

Die bei vorübergehenden Arbeitshäufungen zur Aushülfe auf einige Zeit angenommenen Kanzleigehülfen dürfen bei der Vertheilung des Schreibwerks nach der Allg.Verf. v. 10. Juli 1901 (JMBl. S. 160) erst dann berücksichtigt werden, wenn den Kanzleibeamten und Kanzleigehülfen mit Mindesteinkommen das zur Erfüllung ihres Pensums erforderliche Schreibwerk zugetheilt ist.

4. Die Kanzleigehülfen können jederzeit ohne Kündigung entlassen werden. Der Entlassung soll jedoch, sofern der Kanzleigehülfe nicht nur vorübergehend zur Aushülfe angenommen worden ist, in der Regel eine einmonatige Kündigung vorangehen (§ 3 Kanzl.O.). Entlassung.

5. Ueber die Pensionirung der Lohnschreiber sind die bei Müller S. 829 u. 830 unter K. bis O. abgedruckten Verfügungen ergangen, auf welche hingewiesen wird. Die Gewährung von Pensionen an ständige Kanzleigehülfen wird durch die Allg. Verf. v. 16. April 1900 (JMBl. S. 401, Kayser S. 195) geregelt. Pensionirung.

6. Die Kanzleigehülfen erhalten nach § 5 Kanzl.O. für das gelieferte Schreibwerk eine Vergütung, welche nach Seiten berechnet wird; für die Feststellung der Anzahl der Seiten sind die §§ 17, 18, 19, 20 – 23 Kanzl.O. maßgebend. Die Vergütung wird für jeden Einzelnen im voraus, ohne Scheidung der verschiedenen Arten des Schreibwerks, auf 5, 6, 7, 8, 9 oder 10 Pf. für die Seite festgesetzt. Kanzleigehülfen, welche während der Anfangszeit ihrer Beschäftigung noch nicht durchweg brauchbare Arbeiten liefern, kann, bis sie sich die erforderliche Uebung angeeignet haben, für die Seite eine geringere, in ganzen Pfennigen zu berechnende Vergütung festgesetzt werden. Schreiblohn.

Die Festsetzung erfolgt hinsichtlich der Kanzleigehülfen bei dem Amtsgerichte I in Berlin durch den Amtsgerichtspräsidenten, bei den übrigen Amtsgerichten durch den Präsidenten des Landgerichts, hinsichtlich der Kanzleigehülfen bei den Kollegialgerichten und den Staatsanwaltschaften durch die Anstellungsbehörde (Nr. 4 Allg. Verf. v. 2. März 1885, JMBl. S. 96).

Kanzleigehülfen, welche als solche oder als Schreibgehülfen des Gerichtsschreibers im Ganzen mindestens 18 Jahre ohne Unterbrechung im Kanzleidienste beschäftigt sind, kann ein Schreiblohnsatz von 11 Pf. und solchen Kanzleigehülfen, welche in gleicher Weise mindestens 21 Jahre beschäftigt sind, ein Schreiblohn von 12 Pf. für die Seite gewährt werden (Allg. Verf. v. 28. März 1901, JMBl. S. 74). Aus Gründen des dienstlichen Interesses kann ausnahmsweise mit Genehmigung des Justizministers der Schreiblohnsatz auch ohne die im vorhergehenden Absatze bezeichnete Voraussetzung auf 11 oder auf 12 Pf. für die Seite erhöht werden. Der festgesetzte Schreiblohn kann vom Beginn eines neuen Monats ab geändert, insbesondere auch herabgesetzt werden.

Die vorstehenden Schreiblohnsätze werden nur für handschriftlich hergestellte Schreibarbeiten berechnet. Falls in einzelnen Fällen die mechanische Vervielfältigung von Schriftstücken im Interesse der Kostenersparniß gerathen erscheint, wird für die Herstellung des ersten Schriftstückes und die etwa erforderliche handschriftliche Ergänzung der vervielfältigten Exemplare der gewöhnliche Schreiblohn vergütet. Im Uebrigen werden die Kosten besonders berechnet und gemäß der Allg. Verf. v. 13. Februar 1877 (JMBl. S. 25) auf den sächlichen Fonds zur Zahlung angewiesen. Die Entscheidung darüber, ob die Vervielfältigung auf mechanischem Wege stattfinden soll, erfolgt durch den Gerichtsschreiber (Sekretär). Sie ist in jedem Falle nachzusuchen, wenn von einem Schriftstück mehr als 10 Exemplare hergestellt werden müssen.

Daß die Kanzleigehülfen sich zur Erledigung des Schreibwerks fremder Hülfe bedienen, kann nicht gestattet werden.

Mindesteinkommen.

7. Ueber das den Kanzleigehülfen zu gewährende Mindesteinkommen treffen §§ 6 ff. Kanzl.O. Bestimmung. Welchen Kanzleigehülfen dasselbe und in welcher Höhe gewährt werden soll, bestimmt § 6 dahin:

Kanzleigehülfen, welche als solche oder als Schreibgehülfen des Gerichtsschreibers zusammengerechnet mindestens 5 Jahre ohne Unterbrechung im Kanzleidienst beschäftigt sind, das 25. Lebensjahr zurückgelegt und sich zuverlässig gezeigt haben, kann ein monatliches Mindesteinkommen bewilligt werden. Eines Antrages seitens der Kanzleigehülfen bedarf es nicht. Die Bewilligung des Mindesteinkommens an einen Kanzleigehülfen (Lohnschreiber), welcher nicht die Eigenschaft eines Staatsbeamten hat (§ 3), findet nicht statt.

Die Bewilligung ist eine widerrufliche. Sie erfolgt hinsichtlich der Kanzleigehülfen bei den Gerichten durch den Präsidenten des Oberlandesgerichts, hinsichtlich derjenigen bei den Staatsanwaltschaften durch den Präsidenten des Oberlandesgerichts in Gemeinschaft mit dem Oberstaatsanwalt.

In der betreffenden Verfügung ist, vorbehaltlich der besonderen Bestimmung in § 7 Nr. 2 Kanzl.O. lediglich festzusetzen, daß das Mindesteinkommen „nach Maßgabe des § 6 Kanzl.O." bewilligt wird. Die Höhe des Mindesteinkommens bestimmt sich von selbst nach dem Schreiblohnsatze, welcher dem betreffenden Kanzleigehülfen gewährt wird, in der Weise, daß

bei	einem	Satze	von	5	Pf.	das	Mindesteinkommen	48	Mark
"	"	"	"	6	"	"	"	57	"
"	"	"	"	7	"	"	"	66	"
"	"	"	"	8	"	"	"	75	"
"	"	"	"	9	"	"	"	84	"
"	"	"	"	10	"	"	"	93	"
"	"	"	"	11	"	"	"	103	"
"	"	"	"	12	"	"	"	112	"

beträgt. Wird der Schreiblohnsatz von der zuständigen Behörde (§ 5 Abs. 2 Kanzl.O.) erhöht oder ermäßigt, so erhöht oder ermäßigt sich von selbst auch der Betrag des bereits früher bewilligten Mindesteinkommens.

In der Verfügung, durch welche das Mindesteinkommen bewilligt wird, ist zugleich ersichtlich zu machen, daß die Vorbedingungen der Bewilligung vorhanden sind.

Als Anfangstermin, mit welchem die Bewilligung des Mindesteinkommens in Kraft tritt, ist der erste Tag eines Monats zu bestimmen.

Ueber die Bewilligung des Mindesteinkommens vergleiche § 7, über das von den Kanzleigehülfen, welchen ein Mindesteinkommen bewilligt ist, zu leistende Schreibwerk § 8, über die Zahlung des Mindesteinkommens, sofern und solange ein

Kanzleigehülfe zum Büreau- oder Kassengehülfen bestellt ist, und sofern er wegen Krankheit dienstunfähig oder zur Wiederherstellung seiner Gesundheit beurlaubt ist, §§ 9 u. 10 Kanzl.O.

8. Stirbt ein Kanzleigehülfe, welchem ein Mindesteinkommen bewilligt war, so erhalten nach § 11 Kanzl.O. die Erben für den Sterbemonat den von dem Verstorbenen nach der Seitenzahl verdienten Schreiblohn, mindestens aber denjenigen Betrag des bewilligten Mindesteinkommens, welcher nach Verhältniß der Tageszahl des betreffenden Kalendermonats auf die Tage des Dienstverhältnisses (die Sonn- und Festtage mit eingerechnet) bis zum Sterbetage, einschließlich desselben, entfällt. Die Bewilligung und Zahlungsanweisung erfolgt hinsichtlich solcher Beträge nach den Vorschriften des § 38 Kanzl.O. Tod eines Kanzleigehülfen.

Außerdem ist den Hinterbliebenen des Kanzleigehülfen nach den allgemeinen Bestimmungen über die Zahlung des Gnadenquartals das Mindesteinkommen des Verstorbenen für drei Monate in einer Summe zu bewilligen. Die Bewilligung des Gnadenquartals erfolgt hinsichtlich der Hinterbliebenen der Kanzleigehülfen bei den Gerichten durch den Präsidenten des Oberlandesgerichts, hinsichtlich der Kanzleigehülfen bei den Staatsanwaltschaften durch den Präsidenten des Oberlandesgerichts in Gemeinschaft mit dem Oberstaatsanwalt. Soll jedoch das Gnadenquartal anderen Hinterbliebenen als der Wittwe, den Kindern oder Enkeln des Verstorbenen bewilligt werden, so ist die Entscheidung des Justizministers einzuholen.

Die Vorschriften in den Abs. 1 und 2 sind auch in den Fällen zur Anwendung zu bringen, in welchen einem Kanzleigehülfen, dem das Mindesteinkommen bewilligt war, dasselbe mit Rücksicht auf die Vorschrift in § 10 Kanzl.O. zur Zeit seines Todes nicht mehr gewährt wurde, sofern nicht inzwischen das Dienstverhältniß durch Kündigung sein Ende erreicht hatte oder die Bewilligung des Mindesteinkommens widerrufen worden war.

Die Zahlungsanweisung wird in den Fällen der Abs. 2 und 3 durch den Präsidenten des Oberlandesgerichts erlassen.

§ 8.

Gerichtsvollzieher.

Gerichtsvollzieherordnung vom 31. März 1900 (JMBl. S. 345, Kayser S. 273, Müller S. 272).

Geschäftsanweisung für die Gerichtsvollzieher vom 12. Dezember 1899 (JMBl. S. 627, Kayser S. 292).

1. Zum Gerichtsvollzieher kann nach § 1 GVO. nur ernannt werden, wer Qualifikation.

a) das 25. Lebensjahr vollendet hat;
b) die aktive Dienstpflicht im stehenden Heere oder in der Flotte erfüllt hat oder von ihr für die Friedenszeit endgültig befreit ist;
c) die für den Gerichtsvollzieherdienst erforderliche körperliche Rüstigkeit besitzt;

d) sich in geordneten Vermögensverhältnissen befindet und
e) eine Prüfung bestanden hat.

Von der Ablegung der Prüfung sind diejenigen befreit, welche die Gerichtsschreiberprüfung bestanden haben.

Vorbereitungsdienst. 2. Der Prüfung muß nach § 2 GVO. ein mindestens sechsmonatiger Vorbereitungsdienst bei einem vom Oberlandesgerichtspräsidenten zu bestimmenden Amtsgerichte vorangehen. Während dieses Zeitraums ist der Anwärter vorzugsweise bei einem Gerichtsvollzieher, nebenbei auch bei einem Gerichtsschreiber zu beschäftigen. Der Gerichtsvollzieher und der Gerichtsschreiber, bei welchen die Beschäftigung zu erfolgen hat, werden von dem aufsichtführenden Amtsrichter bestimmt.

Vereidigung. Bei dem Antritte des Vorbereitungsdienstes hat der Anwärter den allgemeinen Diensteid zu leisten. Der Anwärter ist von der Vereidigung ab den allgemeinen Beamtenpflichten (§ 15) unterworfen.

Leitung des Vorbereitungsdienstes. Dem aufsichtführenden Amtsrichter liegt die allgemeine, dem Gerichtsvollzieher und dem Gerichtsschreiber die besondere Leitung des Vorbereitungsdienstes ob.

Zulassung. Zum Vorbereitungsdienste dürfen nur Militäranwärter mit einer guten Elementarschulbildung zugelassen werden. Ueber die Zulassung entscheidet der Oberlandesgerichtspräsident. Anwärter, welche das 35. Lebensjahr überschritten haben, sind in der Regel nicht mehr zuzulassen. Dem Gesuch um Zulassung sind die Geburtsurkunde, eine kurze selbstverfaßte und selbstgeschriebene Darstellung des Lebenslaufs sowie der Ausweis über die Militärverhältnisse und über die erlangte Schulbildung beizufügen. Ferner hat der Gesuchsteller eine Erklärung abzugeben, ob er Schulden hat, und bejahendenfalls, worin diese bestehen. Im Falle eines dienstlichen Interesses können auch bereits etatsmäßig angestellte Beamte, soweit sie ehemalige Militäranwärter sind, zum Vorbereitungsdienste zugelassen werden.

Die Vorschriften im vorigen Absatz Satz 3, 4 finden auf diese Anwärter keine Anwendung (§ 3 GVO.).

Abkürzung. Der Zeitraum, während dessen der Anwärter mit der einstweiligen selbständigen Wahrnehmung des Gerichtsvollzieherdienstes in sämmtlichen oder in einzelnen Zweigen beauftragt war, kann auf den Vorbereitungsdienst ganz oder theilweise angerechnet werden. Im Uebrigen ist eine Abkürzung des Vorbereitungsdienstes nur unter besonderen Umständen nach dem Ermessen des Oberlandesgerichtspräsidenten zulässig (§ 4 GVO.).

Zeugniß. Ueber den Erfolg des Vorbereitungsdienstes in den einzelnen Dienstzweigen und über das dienstliche und außerdienstliche Verhalten des Anwärters hat der aufsichtführende Amtsrichter nach Anhörung des Gerichtsvollziehers und des Gerichtsschreibers, welche mit der besonderen Leitung des Vorbereitungsdienstes beauftragt waren, ein Zeugniß auszustellen und durch Vermittelung des Landgerichtspräsidenten dem Oberlandesgerichtspräsidenten vorzulegen (§ 5 GVO.).

Prüfung. 3. Die Prüfung wird nach § 6 GVO. bei Landgerichten, welche hierzu vom Oberlandesgerichtspräsidenten bestimmt werden, abgelegt. Die Mitglieder der Prüfungskommission werden auf die Dauer des Geschäftsjahres aus richterlichen Beamten, welche am Sitze des Landgerichts ihren

Wohnsitz haben, vom Oberlandesgerichtspräsidenten ernannt; ihnen tritt der Rechnungsrevisor des Landgerichts hinzu. Der Oberlandesgerichtspräsident kann an Stelle des Rechnungsrevisors einen am Sitze der Prüfungskommission angestellten Gerichtsschreiber oder den Rendanten der Gerichtskasse zum Mitgliede der Prüfungskommission ernennen.

Die geschäftliche Leitung der Prüfungskommission steht dem Landgerichtspräsidenten zu. Die einzelnen Prüfungen, welche aus einer schriftlichen und mündlichen Prüfung nach Vorschrift der §§ 7 bis 11 GVO. bestehen, sind von einem richterlichen Beamten und dem Rechnungsrevisor des Landgerichts oder dem an Stelle des Letzteren ernannten Beamten abzunehmen.

Die Prüfungsgebühr beträgt 6 Mark (Müller S. 174).

4. Der Ernennung des Anwärters zum Gerichtsvollzieher nach bestandener Prüfung soll in der Regel die einstweilige selbständige Wahrnehmung der Geschäfte eines Gerichtsvollziehers während der Dauer von mindestens 3 Monaten vorangehen (§ 12 GVO.). Die Gerichtsvollzieher, welche zu den Subalternbeamten II. Klasse bei den Lokalbehörden gehören, werden vom Oberlandesgerichtspräsidenten auf Lebenszeit ernannt (§§ 13, 14 GVO.) und werden bei den Amtsgerichten angestellt; sie haben ihren amtlichen Wohnsitz am Sitze des Amtsgerichts. Mit Genehmigung des Justizministers kann ihnen der amtliche Wohnsitz an einem anderen Orte des Amtsgerichtsbezirks angewiesen werden (§ 16 GVO.). Ernennung. Wohnsitz.

5. Die Gerichtsvollzieher haben vor der Einführung in ihr Amt eine Amtskaution von 600 Mark zu bestellen. Sie werden nach Bestellung der Kaution von dem aufsichtführenden Richter unter Aushändigung der Bestallung, des Dienstsiegels und des Dienststempels in ihr Amt eingeführt und, sofern sie den Diensteid nicht bereits geleistet haben, vereidigt. Amtskaution.

Wird die Amtskaution trotz einer wiederholten Aufforderung nicht bestellt, so ist die Ernennung zurückzunehmen (§ 14 GVO.).

Ueber das Aussehen, die Anwendung und Verwahrung des Dienstsiegels und des Dienststempels treffen § 25 GVO. und § 13 Gesch.A. Bestimmung. Dienstsiegel.

6. Die Gerichtsvollzieher haben eine Dienstkleidung zu tragen und auf eigene Kosten zu beschaffen (§ 26 GVO.). Dienstkleidung.

Die Dienstkleidung, welche der Gerichtsvollzieher nach Vorschrift des § 16 Gesch.Anw. bei der Vornahme von Dienstverrichtungen außerhalb seiner Wohnung oder seiner Geschäftsräume zu tragen hat, besteht aus einem dunkelblauen Ueberrock mit stehendem schwarzen Sammetkragen und zwei Reihen weißer Metallknöpfe mit Adler ohne Umschrift, sowie aus einer Mütze von der Farbe des Rockes mit Kokarde und schwarzem Sammetstreifen als Besatz. Auf dem Ueberrocke sind Achselstücke zu tragen, welche aus drei gleich breiten Streifen von mit schwarzen Fäden durchzogener Silberschnur bestehen. Die Schnur soll eine Breite von 6 Millimeter, mithin das Achselstück eine Breite von 18 Millimeter haben. Die Abfütterung ist aus schwarzem Sammet wie der Kragen des Ueberrocks herzustellen und das Achselstück mit Lasche, Knopf und Haken zu versehen. Den Gerichtsvollziehern ist gestattet, während der warmen Jahreszeit und bei der Benutzung des

Fahrrades statt des dunkelblauen Ueberrocks eine Litewka von leichtem dunkelblauen Stoffe mit den vorgeschriebenen Achselstücken zu tragen (Rundverf. v. 30. April 1900, I. 668).

Dienstbezüge.

7. Die Gerichtsvollzieher beziehen nach § 22 GVO. ein festes Gehalt, welches durch die Allg. Verf. vom 15. April 1900 (JMBl. S. 400, Kayser S. 192) geregelt ist (s. a. Allg. Verf. vom 24. März 1901, JMBl. S. 73), und den gesetzlichen Wohnungsgeldzuschuß. Der Berechnung der Pension sowie des Wittwen- und Waisengeldes wird, unbeschadet der Vorschriften, welche in Ansehung der Pensionirung der vor dem 1. Okt. 1900 etatsmäßig angestellten Gerichtsvollzieher im Staatshaushaltsetat getroffen sind, das Gehalt und der Durchschnittssatz des Wohnungsgeldzuschusses (§ 6 des Ges. v. 12. Mai 1873) zu Grunde gelegt.

Die Gebühren der Gerichtsvollzieher fließen zur Staatskasse. Sie werden für die Staatskasse von den Gerichtsvollziehern erhoben. Der Anspruch auf Vergütungen an baaren Auslagen der Gerichtsvollzieher gebührt der Staatskasse. Die Auslagen werden von den Gerichtsvollziehern erhoben und, soweit sie aus Parteiaufträgen erwachsen, ihnen nach Maßgabe der Vorschriften des § 23 Abs. 2 GVO. überlassen.

Die Gerichtsvollzieher dürfen für ihre Amtshandlungen keine besonderen Vergütungen annehmen, fordern oder sich versprechen lassen (§ 32 GVO.).

Im Uebrigen handeln über die Einnahmen der Gerichtsvollzieher die Gebührenordnung v. 24. Juni 1878 und 29. Juni 1881, in der Fassung der Bek. des Reichskanzlers v. 20. Mai 1898 (RGBl. S. 683, Kayser S. 1046), das Gesetz v. 27. September 1899, 2. Abschnitt, enthaltend die landesgesetzlichen Vorschriften über die Gebühren der Gerichtsvollzieher (GS. S. 381, Kayser S. 1049), die Allg. Verf. v. 8. Dezember 1899, betr. die nicht durch Gesetz bestimmten Gebühren der Gerichtsvollzieher, sowie die Gebühren der Gerichtsvollzieher im Verwaltungszwangsverfahren (JMBl. S. 721, Kayser S. 1050) und die §§ 17, 71 GVO. und die Allg. Verf. v. 2. Novbr. 1901 (JMBl. S. 259) betr. die Berechnung der Reisekosten. Ueber die Erhebung der Gebühren handeln §§ 59 ff. GVO.

Gerichtsvollzieherbezirke.

8. Ueber die Gerichtsvollzieherbezirke und die Geschäftsvertheilung bestimmt § 17 GVO. Folgendes:

1. Ist bei einem Amtsgerichte nur ein Gerichtsvollzieher bestellt, so bildet der Amtsgerichtsbezirk den Gerichtsvollzieherbezirk. Als ständigen Vertreter eines solchen Gerichtsvollziehers hat der Oberlandesgerichtspräsident einen Gerichtsvollzieher eines benachbarten Amtsgerichts im voraus zu bestimmen. Für die Fälle der Vertretung gilt der Gerichtsvollzieherbezirk des behinderten Gerichtsvollziehers als erweiterter Gerichtsvollzieherbezirk des Vertreters. Bezüglich der Erledigung von Aufträgen, die ohne Gefährdung der Parteirechte keinen Aufschub gestatten, regelt sich die Vertretung des behinderten Gerichtsvollziehers nach Maßgabe der Vorschriften im § 44 GVO.

Geschäftsvertheilung.

2. Sind bei einem Amtsgerichte mehrere Gerichtsvollzieher angestellt, so wird einem jeden Gerichtsvollzieher ein örtlich abgegrenzter Bezirk (Gerichtsvollzieherbezirk) zugewiesen. Die Bildung der Bezirke und ihre Vertheilung unter die Gerichtsvollzieher (Geschäftsvertheilung) liegt dem aufsichtführenden Amtsrichter ob

Dieser hat für jeden Gerichtsvollzieher im voraus einen anderen Gerichtsvollzieher als Vertreter zu bestimmen.

3. Zustellungsaufträge sind von dem Gerichtsvollzieher des Bezirkes, in dem die Uebergabe des Schriftstücks stattfinden soll, auch dann zu erledigen, wenn sie durch die Post ausgeführt werden. Diejenigen Zustellungsaufträge der bezeichneten Art, bei denen der Ort der Uebergabe außerhalb des Amtsgerichtsbezirkes belegen ist, sowie sämmtliche Aufträge zu Zustellungen durch Aufgabe zur Post, werden von dem aufsichtführenden Amtsrichter im voraus vertheilt.

4. Die Aufträge zur Erhebung von Wechselprotesten (§ 94 Gesch.Anw.) bleiben von der Geschäftsvertheilung unberührt. Im Uebrigen kann mit Genehmigung des Landgerichtspräsidenten eine andere Art der Geschäftsvertheilung als nach örtlichen Bezirken, insbesondere auch für einzelne Geschäftsgattungen, erfolgen.

5. Die Ausführung solcher Aufträge, welche ohne Gefährdung der Parteirechte keinen Aufschub gestatten, ist an die Geschäftsvertheilung nicht gebunden. Der Grund für die Dringlichkeit ist in Spalte 13 des Dienstregisters ersichtlich zu machen.

6. Die Geschäftsvertheilung (Abs. 2—4) ist, erforderlichenfalls unter Beifügung eines alphabetischen Straßenverzeichnisses, durch Aushang an der Gerichtsstelle und in den Geschäftslokalen aller Gerichtsvollzieher des Amtsgerichts bekannt zu machen; sie ist den an demselben Orte befindlichen Justizbehörden, der örtlichen Postanstalt sowie den sämmtlichen Rechtsanwälten, Gerichtsvollziehern und Amtsgerichten des Landgerichtsbezirkes, auf Antrag auch anderen Behörden, öffentlichen Instituten u. dergl., zur Kenntnißnahme mitzutheilen. Die Mittheilung an die Rechtsanwälte und die Gerichtsvollzieher im Landgerichtsbezirke hat durch Vermittelung der betreffenden Amtsgerichte zu erfolgen. Im Laufe des Jahres eintretende Aenderungen der Geschäftsvertheilung sind in gleicher Weise bekannt zu machen und mitzutheilen.

9. Die Zuständigkeit des Gerichtsvollziehers beschränkt sich nach § 18 GVO., soweit nicht ein Anderes bestimmt ist, auf den ihm zugewiesenen Gerichtsvollzieherbezirk. Für die Uebernahme und Erledigung eines Auftrags, welcher eine Amtsthätigkeit in mehreren Gerichtsvollzieherbezirken erfordert, ist jeder Gerichtsvollzieher eines dieser Bezirke zuständig, insoweit diese zum Bezirk desselben Amtsgerichts, bei Gerichtsvollzieherbezirken verschiedener Amtsgerichte zum Bezirke des gemeinschaftlichen Landgerichts, oder in dem vom Justizminister bestimmten Fällen zum Bezirk eines benachbarten Landgerichts gehören. Diese Vorschrift findet entsprechende Anwendung, wenn nach Uebernahme eines Auftrags sich ergiebt, daß er nicht in dem Bezirke des beauftragten Gerichtsvollziehers, sondern in einem anderen Gerichtsvollzieherbezirke zu erledigen ist. Oertlicher Geschäftskreis.

Tritt nach Uebernahme eines Auftrags und vor seiner vollständigen Erledigung ein Umstand ein, welcher die Erledigung des Auftrags durch den Gerichtsvollzieher eines anderen Bezirkes zweckdienlich erscheinen läßt (z. B. im Falle einer Wohnungsverlegung in einen anderen entfernten Gerichtsvollzieherbezirk), so kann auf den Antrag des zunächst beauftragten Gerichtsvollziehers der aufsichtführende Amtsrichter die Erledigung oder die weitere Erledigung des Auftrags einem anderen Gerichtsvollzieher übertragen. Durch diese Maßnahme dürfen der Partei Mehrkosten nicht erwachsen.

Die Gültigkeit einer Amtshandlung wird dadurch nicht berührt, daß sie von einem anderen als dem nach der Geschäftsvertheilung zuständigen Gerichtsvollzieher vorgenommen worden ist.

Sachlicher Geschäftskreis.

10. Der sachliche Geschäftskreis der Gerichtsvollzieher wird durch die Reichs- und Landesgesetze sowie durch die Vorschriften der §§ 20, 21 bestimmt (§ 19 GVO.).

Aufträge der Justizbehörden.

Die Gerichtsvollzieher sind nach § 20 GVO. verpflichtet, Aufträge jeder Art, welche ihrer dienstlichen Stellung entsprechen und ihnen von den Justizbehörden ertheilt werden, auszuführen, insbesondere

a) Geldbeträge einzufordern;
b) Befehle, welche die Verhaftung, Vorführung, Festhaltung oder die vorläufige Festnahme einer Person sowie die Vornahme von Durchsuchungen und Beschlagnahmen betreffen, auszuführen oder bei der Ausführung Hülfe zu leisten;
c) Behändigungen mit oder ohne Beurkundung vorzunehmen;
d) Erkundigungen einzuziehen und schriftliche oder mündliche Mittheilungen zu besorgen.

Die Gerichtsvollzieher sind nach § 21 GVO. verpflichtet, auf Anordnung des Oberlandesgerichtspräsidenten Geschäfte eines Gerichtsschreibergehülfen, eines Kanzleigehülfen oder eines Unterbeamten zu übernehmen. Die gröberen Verrichtungen des Gerichtsdieners (Reinigung, Heizung 2c.) und die Geschäfte des Gefangenaufsehers, soweit es sich bei diesen nicht um eine vorübergehende Vertretung handelt, sind dem Gerichtsvollzieher nicht zu übertragen.

Im Falle der Dringlichkeit ist der aufsichtführende Amtsrichter zu einer vorläufigen Anordnung unter Vorbehalt der nachträglichen Genehmigung des Oberlandesgerichtspräsidenten befugt.

Die ständige Heranziehung der Gerichtsvollzieher zur Protokollführung in den Sitzungen ist zu vermeiden (Reskr. v. 25. Mai 1901, I 3489).

Der Herr Justizminister hat unterm 25. September 1881 (JMBl. S. 212) betreffend die Vornahme freiwilliger Versteigerungen durch Gerichtsvollzieher folgende Verfügung erlassen und den Gegenstand den mit der Dienstaufsicht beauftragten Beamten nicht minder im Interesse des Publikums wie im Interesse des den Gerichtsvollziehern im Publikum zu erhaltenden Vertrauens zur besonderen Aufmerksamkeit anempfohlen:

Es ist zu meiner Kenntniß gekommen, daß Geschäftsleute sich nicht selten der Hülfe der Gerichtsvollzieher zur Veranstaltung von Waarenauktionen bedienen, die nur zu dem Zwecke veranstaltet werden, um entweder auf Kredit entnommene Waaren in betrügerischer Absicht zu Schleuderpreisen zu versilbern, oder schlechte und geringwerthige Waare dem Publikum unter Umständen darzubieten, welche die Erzielung eines unverhältnißmäßig hohen Erlöses verheißen. Es darf angenommen werden, daß die Gerichtsvollzieher sich von der Auffassung leiten lassen, es sei nicht ihres Amtes, die Absichten, von denen ihre Auftraggeber bei derartigen Versteigerungen geleitet werden können, einer Prüfung zu unterziehen, und daß sie darum ihre Mitwirkung bei derartigen Versteigerungen im guten Glauben eintreten lassen. Allein die einfache Thatsache, daß eine Versteigerung durch einen Gerichtsvollzieher abgehalten wird, erzeugt die Gefahr, daß das Publikum im Vertrauen auf die amtliche Stellung des Versteigerungsbeamten sich über den wahren Charakter der

Verkäufe täuschen läßt, und daß auf diese Weise durch die Mitwirkung der Gerichtsvollzieher dem bezeichneten Auktionsunwesen von Seiten unreeller Verkäufer indirekt ein wirksamer Vorschub geleistet wird. Um eine solche Täuschung und Schädigung zu verhüten, werden die Gerichtsvollzieher angewiesen, bei der Uebernahme und Ausführung von freiwilligen Versteigerungen die nachstehenden Bestimmungen zu befolgen:

1. Dem Gerichtsvollzieher steht es zu, die Uebernahme freiwilliger Versteigerungen, ohne Angabe von Gründen, abzulehnen, die Ablehnung muß aber erfolgen, wenn die Vermuthung begründet ist, daß es sich um ein unreelles Auktionsgeschäft handelt (§ 30 Nr. 2 GVO.).
2. Aus der Bekanntmachung des Versteigerungstermins muß deutlich ersichtlich sein, daß der Verkauf ein freiwilliger ist. Die Bekanntmachung darf keine Angaben enthalten, welche irgendwie geeignet sein könnten, über den Anlaß des Verkaufs, über die Beschaffenheit der zum Verkauf kommenden Gegenstände oder über die Person und Verhältnisse des Auftraggebers einen Irrthum zu erwecken.
3. Freiwillige Versteigerungen dürfen in der Ausführung mit Zwangsversteigerungen nicht derart verbunden werden, daß das Publikum über den Charakter des Geschäfts in Unklarheit oder Irrthum versetzt werden könnte.
4. Die Versteigerung von Waaren eines Wanderlagers darf nur dann übernommen werden, wenn dem Gerichtsvollzieher die Entrichtung der Steuer für den Wanderlagerbetrieb nachgewiesen ist (Gesetz v. 27. Februar 1880, GS. S. 174).

Zu den freiwilligen Mobiliarversteigerungen im Sinne der Gesch.-Anw. sind füglich auch die Versteigerungen von Pfandsachen im unmittelbaren Auftrage eines Pfandleihers zu rechnen, da die Erlangung eines vollstreckbaren Schuldtitels oder die gerichtliche Ermächtigung zum Verkauf nicht erforderlich ist (Gesetz, betr. das Pfandleihgewerbe v. 17. März 1881, GS. S. 265; Walter S. 139).

Geschäftslokal.

11. Die Gerichtsvollzieher müssen an ihrem amtlichen Wohnsitz ein Geschäftslokal halten und auf eigene Kosten beschaffen. In Städten von mehr als hunderttausend Einwohnern kann dem Gerichtsvollzieher durch den aufsichtführenden Amtsrichter eine bestimmt begrenzte Gegend der Stadt für das Geschäftslokal angewiesen werden, wenn besondere Umstände dies erforderlich erscheinen lassen und die Maßnahme ohne Härte für den Gerichtsvollzieher durchführbar ist. Das Geschäftslokal ist durch ein an der Außenseite des Hauses in der Nähe des Hauseinganges anzubringendes Schild kenntlich zu machen. Das Schild hat in der Aufschrift den Namen des Gerichtsvollziehers und die Nummer des Bezirks zu enthalten (§ 27 GVO.).

Dienstbedürfnisse.

Die zur Ausführung von amtlichen Aufträgen erforderlichen Formulare, sowie die Kassenformulare werden auf Staatskosten beschafft, die Ausgaben für alle übrigen Dienstbedürfnisse, einschließlich der sonstigen Formulare, haben die Gerichtsvollzieher zu bestreiten (§ 28 GVO.).

Pfandkammer.

Die Gerichtsvollzieher haben, soweit es nach Lage der Verhältnisse erforderlich ist, zur Unterbringung gepfändeter Sachen eine Pfandkammer auf eigene Kosten zu halten (§ 29 GVO., § 62 Nr. 4 Gesch.Anw.).

Privatgehülfen, Schreibstube. Auf Grund des § 155 GVG. und § 73 AG. z. GVG. bestimmt die Allg. Verf. v. 18. Juli 1898 (JMBl. S. 199) Folgendes:

1. Ein Gerichtsvollzieher, welcher Gehülfen beschäftigt, hat von der Annahme und der Entlassung eines solchen dem aufsichtführenden Amtsrichter unverzüglich Anzeige zu erstatten.

2. Die Anzeige erfolgt nach Maßgabe der Muster A und B.

3. Anfangs Januar jedes Jahres haben die Gerichtsvollzieher, welche Gehülfen beschäftigen, eine Uebersicht über den derzeitigen Stand ihrer Schreibstube nach Muster C dem aufsichtführenden Amtsrichter einzureichen.

4. Die vorstehenden, auch für Gerichtsvollzieher kraft Auftrags geltenden Bestimmungen finden auf Angehörige, welche in der häuslichen Gemeinschaft des Gerichtsvollziehers leben, keine Anwendung.

Diese Allg. Verf. bezweckt, für die Beurtheilung der Dienst- und Geschäftsverhältnisse der von den Gerichtsvollziehern angenommenen Büreau- und Schreibgehülfen zuverlässige Unterlagen zu schaffen und den Aufsichtsbehörden die Möglichkeit zum Einschreiten gegen Mißbräuche und insbesondere gegen eine unzulässige Ausbeutung jener Gehülfen zu gewähren. In der Cirk.Verf. v. 29. Juli 1898 (I. 3758) hat der Herr Justizminister dazu Folgendes bestimmt:

1. Die Gerichtsvollzieher sollen nur solche Gehülfen beschäftigen, aus deren Person gegen die Befassung mit der Bearbeitung amtlicher Schriftstücke Bedenken nicht herzuleiten sind. Hiernach ungeeignete Gehülfen sind zu entfernen.

2. Es ist dahin zu wirken, daß mit den Gehülfen schriftliche Dienstverträge abgeschlossen werden und daß darin auch zu Gunsten der Gehülfen eine angemessene Kündigungsfrist vorgesehen wird.

3. Einer übermäßigen Ausdehnung der Arbeitszeit ist, namentlich in Ansehung der Gehülfen unter 18 Jahren, entgegenzutreten. Als übermäßig wird in der Regel eine werktägliche Arbeitszeit von mehr als 9 Stunden anzusehen sein. Auch ist auf angemessene Vertheilung der Geschäftsstunden zu achten, insbesondere dahin, daß sie, von Ausnahmefällen abgesehen, nicht bis in die späteren Abendstunden (nach 7 Uhr) erstreckt werden.

Für Sonn- und allgemeine Feiertage sind die Geschäftsstunden, soweit es nach den örtlichen Verhältnissen angängig erscheint, zu beschränken und egelmäßig außerhalb der Zeit des Hauptgottesdienstes zu legen.

4. Gehülfen in schulpflichtigem Alter dürfen nicht beschäftigt werden.

5. Unter den hiernach in Betracht kommenden Gesichtspunkten haben die Aufsichtsrichter den Inhalt der von den Gerichtsvollziehern einzureichenden Anzeigen und Uebersichten, welche in einem Beiheft zu den Dienstakten des Gerichtsvollziehers zu nehmen sind, sorgfältig zu prüfen und sich die Beseitigung der hierbei, sowie bei den Geschäftsrevisionen wahrgenommenen Uebelstände, nöthigenfalls unter Anwendung der in dem Aufsichtsrecht begründeten Zwangsmittel, angelegen sein zu lassen.

Vertretung. **12.** Der Gerichtsvollzieher ist nicht befugt, die Ausführung eines Dienstgeschäfts einer anderen Person zu übertragen. Ist er an der Erledigung eines Auftrags rechtlich (§ 3 Gesch.Anw.) oder thatsächlich behindert, so hat er den Auftrag unter Angabe des Grundes seiner Behinderung an den für ihn bestellten regelmäßigen Vertreter (§ 17 Abs. 1, 2 GVO.) abzugeben oder, wenn Gefahr im Verzug obwaltet und der

Vertreter nicht bei demselben Amtsgericht angestellt ist, dem aufsichtführenden Amtsrichter unter Vorlegung des Auftrags Anzeige zu machen.

Ist auch der Vertreter behindert, so hat dieser die Sachlage unverzüglich dem aufsichtführenden Amtsrichter anzuzeigen. Dem letzteren liegt es alsdann ob, an Stelle des behinderten Gerichtsvollziehers für die zu erledigenden Amtshandlungen einen besonderen Vertreter zu bestellen. Dieser hat dem Auftraggeber von seiner Bestellung Mittheilung zu machen, wenn nicht diese Mittheilung erst zu demselben Zeitpunkte bei dem Auftraggeber eintreffen würde, wie die Benachrichtigung über die Ausführung des Geschäfts (§ 31 GVO.).

13. Das Recht der Aufsicht, einschließlich der im § 80 AG. z. GVG. erwähnten Befugniß, steht hinsichtlich der Gerichtsvollzieher nach § 33 GVO. dem aufsichtführenden Amtsrichter sowie den diesem vorgesetzten Aufsichtsbeamten zu. Aufsicht.

Der Amtsrichter, welchem an sich nicht das Recht der Aufsicht gebührt, ferner der Untersuchungsrichter, der beauftragte Richter, die Vorsitzenden der Kammern und Senate, der Erste Staatsanwalt und der Oberstaatsanwalt haben die im § 80 des angeführten Gesetzes erwähnte Befugniß gegenüber den Gerichtsvollziehern des Bezirkes, sofern es sich um die Ausführung eines von ihnen angeordneten Amtsgeschäfts handelt. Die gleiche Befugniß hat der Kassenkurator, sofern es sich um die Ausführung eines von der Kassenverwaltung angeordneten Geschäfts handelt. Beschwerden über die Ertheilung von Rügen oder die Festsetzung von Ordnungsstrafen werden im Aufsichtsweg erledigt.

14. Bei jedem Amtsgericht, für dessen Bezirk mehrere Gerichtsvollzieher bestellt sind, wird nach § 49 GVO. eine Vertheilungsstelle für Gerichtsvollzieheraufträge eingerichtet. Die Geschäfte der Vertheilungsstelle werden einem, erforderlichenfalls mehreren Gerichtsschreibereibeamten übertragen. Geschäftsbetrieb. Vertheilungsstelle.

Die Uebertragung der Geschäfte eines Vertheilungsbeamten an einen Gerichtsvollzieher ist unzulässig (Reskr. v. 15. Juni 1900, I. 3725).

Die Vertheilungsstelle muß während der Dienststunden des Amtsgerichts für die Betheiligten geöffnet sein.

An dem Eingange zu dem Geschäftszimmer sind die Dienststunden der Vertheilungsstelle sowie die Namen und Wohnungen (Geschäftslokale) der Gerichtsvollzieher und ihrer regelmäßigen Vertreter unter Bezeichnung der ihnen zugewiesenen Bezirke und der sonstigen Anordnungen hinsichtlich der Geschäftsvertheilung zu vermerken, auch ist auf die Befugniß der Parteien, ihre Aufträge dem zuständigen Gerichtsvollzieher unmittelbar zu ertheilen, hinzuweisen (§ 50 GVO.).

Für jeden Gerichtsvollzieher wird bei der Vertheilungsstelle ein Fach bestimmt, welches mit dem Namen desselben zu bezeichnen ist. Der Gerichtsvollzieher hat sich täglich zur Empfangnahme der für ihn bestimmten Schriftstücke bei der Vertheilungsstelle persönlich einzufinden, es sei denn, daß ihm der aufsichtführende Amtsrichter gestattet, diese Schriftstücke unter eigener Verantwortlichkeit durch eine zuverlässige, der Vertheilungsstelle zu bezeichnende erwachsene Person abholen zu lassen. Auch im letzteren Falle hat sich der Gerichtsvollzieher wenigstens an 2 Tagen der Woche bei der Vertheilungsstelle persönlich einzufinden (§ 52 GVO.).

Die Pflicht der Gerichtsvollzieher, zweimal wöchentlich persönlich an der Vertheilungsstelle zu erscheinen, ist als eine unnöthige Erschwerung des Dienstes empfunden worden. Wo ähnliche Wahrnehmungen — insbesondere in großen Städten mit weiten Entfernungen — gemacht sein sollten, sind die aufsichtführenden Richter ermächtigt, jene Pflicht auf ein einmaliges Erscheinen in der Woche zu beschränken (Nr. 2 Rundverf. v. 2. Mai 1901, I. 3029).

Eilige Aufträge.

Bei Amtsgerichten von großem Geschäftsumfange kann von dem aufsichtführenden Amtsrichter die Anordnung getroffen werden, daß an den einzelnen Wochentagen abwechselnd in einer im voraus zu bestimmenden Reihenfolge ein oder erforderlichenfalls mehrere Gerichtsvollzieher zur Erledigung solcher Aufträge, die zur Abwendung eines unwiderbringlichen Nachtheils sofort ausgeführt werden müssen, sich in ihrem Geschäftslokale ständig bereit zu halten haben (§ 53 GVO.).

Amtliche und vermittelte Aufträge.

Ist bei dem Amtsgericht eine Vertheilungsstelle errichtet, so liegt dieser auch die Beförderung der durch einen Gerichtsschreiber vermittelten Parteiaufträge sowie der amtlichen Aufträge an die zuständigen Gerichtsvollzieher ob. In diesem Falle treten die bei der Vertheilungsstelle befindlichen Fächer an die Stelle derjenigen Fächer, welche im § 22 Abs. 2 Gesch.O. vorgesehen sind. In jeder Gerichtsschreiberei ist alsdann ein Fach für die an die Vertheilungsstelle abzugebenden Schriftstücke einzurichten. In dieses Fach sind die für die Gerichtsvollzieher bestimmten Anträge ohne Sonderung nach Gerichtsvollzieherbezirken niederzulegen. Die niedergelegten Schriftstücke sind zu den von dem aufsichtführenden Amtsrichter bestimmten Zeiten, mindestens aber zweimal täglich, an die Vertheilungsstelle abzutragen; sie sind vor der Aushändigung an den Gerichtsdiener in eine Hülle zu legen (§ 54 GVO.).

Bei den Amtsgerichten ohne Vertheilungsstelle (§ 49 GVO.) hat sich der Gerichtsvollzieher zur Empfangnahme der Aufträge täglich auf der Gerichtsschreiberei einzufinden oder — im Falle der Genehmigung seitens des aufsichtführenden Amtsrichters — für die Abholung gemäß § 52 Abs. 3 Gesch.Anw. Sorge zu tragen (§ 55 GVO.).

Dienstregister.

15. Die Gerichtsvollzieher sind verpflichtet, folgende Register zu führen:

1. Das Wechselprotestregister (§ 96 Gesch.-Anw.).

Der Gerichtsvollzieher hat alle von ihm aufgenommenen Wechselproteste nach ihrem ganzen Inhalte Tag für Tag und nach Ordnung des Datums in das Wechselprotestregister einzutragen (WO. Art. 90). Die Eintragung geschieht in der Form einer beglaubigten Abschrift, in die insbesondere auch die Bemerkung über die Verwendung des Wechselstempels (§ 21 des Ges. über die Wechselstempelsteuer v. 10. Juni 1869, BGBl. S. 193) mit aufzunehmen ist. Diese Abschrift ist stempelfrei (Pr. FGG. Art. 62).

Das Register ist von starkem Papier und mit dauerhaftem Einbande herzustellen, es erhält von Blatt zu Blatt fortlaufende Zahlen. Das

Register darf erst in Gebrauch genommen werden, nachdem der aufsichtführende Amtsrichter die Zahl der Blätter beglaubigt hat.

2. Das Dienstregister (§ 65 GVO. — Formular 1).

Durch das Dienstregister, welches in Monatsheften geführt wird, werden die dem Gerichtsvollzieher ertheilten Aufträge, mit Einschluß der amtlichen Aufträge, die Art und Zeit ihrer Erledigung, die anzusetzenden und eingezogenen Gebühren und Auslagen sowie der Geldverkehr des Gerichtsvollziehers mit dem Auftraggeber nachgewiesen. Von der Eintragung sind jedoch ausgeschlossen mündliche Bestellungen und Erkundigungen sowie Behändigungen ohne Beurkundung, es sei denn, daß eine Reise ausgeführt werden muß, die nach § 70 Abs. 2 GVO. in das Reisetagebuch einzutragen ist.

Jedes Register muß mit fortlaufenden Blattzahlen versehen und dauerhaft geheftet sein. Das Register darf erst in Gebrauch genommen werden, nachdem der aufsichtführende Amtsrichter die Zahl der Blätter beglaubigt hat. Vollständig erledigte Register sind nach der Zeit geordnet aufzubewahren. In dem Register dürfen allgemein verständliche Abkürzungen gebraucht werden.

Die Registerführung hat durch den Gerichtsvollzieher selbst zu erfolgen. Der aufsichtführende Amtsrichter ist ermächtigt, unter besonderen Umständen die Registerführung durch einen Privatgehülfen des Gerichtsvollziehers zu gestatten; der Gerichtsvollzieher bleibt aber auch in diesem Falle für die Führung verantwortlich.

Ueber die Ausfüllung der Spalten enthält § 66 GVO. die erforderlichen Vorschriften.

3. Das Restenbuch (§ 67 Nr. 4 GVO. — Formular 3).

In das in Vierteljahresheften zu führende Restenbuch sind die bis zum Vierteljahresabschlusse nicht einziehbar gewesenen Beträge aus Spalte 7 des Dienstregisters, einschließlich der Gebühren und Auslagen der im § 64 GVO. (Armensachen) bezeichneten Anfträge, und zwar in das Heft für das neue Vierteljahr zu übertragen.

4. Das Ablieferungsbuch (§ 68 GVO. — Formular 4).

Das in Vierteljahresheften zu führende Buch dient zum Nachweise derjenigen Gebühren und Auslagen, welche der Gerichtsvollzieher für Rechnung der Staatskasse erhoben hat und zu deren Ablieferung an die Gerichtskasse er verpflichtet ist.

5. Das Reisetagebuch (§ 70 GVO. — Formular 5).

Das Reisetagebuch wird in Monatsheften geführt.

16. Bezüglich des Abschlusses des Dienstregisters bestimmt § 67 GVO. Folgendes: Abschluß des Dienstregisters.

1. Der Abschluß des Dienstregisters erfolgt vierteljährlich für die drei ersten Vierteljahre des Etatsjahrs am 21. des ersten Monats des folgenden Vierteljahrs, für das letzte Vierteljahr am 6. April. Vierteljahresabschluß.

2. Der Abschluß des Dienstregisters wird durch Aufrechnung der Spalten 7 bis 10 bewirkt. Die Aufrechnung erfolgt seitenweise; in jedem Monatshefte sind die Summen der Seiten zusammenzustellen und aufzurechnen. In dem Register für den dritten Monat werden die Schlußsummen der Monatshefte zusammengestellt

und aufgerechnet. Die Zusammenstellungen und Abschlüsse der einzelnen Register sind von dem Gerichtsvollzieher unter Beifügung des Datums zu unterschreiben.

3. Aufträge, welche zur Zeit des Vierteljahrsabschlusses noch nicht vollständig erledigt sind und bei denen auch die Spalten 8, 9 noch nicht vollständig ausgefüllt werden können, hat der Gerichtsvollzieher alsbald in das Register des laufenden Monats unter einer neuen Nummer zu übertragen. Die Uebertragung ist sowohl in dem Register des früheren als des laufenden Monats unter Hinweis auf die Nummer des anderen Registers in Spalte 13 zu bemerken. Vor Uebertragung sind zunächst die erhobenen Vorschüsse auf die bis dahin entstandenen Kosten (Spalte 7) durch Einstellung der Beträge in Spalte 8 zu verrechnen. Reichen die Vorschüsse zur Deckung der Beträge in Spalte 7 nicht aus, so erfolgt die Verrechnung zunächst auf die Auslagen in der Reihenfolge der Spalten 7d, 7b, 7c und zuletzt auf die Gebühren. Die hiernach nicht gedeckten Beträge sind nach Spalte 7 des Registers des laufenden Monats mit zu übertragen, im bisherigen Register aber von der Solleinnahme abzusetzen. Die Absetzung erfolgt durch Einstellung der nicht gedeckten Beträge in rothen Ziffern unter dem entsprechenden Betrage der Spalte 7. Bei der Aufrechnung der Spalte 7 werden die auf derselben Seite roth gebuchten Beträge für sich besonders aufgerechnet und von der Summe der auf dieser Seite schwarz gebuchten Beiträge in Abzug gebracht. Der Rest oder die sich ergebende negative Zahl wird in die Monatszusammenstellung (Abs. 2) übernommen.

4. Im Uebrigen sind die bis zum Vierteljahrsabschlusse nicht einziehbar gewesenen Beträge aus Spalte 7, einschließlich der Gebühren und Auslagen für Erledigung der im § 64 GVO. bezeichneten Aufträge, in das in Vierteljahrsheften zu führende Restenbuch und zwar in das Heft für das neue Vierteljahr, zu übertragen. Bei Aufrechnung des Registers und der Spalten 5 des Restenbuchs müssen hiernach die Gesammtbeträge aus den Spalten 8 des Dienstregisters und 5 des Restenbuchs mit den Summen der Spalten 7 des Dienstregisters übereinstimmen. Ist keine Aussicht auf Einziehung der Kosten vorhanden, so hat der Gerichtsvollzieher die Löschung der Beträge im Restenbuche bei dem Kassenkurator in Antrag zu bringen. Zum Vierteljahrsabschlusse sind auch die Spalten 7, 9, 10 des Restenbuchs für das abgelaufene Vierteljahr abzuschließen. Die bei der Aufrechnung der Spalten 7a bis 7d sich ergebenden Beträge sind den bei dem Abschlusse für das gleiche Vierteljahr ermittelten Summeu der Spalten 8a bis 8d des Dienstregisters ersichtlich zuzusetzen und bei der Festsetzung der Gebührenantheile für dieses Vierteljahr zu berücksichtigen. Die bis zum Vierteljahrsabschlusse weder durch Eingang noch durch Löschung, erledigten Kostenposten sind in das Restenbuch des folgenden Vierteljahrs zu übertragen und in einem besonderen Abschnitte „Reste aus dem vorigen Vierteljahre" darzustellen.

5. Die Aufrechnungen sind von einem dazu bestimmten Beamten zu prüfen und als richtig zu bescheinigen. Die abgeschlossenen und bescheinigten Register sind dem aufsichtführenden Richter vorzulegen.

Jahresabschluß.

6. Für den Monat März ist unter dem Abschlusse für das letzte Vierteljahr des Etatsjahrs der Jahresabschluß aufzustellen. Er besteht in der Zusammenstellung und Aufrechnung der Abschlußsummen der vier Vierteljahre. Der Jahresabschluß ist mit dem Datum und der Unterschrift des Gerichtsvollziehers zu versehen und von einem dazu bestimmten Beamten als rechnerisch richtig zu bescheinigen.

7. Endet die amtliche Thätigkeit des Gerichtsvollziehers im Laufe eines Vierteljahrs, so ist der Abschluß des Dienstregisters alsbald herbeizuführen.

17. Der Gerichtsvollzieher hat nach § 69 GVO. in jedem Monat an den hierzu bestimmten Tagen und Stunden dem aufsichtführenden Amtsrichter das Dienstregister für den vorhergehenden Monat zur Revision vorzulegen. In den Monaten des Vierteljahrsabschlusses, welcher nach § 67 Nr. 1 GVO. am 21. Juli, 21. Oktober, 21. Januar und 6. April erfolgt, findet die Revision bei dessen Vorlegung statt. Revisionen durch den Aufsichtsrichter.

Die Prüfung erstreckt sich auf den gesammten Inhalt der Register, namentlich die ordnungsmäßige und rechtzeitige Erledigung der Aufträge, die Richtigkeit des Ansatzes der Gebühren und Auslagen und die ordnungsmäßige Ablieferung der vereinnahmten Kosten an die Gerichtskasse. Die in Spalte 10 des Dienstregisters eingestellten Auslagen sind einzeln nachzuprüfen. Die Eintragungen sind mit den Abholungs-, Vollstreckungs- und Beitreibungslisten, den gerichtlichen Akten und den Akten des Gerichtsvollziehers probeweise zu vergleichen. Von Zeit zu Zeit ist auch das Wechselprotestregister vorzulegen und zu prüfen, ob die Gebühren für Wechselproteste richtig berechnet und in das Dienstregister eingestellt sind. Die Revision kann auf die Kassenbestände und die Belege über die Ablieferung der für die Parteien vereinnahmten Gelder ausgedehnt werden. Die Register sind mit dem Revisionsvermerke zu versehen. Die Ergebnisse der Revision sind in einem Protokolle zu verzeichnen.

Der aufsichtführende Amtsrichter kann außerordentliche Revisionen vornehmen, auch bei den ordentlichen wie außerordentlichen Revisionen die Vorprüfung der Register einem Gerichtsschreiberei- oder Kassenbeamten übertragen oder bei Revisionen einen solchen Beamten zuziehen.

Das Dienstregister und das Ablieferungsbuch sind außerdem von Zeit zu Zeit von dem Kassenrendanten oder einem anderen Kassenbeamten zu prüfen. Die näheren Bestimmungen hierüber sind von dem Landgerichtspräsidenten zu erlassen.

Für die ordentlichen Revisionen des Dienstregisters ist mit Ausnahme der Monate des Vierteljahrsabschlusses in der Regel der letzte Geschäftstag des folgenden Monats als Revisionstag zu bestimmen. Im Revisionsprotokolle sind die noch unerledigten Nummern zu vermerken. Auf Grund dieser Vermerke sind beim Vierteljahrsabschlusse die bei den betr. Nummern erfolgten späteren Eintragungen einer nachträglichen Prüfung zu unterziehen.

18. Der Rechnungsrevisor hat die dem Landgerichtspräsidenten eingereichten Dienstregister, die Vierteljahrs- und Jahresabschlüsse, das Restenbuch, das Ablieferungsbuch, das Reisetagebuch und die Zusammenstellungen über die erfolgreichen Kosteneinziehungen einer Prüfung zu unterziehen, eine Nachprüfung der Aufrechnungen jedoch nur vorzunehmen, soweit dies etwa bei dem Amtsgerichte (§ 67 Abs. 5 GVO.) unterlassen sein sollte oder soweit es ausdrücklich angeordnet ist (Nr. 4 der Allg. Verf. v. 31. März 1900, JMBl. S. 385). Revisionen durch den Rechnungsrevisor.

Bei der jährlichen Revision des Rechnungsrevisors bei dem Amtsgericht sind die Dienstpapiere der Gerichtsvollzieher von ihm einer Durchsicht zu unterwerfen und mit den Angaben in den Dienstregistern probeweise zu vergleichen. Dabei ist darauf zu achten, ob der Gerichtsvollzieher die erhobenen Gelder ordnungsmäßig abgeführt hat. Die Ansätze des Gerichtsvollziehers an Gebühren und baaren Auslagen sind zu prüfen;

ergiebt sich dabei, daß der Gerichtsvollzieher nicht nur in vereinzelten Fällen, sondern im größeren Umfange Gebühren zu hoch berechnet hat, so muß eine eingehendere Revision statfinden (§ 7 Instr. f. d. Rechnungsrevisoren v. 20. Juni 1885, JMBl. S. 221). Die Protokolle über die Revision der Dienstpapiere der Gerichtsvollzieher sind dem aufsichtführenden Amtsrichter zu übergeben und von diesem — mit den Entgegnungen der Gerichtsvollzieher auf die vom Rechnungsrevisor gezogenen Erinnerungen — dem Landgerichtspräsidenten einzureichen (§ 8 Nr. 1 u. 2 Instr.).

Akten der Gerichtsvollzieher.

19. Die Gerichtsvollzieher haben mit ihren Dienstpapieren Generalakten, Sonderakten und Sammelakten anzulegen, welche in den §§ 73 bis 75 GVO. näher bezeichnet sind. Sie sind verpflichtet, ihre Register und Akten übersichtlich zu ordnen und in einer jeden Mißbrauch ausschließenden Weise aufzubewahren. Die Aufbewahrung muß thunlichst in einem Aktenschranke erfolgen, dessen Fächer mit entsprechender Aufsicht zu versehen sind. Den Aufsichtsbeamten sind die Akten und Register jederzeit auf Verlangen auch außerhalb des Geschäftslokals zur Revision vorzulegen (§ 76 GVO.)

Kassation derselben.

Die Gerichtsvollzieher sind berechtigt, ihre Sonderakten nach Ablauf von 10 Jahren seit der Erledigung der betr. Aufträge, und ihre Sammelakten nach Ablauf von 10 Jahren seit Erledigung aller in diesen ertheilten Aufträge zu vernichten. Sollen die Akten zwecks Vernichtung verkauft werden, so finden die Vorschriften unter Nr. 6 der Allg. Verf. v. 21. Dezbr. 1883 (JMBl. S. 367) Anwendung. Die Gerichtsvollzieher sind berechtigt, die betr. Akten und Schriftstücke dem Amtsgericht zum Zweck des gleichzeitigen Verkaufs mit den gerichtlichen Akten zu übergeben.

Ausscheiden eines Gerichtsvollziehers.

20. Bei der Erledigung einer Dienststelle durch den Tod oder die Entlassung sowie bei der Amtssuspension oder der Verhaftung des Gerichtsvollziehers hat der aufsichtführende Amtsrichter nach § 34 GVO.

a) die Ablieferung des Dienstsiegels und Dienststempels, der Dienstregister, des Wechselprotestregisters und der sonstigen dienstlichen Papiere an das Amtsgericht zu veranlassen:

b) für die Sicherstellung der aus Anlaß des Dienstes in den Gewahrsam des Gerichtsvollziehers gekommenen Gelder, Pfandstücke, Schriftstücke und sonstigen Sachen, welche dem Gerichtsvollzieher nicht gehören, Sorge zu tragen.

Diese Vorschrift findet auch bei der Versetzung eines Gerichtsvollziehers Anwendung.

Ueber die Pensionsberechnung bei Pensionirungen der Gerichtsvollzieher ist die bei Müller S. 865 abgedruckte Zusammenstellung (Cirk.Verf. v. 5. April 1881, I. 1484) zu beachten. Ueber die Gnadenbezüge ihrer Hinterbliebenen siehe dort S. 935 Nr. 11.

Gerichtsvollzieher kraft Auftrags.

21. Mit der einstweiligen Wahrnehmung der Gerichtsvollziehergeschäfte können nach § 35 GVO. beauftragt werden:

a) Personen, welche zu Gerichtsvollziehern ernannt werden können;

b) Personen, welche die Gerichtsschreibergehülfenprüfung bestanden haben;

c) Personen, welche im Vorbereitungsdienst für das Gerichtsvollzieheramt mindestens drei Monate beschäftigt gewesen sind;
d) Gerichtsdiener.

In Ermangelung der vorbezeichneten Personen können auch andere von dem Präsidenten des Oberlandesgerichts für geeignet erachtete Personen mit der einstweiligen Wahrnehmung der Gerichtsvollziehergeschäfte beauftragt werden (§ 35 GVO.). Bei Gefahr im Verzuge kann der Auftrag bis auf weitere Anordnung des Präsidenten des Oberlandesgerichts von dem aufsichtführenden Amtsrichter ertheilt werden. Dieser hat von dem Erfordern einer Amtskaution abzusehen (§ 37 GVO.). Bei Gefahr im Verzuge ist der aufsichtführende Amtsrichter auch ermächtigt, mit der Wahrnehmung einzelner, den Gerichtsvollziehern zugewiesenen Geschäfte eine Person, welche zur einstweiligen Wahrnehmung des Gerichtsvollzieherdienstes befähigt ist, und in deren Ermangelung jede andere von ihm für geeignet erachtete Person zu beauftragen (§ 44 GVO.).

Der Beauftragte ist, sofern er nicht den allgemeinen Diensteid geleistet hat, mittels Handschlags an Eidesstatt dahin zu verpflichten, daß er die Obliegenheiten eines Gerichtsvollziehers getreulich erfüllen werde (§ 44 GVO.).

Der Präsident des Oberlandesgerichts bestimmt über die Bestellung einer Kaution seitens des Gerichtsvollziehers kraft Auftrags. Er kann dieselbe auch auf einen geringeren Betrag als 600 Mark festsetzen oder von der Bestellung einer Kaution absehen (§ 37 GVO.).

Die Gerichtsvollzieher kr. A., welche die Befähigung zum Gerichtsvollzieheramt besitzen, sind nach § 41 GVO. zum Tragen der Dienstkleidung eines Gerichtsvollziehers berechtigt. Wird von dieser Berechtigung kein Gebrauch gemacht, so haben sie, wie die übrigen mit der Wahrnehmung von Gerichtsvollziehergeschäften beauftragten Personen, ein vom Oberlandesgerichtspräsidenten bestimmtes Dienstabzeichen zu tragen (s. a. Reskr. v. 10. Aug. 1900 I. 4419 bei Müller S. 594). Dienstabzeichen.

Gerichtsdiener tragen die für sie vorgeschriebene Dienstkleidung, auch wenn sie Gerichtsvollziehergeschäfte wahrzunehmen haben (§ 41 GVO.).

Soweit nicht Abschnitt 2 der GVO. andere Bestimmungen trifft, finden die für die Gerichtsvollzieher geltenden Vorschriften auf die mit der einstweiligen Wahrnehmung der Gerichtsvollziehergeschäfte beauftragten Personen entsprechende Anwendung (§ 42 GVO.).

22. Zur Erledigung solcher Gerichtsvollziehergeschäfte, welche von Preußischen Justizbehörden angeordnet werden, können Gerichtsdiener und Hülfsgerichtsdiener zu Hülfsgerichtsvollziehern widerruflich bestellt werden. Die Gerichtsdiener und Hülfsgerichtsdiener sind zur Uebernahme der Geschäfte eines Hülfsgerichtsvollziehers neben den Gerichtsdienergeschäften verpflichtet; sie sind von der Stellung einer Amtskaution befreit (§ 45 GVO.). Hülfsgerichtsvollzieher.

Die Bestellung zum Hülfsgerichtsvollzieher erfolgt durch den Oberlandesgerichtspräsidenten (§ 46 GVO.). Die Hülfsgerichtsvollzieher führen, soweit nicht ein Anderes bestimmt ist, Dienstsiegel und Dienststempel der Gerichtsvollzieher. Sie sind nicht verpflichtet, besondere Geschäftsräume oder eine Pfandkammer zu halten. Die erforderlichen Dienstbedürfnisse, wie Formulare, Briefumschläge u. s. w. werden ihnen aus den Beständen der Justizbehörde, bei der sie bestellt sind, überwiesen (§ 47 GVO.).

Ueber ihre Vergütungen und die sonst auf sie anzuwendenden Vorschriften enthalten die §§ 46, 48 GVO. die erforderlichen Bestimmungen. Zu ihrer Legitimation fertigt ihnen der aufsichtführende Richter zweckmäßig Erkennungskarten aus.

§ 9.

Gerichtsdiener.

Dienstordnung für die Gerichtsdiener v. 21. Dezember 1899 (JMBl. S. 862, Kayser S. 341, Müller S. 327).

Qualifikation. 1. Zum Gerichtsdiener kann nach § 1 DO. nur ernannt werden, wer
1. das 25. Lebensjahr vollendet hat;
2. die aktive Dienstzeit im stehenden Heere oder in der Flotte erfüllt hat, oder von ihr für die Friedenszeit endgültig befreit ist;
3. die erforderliche körperliche Rüstigkeit besitzt und
4. durch einen Probedienst von drei bis sechs Monaten seine Befähigung dargethan hat.

Wer die Gerichtsvollzieherprüfung bestanden hat oder wer mindestens 6 Monate im Gefängnißdienst in zufriedenstellender Weise thätig gewesen ist, ist von dem Probedienst befreit.

Die Gerichtsdiener gehören zu den Unterbeamten (GS. 1890 S. 152). Die Stellen der Gerichtsdiener und Hülfsgerichtsdiener sind den Militäranwärtern ausschließlich vorbehalten (Müller S. 360).

Probedienst. 2. Ueber die Zulassung zum Probedienst entscheidet die Anstellungsbehörde. Dem Gesuche um Zulassung ist die Geburtsurkunde, eine kurze selbstverfaßte und selbstgeschriebene Darstellung des Lebenslaufs, der Ausweis über die Militärverhältnisse und über die erlangte Schulbildung sowie eine Erklärung darüber beizufügen, ob der Gesuchsteller Schulden hat und worin sie bestehen (§ 2 DO.).

Vorprüfung. Die Anstellungsbehörde kann eine Vorprüfung des Anwärters über den Besitz der zur Wahrnehmung des Probedienstes erforderlichen allgemeinen Kenntnisse anordnen. Von der Beibringung eines Schulzeugnisses kann abgesehen werden.

Mit dieser Vorprüfung wird wohl meist der aufsichtführende Richter betraut werden, der sich dabei der Hülfe des Obersekretärs oder eines sonst geeigneten Gerichtsschreibers bedienen kann. Der Prüfling wird zweckmäßig einen Absatz aus einem Buche, vielleicht auch aus Akten, vorlesen, eine Schreibarbeit nach Diktat, auch nach Gedrucktem und Geschriebenem fertigen und einige nicht übermäßig schwere Rechenaufgaben schriftlich und mündlich lösen müssen. Auch einige leichte Fragen aus der Erdkunde und aus der vaterländischen Geschichte werden zu stellen sein.

Der Probedienst wird durch einstweilige selbständige Wahrnehmung des Gerichtsdieneramts in einer unbesetzten etatsmäßigen Gerichtsdienerstelle oder in einer unbesetzten ständigen Hülfsgerichtsdienerstelle abgeleistet.

Wird der Anwärter ohne Vorhandensein einer erledigten Stelle zur vorübergehenden Aushülfe einberufen, so kann diese Zeit der Dienstleistung auf den Probedienst angerechnet werden (§ 3 DO.).

Nach der Beendigung des Probedienstes hat der Vorstand der Behörde, bei welcher der Probedienst geleistet ist, der Anstellungsbehörde zu berichten. Die Anstellungsbehörde entscheidet über die Befähigung. Für befähigt erachtete Anwärter sind anzustellen; nicht für befähigt erachtete sind sofort zu entlassen und mit einer Bescheinigung über den Grund der Entlassung zu versehen (§ 4 DO.).

3. Die Anstellung erfolgt gegen festes Gehalt auf Lebenszeit; sie kann auch gegen Diäten auf Kündigung erfolgen (§ 5 DO.). Anstellung.

4. Die Gerichtsdiener haben den allgemeinen Diensteid zu leisten. Vereidigung. Während die Gerichtsvollzieherordnung und die Gerichtsschreiberordnung der Vereidigung besonders gedenken, findet sich in der Dienstordnung für die Gerichtsdiener darüber nichts. Alle Staatsbeamten leisten aber dem Könige den Eid der Treue und des Gehorsams und beschwören die gewissenhafte Beobachtung der Verfassung (Art. 108 d. Preuß. Verf.Urkunde v. 31. Januar 1850).

5. Der Gerichtsdiener muß die ihm obliegenden Geschäfte mit Treue, Obliegenheiten im Allgemeinen. Fleiß und Ordnung besorgen und in allen dienstlichen Angelegenheiten strenge Verschwiegenheit beobachten (§ 18 DO.).

Zu den Obliegenheiten der Gerichtsdiener gehören nach § 7 DO. insbesondere die Wahrnehmung des inneren Dienstes, die Dienstleistung bei Gerichtstagen und die Wahrnehmung der Kastellangeschäfte.

Die Gerichtsdiener bei den Landgerichten und Oberlandesgerichten sind auch zu Dienstleistungen bei den Staatsanwaltschaften, die Gerichtsdiener bei den letzteren auch zu Dienstleistungen bei den ersteren verpflichtet. Die Gerichtsdiener bei den Amtsgerichten sind auch zu Dienstleistungen bei den mit etatsmäßigen Amtsanwälten besetzten Amtsanwaltschaften verpflichtet. Die Anordnungen über Dienstleistungen dieser Art werden von dem Präsidenten und dem Ersten Staatsanwalt oder dem Oberstaatsanwalte gemeinschaftlich getroffen (§ 6 DO.).

Diejenigen Briefe und Packete, welche von den Amtsanwälten nicht selbst zur Post befördert bezw. in der Stadt bestellt werden können, sind an das zugehörige Amtsgericht, sofern dies aber im geschäftlichen Interesse erwünschter ist, auch an das Landgericht oder an die Staatsanwaltschaft zur Weiterbeförderung abzugeben. Die Gerichtsdiener dieser Gerichte bezw. Staatsanwaltschaften sind verpflichtet, die amtsanwaltlichen Sachen ebenso zu behandeln, als die Sachen der Behörde, bei welcher ihre Anstellung erfolgt ist (Reskr. v. 24. April 1893, I. 2370).

Zum inneren Dienste gehören insbesondere (§ 8 DO.): Innerer Dienst.

1. die Wahrnehmung des Dienstes in den Terminen und Sitzungen;
2. die Dienstleistungen für das Gerichtspersonal und in den Bureaus;
3. das Leeren des Briefkastens;
4. die Besorgung der Postsachen einschließlich der Verpackung und Versiegelung;
5. die Abholung und Weiterbeförderung von Geldern und von Werthsachen;
6. das Abtragen der Akten in die Wohnungen der Beamten und die Wiederabholung der Akten;
7. Die Besorgung öffentlicher Aushänge am Sitze der Justizbehörde.

Aeußerer Dienst.

Die Gerichtsdiener sind nach § 11 DO. ferner verpflichtet:

1. Befehle, welche die Verhaftung, Vorführung, Festhaltung oder vorläufige Festnahme einer Person sowie die Vornahme von Durchsuchungen und Beschlagnahmen betreffen, auszuführen oder bei der Ausführung Hülfe zu leisten;
2. am Sitze der Justizbehörde Behändigungen vorzunehmen, Erkundigungen einzuziehen oder mündliche Mittheilungen zu besorgen;
3. überhaupt sich allen denjenigen Verrichtungen zu unterziehen, welche im Interesse des Geschäftsbetriebes für erforderlich erachtet werden.

Ueber die Behändigungen der Kostenrechnung an den Schuldner am Sitz der Gerichtskasse siehe § 26 Nr. 2 KO., und über das Abholungsverfahren durch Gerichtsdiener siehe die Allg.Verf. v. 21. März 1900, betr. das vereinfachte Kosteneinziehungsverfahren in größeren Städten (JMBl. S. 279).

Zustellungen.

Die Gerichtsdiener haben bei den von Amtswegen zu bewirkenden Zustellungen nach Maßgabe der Allg. Verf. v. 10. Dez. 1899 zu III (JMBl. S. 728) mitzuwirken. Dies gilt auch von Zustellungsaufträgen der Auseinandersetzungsbehörden (§ 22 des Ges., betr. das Verfahren in Auseinandersetzungsangelegenheiten in der Fassung v. 10. Okt. 1899, GS. S. 403, § 10 DO.).

Vergütungen.

Für Reisen wird den Gerichtsdienern die gesetzliche Vergütung (Art. I § 9 der V. v. 8. Mai 1876), für die Vornahme der Dienstverrichtungen selbst jedoch keine Vergütung gewährt. Auf Schreibgebühren haben die Gerichtsdiener keinen Anspruch. Die nothwendigen Auslagen, soweit sie nicht durch die Ausführung von Reisen entstehen, werden den Gerichtsdienern in dem gezahlten Betrag erstattet (§ 12 DO.).

Gerichtsvollziehergeschäfte.

Die Gerichtsdiener können mit der Vornahme einzelner im Auftrag einer Preußischen Justizbehörde vorzunehmenden Geschäfte eines Gerichtsvollziehers oder eines bestimmten Kreises solcher Geschäfte beauftragt werden.

Auch sind sie verpflichtet, die Vertretung eines Gerichtsvollziehers oder die Verwaltung einer Gerichtsvollzieherstelle zu übernehmen (§ 13 DO.).

Soweit ein Gerichtsdiener Geschäfte eines Gerichtsvollziehers vornimmt, hat er die für Gerichtsvollzieher geltenden Vorschriften zu befolgen. Auch bestimmt sich nach den Vorschriften der GVO., inwieweit ihm hierfür eine besondere Vergütung zu gewähren ist (§ 14 DO.).

Gefangenaufsehergeschäfte.

Die Gerichtsdiener haben neben ihren anderen Geschäften auf Erfordern die Geschäfte eines Gefangenaufsehers zu übernehmen (§ 15 DO.).

Es gehört grundsätzlich zu den Obliegenheiten der Gerichtsdiener, gerichtliche Gefangene zu Vernehmungen und zu den Hauptverhandlungen vorzuführen und während der Termine zu bewachen (Cirk.Verf. v. 13. Februar 1880, I. 7831).

Sofern bei Gerichten für den Gerichtsdiener- und Gefangenaufseherdienst besondere Beamte angestellt sind, hat nach den bisher allgemein befolgten Grundsätzen im Bedürfnißfall eine gegenseitige Vertretung zu erfolgen (Müller S. 328 zu b).

Kastellangeschäfte.

Zu den Kastellangeschäften gehört nach § 9 DO. insbesondere die Oeffnung und Verschließung, die Heizung und Beleuchtung der Diensträume der Behörde, die Bewachung, Beaufsichtigung und Reinigung dieser Räume und der darin befindlichen Gegenstände, sowie die Reinigung der Hofräume und der Straße.

Den in etatsmäßigen Kastellanstellen angestellten Unterbeamten können auch Gerichtsdienergeschäfte, welche nicht zu den Kastellangeschäften gehören, aufgetragen werden. Den nicht in Kastellanstellen angestellten Gerichtsdienern können auch einzelne Kastellangeschäfte aufgetragen werden.

Zur Besorgung der Kastellangeschäfte bei den Amtsgerichten mit 8 und mehr Richtern sind besondere Kastellane angestellt (Nr. 60 EB., Müller S. 327).

Für das Abnehmen und Wiederanbringen von Doppelfenstern und Markisen an den Fenstern der gerichtlichen Geschäftsgebäude können besondere Kosten aus dem sächlichen Fonds gezahlt werden, da diese Geschäfte zu den Obliegenheiten der Gerichtsdiener bezw. Kastellane nicht gehören (Reskr. v. 20. Mai 1884, I. 1103; Beschl. des Staatsm. v. 13. Mai 1884, JMBl. 1886 S. 118).

6. Bei größeren Amtsgerichten oder Staatsanwaltschaften kann nach § 16 DO. die Anstellungsbehörde einen der mehreren Gerichtsdiener mit der Wahrnehmung der Geschäfte eines Ersten Gerichtsdieners widerruflich beauftragen. *Erster Gerichtsdiener*

Ist bei einem Gericht ein Erster Gerichtsdiener angestellt oder bei einem Gericht oder einer Staatsanwaltschaft ein Gerichtsdiener mit der Wahrnehmung der Geschäfte eines Ersten Gerichtsdieners beauftragt, so gehört zu dessen Obliegenheiten insbesondere die Vertheilung der Geschäfte unter die Gerichtsdiener, soweit diese nicht allgemein geregelt ist, die Entgegennahme der ohne Mitwirkung der Gerichtsvollzieher abzusendenden und zu behändigenden Schriftstücke in den Gerichtsschreibereien und die Prüfung und Rücklieferung der über die Erledigung aufgenommenen Urkunden und Berichte. Die Vorschriften über die Behandlung der von Amtswegen zu bewirkenden Zustellungen bleiben unberührt.

Bei Behinderung eines Gerichtsdieners haben die anderen Gerichtsdiener bis auf weitere Bestimmung die Anordnungen des Ersten Gerichtsdieners zu befolgen.

7. Bei größeren Amtsgerichten muß der aufsichtführende Richter die Geschäfte unter die Gerichtsdiener im Voraus für das kommende Jahr vertheilen. Diese Geschäftsvertheilung ist sämmtlichen Gerichtsbeamten zur Kenntnißnahme vorzulegen und zweckmäßig im Zimmer der Gerichtsdiener auszuhängen. *Geschäftsvertheilung.*

8. Die Gerichtsdiener tragen nach Vorschrift des § 17 DO. bei ihren amtlichen Verrichtungen eine Dienstkleidung; sie haben diese auf eigene Kosten zu beschaffen. *Dienstkleidung.*

Die Dienstkleidung besteht aus einem dunkelblauen Rocke mit stehendem Kragen von demselben Tuche und mit einer Reihe weißer Metallknöpfe mit Adler ohne Umschrift, sowie aus einer Mütze von der Farbe des Rockes mit Kokarde. Die Ersten Gerichtsdiener und die mit den Geschäften eines Ersten Gerichtsdieners beauftragten Unterbeamten tragen am Kragen zwei weiße Rosetten.

Den Gerichtsdienern ist gestattet, während der warmen Jahreszeit statt des dunkelblauen Rockes eine Litewka von leichtem dunkelblauen Stoffe zu tragen.

Für die nur nebenamtlich im Gefängnißdienst beschäftigten Beamten gelten hinsichtlich der Dienstkleidung die für das Hauptamt geltenden Vorschriften. Danach haben die als Gefangenaufseher fungirenden Gerichtsdiener die nach § 17 DO. vorgeschriebene Dienstkleidung zu tragen, während des Gefängnißdienstes aber nach Nr. VI der Rundverf. v. 12. November 1900 (I. 2504) das Seitengewehr anzulegen (Müller S. 595 Anm.).

Gerichtsdiener tragen die für sie vorgeschriebene Dienstkleidung, auch wenn sie Gerichtsvollziehergeschäfte wahrzunehmen haben (§ 41 GVO.).

Hülfsgerichtsdiener.

9. Bei einer Erkrankung oder sonstigen längeren Dienstverhinderung eines Gerichtsdieners muß der aufsichtführende Richter sofort dem Landgerichtspräsidenten berichten und um einen Vertreter bitten; ist Gefahr im Verzuge und nicht gleich Aushülfe von der Oberbehörde zu erwarten, so muß der aufsichtführende Richter eine geeignete Persönlichkeit als Hülfsgerichtsdiener annehmen, wobei Militäranwärter zu bevorzugen sind. Es wird eine Verhandlung aufgenommen, der Mann mit seinen Dienstobliegenheiten bekannt gemacht und mittels Handschlages an Eidesstatt verpflichtet. Die erfolgte Annahme des Hülfsgerichtsdieners sowie das ihm in Aussicht gestellte Honorar (Nr. 41 EV.) sind dem Landgerichtspräsidenten zu weiterer Veranlassung mitzutheilen.

Die Hülfsgerichtsdiener sind nach § 17 DO. nicht verpflichtet, eine Dienstkleidung zu tragen. Sie haben aber zu ihrer Civilkleidung ein Brustschild zu tragen, das amtlich geliefert wird. Auf die nichtständigen Hülfsarbeiter im Unterbeamtendienste erstreckt sich nach der Allg. Verf. v. 25. April 1901 (JMBl. S. 95) die Krankenfürsorge.

Zweiter Abschnitt.

Verhältniß des aufsichtführenden Richters zu anderen mit dem Amtsgericht in Verbindung stehenden Personen.

§ 10.

Rechtsanwälte.

Rechtsanwaltsordnung v. 1. Juli 1878 (RGBl. S. 177, Kayser S. 164).

Allg. Verf. v. 28. Juni 1879, betr. die Ausführung der Rechtsanwaltsordnung (JMBl. S. 151, Kayser S. 175).

Beeidigung.

1. Nach der ersten Zulassung hat der Rechtsanwalt in einer öffentlichen Sitzung des Gerichts, bei welchem er zugelassen ist, folgenden Eid zu leisten (§ 17 RAO.):

Ich schwöre bei Gott dem Allmächtigen und Allwissenden, die Pflichten eines Rechtsanwalts gewissenhaft zu erfüllen, so wahr mir Gott helfe.

Eintragung in die Anwaltsliste.

2. Bei jedem Gericht ist eine Liste der bei demselben zugelassenen

Rechtsanwälte zu führen. In der Liste ist der Wohnsitz der Rechtsanwälte anzugeben.

Hat der Rechtsanwalt den Eid geleistet und seinen Wohnsitz an dem Orte des Gerichts, bei welchem er zugelassen ist, genommen, so ist er in die Liste einzutragen. Veränderungen des Wohnsitzes hat derselbe unverzüglich anzuzeigen. Die Eintragungen sind von dem Gericht auf Kosten des Rechtsanwalts durch den Deutschen Reichsanzeiger bekannt zu machen (§ 20 RAO.).

Von allen Eintragungen in die Liste ist von den Amtsgerichten unverzüglich (Allg. Verf. v. 23. Dezember 1879, JMBl. 1880 S. 2) dem Justizminister, dem vorgesetzten Landgericht und Oberlandesgericht des Bezirks Anzeige zu machen (Allg. Verf. v. 28. Juni 1879 zu III, 2, JMBl. S. 151). Es empfiehlt sich auch, von jeder Eintragung und Löschung eines Rechtsanwalts dem Vorstande der Anwaltskammer Kenntniß zu geben. Im Oberlandesgerichtsbezirk Marienwerder ist durch Reskript des Präsidenten v. 28. Oktober 1884 (I. 6847 A. 334) diese Anzeige obligatorisch gemacht. Berichte über die Eintragungen.

3. Der Rechtsanwalt muß, wenn er sich über eine Woche hinaus von seinem Wohnsitz entfernen will, für seine Stellvertretung sorgen, auch dem Vorsitzenden des Gerichts, bei welchem er zugelassen ist, sowie dem Amtsgericht, in dessen Bezirk er seinen Wohnsitz hat, Anzeige machen und den Stellvertreter benennen (§ 29 RAO.). Urlaub.

4. Die Gebühren der Rechtsanwälte regeln die Gebührenordnung v. 7. Juli 1879 in der Fassung der Bek. des Reichskanzlers v. 20. Mai 1898 (RGBl. S. 692, Kayser S. 1030) und das Gesetz, enthaltend die landesgesetzlichen Vorschriften über die Gebühren der Rechtsanwälte und der Gerichtsvollzieher v. 27. Septbr. 1899 (GS. S. 317) in der Fassung der Bekanntmachung v. 6. Oktober 1899 (GS. S. 325, 381, Kayser S. 1040). Gebühren.

Die Zahlung von Gebühren der Vertheidiger aus der Staatskasse in denjenigen Fällen, in welchen der Vertheidiger vom Vorsitzenden des Schöffengerichts oder von einem Amtsrichter ausgewählt ist, verfügt nach Nr. 17e GV. der aufsichtführende Richter.

Die Festsetzung der Gebühren des zum Vertheidiger bestellten Rechtsanwalts erfolgt unter Vorbehalt des ordentlichen Rechtsweges lediglich im Justizverwaltungswege nach Maßgabe des [§ 69 GV.] und es sind etwaige Beschwerden gemäß § 85 des AG. z. GVG. v. 24. April 1878 im Aufsichtswege zu erledigen (Cirk.Verf. v. 3. Juli, 1. Oktbr. 1884, I. 3253, Müller S. 161).

5. Zur Führung von Dienstsiegeln sind die Rechtsanwälte nicht befugt (Allg. Verf. v. 30. Septbr. 1879, JMBl. S. 396). Kein Dienstsiegel.

6. Stirbt der Rechtsanwalt oder giebt er die Zulassung auf oder wird die Zulassung zurückgenommen oder verliert der Rechtsanwalt in Folge Urtheils die Fähigkeit zur Ausübung der Rechtsanwaltschaft, so ist die Eintragung in der Liste zu löschen. Die Löschung ist von dem Gerichte durch den Deutschen Reichsanzeiger bekannt zu machen (§ 24 RAO.). Ausscheiden eines Rechtsanwalts.

Von allen Löschungen in der Liste sind die gleichen Anzeigen zu machen wie oben unter Nr. 2.

§ 11.
Notare.

Abschnitt 6 (Art. 77—103) des Gesetzes über die freiwillige Gerichtsbarkeit v. 21. Septbr. 1899 (GS. S. 249, Kayser S. 910, Müller S. 141).

Allg.Verf. v. 21. Dezbr. 1899, betr. das Notariat (JMBl. S. 834, Kayser S. 951, Müller S. 145).

Beeidigung. **1.** Die Notare werden vom Justizminister auf Lebenszeit ernannt (Art. 78). Sofern der Notar nicht schon bei seiner Ernennung Preußischer Staatsbeamter ist, hat er vor dem Präsidenten des Landgerichts, in dessen Bezirk ihm der Amtssitz angewiesen ist, oder vor einem von diesem beauftragten Richter den Diensteid zu leisten (Art. 81).

Register und Verwahrungsbuch. **2.** Der Notar hat ein allgemeines Notariatsregister (Art. 95) und ein Verwahrungsbuch (Art. 96) nach Vorschrift und nach den Mustern des § 2 der Allg.Verf. und ein Wechselprotestregister zu führen.

Das Notariatsregister ist mit fortlaufenden Seitenzahlen zu versehen und die Zahl der Seiten von dem Amtsgericht, in dessen Bezirk der Notar seinen Amtssitz hat, zu beglaubigen (Art. 95).

In das Verwahrungsbuch sind die bei dem Notar eingehenden fremden Gelder, geldwerthen Papiere und Kostbarkeiten (Art. 96) einzutragen; über die Führung des Buches bestimmt § 2 Nr. IV der Allg. Verf. v. 21. Dezbr. 1899.

Die Notare, welche zugleich Rechtsanwälte sind, haben über die ihnen in der Eigenschaft als Notar übergebenen fremden Gelder u. s. w. ein Depositalbuch abgesondert von ihren Rechnungsbüchern über die ihnen als Rechtsanwälte eingehändigten fremden Aktiva zu führen. (Cirk.Verf. v. 9. November 1881, I. 4079).

Dienstsiegel. **3.** Der Notar hat ein der Vorschrift des § 3 der Allg.Verf. entsprechendes Dienstsiegel zu führen. Die Verwendung von Siegelmarken an Stelle des Dienstsiegels ist unzulässig.

Ueber die Herstellung der Siegel für Urkunden der freiwilligen Gerichtsbarkeit haben der Erlaß v. 24. Januar 1900 (JMBl. S. 45) und die Allg. Verf. v. 6. April 1900 (JMBl. S. 297) Bestimmung getroffen (Kayser S. 954).

Dienstverhinderung. **4.** Für die Zeit, während welcher ein Notar beurlaubt oder durch Krankheit oder sonst verhindert ist, seine Geschäfte wahrzunehmen, kann er die sein Amt betreffenden Akten (Urschriften, Register u. s. w.) einem anderen Notar im Bezirke desselben oder eines benachbarten Amtsgerichts in Verwahrung geben. Hiervon hat er dem Amtsgericht seines Amtssitzes Mittheilung zu machen. Er kann diesem Amtsgericht auch die Verwahrung überlassen (Art. 97).

Hat ein Notar für die Zeit, während welcher er beurlaubt oder verhindert ist, seine Geschäfte wahrzunehmen, die Verwahrung seiner Akten in der im Art. 97 bezeichneten Art nicht veranlaßt, so hat, falls ein Antrag auf Ertheilung einer Ausfertigung aus den Akten des Notars oder auf Ertheilung einer Abschrift oder auf Gewährung der Einsicht gestellt wird, das Amtsgericht, in dessen Bezirk der Notar seinen Amtssitz hat, die Dienstakten in Verwahrung zu nehmen, bis der Notar die Geschäfte wieder übernimmt (Art. 98).

5. Die Landgerichtspräsidenten haben von Zeit zu Zeit eine Revision der Geschäftsführung der Notare vorzunehmen oder durch einen ihrer Aufsicht unterstellten richterlichen Beamten vornehmen zu lassen; diese Revision bezieht sich auch auf die von den Notaren geführten Register und auf das Verwahrungsbuch (s. die bei Müller S. 151 angegebenen Cirk.Verf.). Bei den Revisionen ist auch darauf zu achten, ob die Notare das Justizministerialblatt halten, wozu sie verpflichtet sind (Cirk.Verf. v. 18. März 1902, I. 2031). Geschäfts-revisionen.

6. Für ihre Berufsthätigkeit beziehen die Notare Gebühren nach Maßgabe der Gebührenordnung v. 25. Juni 1895 in der Fassung der Bekanntmachung v. 6. Oktbr. 1899 (GS. S. 374, Kayser S. 1043). Gebühren.

7. Bei dem Ausscheiden oder dem Tode, sowie bei der Versetzung eines Notars in einen anderen Landgerichtsbezirk hat das Amtsgericht, in dessen Bezirk der Notar seinen Amtssitz hatte, die das Amt des Notars betreffenden Papiere (Urschriften, Register u. s. w.) in Verwahrung zu nehmen. Dem Präsidenten des Landgerichts, in dessen Bezirk der Notar seinen Amtssitz hatte, ist hiervon Anzeige zu machen. Ausscheiden eines Notars.

Bei dem Ausscheiden oder dem Tode eines Notars hat das im vorigen Absatz bezeichnete Amtsgericht das Dienstsiegel des Notars zum Zwecke der Vernichtung an sich zu nehmen; dasselbe gilt von Dienstsiegeln, die in Folge der Versetzung eines Notars unbrauchbar geworden sind (Art. 102).

Einer besondern Anzeige über den Tod eines Notars bedarf es nicht, wenn derselbe zugleich als Rechtsanwalt bei einem Landgericht oder Amtsgericht zugelassen war, da in Fällen dieser Art durch den Präsidenten des Landgerichts oder den aufsichtführenden Richter des Amtsgerichts nach Maßgabe der Allg. Verf. v. 28. Juni 1879 zu III, 2 (JMBl. S. 151) ohnehin eine Anzeige über die Löschung des Rechtsanwalts in der Anwaltsliste erstattet wird (Cirk.Verf. v. 30. September 1881, I, 3774).

§ 12.

Amtsanwälte.

Geschäftsanweisung für die Amtsanwälte v. 28. August 1879 (JMBl. S. 260, Kayser S. 140).

1. Soweit nicht für bestimmte Amtsgerichte etatsmäßige Stellen eingerichtet sind, werden die Amtsanwälte nach § 62 Ges. v. 24. April 1878 (GS. S. 230) auf Widerruf angestellt. Der Oberstaatsanwalt hat die Verpflichtung derselben auf ihr Amt herbeizuführen, dieselbe jedoch, soweit es sich um die außerhalb seines Amtssitzes wohnhaften Amtsanwälte handelt, durch Beauftragung der Ersten Staatsanwälte oder durch Ersuchen der aufsichtführenden Richter zu bewirken (Cirk.Verf. v. 24 Juli 1879, II. d. 1947). Werden aber Beamte, namentlich Gemeindebeamte, zu Amtsanwälten und Königl. Forstbeamte zu Forstamtsanwälten bestellt, welche in ihrem Hauptamt den Diensteid bereits geleistet haben, so bedarf Vereidigung.

es eines neuen Verpflichtungsaktes nicht (Cirk.Verf. v. 29. April 1880, I. 1644). Dieselben werden aber auf Veranlassung des Ober-Staatsanwalts von dem aufsichtführenden Richter unter Berufung auf den allgemeinen Diensteid auf die gewissenhafte und treue Führung ihrer Obliegenheiten als Amtsanwälte bezw. Forstamtsanwälte verpflichtet.

Zu Amtsanwälten sind nicht zu bestellen: Rechtsanwälte (Verf. v. 12. Nov. 1884), Distriktskommissare (Verf. v. 23. Sept. 1887), Gerichtsvollzieher (Verf. v. 17. Aug. 1882), Kreissekretäre sowie Personen, die auf außerordentlichen Nebenerwerb angewiesen sind (Verf. v. 29. Sept. 1885). Im Nothfalle kann ein Gerichtsschreibereibeamter unter Belassung im Hauptamte ernannt werden, doch ist dies dem Justizminister anzuzeigen (Verf. v. 30. Sept. 1888).

Stellvertretung.

2. Bei Behinderung eines Amtsanwalts ist dem Stellvertreter möglichst zeitig Nachricht zu geben. Ist dieser selbst behindert oder ist ein Stellvertreter nicht vorhanden, so ist dem Ersten Staatsanwalt des Landgerichts, und, wenn Geschäfte vorliegen, welche keinen Aufschub gestatten, außerdem dem aufsichtführenden Amtsrichter behufs Bestellung eines Vertreters Mittheilung zu machen (Art. 9 Gesch.Anw.; § 13 Nr. 3 Allg. Verf. v. 28. Mai 1885, JMBl. S. 177). Diese Bestimmung ist eine Folge des § 66 Ausf.G. z. GVG., nach welchem im Falle der Verhinderung eines Beamten der Staatsanwaltschaft für die Geschäfte, welche keinen Aufschub gestatten, nöthigenfalls von dem Vorstande des Gerichts ein Vertreter zu bestellen ist.

Zahlungsanweisungen für die Amtsanwälte.

3. Zahlungsanweisungen über baare Auslagen und Transportkosten, welche in Strafsachen durch Amtshandlungen oder Anordnungen des Amtsanwalts veranlaßt sind, werden von dem aufsichtführenden Richter des Amtsgerichts namens des Letzteren erlassen (Nr. 17 c, 73 EV.).

§ 13.

Schiedsmänner.

Schiedsmannsordnung v. 29. März 1879 (GS. S. 321, Kayser S. 112).

Vereidigung.

1. Die für immer 3 Jahre zu Schiedsmännern Gewählten bedürfen der Bestätigung durch das Präsidium des Landgerichts, in dessen Bezirk sie ihren Wohnsitz haben. Erfolgt die Bestätigung, so veranlaßt der Präsident des Landgerichts die Vereidigung der Neugewählten durch das Amtsgericht ihres Wohnsitzes auf die Erfüllung ihrer Obliegenheiten (§ 2 Allg. Verf. v. 27. August 1879, JMBl. S. 304). Der Eid wird dahin geleistet (§ 5 SchO.):

> **Ich schwöre bei Gott dem Allmächtigen und Allwissenden, die Pflichten eines Schiedsmannes getreulich zu erfüllen, so wahr mir Gott helfe.**

Ist ein Schiedsmann Mitglied einer Religionsgesellschaft, welcher das Gesetz den Gebrauch gewisser Betheuerungsformeln an Stelle des Eides gestattet, so wird die Abgabe einer Erklärung unter der Betheuerung dieser Religionsgesellschaft der Eidesleistung gleichgeachtet.

Im Falle der Wiederwahl eines Schiedsmannes genügt die Verweisung auf den von ihm bereits geleisteten Eid (§ 5 SchO.).

Nach der Cirk.Verf. v. 17. August 1892 (I. 4105) ist es zulässig, den Schiedsmann im Falle seiner Wiederwahl durch gerichtliche Verfügung auf den bereits von ihm geleisteten Eid zu verweisen (Müller S. 431).

Die Schiedsmanns-Stellvertreter werden in derselben Art und Weise eidlich verpflichtet (§ 11 SchO.).

2. Das Recht der Aufsicht über einen Schiedsmann steht zu (§ 7 SchO.): Aufsicht.

1. dem Justizminister hinsichtlich sämmtlicher Schiedsmänner;
2. dem Oberlandesgerichts-Präsidenten hinsichtlich der im Oberlandesgerichtsbezirk, und
3. dem Landgerichts-Präsidenten hinsichtlich der im Landgerichtsbezirk wohnenden Schiedsmänner.

3. Das Protokollbuch wird dem Schiedsmann nach der Vereidigung von seinem Vorgänger im Amte ausgeantwortet. Die Beschaffung der Protokollbücher und Dienstsiegel ist Sache der Gemeinden. Vor der Ausantwortung ist das Protokollbuch auf der ersten Seite mit folgendem Vermerk zu versehen: Protokollbuch.

Protokollbuch des Schiedsmannes, welches aus . . . Seiten besteht.
Dem Schiedsmann . . . zu . . . zum amtlichen Gebrauch übergeben.
(Ort und Datum.)
(Siegel und Unterschrift des Bürgermeisters, Landraths ꝛc.)

Der zweite Satz des Vermerks ist hinter der letzten Eintragung eines im Gebrauche befindlichen Protokollbuchs zu wiederholen, so oft dasselbe auf einen neuen Schiedsmann übergeht (Allg. Verf. v. 27. August 1879, JMBl. S. 304; Turnau, Anm. 2 zu § 28 u. Anm. 1 zu § 5).

Vollgeschriebene Protokollbücher sind an das Amtsgericht, in dessen Bezirk der Schiedsmann wohnt, zur Aufbewahrung abzugeben (§ 28 SchO.); sie werden hier nach Ablauf von 30 Jahren, vom Tage der Einreichung ab gerechnet, kassirt.

Das Protokollbuch des Schiedsmanns ist nach näherer Bestimmung des Präsidenten des Landgerichts durch ein Mitglied des Landgerichts oder einen Amtsrichter von Zeit zu Zeit einer Prüfung zu unterziehen; es ist dem ernannten Kommissar auf dessen Ersuchen von dem Schiedsmann zu übersenden (Allg. Verf. v. 8. April 1882, JMBl. S. 87). Die Rückgabe des Protokollbuches ist zu beschleunigen; der Sicherheit halber ist das Buch „eingeschrieben" zurückzusenden. Die über das Ergebniß der Revision aufgenommene Verhandlung wird in Urschrift dem Präsidenten des Landgerichts überreicht. Es empfiehlt sich, Abschriften dieser Verhandlungen bei den Generalakten des Amtsgerichts zurückzubehalten, um bei der folgenden Revision prüfen zu können, ob die Erinnerungen von dem Schiedsmann nunmehr beachtet werden. Revision desselben.

Der Präsident des Landgerichts kann, wenn sich nach seinem Ermessen eine besondere Veranlassung dazu ergiebt, die gesammte Amtsverwaltung eines Schiedsmanns in Person oder durch einen Kommissar der Revision unterziehen (Allg. Verf. v. 5. März 1881, JMBl. S. 42). Die Reisekosten und Tagegelder der richterlichen Beamten trägt in solchen Fällen der Justizfonds.

Geschäftsübersichten. 4. Jeder Schiedsmann hat dem Amtsrichter des Bezirks (dem aufsichtführenden Richter) eine summarische Nachweisung über die Geschäfte des Vorjahres bis zum 1. Februar jedes Jahres zu übersenden (Allg. Verf. v. 8. April 1882, JMBl. S. 87) und zwar nach folgendem Formular (Allg. Verf. v. 18. Oktober 1882, JMBl. S. 313). Der Amtsrichter stellt die Ergebnisse der Nachweisungen in eine Uebersicht zusammen und überreicht sie dem Präsidenten des Landgerichts. Die Uebersicht ist zuvor rechnerisch zu prüfen, mit dem Vermerk der rechnerischen Richtigkeit zu versehen und von dem aufsichtführenden Richter zu unterschreiben. Anfangs Januar werden die Schiedsmänner an die rechtzeitige Einsendung der Nachweisung erinnert werden müssen.

Uebersicht

über die Thätigkeit der Schiedsmänner im Bezirk des Amtsgerichts zu .... für das Jahr 19..........

Laufende Nummer.	Name des Schiedsmannes.	Zahl der Schiedsmänner am Jahresschlusse.	Bürgerliche Rechtsstreitigkeiten.			Beleidigungen und Körperverletzungen.			Bemerkungen.
			Zahl der Sachen überhaupt.	Zahl der Sachen, in welchen beide Theile zur Sühneverhandlung erschienen sind.	Von den in Spalte 5 bezeichneten Sachen sind durch Vergleich erledigt.	Zahl der Sachen überhaupt.	Zahl der Sachen, in welchen beide Theile zur Sühneverhandlung erschienen sind.	Von den in Spalte 8 bezeichneten Sachen sind durch Sühneversuch mit Erfolg erledigt.	
1.	2.	3.	4.	5.	6.	7.	8.	9.	10.

§ 14.

Waisenräthe, Forstschutzbeamte, Handelsmäkler, Prozeßagenten.

Waisenräthe. 1. Nach § 1 Art. 77 des AG. z. BGB. v. 20. Sept. 1899 (GS. S. 222) sind für jede Gemeinde oder für örtlich abzugrenzende Gemeindetheile ein oder mehrere Gemeindeglieder als Gemeindewaisenrath zu bestellen; für benachbarte Gemeindebezirke können dieselben Personen bestellt werden. Das Amt des Waisenraths ist ein unentgeltliches Gemeindeamt. Durch Beschluß der Gemeindebehörden können die dem Gemeindewaisenrath obliegenden Verrichtungen besonderen Abtheilungen oder schon bestehenden Organen der Gemeindeverwaltung übertragen werden. Auf selbstständige

Gutsbezirke finden diese Vorschriften mit der Maßgabe entsprechende Anwendung, daß der Waisenrath von dem Gutsvorsteher ernannt wird.

Die politischen Behörden (Landrathsamt, Magistrat rc.) haben dem Amtsgericht die Namen der Waisenräthe des Bezirks mitzutheilen. Das Gericht führt eine Liste derselben. Sofern eine Stelle erledigt ist und die Behörde nicht von selbst für eine Wiederbesetzung derselben Sorge trägt, wird es Sache des aufsichtführenden Richters, als des Gerichtsvorstandes, sein, bei der betr. Behörde die anderweite Bestellung eines Gemeindewaisenraths in Anregung zu bringen.

Als Waisenrath wird das einzelne Mitglied des Gemeindewaisenraths bezeichnet (Philler, Vormundschaftsrecht, 3. Aufl. S. 271).

Zur Uebernahme des Amtes eines Waisenraths ist die Genehmigung der vorgesetzten Dienstbehörde erforderlich.

2. Personen, welche mit dem Forstschutze betraut sind, können, sofern dieselben eine Anzeigegebühr nicht empfangen, ein- für allemal gerichtlich beeidigt werden, wenn sie Forstschutzbeamte.

1. königliche Beamte sind, oder
2. vom Waldeigenthümer auf Lebenszeit oder nach einer vom Landrath bescheinigten dreijährigen tadellosen Forstdienstzeit auf mindestens drei Jahre mittels schriftlichen Vertrages angestellt sind, oder
3. zu den für den Forstdienst bestimmten oder mit Forstversorgungsschein entlassenen Militärpersonen gehören.

Ob die gesetzlichen Voraussetzungen zur Beeidigung vorliegen, ist von dem Gericht zu beurtheilen (Verf. d. Min. d. Inn. v. 24. Februar 1891, MBl. f. d. i. V. S. 47).

In den Fällen Nr. 2 und 3 ist die Genehmigung des Bezirksraths erforderlich (§ 23 FDG.).

Die Beeidigung erfolgt bei dem Amtsgerichte, in dessen Bezirk der zu Beeidigende seinen Wohnsitz hat, dahin:

Ich N. N. schwöre bei Gott dem Allmächtigen und Allwissenden, daß ich die Zuwiderhandlungen gegen das Forstdiebstahlsgesetz v. 15. April 1878, welche den meinem Schutze gegenwärtig anvertrauten oder künftig anzuvertrauenden Bezirk betreffen, gewissenhaft anzeigen, bei meinen gerichtlichen Vernehmungen über dieselben nach bestem Wissen die reine Wahrheit sagen, nichts verschweigen und nichts hinzusetzen, auch die mir obliegenden Schätzungen unparteiisch und nach bestem Wissen und Gewissen bewirken werde, so wahr mir Gott helfe.

Eine Ausfertigung des Beeidigungsprotokolls wird den Amtsgerichten mitgetheilt, in deren Bezirke der dem Schutze des Beeidigten anvertraute Bezirk liegt (§ 24 FDG.).

3. Die öffentliche Ermächtigung, deren Handelsmäkler zu Verkäufen oder Käufen bedürfen, wird für Orte innerhalb des Bezirks einer Handelskammer oder einer kaufmännischen Körperschaft durch diese vorbehaltlich der Bestätigung des Regierungspräsidenten, für andere Orte durch den Regierungspräsidenten ertheilt. Die Ermächtigung wird erst wirksam, wenn der Handelsmäkler den Eid leistet, daß er die ihm obliegenden Pflichten getreu Handelsmäkler.

erfüllen werde. Für die Abnahme des Eides ist das Amtsgericht zuständig, in dessen Bezirke der Handelsmäkler seine Geschäftsräume oder in Ermangelung solcher seine Wohnung hat. Die Beeidigung kann auch von der Handelskammer oder der kaufmännischen Korporation vorgenommen werden, welche die Ermächtigung ertheilt hat (Art. 13 AG. z. BGB. v. 20. Sept. 1899, GS. S. 184).

Prozeßagenten.

4. Nach § 157 CPO. kann auch anderen Personen als Rechtsanwälten das mündliche Verhandeln vor Gericht gestattet werden. In Ausführung dieser Vorschrift bestimmt die Allg. Verf. v. 25. Septbr. 1899 (JMBl. S. 272) Folgendes:

§ 1. Die Erlaubniß zum mündlichen Verhandeln vor Gericht ist von der Justizverwaltung nur zu ertheilen, soweit ein Bedürfniß hierfür vorliegt.

Die Ertheilung erfolgt für ein Amtsgericht, ausnahmsweise auch für zwei oder mehrere benachbarte Amtsgerichte desselben Landgerichtsbezirkes.

Zuständig für die Ertheilung der Erlaubniß ist der Landgerichtspräsident.

§ 2. Gesuche um Gestattung des mündlichen Verhandelns sind mit einem selbstverfaßten und selbstgeschriebenen Lebenslaufe bei dem aufsichtführenden Richter des Amtsgerichts einzureichen. Dieser übersendet das Gesuch, nach Anhörung der Ortspolizeibehörde und geeignetenfalls nach Anstellung weiterer Ermittelungen, mit einer gutachtlichen Aeußerung über die Bedürfnißfrage und über die Person des Gesuchstellers dem Landgerichtspräsidenten. Ist der aufsichtführende Richter nicht Prozeßrichter, so ist eine Aeußerung des Letzteren beizufügen.

§ 3. Personen, denen das mündliche Verhandeln vor Gericht gestattet ist, sind im dienstlichen Verkehr als Prozeßagenten zu bezeichnen.

§ 4. Macht ein Richter des Amtsgerichts Wahrnehmungen, die geeignet sind, Zweifel an der Befähigung oder an der Zuverlässigkeit eines Prozeßagenten zu begründen, so hat er hiervon durch Vermittelung des aufsichtführenden Amtsrichters dem Landgerichtspräsidenten Anzeige zu machen.

§ 5. Die Erlaubniß kann jederzeit zurückgenommen werden. Die Zurücknahme darf nicht aus dem Grunde erfolgen, weil das bei der Ertheilung der Erlaubniß vorhandene Bedürfniß später weggefallen ist.

Zuständig für die Zurücknahme der Erlaubniß ist der Landgerichtspräsident.

Die Untersagung des Gewerbebetriebes (§ 35 Abs. 2 Gew.O.) hat den Wegfall der Erlaubniß von selbst zur Folge.

§ 6. Gegen die Entscheidung des Landgerichtspräsidenten (§ 1 Abs. 3, § 5 Abs. 2) findet Beschwerde im Aufsichtswege an den Oberlandesgerichtspräsidenten statt; dieser entscheidet endgültig.

§ 7. Die Ertheilung der Erlaubniß (§ 1) und ihre Zurücknahme (§ 5) sind durch das Regierungs-Amtsblatt bekannt zu machen und der Ortspolizeibehörde mitzutheilen.

Die den Prozeßagenten zu bewilligenden Gebühren müssen in der Regel hinter den Gebühren der Rechtsanwälte für gleiche Akte wesentlich zurückbleiben (Verf. v. 29. Oktober 1880, III. 15700, Müller S. 91).

Ueber den Gewerbebetrieb der Personen, die fremde Rechtsangelegenheiten und bei Behörden wahrzunehmende Geschäfte besorgen oder die über Vermögensverhältnisse oder persönliche Angelegenheiten Auskunft ertheilen

(§§ 38 Abs. 4, 148 Nr. 4a der Gewerbeordnung), siehe die Allg. Verf. v. 12. Dezbr. 1901 (JMBl. S. 294).

§ 15.

Sachverständige für gerichtliche Angelegenheiten.

1. Sachverständige für gerichtliche Angelegenheiten im Allgemeinen zu beeidigen, ist nach § 86 AG. z. GVG. Sache der Justizverwaltung. Auf Grund dieser Vorschrift ist über diese allgemeine Beeidigung die Allg. Verf. v. 5. Februar 1900 (JMBl. S. 48, Kayser S. 391) ergangen. Die §§ 1 und 2 dieser Verf. handeln über die Auswahl derartiger Sachverständiger, welche durch den Landgerichtspräsidenten und von Amtswegen ohne Rücksicht auf etwaige Anträge erfolgt. Auswahl.

§ 1 Abs. 3 lautet: Der Oberlandesgerichtspräsident kann die Auswahl von Sachverständigen für einen bestimmten Kreis von Angelegenheiten, zu deren Beurtheilung eine besondere Kenntniß der örtlichen Verhältnisse erforderlich ist, insbesondere für Schätzungen und Begutachtungen in landwirthschaftlichen Angelegenheiten, dem aufsichtführenden Richter eines Amtsgerichts übertragen.

Nach § 2 dürfen unmittelbare Staatsbeamte nur mit Genehmigung ihrer vorgesetzten Dienstbehörde als Sachverständige im Allgemeinen vereidigt werden.

Nach § 11 findet eine Bestellung oder Ernennung von Sachverständigen durch die Justizbehörde nicht mehr statt. Auf die zur Zeit vorhandenen, von Justizbehörden bestellten, ernannten oder im Allgemeinen beeidigten Sachverständigen finden die §§ 7 bis 9 dieser Verfügung entsprechende Anwendung.

Vergl. auch die Allg. Verf. v. 19. März 1901 (JMBl. S. 72).

2. Wegen der Beeidigung der Sachverständigen bestimmen § 3 ff. der Allg. Verf. v. 5. Februar 1900 Folgendes: Beeidigung.

§ 3. Die Beeidigung erfolgt in der Regel für die von den Gerichten des Landgerichtsbezirkes zu fordernden Gutachten. Im Falle des Bedürfnisses kann sie auch für Gutachten vor den Gerichten eines weiteren oder eines engeren Bezirkes erfolgen.

Die Beeidigung kann von dem Landgerichtspräsidenten einem Mitgliede des Landgerichts oder des Amtsgerichts, in dessen Bezirke der Sachverständige seinen Wohnsitz hat, übertragen werden.

Im Falle des § 1 Abs. 3 (s. oben) erfolgt die Beeidigung durch den aufsichtführenden Amtsrichter und nur für die von dem Amtsgerichte zu fordernden Gutachten.

§ 4. Der Eid ist von dem Sachverständigen dahin zu leisten:

> daß er die von einem Gericht im Bezirke des Landgerichts in ... von ihm zu fordernden Gutachten über ... unparteiisch und nach bestem Wissen und Gewissen erstatten werde.

In der Eidesformel ist hinter dem Worte „über“ der Kreis der Angelegenheiten, für welche die Beeidigung erfolgt, zu bezeichnen. Erfolgt die Beeidigung nicht für die Gutachten vor den Gerichten eines Landgerichtsbezirkes, so ist die Formel entsprechend abzuändern.

§ 5. Vor der Beeidigung ist dem Sachverständigen zu eröffnen:

daß er durch die Beeidigung die Eigenschaft eines öffentlich bestellten Sachverständigen nicht erlange, daß vielmehr nur bei seiner Vernehmung im Einzelfalle nach dem Ermessen des Gerichts statt der Eidesleistung die Berufung auf den allgemeinen Eid genüge;

daß es ihm freistehe, sich „für die Gerichte des Landgerichtsbezirkes ... (oder für die sonstigen der Beeidigung entsprechenden Gerichte) beeidigter Sachverständiger" zu nennen.

Ferner hat sich der Sachverständige vor der Beeidigung zu verpflichten:

daß er sich der Bezeichnung als gerichtlicher oder als gerichtlich bestellter oder beeidigter Sachverständiger ohne Angabe des Bezirkes, für den die Beeidigung erfolgt ist, nicht bedienen,

daß er etwaige Veränderungen seines Wohnsitzes zu den Akten unverzüglich anzeigen, und

daß er im Falle seiner Streichung in der Sachverständigenliste den ihm ertheilten Ausweis über seine Beeidigung unverzüglich zu den Akten zurückreichen und die ihm nach Abs. 1 gestattete Bezeichnung unterlassen werde.

§ 6. Ueber die Beeidigung ist ein Protokoll aufzunehmen, welches die Eidesformel (§ 4), die Eröffnung (§ 5 Abs. 1) und die Verpflichtung (§ 5 Abs. 2) ihrem Wortlaute nach zu enthalten hat.

Der Sachverständige erhält eine beglaubigte Abschrift des Protokolls als Ausweis über seine Beeidigung.

Für dies Protokoll ist ein Formular hergestellt (Allg. Verf. v. 18. April 1900, JMBl. S. 403).

Ueber die Frage der Beeidigung von Sachverständigen siehe auch die Rundverf. v. 26. April 1901 (I. 2569) bei Müller S. 2047.

Verzeichniß der Sachverständigen.

3. Ueber das Verzeichniß der Sachverständigen bestimmen die §§ 7 bis 9 der Allg. Verf. v. 5. Februar 1900 Folgendes:

§ 7. Bei jedem Gerichte wird ein nach den einzelnen Angelegenheiten geordnetes Verzeichniß der im Allgemeinen beeidigten Sachverständigen geführt. Aenderungen, welche die Person des Sachverständigen betreffen, insbesondere eine Verlegung der Wohnung oder des Wohnsitzes, sind nachzutragen. Der Landgerichtspräsident hat von der Beeidigung sowie von jeder in dem Verzeichnisse des Landgerichts vorgenommenen Nachtragung oder Streichung den Gerichten, für welche die Beeidigung erfolgt ist, Kenntniß zu geben.

Die Einsicht des Verzeichnisses ist Jedem gestattet. Eine Veröffentlichung der Eintragungen findet nicht statt.

§ 8. Der Name des Sachverständigen ist in den Verzeichnissen zu streichen:

1. im Falle des Todes des Sachverständigen;
2. auf Antrag des Sachverständigen;
3. wenn sich der Sachverständige als unzuverlässig erweist oder wenn sich erhebliche Bedenken gegen seine Sachkunde ergeben.

Die Streichung kann erfolgen, wenn der Sachverständige den Wohnsitz an einen Ort außerhalb des Bezirkes verlegt, für den er beeidigt ist, oder wenn er sich eine ihm nicht gestattete Bezeichnung (§ 5) beilegt.

Die Streichung erfolgt auf Anordnung des Landgerichtspräsidenten, im Falle des § 1 Abs. 3 (s. umstehend unter 1) des aufsichtführenden Amtsrichters.

Die Streichung auf Grund des Abs. 1 Nr. 3 sowie auf Grund des Abs. 2 soll nur nach Anhörung des Sachverständigen erfolgen.

Die Richter und die Staatsanwälte haben Wahrnehmungen, welche eine Streichung zu begründen geeignet sind, der zuständigen Stelle (Abs. 3) mitzutheilen.

§ 9. Nach Streichung des Sachverständigen ist dessen Ausweis (§ 6 Abs. 2) zurückzufordern. Wird der Ausweis nicht zurückgegeben, so ist die Streichung durch Aushang und, abgesehen von dem Falle des § 8 Abs. 1 Nr. 1 durch Einrückung in öffentliche Blätter bekannt zu machen. Im Uebrigen findet eine Veröffentlichung der Streichung nicht statt.

Dritter Abschnitt.

Die Geschäfte der Justizverwaltung.

I. Rechte und Pflichten des aufsichtführenden Richters bezüglich des Geschäftsbetriebes.

A. Die innere Einrichtung des Gerichtsgebäudes.

§ 16.

Der Hausflur.

1. Um den Rechtsuchenden Gelegenheit zu geben, außerhalb der Sprechstunden schriftliche Eingaben niederzulegen, ist im Hausflur ein Briefkasten anzubringen. In der Aufschrift ist darauf hinzuweisen, daß Schriftstücke in Grundbuchsachen auf der Gerichtsschreiberei (Zimmer Nr. . . .) abzugeben sind. Der Briefkasten ist mindestens zweimal werktäglich, und zwar bei dem Beginn und kurz vor dem Schlusse der Dienststunden, nach Bedürfniß noch öfter (und zwar durch den Gerichtsdiener, § 8 Nr. 3 DO.) zu leeren. Die Leerungszeiten sind auf dem Briefkasten zu vermerken (§ 3 Nr. 7, 8 Gesch.O.). Briefkasten.

2. Bei größeren Gerichten ist ein Verzeichniß der Geschäftsräume im Hausflur anzubringen (§ 2 Nr. 1 Gesch.O.). Verzeichniß der Geschäftsräume.

3. Für die Aushänge sind auf dem Hausflur ein oder mehrere verschließbare Kasten anzubringen, welche nach Vorschrift des Justizministers vom 30. Januar 1838 (Jahrbuch Band 51 S. 155) mit Draht vergittert sein sollen. Auf den Fluren der Gerichtstagslokale ist eine ebensolche Gerichtstafel anzubringen. Gerichtstafel.

Die bei den Aushängen an der Gerichtstafel zu beachtenden Fristen (§ 204 CPO., § 40 StPO., § 132 BGB.) sind in den Geschäftskalender einzutragen und in Spalte 14 durch „Aush." zu bezeichnen. Die Anheftung und die Abnahme ist auf dem Aushange mit Ort, Datum, Namensunterschrift und Amtseigenschaft des Beamten zu bescheinigen. Die

Anheftung und die Abnahme der Schriftstücke erfolgt, soweit sie nicht nach § 20 Gesch.O. zu den Obliegenheiten des Gerichtsschreibers gehören, durch den Gerichtsdiener (§ 19 Gesch.O., § 8 Nr. 7 DO.).

Hektographirte Aushänge sind nicht zu empfehlen, da sie leicht verbleichen, sofern sie dem Licht ausgesetzt werden.

Nach § 70 KO. ist die Gerichtstafel zu Aushängen der Vollstreckungsbehörde in Kassensachen bestimmt.

Dauernde Aushänge.

4. An der Gerichtstafel sind dauernd auszuhängen:

1. Die Bekanntmachung der vom Landgerichtspräsidenten für das Publikum festgesetzten Sprechstunden (§ 3 Nr. 2 Gesch.O.);
2. die Bekanntmachung der über die Vertretung der Amtsrichter durch Richter benachbarter Amtsgerichte getroffenen Anordnungen (Allg. Verf. v. 10. Septbr. 1879 Nr. 3, JMBl. S. 340);
3. die Bekanntmachung des Bezirks der Hinterlegungsstelle (§ 3 HO., Allg. Verf. v. 31. Juli 1879, JMBl. S. 217);
4. die Bekanntmachung, daß Zahlungen an die Gerichtskasse nur gültig gegen eine von dem Rendanten und dem Kontroleur gemeinschaftlich ausgestellte Quittung geleistet werden können (§ 48 Nr. 4c KO.);
5. die etwaige Anordnung des Landgerichtspräsidenten, daß Zahlungen an die Gerichtskasse und aus der Gerichtskasse nur in den Vormittagsstunden zu leisten oder in Empfang zu nehmen sind (§ 5 Nr. 3 KO.);
6. die Geschäftsvertheilung der Gerichtsvollzieher, erforderlichenfalls unter Beifügung eines alphabetischen Straßenverzeichnisses (§ 17 Nr. 6 GVO.);
7. die Bekanntmachung der für das laufende Jahr als ordentliche Gerichtstage im Sinne des § 500 CPO. festgesetzten Tage (§ 2 Nr. 2 Gesch.O.);
8. die Bekanntmachung der für den Verkehr des Publikums mit dem Richter (z. B. in Grundbuchsachen oder in sonstigen Angelegenheiten der freiwilligen Gerichtsbarkeit) bestimmten Tage und Stunden (§ 2 Nr. 2 Gesch.O.);
9. die Bekanntmachung der für das laufende Jahr zur Abhaltung der Gerichtstage festgesetzten Tage (§ 39 Gesch. Regulativ vom 18. Juli 1850).

Im Interesse des Publikums empfiehlt es sich noch folgende Bekanntmachungen dauernd an der Gerichtstafel auszuhängen:

10. ein Verzeichniß der zu den Gerichtstagsbezirken gehörigen Ortschaften;

Die Aushänge zu 9 und 10 gehören auch an die Gerichtstafeln der Gerichtstagslokale.

11. die Bekanntmachung der Beamten, welchen die Führung der öffentlichen Register übertragen ist.

§ 17.

Die Geschäftsräume.

Aeußere Ordnung.

1. Alle Geschäftsräume des Gerichts sind mit Nummern und mit der Aufschrift ihrer Bestimmung zu versehen (§ 2 Nr. 1 Gesch.O.).

Soweit für den Verkehr des Publikums mit dem Richter (z. B. in Grundbuchsachen oder in sonstigen Angelegenheiten der freiwilligen Gerichtsbarkeit) bestimmte Tage und Stunden festgesetzt sind, ist dies durch Anschlag an der Gerichtstafel und an den Thüren der Geschäftsräume ersichtlich zu machen. Diese Vorschrift findet auf die ordentlichen Gerichtstage (§ 500 CPO.) entsprechende Anwendung (§ 2 Nr. 2 Gesch.O.).

Die Repositorien, Schränke und Arbeitstische in den Geschäftsräumen sind so einzurichten, daß sie zur angemessenen Absonderung der Bücher, Akten und Schriften übersichtlichen Raum gewähren (§ 2 Gesch.Regl. v. 3. August 1841, JMBl. S. 292).

Außerhalb der Fächer und Behältnisse dürfen sich nur solche Akten und Schriftstücke befinden, welche zu den vorliegenden Arbeiten gehören. Die Aktenfächer sind mit deutlichen Ueberschriften zu versehen (§ 2 Nr. 3 Gesch.O.).

Ein Auszug aus dem Inventar für Utensilien ist in jedem Geschäftszimmer auszuhängen (§ 2 Nr. 4 Gesch.O.). Utensilienverzeichniß.

Es empfiehlt sich auch, in sämmtlichen Geschäftsräumen an einer besonders in die Augen fallenden Stelle einen Auszug aus der Feuerordnung des Gerichts anzuheften. Auszug aus der Feuerordnung.

In allen Büreaus müssen Schnüre zur Rettung der Akten vorhanden sein.

Zur Rettung der Akten bei Feuersgefahr sind Säcke nicht für zweckmäßig zu erachten, da die Einstopfung der Akten mit Zeitverlust verbunden ist. Es empfiehlt sich, starke hanfene mit einer Oehse versehene Schnüre, wie solche zum Binden der Aktenpackete gebraucht werden, anzuschaffen und in den Büreaus zu vertheilen, in denen sie im Falle einer Feuersgefahr zum Zusammenbinden der Akten dienen können (Reskr. v. 19. November 1860, IIb 3280 und 1. Juli 1887, I. 2116).

Eine Abschrift des Verzeichnisses der Schöffentermine ist vor dem Beginne der Hauptverhandlungen am Eingange zum Sitzungszimmer auszuhängen (§ 39 Nr. 9 Gesch.O.). Das Gleiche gilt von den Prozeßterminen vor dem Beginn der mündlichen Verhandlung (§ 28 Nr. 17 Gesch.O.). Terminszettel.

In dem Geschäftsraum, in welchem sich der Fernsprechapparat befindet, werden die Bestimmungen anzuheften sein, welche der aufsichtführende Richter oder der Landgerichtspräsident über die Benutzung desselben erlassen hat. Fernsprecher.

2. Bei Amtsgerichten von beträchtlichem Geschäftsumfange kann zur Entgegennahme von Gesuchen, welche von dem Gerichtsschreiber aufzunehmen sind, eine Anmeldestube eingerichtet werden (§ 3 Nr. 6 Gesch.O.). Anmeldestube.

3. In dem Botenzimmer ist zweckmäßig die von dem aufsichtführenden Richter bestimmte Geschäftsvertheilung der Gerichtsdiener auszuhängen. Der Erste Gerichtsdiener ist dafür verantwortlich zu machen, daß die Gerichtssiegel so verwahrt werden, daß sie von dem Publikum nicht gemißbraucht werden können. Botenzimmer.

4. Bei Amtsgerichten von beträchtlichem Geschäftsumfange wird zweckmäßig ein besonderes Zimmer für die Gerichtsvollzieher eingerichtet. Der Geschäftsverkehr des Gerichtsschreibers mit dem Gerichtsvollzieher soll, so- Gerichtsvollzieherzimmer.

weit es irgend thunlich ist, ein mündlicher sein. Aufträge, die sofort befolgt werden müssen, sendet der Gerichtsschreiber dem Gerichtsvollzieher besonders zu. Die Uebermittelung der anderen Aufträge geschieht durch

Fach der Gerichtsvollzieher. Niederlegung der Schriftstücke in ein Fach; für jeden Gerichtsvollzieher ist ein Fach zu bestimmen, welches mit seinem Namen zu bezeichnen ist (§§ 21, 22 GO., § 52 GVO.).

Parteienzimmer. Raum für Verhaftete. 5. Zum Aufenthalte der Parteien, der Zeugen und der Sachverständigen sind besondere Räume bereit zu stellen. Für verhaftete Personen, welche dem Gericht vorgeführt werden, müssen sichere Zellen vorhanden sein.

Kassenlokal. 6. Um die Kasse gegen Nachtheile zu sichern, sind äußere und innere Sicherheitsmaßregeln erforderlich. Jene bezwecken den Schutz gegen Feuersgefahr und Beraubung, diese sollen die vorschriftsmäßige Verwaltung verbürgen. Allgemeine Vorschriften über die äußeren Sicherheitsmaßregeln existiren nicht; sie werden indeß ihrer Natur nach bei der Anwendung der gewöhnlichen Aufmerksamkeit theils durch die Umstände von selbst geboten, theils sind sie durch die in dieser Beziehung bei allen Kassenverwaltungen anwendbaren Vorschriften der §§ 7 flgd. Titel I der Depositalordnung v. 15. September 1783 begründet. Im Allgemeinen gehört zur äußeren Sicherheit der Kassen, daß dieselben in Häusern untergebracht werden, welche einer Feuersgefahr nicht leicht ausgesetzt sind. Die Zugänge sollen wohl verwahrt, die Kassenzimmer massiv, womöglich gewölbt, mit doppelten eisernen oder mit Eisen beschlagenen Thüren und mit stark vergitterten Fenstern und mit eisernen Fensterladen oder wenigstens mit Fensterladen, welche mit Eisenblech beschlagen sind, versehen sein. Wenn die Verhältnisse es gestatten, ist die pflichtmäßige Aufmerksamkeit auf die Bewachung des Geschäftshauses durch einen zuverlässigen Beamten, außerdem auf die Sicherheit und Befestigung der Schlösser und die Aufbewahrung der Kassengelder und der Schlüssel zu den Behältern an bestimmten Orten zu richten (Cirk. v. 7. April 1884, I. 1375 und v. 9. August 1889, I. 2736, Müller S. 1187, 1188).

Dem Kassenkurator liegt ob, die wegen Sicherung der Kasse gegen Diebes= und Feuersgefahr erforderlichen Anträge zu stellen (§ 6 Nr. 3 KO.).

Bei denjenigen Amtsgerichten, bei welchen die Kassengeschäfte von den Gerichtsschreibern wahrgenommen werden, dient als Kassenlokal ein hierzu geeignetes Gerichtsschreiberbüreau (Cirk.Verf. v. 7. April 1884, I. 1375).

Ueber die Anschaffung von Kassenschränken enthält die Cirk.Verf. v. 4. Juli 1896, I. 3649 (Müller S. 1188) Vorschriften. Bei Gelegenheit der außerordentlichen Kassenrevisionen sind die Duplikatschlüssel auf ihre Brauchbarkeit zu prüfen (Cirk.Verf. v. 26. Febr. 1889, I. 490).

Im Kassenlokal an der vom Kassenkurator bestimmten Stelle sind die Aushänge der Vollstreckungsbehörde in Kassensachen anzuheften (§ 70 KO.). An dieser Stelle ist auch die etwaige Anordnung des Landgerichtspräsidenten anzuheften, daß Zahlungen an die Gerichtskasse und aus der Gerichtskasse nur in den Vormittagsstunden zu leisten oder in Empfang zu nehmen sind (§ 5 Nr. 3 KO.).

Die Gewölbe. 7. Es empfiehlt sich in dem Kassengewölbe oder in einem sonst im

Gerichtsgebäude befindlichen feuersicheren Raum folgende werthvollen Gegenstände zu verwahren:

1. die auf Grund der §§ 70 flgd. HO. bei dem Amtsgericht in vorläufige Verwahrung genommenen Gelder, Werthpapiere und Kostbarkeiten (und zwar in dem dazu bestimmten Geldspinde Cirk.Verf. v. 7. April 1884, I. 1375);
2. die in amtliche Verwahrung gegebenen Testamente und Erbverträge (Art. 81 §§ 1, 3 AG. z. BGB., § 89 HO.);
3. die auf Grund des § 88 HO. von dem Gerichtsschreiber in Verwahrung genommenen Werthpapiere auf Namen und sonstigen Urkunden (§§ 14 flgd. Allg. Verf. v. 26. Dezbr. 1899, JMBl. S. 870);
4. die Notariatsregister und Notariatspapiere in den Fällen der Art. 97, 102 und 103 des Gesetzes v. 21. Septbr. 1899 (GS. S. 249);
5. die Protokollbücher der Schiedsmänner (§ 28 Sch.O.);
6. die Kirchenbuchsduplikate bis zum 1. Oktober 1874 (§ 503, II, 11 ALR.; Allg. Verf. v. 23. Oktober 1885, JMBl. S. 355);
7. die früheren Civilstandsregister für Dissidenten und Juden (§ 73 Ges. v. 6. Febr. 1875, RGBl. S. 23);
8. die Nebenregister der Standesämter (§ 14 Ges. v. 6. Febr. 1875, RGBl. S. 23, Allg. Verf. v. 31. Januar 1902, JMBl. S. 29).
9. die von den Gerichtsvollziehern bei der Erledigung einer Dienststelle nach § 34 GVO. abzuliefernden Dienstsiegel und Dienststempel, Dienstregister, Wechselprotestregister und sonstigen dienstlichen Papiere.

§ 18.

B. Die Geschäftsvertheilung.

Geschäftsvertheilung unter den Richtern.

1. Die Geschäftsvertheilung unter den Richtern erfolgt durch das Präsidium des Landgerichts im Voraus auf die Dauer eines Geschäftsjahres (d. h. Kalenderjahres, Allg. Verf. v. 28. Juli 1879 § 1, JMBl. S. 209) nach den von dem Justizminister festgestellten Grundsätzen (§§ 23, 24 AG. z. GVG.). Die Bestimmung der Gerichtstagsbeamten bei den mit mehreren Richtern besetzten Amtsgerichten erfolgt im Wege der Geschäftsvertheilung (Cirk.Verf. v. 30. August 1879, I. 4190). Nothwendige Aenderungen der Geschäftseintheilung können im Laufe des Geschäftsjahres vom Präsidium vorgenommen werden (Reskr. v. 15. Dezbr. 1887, I. 4093).

Vorschläge zu der Geschäftsvertheilung für das folgende Jahr pflegt der Landgerichtspräsident in der letzten Hälfte des ablaufenden vom Amtsgericht zu erfordern.

Bei den mit mehreren Richtern besetzten Amtsgerichten werden die Geschäfte nach örtlich abgegrenzten Bezirken, oder, wenn das Interesse der Rechtspflege dies erfordert, nach Gattungen oder nach Gattungen und Bezirken vertheilt (§ 23 AG. z. GVG.). Bei den mit 4 oder mehr Richtern besetzten Amtsgerichten sind die Geschäfte in der Regel nach Gattungen zu vertheilen; die Angelegenheiten der Justizverwaltung werden von dem Richter bearbeitet, welchem die allgemeine Dienstaufsicht übertragen ist (Allg. Verf. v. 21. Juli 1879, JMBl. S. 198).

Die Geschäfte, welche Vormundschaften und Pflegschaften, sowie Auseinandersetzungen und Erbtheilungen betreffen, sind, soweit nicht besondere Verhältnisse eine Ausnahme rechtfertigen, einem Amtsrichter zu übertragen oder nach örtlich abgegrenzten Bezirken zu vertheilen (Cirk.Verf. v. 22. Mai 1882, I. 790). Die Bildung des Schöffengerichts ist, wie der Vorsitz im Schöffengericht, nur einem Richter zu übertragen. Sind wöchentlich mehr als drei Sitzungen des Schöffengerichts erforderlich, so können mehrere Amtsrichter zu Vorsitzenden bestimmt werden. Das Hinterlegungswesen, die Führung der Handels-, Genossenschafts-, Muster- und Schiffsregister soll ebenfalls in einer Hand liegen (Allg. Verf. v. 21. Juli 1879, JMBl. S. 198).

Die Führung der Landgüterrolle (für Brandenburg, Schlesien, Schleswig-Holstein und Kassel) ist demjenigen Amtsrichter zu übertragen, welchem die Geschäfte des Grundbuchrichters für den betr. Bezirk obliegen (Müller S. 9).

Ueber die Vertheilung der Geschäfte des Gefängnißvorstehers und der Strafsachen bei den mit mehreren Richtern besetzten Amtsgerichten enthält die Cirk.Verf. v. 24. Dezember 1879 (I. 91) folgende Bestimmungen:

Es erscheint allerdings zweckmäßig, bei den mit mehreren Richtern besetzten Amtsgerichten, bei welchen die Geschäfte nach Gattungen vertheilt werden, die Funktionen des Gefängnißvorstehers und die Bearbeitung der Strafsachen in der Hand eines Richters zu vereinigen. Da jedoch eine Trennung des Rechts zur Aufsicht und Disziplin über die Gefängnißbeamten von den sonstigen Geschäften des Gefängnißvorstehers sich nicht empfiehlt, und jenes Recht der Aufsicht und Disziplin kraft Gesetzes ausschließlich dem aufsichtführenden Amtsrichter gebührt (§ 79 des Gesetzes v. 24. April 1878; § 59 Nr. 5 des Gesetzes v. 21. Juli 1852; § 2 des Gesetzes v. 9. April 1879), so wird zunächst zu prüfen sein, ob nicht jene Vereinigung der Funktion des Gefängnißvorstehers mit der Bearbeitung der Strafsachen dadurch am zweckmäßigsten zu erreichen ist, daß im einzelnen Falle bei der Geschäftsvertheilung (§ 23 des Gesetzes v. 24. April 1878) die Bearbeitung der Strafsachen dem aufsichtführenden Richter übertragen wird. Für diejenigen Fälle, in denen dies Auskunftsmittel nach der vom Präsidium des Landgerichts zu beurtheilenden Lage der konkreten Verhältnisse nicht zweckmäßig erscheint, will ich Ew. Hochwohlgeboren — (die Herren Vorstandsbeamten des Oberlandesgerichts) — ermächtigen, die Geschäfte des Gefängnißvorstehers an Stelle des aufsichtführenden Richters dem mit der Bearbeitung der Strafsachen beauftragten Amtsrichter zu übertragen, jedoch mit der Maßgabe, daß das Recht der Aufsicht und Disziplin dem aufsichtführenden Richter verbleibt.

Vertretungen der Amtsrichter.

2. Mehrere Richter desselben Amtsgerichts vertreten sich wechselseitig in der durch das Landgerichtspräsidium im Voraus bestimmten Reihenfolge. Betreffs der Vertretung der Amtsrichter durch Richter benachbarter Amtsgerichte ist die Allg. Verf. v. 10. Septbr. 1879 (JMBl. S. 340) maßgebend.

Diese Allg. Verf. und die sonst hierüber ergangenen Vorschriften sind bei Müller S. 10 Nr. 9 abgedruckt.

3. Die näheren Anordnungen über die Beschäftigung der einem Amtsgericht zur unentgeltlichen Beschäftigung überwiesenen Gerichtsassessoren sind von dem Präsidium des Landgerichts nach Maßgabe des § 23 des AG. z. GVG., nicht von dem Präsidenten des Landgerichts oder Oberlandesgerichts, zu treffen. Die alleinige Zuständigkeit des Präsidiums ergiebt sich mit Nothwendigkeit aus der Erwägung, daß die Bestimmungen über die Beschäftigung der dem Amtsgericht überwiesenen Gerichtsassessoren nur unter gleichzeitiger Aenderung der von dem Präsidium festgestellten Vertheilung der Geschäfte unter die etatsmäßigen Richter getroffen werden können (Reskr. v. 24. Mai 1883, I. 1916). Beschäftigung der Assessoren.

Ueber die Assessoren als Vorsitzende in den Schöffengerichten s. Cirk.Verf. v. 2. April 1887, I. 1160 (Müller S. 9), über ihre Ueberweisung und Beschäftigung im Uebrigen Müller S. 137 Nr. 6.

4. Sind bei einem Amtsgericht mehrere Gerichtsschreiber angestellt, so kann der Präsident des Oberlandesgerichts einen von ihnen zum Ersten Gerichtsschreiber bestellen; bei großen Amtsgerichten können mehrere Erste Gerichtsschreiber bestellt werden. Die Bestellung ist jederzeit widerruflich. Bei einer Behinderung des Ersten Gerichtsschreibers bestellt der aufsichtführende Richter einen Vertreter (§ 1 Nr. 2 Gesch.O.). Der Erste Gerichtsschreiber. Bestellung.

Den in Betreff des Geschäftsbetriebes von dem Ersten Gerichtsschreiber getroffenen Anordnungen haben die übrigen Beamten der Gerichtsschreiberei sowie die Kanzlei- und Unterbeamten bis auf etwaige anderweite Entscheidung des aufsichtführenden Richters Folge zu leisten (§ 1 Nr. 4 Gesch.O.).

Die Obliegenheiten des Ersten Gerichtsschreibers werden, falls ein solcher nicht bestellt ist, im Wege der Geschäftsvertheilung einem Gerichtschreiber übertragen (§ 1 Nr. 3 Gesch.O.).

Den Ersten Gerichtsschreibern können nach d. Cirk.Verf. v. 9. Septbr. 1898 (I. 3980) bei den mittleren und größeren Amtsgerichten für ihre Thätigkeit als solche außerordentliche Remunerationen alljährlich zugewendet werden. Der Betrag kann bei den Amtsgerichten mit 8 und mehr Richtern bis zu 300 Mk., bei den Amtsgerichten mit 3 bis 7 Richtern bis zu 200 Mk. bemessen werden. Die Bewilligung ist gleichwohl in jedem Jahre von den Leistungen des betreffenden Beamten abhängig zu machen. Sind mehrere Beamte mit den Geschäften des Ersten Gerichtsschreibers betraut, so ist dem Beamten, der die Geschäfte in der Gerichtsschreibereiabtheilung des Gerichtsvorstandes wahrnimmt, innerhalb der bezeichneten Grenze eine höhere Remuneration als den übrigen Ersten Gerichtsschreibern zuzuwenden. Bei Erkrankungen oder sonstigen Behinderungen des Ersten Gerichtsschreibers außerhalb der Gerichtsferien auf eine Zeitdauer von mindestens einem Monat kann dem mit der Wahrnehmung dieser Geschäfte betrauten Beamten unter Berücksichtigung seiner Leistungen eine im Verhältniß der Zeitdauer zu den vorgenannten Jahresbeträgen zu bemessende Remuneration gewährt werden. Von einer entsprechenden Kürzung der Remuneration des vertretenen Ersten Gerichtsschreibers kann abgesehen werden, sofern die Behinderung den Zeitraum von 3 Monaten nicht überschritten hat und be- Remuneration.

sondere Billigkeitsgründe vorliegen. Solchen Ersten Gerichtsschreibern, welche zugleich mit der Wahrnehmung der Kassengeschäfte betraut sind und hierfür die besondere Stellenzulage beziehen, sind Remunerationen aus dem hierzu bestimmten Fonds nur ausnahmsweise zu bewilligen.

Obliegenheiten des Ersten Gerichtsschreibers. Im Allgemeinen.

5. Zu den Obliegenheiten des **Ersten Gerichtsschreibers** gehört es nach § 4 Gesch.O.:

a) Utensilien, Drucksachen, Schreibmaterialien, Beleuchtungs- und Heizungsmaterial sowie sonstige für den Geschäftsbetrieb erforderliche Gegenstände nach den ihm ertheilten Weisungen anzuschaffen und zu verwalten;

b) die Inventare des Amtsgerichts zu führen und darüber zu wachen, daß die für die äußere Ordnung und Sicherheit der Geschäftsräume erlassenen Anweisungen befolgt werden;

c) die Geschäftsübersichten aus den Nachrichten zusammenzustellen, welche die einzelnen Gerichtsschreiber zu liefern haben.

Fundsachen.

Dem Ersten Gerichtsschreiber liegt es ferner ob, die in den Geschäftsräumen des Gerichts gefundenen Sachen zu verwahren (§ 978 BGB.). Ueber die Verwahrung und die Verwerthung dieser Sachen sind Generalakten zu führen, denen ein Verzeichniß der in der Verwahrung befindlichen Gegenstände vorzuheften ist. Ist ein Gegenstand fortgeschafft, so ist dies in dem Verzeichniß unter Hinweis auf die veranlassende Verfügung zu vermerken.

Sachen, mit denen gemäß § 983 BGB. verfahren werden soll, z. B. Ueberführungsstücke, deren Eigenthümer nicht zu ermitteln ist, sind an den Ersten Gerichtsschreiber abzuliefern; sie werden in gleicher Weise wie die oben erwähnten Fundsachen behandelt.

Der Erste Gerichtsschreiber hat auch nach Vorschrift der Nr. 74 EV. die Kosten für Bekanntmachungen in öffentlichen Blättern in Zahlungslisten aufzunehmen, welche nach § 62 Nr. 1 KO. allmonatlich in einer Summe verausgabt werden.

Eingänge.

Sendungen an das Gericht, welche offen eingehen, und alle Sendungen an die Gerichtsschreiberei hat der Gerichtsschreiber der in der Aufschrift bezeichneten Abtheilung, beim Mangel einer solchen Bezeichnung der Erste Gerichtsschreiber, in Empfang zu nehmen und, soweit erforderlich, zu öffnen. Der Erste Gerichtsschreiber hat auch die in der Anmeldestube aufgenommenen Gesuche in Empfang zu nehmen und zu sondern (§ 5 Nr. 2 Gesch.O.).

Der Erste Gerichtsschreiber kann die Empfangnahme unverschlossener, für das Gericht bestimmter Schriftstücke außerhalb der Geschäftsstunden und außerhalb der Gerichtsstelle ablehnen; wenn er das Schriftstück aber angenommen hat, hat der Zeitpunkt der Uebergabe an ihn als Zeitpunkt des Eingangs bei Gericht zu gelten (Erk. des RG. v. 7. Febr. 1898, Entsch. St.S. Bd. 31 S. 4).

Posteingangsnotizbuch.

Der Erste Gerichtsschreiber hat die eingehenden Werth- und Einschreibsendungen in das Posteingangsnotizbuch einzutragen (§ 6 Nr. 1 Gesch.O.).

Das Posteingangsnotizbuch hat 9 Spalten mit folgenden Ueberschriften: 1. Tag des Einganges, 2. Nummer des Ablieferungsscheins oder der Postanweisung, 3. Aufschrift (Adresse), 4. Abgangsort, 5. Werthangabe in Mark, 6. Name des Ausgabebeamten der Post, 7. Tag und Stunde der Ausgabe, durch den Tagesstempel beglaubigt, 8. Bezeichnung der Sache, 9. Nachweis über den Verbleib des Geldes. Enthält die Sendung andere Werthgegenstände als baares Geld, so ist dies in Spalte 9 zu vermerken (§ 6 Nr. 2 Gesch.O.).

Geschäftsrevisionen.

6. Sofern der aufsichtführende Richter nicht selbst die Geschäftsrevisionen abhält, wird er nach Bedürfniß solche Revisionen durch den Ersten Gerichtsschreiber abhalten lassen. Wenn der Erste Gerichtsschreiber revidirt, sei es aus eigener Initiative, sei es im ausdrücklichen Auftrage des aufsichtführenden Richters, so handelt er immer als Organ desselben, da ihm eine selbständige Geschäftsaufsicht nicht übertragen ist. Ihm stehen darum bei der Revision alle Hülfsmittel, wie jenem, zu Gebote, und erstreckt sich solche auf alle Geschäftszweige, die von dem Richter zu überwachen sind, insonderheit den Ansatz und die Berechnung der Kosten, das Stempelwesen und alle Geschäftszweige, welche der Revision des Rechnungsrevisors und Stempelfiskals unterliegen (Daubenspeck, § 65).

Ueber die Revision ist ein besonderes Protokoll aufzunehmen; der aufsichtführende Richter wird auf Grund desselben die Vorsteher der einzelnen Gerichtsschreiberei-Abtheilungen auffordern, die gezogenen Erinnerungen zu beantworten und die etwa hervorgetretenen Mängel abzustellen.

Die Büreau-Revision umfaßt alle Geschäftszweige, die von den Büreau- und Unterbeamten zu bearbeiten sind, also:

1. den Verkehr mit der Postanstalt, das Posteingangsnotizbuch und das Portokontobuch,
2. die Inventarien,
3. die äußere Ordnung in den Gerichtsschreiberei-Abtheilungen und in den übrigen Geschäftsräumen,
4. Briefkasten und Gerichtstafel,
5. die Führung der öffentlichen Register,
6. den Geschäftsgang,
7. das Zustellungswesen,
8. das Registraturwesen, Behandlung der Schriftstücke, Akten, Register und Kontrolen,
9. das Expeditionswesen,
10. die Kalkulatursachen,
11. das Kostenliquidationsgeschäft und Stempelwesen,
12. die selbständigen Dienstverrichtungen der Gerichtsschreiber.

Verwaltung der Generalakten.

7. Dem Ersten Gerichtsschreiber liegt auch die Verwaltung der Generalakten, welche Angelegenheiten der Justizaufsicht und Justizverwaltung betreffen, und die Führung des im § 10 Gesch.O. vorgeschriebenen Registers für Generalakten ob. Dies Register zerfällt nach den Gegenständen in Abschnitte; eine gleichmäßige Bezeichnung dieser Abschnitte für sämmtliche Amtsgerichte würde sich sehr empfehlen, schon um das Auffinden der Verordnungen und Verfügungen zu erleichtern. Ich verweise auf Seite 65 der 2. Auflage dieses Buches, wo eine Eintheilung der Generalakten vorgeschlagen ist. Es sind auch besondere Generalakten anzulegen aus solchen

allgemeinen Vorschriften, welche den Beamten in periodischen Zwischenräumen zur wiederholten Kenntnißnahme und Beachtung vorgelegt werden müssen.

Personalakten. Es ist Fürsorge zu treffen, daß Personalakten und Personalverfügungen in einer Weise aufbewahrt und geschäftlich behandelt werden, welche die Kenntnißnahme Unberufener, insbesondere auch des betheiligten Beamten, ausschließt (Cirk.Verf. v. 14. Januar 1897, I. 222). Selbstverständlich hat das Gleiche auch von sonstigen, die persönlichen Verhältnisse einzelner Beamten betreffenden Akten und Schriftstücke zu gelten (Rundverf. v. 21. Febr. 1901, I. 1157).

Ortschaftsverzeichniß. Den Generalakten über die „Feststellung des Bezirks" ist das aus dauerhaftem Papier hergestellte Ortschaftsverzeichniß vorzuheften. Dies Verzeichniß, welches nach Vorschrift der Cirk.Verf. v. 19. Juli 1893 (I. 1240) bei jedem Amtsgericht nach dem Stande vom 1. Oktober 1893 angelegt ist, enthält sämmtliche politische Gemeindeeinheiten niedrigster Ordnung — Städte, Landgemeinden, Gutsbezirke, auch unbewohnte Forstbezirke, Moore u. s. w., geordnet nach Kreisen, und innerhalb derselben nach den nächstfolgenden Verbänden — Amtsbezirke, Aemter, Polizeidistrikte, Bürgermeistereien u. dergl. Die zu Gerichtstagen oder Forstgerichtstagen gehörigen Ortschaften sind durch beigefügte Zeichen, welche auf dem Titelblatt zu erläutern sind, kenntlich zu machen. Um das Ortschaftsverzeichniß mit dem Stande der Bezirke in Einklang zu erhalten, sind nicht allein die auf gesetzlichen Bestimmungen beruhenden Bezirksänderungen sorgfältig nachzutragen, sondern auch die in den Regierungsamtsblättern enthaltenen Bekanntmachungen zu beachten, durch welche Aenderungen in der kommunalen Abgrenzung oder in den Benennungen kommunaler Einheiten angeordnet worden sind.

Geschäftsvertheilung unter den Büreaubeamten. 8. Sind in einer Abtheilung der Gerichtsschreiberei mehrere Beamte dauernd beschäftigt, so hat der aufsichtführende Richter die Vertheilung der Geschäfte durch schriftliche Anordnung zu regeln (§ 4 Nr. 2 Gesch.O.). Diese Vertheilung geschieht zweckmäßig am Ende des Jahres für das kommende Geschäftsjahr und wird den Richtern und sämmtlichen Beamten des Amtsgerichts bekannt gemacht. Bei der Geschäftsvertheilung ist zweckmäßig auf die Wünsche und Neigungen des Einzelnen thunlichst Rücksicht zu nehmen, sofern nicht dienstliche Interessen entgegenstehen.

Es mögen hier einige Angelegenheiten hervorgehoben werden, für welche der aufsichtführende Richter die Gerichtsschreiber und Dolmetscher zu ernennen hat. Er bestimmt dieselben:

1. zur Protokollführung für die gerichtlichen Termine, bei denen es gesetzlich der Zuziehung einer zweiten Gerichtsperson bedarf, nämlich zu den Verhandlungen in bürgerlichen Rechtsstreitigkeiten (§§ 159, 495 CPO.); zu den Verhandlungen, welche außerhalb der Sitzung vor Amtsrichtern oder vor beauftragten oder ersuchten Richtern stattfinden (§ 165 CPO.); zu den Terminen in Konkurssachen (§ 72 KO.); zu den Terminen im Zwangsversteigerungsverfahren (§§ 35 ff. ZVG.); zur Mitwirkung bei der Beurkundung von Testamenten und Erbverträgen (§§ 2233, 2276 BGB., § 169 RFGG., Art. 41 Abs. 2 PrFGG.); zur Beurkundung der von dem Amtsrichter vor-

zunehmenden Untersuchungshandlungen (§§ 166, 185 StPO.); zu den Hauptverhandlungen vor dem Schöffengericht (§ 225 StPO.);

2. für die Gerichtstage und Lokaltermine;
3. zu Grundbuchführern;

Mit Rücksicht auf die von dem Grundbuchführer auszuführende Präsentirung von Anträgen und Urkunden (§ 5 Abs. 10 Gesch.Ord., Art. 4 AG. z. GBO.) empfiehlt es sich, für ihn einen ständigen Vertreter zu ernennen.

4. zu Registerführern (Handelsregister, Vereinsregister u. s. w.);
5. zur Schließung der Geschäftsbücher des Gemeinschuldners (§ 122 KO.);
6. zu Zustellungsbevollmächtigten und Zustellungsvertretern in dem Verfahren der Zwangsversteigerung und Zwangsverwaltung (§§ 5, 6 ZVG.);

Ein Gerichtsvollzieher soll nicht Zustellungsbevollmächtigter werden (Reskr. v. 9. April 1880, I. 2269).

7. zur Führung des durch die Allg. Verf. v. 10. Juni 1891 (JMBl. S. 161) vorgeschriebenen Hinterlegungsbuches;
8. zur Ausbildung der Referendare im Gerichtsschreiberdienst (§ 23 Rg. v. 1. Mai 1883), der Justizanwärter (§ 7 GO.), der Anwärter zur Gerichtsschreibergehülfenprüfung (§ 22 GO.), der Dolmetscher (§ 6 DO.) und der Gerichtsvollzieher (§ 2 GVO.);
9. zur Aussonderung und zum Verkauf der Akten (Nr. 2 Allg. Verf. v. 6. September 1900, JMBl. S. 575);
10. zur aushülfsweisen Vertretung des Amtsanwalts (Art. 9 Gesch.Anw. d. Amtsanwälte v. 28. August 1879, JMBl. S. 260);
11. zu Revisionsbeamten, welche
    a) am Ende des Vierteljahres die Aufrechnung des Dienstregisters der Gerichtsvollzieher zu prüfen und als richtig zu bescheinigen (§ 67 GVO.),
    b) den Jahresabschluß der Gerichtsvollzieher als rechnerisch richtig zu bescheinigen (§ 67 GVO.),
    c) die Vorprüfung der Register der Gerichtsvollzieher bei ordentlichen oder außerordentlichen Revisionen vorzunehmen haben (§ 69 GVO.);
12. zu Prozeßbevollmächtigten in Angelegenheiten der Justizverwaltung (Allg. Verf. v. 24. März 1885, JMBl. S. 121);
13. zur Berechnung der Gebühren der Zeugen und Sachverständigen (Allg. Verf. v. 15. Juni 1883, JMBl. S. 190);
14. zu Rechnungsbeamten bei Aufnahme gerichtlicher Taxen;
15. zur Uebergabe des Grundstücks an den Zwangsverwalter (§ 150 ZVG., § 2 Allg. Verf. v. 8. Dezember 1899, JMBl. S. 791);
16. zur Aufnahme von Wechselprotesten (Art. 87 WO.; § 70 AG. z. GVG.);
17. zur Vornahme von Siegelungen und Entsiegelungen (§ 70 AG. z. GVG.);
18. zur Aufnahme von Inventuren (§ 70 AG. z. GVG.).

Von den Gerichtsschreibergehülfen dürfen zur Wahrnehmung der Geschäfte unter Nr. 3, 4, 16 bis 18 nur diejenigen ernannt werden, welche, abgesehen von der Erledigung der aktiven Dienstpflicht, die Vorbedingungen für die Anstellung als Gerichtsschreiber erfüllt haben (§ 5 Ges. v. 3. März 1879, GS. S. 99).

Einstweilige Wahrnehmung der Gerichtsschreibergeschäfte.

9. Im Falle einer erforderlichen Aushülfe oder Stellvertretung können nach § 26 GO. mit der einstweiligen Wahrnehmung der Gerichtsschreibergeschäfte beauftragt werden:

Personen, welche zu Gerichtsschreibern oder Gerichtsschreibergehülfen ernannt werden können, sowie Personen, welche die Gerichtsschreiberprüfung oder die Gerichtsschreibergehülfenprüfung bestanden haben.

In Ermangelung der vorstehend bezeichneten Personen können beauftragt werden:

Personen, welche im Vorbereitungsdienste für die Gerichtsschreiber- oder Gerichtsschreibergehülfenprüfung mindestens 3 Monate beschäftigt worden sind, sowie Personen, welche auf der Gerichtsschreiberei seit mindestens einem Jahre als Kanzleibeamte oder als dauernde Kanzleigehülfen beschäftigt worden sind.

Die auf Grund der Vorschrift des zweiten Absatzes beauftragten Personen sollen zu den im § 5 Abs. 2 des Ges. v. 3. März 1879 in der Fassung des Art. 131 des Ges. v. 21. Sept. 1899 bezeichneten Geschäften nicht verwendet werden.

Die Vorschriften des § 9 Abs. 2 des Ges. v. 3. März 1879 sowie die Bestimmungen der Allg. Verf. v. 2. Juli 1885, betr. die Beschäftigung der Büreaugehülfen bei den nur mit Einem Gerichtsschreiberbeamten besetzten Amtsgerichten (JMBl. S. 229), werden durch die vorstehenden Bestimmungen nicht berührt.

Zur Ertheilung des Auftrags (§ 26) ist jeder Vorstand eines Gerichts hinsichtlich der seiner Aufsicht unterstellten Personen ermächtigt. Soll für die einstweilige Wahrnehmung des Gerichtsschreiberdienstes eine Entschädigung bewilligt worden, so kann der Auftrag nur von dem Oberlandesgerichtspräsidenten ertheilt werden (§ 27 GO.).

Büreaugehülfen bei den mit Einem Gerichtsschreiberbeamten besetzten Amtsgerichten.

10. Durch die Allg. Verf. v. 2. Juli 1885 (JMBl. S. 229) ist in Ergänzung der Vorschriften in Nr. 46 EV. hinsichtlich der Büreaugehülfen, welche den mit nur Einem Gerichtsschreiberbeamten besetzten Amtsgerichten für Rechnung des dem Präsidenten des Oberlandesgerichts zur Verfügung gestellten Fonds überwiesen werden, Folgendes bestimmt:

1. Der dem Amtsgericht überwiesene Büreaugehülfe ist, wenn er nicht bereits den allgemeinen Diensteid geleistet hat, dahin zu beeidigen, daß er die Pflichten eines Gerichtsschreibers getreulich erfüllen wolle.

2. Die näheren Anordnungen, in welcher Art und in welchem Umfange der Büreaugehülfe bei den Gerichtsschreibergeschäften Hülfe zu leisten hat, werden von dem Amtsrichter getroffen. Bei diesen Anordnungen ist Folgendes zu beachten:

Hat der Büreaugehülfe die Gerichtsschreiber- oder Gerichtsschreibergehülfenprüfung abgelegt, so kann er selbständig im Gerichtsschreiberdienst beschäftigt werden. Hat er die Prüfung nicht abgelegt, so ist er zur selbständigen Wahrnehmung der

Gerichtsschreibergeschäfte nicht befugt; für seine Thätigkeit ist der Gerichtsschreiber verantwortlich.

Bei Behinderung des Gerichtsschreibers kann auch ein Büreaugehülfe, welcher die Gerichtsschreiber- oder Gerichtsschreibergehülfenprüfung nicht abgelegt hat, mit der selbständigen Wahrnehmung der Gerichtsschreibergeschäfte von dem Amtsrichter beauftragt werden.

3. Die Büreaugehülfen sollen in der Regel nicht zugleich als Kanzleigehülfen beschäftigt werden. Der Präsident des Oberlandesgerichts ist jedoch ermächtigt, zu genehmigen, daß der Büreaugehülfe zugleich als Kanzleigehülfe angenommen wird, beziehungsweise, wenn er bereits als Kanzleigehülfe angenommen war, zugleich als solcher weiter beschäftigt wird. Die Genehmigung ist nur dann zu ertheilen, wenn ohne dieselbe eine geeignete Person, welche für die zu gewährende Entschädigung die Geschäfte eines Büreaugehülfen zu übernehmen bereit ist, nicht ermittelt werden kann.

Der Gerichtsschreiber ist dafür verantwortlich, daß in den Monatszetteln des Kanzleigehülfen, welcher zugleich als Büreaugehülfe beschäftigt wird, nur wirkliche Kanzleiarbeiten, nicht auch schriftliche Arbeiten, welche den Büreaubeamten als solchen obliegen, eingestellt werden. Es wird in dieser Beziehung insbesondere auf den Inhalt der von dem Gerichtsschreiber unter die Monatszettel und unter die Zusammenstellung derselben zu setzenden Bescheinigung verwiesen.

Hinsichtlich der Kanzleigehülfen, welche als solche und zugleich als Büreaugehülfen beschäftigt werden, ruht die etwa erfolgte Bewilligung des Mindesteinkommens für die Dauer ihrer gleichzeitigen Beschäftigung als Büreaugehülfen.

4. Nach den für die Bezirke der Oberlandesgerichte Celle, Kiel, Kassel und Frankfurt a. M. getroffenen besonderen Anordnungen können zur Förderung der Grundbuchregulirung gewisse Schreibarbeiten, welche an sich zu den Geschäften des Grundbuchführers gehören, den Kanzleigehülfen gegen besondere Entschädigung übertragen werden. Mit Rücksicht hierauf wird bestimmt, daß den als Büreaugehülfen im Sinne dieser Verfügung beschäftigten Personen, mögen dieselben zugleich als Kanzleigehülfen beschäftigt werden oder nicht, für Grundbucharbeiten in keinem Falle eine besondere Entschädigung gewährt werden darf.

Im Uebrigen siehe wegen der Büreaugehülfen bei kleinen Amtsgerichten Müller S. 722 Nr. 31.

C. Der Geschäftsgang.

§ 19.

Der schriftliche Geschäftsverkehr.

1. Sendungen an das Gericht werden, wenn sie verschlossen eingehen, von dem Richter der Gerichtsabtheilung, welche in der Aufschrift bezeichnet ist, wenn diese Bezeichnung fehlt, von dem aufsichtführenden Richter und bei einer Abwesenheit oder einer sonstigen Behinderung des zuständigen Richters und seines regelmäßigen Vertreters durch einen von dem aufsichtführenden Richter bestimmten Vertreter geöffnet; zum Vertreter kann auch ein Gerichtsschreiber bestellt werden (§ 5 Nr. 1 Gesch.O.). Eröffnung der Eingänge durch den Aufsichtsrichter.

Bei der Entgegennahme einer Schrift sind darauf der Zeitpunkt des

Einganges, die Zahl der Anlagen und diejenigen Postgebühren anzugeben, welche als baare Auslagen in die Kostenrechnung aufzunehmen sind. Ist der Absender einer mit Eingangsporto beschwerten Sendung zur Frankirung verpflichtet, so ist der Briefumschlag behufs Einziehung des Portos der Post zurückzugeben (§ 5 Nr. 4 Gesch.O.). Enthält die Sendung ein eigenhändiges Testament, dessen amtliche Verwahrung verlangt wird, so ist der Eingangsvermerk auf das Testament oder dessen Umschlag zu setzen und von dem Beamten, der die Sendung in Empfang nimmt, mit vollem Namen zu unterzeichnen; auf dem Umschlage des Testaments ist, falls nicht seine Erkennbarkeit durch einen schon vorhandenen Vermerk gesichert erscheint, der Name des Einsenders zu vermerken (§ 5 Nr. 7 Gesch.O.).

Präsentationsstempel.

Zur Erleichterung werden vielfach Präsentationsstempel benutzt, welche der besseren Haltbarkeit wegen aus Stahl herzustellen sind; die Anwendung von Kautschukstempeln empfiehlt sich nicht, da die Farbe durch das Licht leicht verblaßt und mit der Zeit ganz verschwindet. (Näheres in der Cirk.Verf. v. 14. Oktober 1880, I. 3983, Müller S. 1678.)

Soweit im Geschäftsverkehr eine Abkürzung der Jahreszahlen gebräuchlich ist, ist die Jahreszahl 1900 durch die Ziffern 00 darzustellen. In gleicher Weise sind für die folgenden Jahre die Abkürzungen 01, 02, 03 u. s. w. anzuwenden. Im Dienstgebrauche befindliche Stempel, welche eine abgekürzte Angabe der Jahreszahl enthalten, sind dementsprechend einzurichten (Allg. Verf. v. 25. Novbr. 1899, JMBl. S. 387).

Werthsendungen.

2. Die Empfangnahme der an das Gericht, an die Gerichtsschreiberei, an eine Abtheilung des Gerichts oder der Gerichtsschreiberei oder an ein einzelnes Organ des Gerichts, z. B. den Gefängnißvorsteher oder die Gefangenarbeitsverdienstkasse, adressirten Postanweisungsbeträge und Sendungen mit Werthangabe sowie die Oeffnung der Sendungen bleibt dem aufsichtführenden Richter ausschließlich vorbehalten. Dieser vollzieht die Empfangsscheine unter der Bezeichnung „Königliches Amtsgericht“ und unter Beidrückung des Gerichtssiegels, nachdem der Erste Gerichtsschreiber die Eingänge in das Posteingangsnotizbuch eingetragen hat. Er hat für den Fall, daß er selbst und sein regelmäßiger Vertreter abwesend oder behindert sein sollten, einen Vertreter zu bestimmen und der Postbehörde namhaft zu machen; zum Vertreter kann auch ein Gerichtsschreiber bestellt werden (§ 6 Nr. 1 Gesch.O.).

Einschreibsendungen.

3. Der aufsichtführende Richter oder sein Vertreter hat auch die an das Gericht, an die Gerichtsschreiberei, an eine Abtheilung des Gerichts oder der Gerichtsschreiberei oder an ein einzelnes Organ des Gerichts gerichteten eingeschriebenen Postsendungen zu öffnen und die darüber der Post zu ertheilenden Empfangsscheine zu vollziehen. Ist die Postbehörde damit einverstanden, so werden die eingeschriebenen Sendungen ebenfalls in das Posteingangsnotizbuch eingetragen, andernfalls wird darüber von einem dazu bestimmten Beamten eine besondere Liste gehalten. Bei größeren Amtsgerichten kann der Landgerichtspräsident die Befugnisse des aufsichtführenden Richters in Betreff solcher Sendungen, welche an eine bestimmte Abtheilung des Gerichts oder der Gerichtsschreiberei adressirt sind, einem anderen Amtsrichter übertragen. Die Anordnung ist der Postbehörde mitzutheilen (§ 6 Nr. 5, 6 Gesch.O.).

Ueber das Posteingangsnotizbuch siehe das Nähere im § 18 Nr. 5.

4. Nachdem das Staatsministerium für sämmtliche Staatsdienstzweige übereinstimmende Grundsätze in Betreff der Vereinfachung des Geschäftsganges und der Verminderung des Schreibwerks festgestellt hat, ist für den Bereich der Justizverwaltung durch die Allg. Verf. v. 25. Juni 1897 (JMBl. S. 147) Folgendes bestimmt: Schreiben des Amtsgerichts.

§ 1. Die Schreibweise der Behörden soll knapp und klar sein, ihrer Stellung zu einander und zum Publikum auch in der Form entsprechen und sich der allgemein üblichen Sprache des Verkehrs anschließen. Entbehrliche Fremdwörter, veraltete Kanzleiausdrücke und überflüssige Kurialien sind zu vermeiden. Amtsstil.

Der Gebrauch der Höflichkeitswendungen ist in engen Grenzen zu halten. Im Verkehr mit gleichstehenden oder nachgeordneten Behörden sind sie ganz wegzulassen, sofern nur die erforderliche Höflichkeit der Ausdrucksweise im Uebrigen gewahrt wird. Die Anrede „Wohlgeboren" ist zu beseitigen. Jede überflüssige Häufung und sprachwidrige Steigerung der Höflichkeitswendungen ist zu vermeiden.

Als Vorbild für die Sprachreinheit kann das BGB. dienen. Für eine kurze, sachgemäße und klare Abfassung amtlicher Schriftstücke enthält die den Justizbehörden mittels Verf. v. 16. Januar 1896 (I. 26) mitgetheilte Schrift Rothes über den Kanzleistil geeignete Fingerzeige.

Es mag hier bemerkt werden, daß man im amtlichen Verkehr drei Formen in dem Schreiben unterscheidet: den Reskripten-, den Requisitions- und den Berichtsstil.

Der Reskriptenstil (Ausdrücke: anweisen, auffordern, beauftragen 2c.) wird angewendet bei Anordnungen der vorgesetzten an die untergebenen Behörden und Beamten.

Der Requisitionsstil (Ausdrücke: ersuchen, erwidern, mittheilen, ergebenst 2c.) wird angewendet in dem Verkehr mit gleichgestellten Behörden oder Beamten.

Der Berichtsstil (Ausdrücke: berichten, anzeigen, bitten, gehorsamst, hochgeneigtest 2c.) wird bei Mittheilungen von untergeordneten an die vorgesetzten Behörden und Beamten angewendet.

In amtlichen Schriftstücken sind Bezeichnungen, wie Winkelkonsulent 2c. zu vermeiden (Cirk.Verf. v. 15. Novbr. 1895, I. 5354).

§ 2. Alle Berichte, Schreiben und Verfügungen tragen auf der ersten Seite des Schriftstücks: Form der Schriftstücke.

oben rechts: die Orts- und Zeitangabe;

oben links: die Amtsbezeichnung der schreibenden Behörde, darunter die Geschäftsnummer, eine kurze Inhaltsangabe, sowie die Zahl der etwaigen Anlagen und nöthigenfalls die kurze Bezeichnung der letzteren;

unten links: die Adresse.

Die bisher übliche Eingangsformel in Schreiben und Berichten (z. B. „Eurer Hochwohlgeboren verfehlen wir nicht auf die Verfügung vom 2c., betreffend 2c., Folgendes zu berichten" oder „Dem Kgl. Landgericht, Civilkammer I, erwidern wir auf das gefällige Ersuchungsschreiben vom 2c. in Sachen 2c. ergebenst, daß . . . . ." u. dgl.), die Wiederholung des schon in der Inhaltsangabe Gesagten, der Ergebenheitsstrich, und vor der Unterschrift die Wiederholung der aus der ersten Seite ersichtlichen Amtsbezeichnung der schreibenden Behörde kommen in Wegfall.

Soweit Formulare für einzelne Schriftstücke durch den Justizminister eingeführt sind (vgl. z. B. Allg. Verf. v. 10. Nov. 1894, JMBl. S. 312), hat es bei der darin vorgesehenen äußeren Form sein Bewenden. Ebenso bleibt für urkundliche Ausfertigungen (z. B. von Urtheilen, Testamenten ꝛc.) die bisher übliche äußere Form in Gebrauch.

Schriftstücke von mehr als einer Seite sind mit Blatt- oder Seitenzahlen zu versehen.

Beifügung von Anlagen.

§ 3. Soweit es für die geschäftliche Behandlung förderlich erscheint, sind die Anlagen zu Heften zu vereinigen, auf deren Umschlag der Inhalt kurz anzugeben ist. Lose Anlagen und Anlagenhefte sind nach Bedürfniß mit der Geschäftsnummer des Schriftstücks, zu dem sie gehören, mit einem die Reihenfolge bezeichnenden Vermerk (z. B. I, II, III oder A, B, C) und mit Blatt- oder Seitenzahlen zu versehen.

Bei der Bezugnahme auf Anlagen wird meist die Angabe des Zeichens und des Blattes (der Seite), z. B. „Nach Anlage B Bl. 9 ist . . .“, genügen.

Form der Berichte.

§ 4. Berichte sind in der Reinschrift auf den ersten drei Seiten auf halbgebrochenem Bogen zu schreiben.

Auf der linken Hälfte der ersten Seite ist außer den allgemein vorgeschriebenen Angaben (§ 2) die veranlassende Verfügung oder, daß ohne solche berichtet werde, zu vermerken, auch in den Fällen, wo dies vorgeschrieben ist (z. B. Nr. 4c der Cirk.Verf. v. 13. Mai 1885, I. 1839), der Name des Berichterstatters anzugeben.

Ein in dem Bericht enthaltener Antrag ist äußerlich hervorzuheben und, soweit angängig, an die Spitze oder den Schluß des Berichts zu stellen.

Das Streben nach Abkürzung hat mitunter dahin geführt, daß Berichte ohne Zuhülfenahme der auf der ersten Seite angeführten veranlassenden Verfügung gar nicht erkennen ließen, auf welche Angelegenheit sich der Bericht bezog. Eine solche Kürze führt statt zur Vereinfachung zur Erschwerung des Geschäftsgangs (Rundverf. v. 25. Juni 1897, I. 2813b).

Form der Erwiderungen.

§ 5. Erwiderungen auf Schreiben gleichgestellter und auf Berichte nachgeordneter Behörden sind außer mit den allgemein vorgeschriebenen Angaben (§ 2) mit einem Hinweis auf das veranlassende Schriftstück zu versehen (z. B. „auf das Schreiben — den Bericht — vom . . Nr. . .“); der Hinweis ist unter die Inhaltsangabe zu setzen.

Einreichung von Verzeichnissen.

§ 6. Bei Einreichung von Verzeichnissen, Uebersichten, Nachweisungen und dergl. unterbleiben alle Begleitberichte ohne selbständigen Inhalt. Auf der ersten Seite ist der Inhalt des Schriftstücks und die veranlassende Verfügung, nach Bedürfniß auch die Amtsbezeichnung der absendenden und der empfangenden Behörde anzugeben.

Adresse für Einzelbeamte.

§ 7. Bei Schreiben ꝛc. an Einzelbeamte, die eine Behörde vertreten, ist sowohl in der Innen- als in der Außenadresse der Name des Beamten nur dann anzugeben, wenn es sich um dessen persönliche Angelegenheiten handelt oder wenn besondere Verhältnisse dies erfordern.

Wird der Name nicht angegeben, so sind auch etwaige persönliche Titel des Empfängers (z. B. „Wirklicher Geheimer Rath“, „Geheimer Oberjustizrath“ u. dgl.) und dem Namen beizufügende Prädikate (z. B. „Excellenz“) wegzulassen, also „An den Herrn Justizminister in Berlin“, „An den Herrn Oberlandesgerichtspräsidenten in Königsberg (Preußen)“ u. dgl.

Soll erkennbar gemacht werden, daß das Schriftstück nur von dem Empfänger geöffnet werden darf, so ist die persönliche Adresse mit dem Vermerk „Eigenhändig“ anzuwenden.

§ 8. Der schriftliche Verkehr zwischen Abtheilungen derselben Behörde und je nach Lage der Verhältnisse auch zwischen verschiedenen Behörden, namentlich den an demselben Orte befindlichen, ist zu vermeiden, soweit mündliche Besprechung oder Unterredung mittels Fernsprechers thunlich erscheint. Nöthigenfalls ist über die Besprechung oder Unterredung ein kurzer Vermerk zu den Akten zu bringen. Mündlicher Verkehr.

§ 9. Im schriftlichen Verkehr der Behörden unter einander ist, insbesondere in Justizverwaltungssachen, von der urschriftlichen Form ein möglichst ausgedehnter Gebrauch zu machen. Berichte der aufsichtführenden Amtsrichter sind von dem Landgerichtspräsidenten bei der Weitergabe, sofern sie nicht zu einer besonderen Aeußerung Anlaß geben, mit einfachem Einsichtsvermerk zu versehen. Kürzere Aeußerungen zur Sache können in Form einer Randbemerkung geschehen. In entsprechender Weise ist der Verkehr zwischen dem Ersten Staatsanwalt und dem Oberstaatsanwalt zu gestalten. Urschriftlicher Verkehr.

Die Einsichtsvermerke, urschriftlichen Verfügungen und Berichte sind je nach Lage des Falles entweder auf das veranlassende Schriftstück selbst oder auf einen darum zu legenden Bogen in Quartformat zu setzen.

Die einer anderen Behörde zu übersendenden Anträge, Eingaben, Beschwerden 2c. von Parteien und anderen Privatpersonen, die mit diesen aufgenommenen Verhandlungen, ferner eingereichte Urkunden über Rechtsgeschäfte, Urtheile, Zeugnisse u. dgl. sind stets mittels besonderen Schreibens oder wenigstens mittels Umschlagbogens weiter zu geben.

Bei Anwendung der urschriftlichen Form fallen die sonst vorgeschriebenen Angaben (§§ 2, 4 und 5) fort.

An den Vorschriften darüber, welche Mittheilungen und Angaben bei Einreichung oder Weitersendungen von Schriftstücken zu machen sind, wird durch Anwendung der urschriftlichen Form nichts geändert.

§ 10. Postkarten können zu einfachen Mittheilungen und Benachrichtigungen an Parteien oder andere Privatpersonen benutzt werden, sofern nicht eine unverschlossene Mittheilung in dieser Form bedenklich erscheint (z. B. bei Kostenrechnungen, Zahlungsaufforderungen u. dgl.) oder die Absendung unfrankirt zu geschehen hat. Die Herstellung des Aversionirungsvermerks auf den ungestempelten Postkarten (§ 14 Nr. VII der Postordnung) hat nach § 2 Abs. 3 der Bestimmungen v. 7. Febr. 1894 zu geschehen. Postkarten.

Im Verkehr mit Behörden, auch mit anderen Justizbehörden, sind Postkarten mit Rücksicht auf die Ordnung der Akten nicht zu benutzen.

§ 11. Die Anfertigung von Abschriften solcher Schriftstücke, die an andere Behörden oder zu anderen Akten abgegeben werden, ist in allen geeigneten Fällen durch einen kurzen Vermerk in den Akten oder in den Geschäftsbüchern zu ersetzen. Abschriften und Aktenvermerke.

Die von den Vorständen der Oberlandesgerichte und Landgerichte an Beamte oder dritte Personen ergehenden Verfügungen in Justizverwaltungsangelegenheiten, deren Kenntniß für die nachgeordneten Behörden von Interesse ist, sind in der Regel durch Vermittelung der letzteren den Adressaten zuzufertigen. Diesen bleibt überlassen, die erforderlichen Vermerke zu den Akten zu nehmen. So ist insbesondere bei Mittheilung von Besoldungs- und Diätenzulagen an Beamte zu verfahren; ebenso empfiehlt sich diese Form bei Zurückweisung unbegründeter Aufsichtsbeschwerden. In gleicher Weise sind Verfügungen der Oberlandesgerichtspräsidenten an die Amtsgerichte durch den Landgerichtspräsidenten zu befördern.

Zu § 11. Zur Vermeidung unnöthigen Schreibwerks sind in Fällen, wo die

Einreichung von Originalen genügt, nicht, wie vielfach geschieht, Abschriften zu fertigen; so sind z. B. den Berichten wegen Pensionirung etwaige Kirchenbuchszeugnisse, standesamtliche Urkunden, ärztliche Atteste u. dgl. in der Regel nicht in Abschrift, sondern in Urschrift beizufügen.

Formulare. § 12. In Justizverwaltungssachen sind für häufig wiederkehrende Fälle in möglichster Ausdehnung und zwar zu Entwürfen, Urschriften und Reinschriften Formulare zu verwenden. Formulare, deren Ausfüllung einfach ist, sind, namentlich im urschriftlichen Verkehr, thunlichst von dem Bearbeiter (Referenten, Dezernenten) selbst auszufüllen. In geeigneten Fällen (z. B. bei Zahlungsanweisungen) verfügt der Bearbeiter die Benutzung eines Formulars, welches dann, ohne Anfertigung eines Entwurfs, sogleich in Reinschrift ausgefüllt und zur Vollziehung vorgelegt wird (vgl. § 11).

Als geeignet zur Verwendung von Formularen seien beispielsweise genannt: die Verfügungen und Berichte, welche den Vorbereitungsdienst der Referendare und der Anwärter für mittlere Beamtenstellen, die Abordnung von Hülfskräften, die Anstellung und Versetzung von mittleren, Kanzlei- und Unterbeamten, die Bewilligung von Gehaltszulagen und Unterstützungen u. dgl. betreffen.

Die Anordnungen wegen der Benutzung von Formularen zu gerichtlichen Geschäften bleiben in Kraft. Von der Verwendung von Formularen ist in den Fällen, in denen sie durch ausdrückliche Anordnungen ausgeschlossen ist, auch ferner abzusehen.

Runderlasse. § 13. Bei Runderlassen an nachgeordnete Stellen empfiehlt es sich, die erforderliche Anzahl von Exemplaren an der obersten Stelle fertigen und den Erlassen beifügen zu lassen.

Büreauverkehr. § 14. Für einfache Rückfragen kann ein unmittelbarer Verkehr zwischen den Büreaus (Gerichtsschreibereien, Sekretariaten) der Justizbehörden innerhalb der von dem Oberlandesgerichtspräsidenten und Oberstaatsanwalt gemeinschaftlich bestimmten Grenzen und unter sorgfältiger Beaufsichtigung nachgelassen werden.

Kosten. § 15. Bei dem gesammten Geschäftsverkehr ist auf die möglichste Vermeidung von Kosten gebührend Rücksicht zu nehmen.

Verkehr mit anderen Behörden. § 16. Die vorstehenden Vorschriften finden auch im Verkehr mit den Behörden anderer Dienstzweige einschließlich der Kommunalbehörden und dem Publikum Anwendung.

Ueber die Aufschriften der an die Behörden in Berlin gerichteten Sendungen siehe die Allg. Verf. v. 31. Dezbr. 1900 (JMBl. 1901 S. 2).

Verkehr mit dem Justizministerium. § 17. Die Anordnungen in §§ 1—4, 6, 7, 9, 11, 12, 15 sind auch im Verkehr mit dem Justizministerium zu beobachten.

Vollziehung der richterlich angeordneten Schreiben. Bescheide, Benachrichtigungen und Ladungen, die an Privatpersonen gerichtet und vom Richter angeordnet sind, hat der Gerichtsschreiber nach § 13 Gesch.O. unter seiner Unterschrift zu erlassen, falls sich der Richter nicht im einzelnen Falle die Vollziehung vorbehalten hat. Die Fassung des Schriftstücks muß erkennen lassen, daß es sich um eine richterliche Anordnung handelt und welche Behörde die Anordnung getroffen hat (z. B. „Auf Anordnung des Königlichen Amtsgerichts hier werden Sie benachrichtigt, daß . . . . .“ oder „Verfügung . . . . . gez. N., Amtsrichter. Ausgefertigt X., Gerichtsschreiber des Königlichen Amtsgerichts“).

Schreiben in Angelegenheiten der Justizverwaltung und die an öffentliche Behörden gerichteten Zuschriften sind in der Regel dem Richter zur Vollziehung vorzulegen. Aktenübersendungsschreiben vollzieht stets der Gerichtsschreiber.

Die besonderen Vorschriften, durch die für gewisse Arten von Schriftstücken der Richter oder der Gerichtsschreiber ausdrücklich als die zur Vollziehung zuständige Person bezeichnet ist, bleiben unberührt.

Mittheilungen an Centralbehörden.

Mittheilungen der Amtsgerichte an Centralbehörden des Deutschen Reiches und Preußens (z. B. an die Ober=Rechnungskammer) sind in Berichtform abzufassen und nicht von den Gerichtsschreibern, sondern von dem aufsichtführenden Richter beziehungsweise dem Amtsrichter, zu unterzeichnen. Eine Ausnahme hiervon tritt nur in den Fällen ein, in welchen der Gerichtsschreiber durch ausdrückliche Vorschrift des Gesetzes als die zur Vollziehung des Schriftstückes zuständige Person bezeichnet ist (Allg. Verf. v. 5. April 1881, JMBl. S. 66).

Berichte des aufsichtführenden Richters.

Der aufsichtführende Amtsrichter hat, sofern nicht ein direkter Bericht von den Vorstandsbeamten oder dem Präsidenten des Oberlandesgerichts gefordert wird oder ein solcher für den einzelnen Fall vorgeschrieben ist, seine Berichte in Angelegenheiten der Justiz- und Fondsverwaltung an den Präsidenten und den Ersten Staatsanwalt des Landgerichts zu richten; Berichte bezüglich der Aufsicht über die Beamten des Amtsgerichts, über den Geschäftsbetrieb, über Verzögerungen, Beschwerden in Angelegenheiten der Justizverwaltung u. dergl. sind nur dem Landgerichtspräsidenten zu übermitteln (§ 85 Ausf.G. z. GVG.). Berichte über die Gefängnißverwaltung hat der aufsichtführende Richter als Gefängnißvorsteher nur an den Ober=Staatsanwalt zu richten.

Deutlichkeit der Namensunterschrift.

5. Der Herr Justizminister hat mehrfach darauf hingewiesen, sich bei der Vollziehung amtlicher Schriftstücke einer deutlichen Namensunterschrift zu befleißigen. „Gleichwohl gehen noch täglich Schriftstücke ein, welche an Stelle einer leserlichen Unterschrift des Namens Schriftzeichen enthalten, die zwar einen Namenszug darstellen sollen, sich aber als durchaus unlesbar erweisen, oder doch nur mit Mühe entziffert werden können. An gleichem Mißstande leiden vielfach amtliche Schriftstücke, die für das Publikum bestimmt sind.“ Der Herr Minister nimmt hieraus Veranlassung, die früher diesbezüglich ergangenen Verfügungen in Erinnerung zu bringen und dabei die zuversichtliche Erwartung auszusprechen, daß es ihm erspart bleiben werde, die Nichtbeachtung derselben im einzelnen Falle rügen zu müssen (Allg. Verf. v. 17. Dezember 1873, JMBl. S. 337 u. v. 14. April 1881, JMBl. S. 68).

Postsendungen.

6. Die Behandlung der Postsendungen in Staatsdienst- und Parteisachen im Bereiche der Justizverwaltung, sowie den Geschäftsverkehr zwischen den Postanstalten und den Justizbehörden sind durch die Allg. Verf. v. 4. März 1894 (JMBl. S. 58) geregelt (Kayser S. 406, Müller S. 1358).

Aversionirung der Postgebühren.

Mit der Reichspostverwaltung ist auf Grund des § 11 des Ges. betr. die Portofreiheiten, v. 5. Juni 1869 (BGBl. S. 141) ein Abkommen dahin geschlossen, daß vom 1. April 1894 ab an Stelle der Porto- und bz. Gebührenbeträge für die einzelnen frankirt abzuschickenden portopflichtigen Sendungen der Kgl. Behörden und der einzeln stehenden Kgl. Beamten eine Aversionalsumme an die Reichspostverwaltung gezahlt wird.

Von der Aversionirung sind jedoch ausgeschlossen und daher auch ferner an die Postverwaltung im Einzelnen durch Verwendung von Postwerthzeichen bz. baar zu entrichten:

a) das Porto für Sendungen nach dem Auslande,
b) das Porto für Sendungen, welche bei den Behörden unfrankirt eingehen,
c) die Gebühr für Bestellung der Briefe mit Werthangabe, Packete mit oder ohne Werthangabe, Einschreibpackete und Postanweisungen nebst den dazu gehörigen Geldbeträgen,
d) das Eilbestellgeld,
e) die Nebengebühr für die von dem Landbriefträger eingesammelten, zur Weitersendung mit der Post bestimmten Gegenstände, wenn die Sendung selbst, auf welche überhaupt diese Gebühr Anwendung findet, unfrankirt abgesandt werden soll,
f) die Postanweisungsgebühr für die Uebermittelung der auf Postauftragssendungen eingezogenen und dem Auftraggeber zu übersendenden Beträge.

Nach § 2 der Allg. Verf. sind die frankirt abzusendenden Sendungen, soweit sie der Aversionirung unterliegen, mit dem Vermerk „frei laut Aversum Nr. 21", abgekürzt „frei lt. Avers. Nr. 21" und mit der Bezeichnung der absendenden Behörde zu versehen. Zu diesem Zwecke sind Aversionirungsstempel vorhanden, welche in einheitlicher Form durch das Justizministerium beschafft und den einzelnen Justizbehörden übersandt sind (Müller S. 1371). Außerdem müssen sich die Sendungen durch den Verschluß mittels des Dienstsiegels oder Dienststempels oder mittels Siegelmarken der absendenden Behörde im Einzelnen als zur unentgeltlichen Beförderung geeignet erweisen.

Die Frankirung der nach Orten außerhalb des deutschen Reichs bestimmten Sendungen erfolgt in der bisherigen Weise durch Kontirung des Portos und der sonstigen Postgebühren (§ 4 der Allg. Verf.). Hinsichtlich der Ausgaben an nicht aversionirten Postporto- und Gebührenbeträgen, Telegrammgebühren bleiben die bestehenden Anordnungen maßgebend (Nr. 66 EV.).

Portokontobuch. Die bezeichneten Sendungen werden in das Portokontobuch eingetragen und mit demselben der Postanstalt übergeben, welche die tarifmäßigen Porto- und Gebührenbeträge sowohl in dieses Buch als auch in ihr Gegenbuch einträgt. Ebenso werden das Porto und die Gebühren für sämmtliche an eine Königliche Behörde gerichteten Sendungen, welche unfrankirt eingehen, bei der Auslieferung seitens der Postanstalt in den bezeichneten Büchern kontirt.

Die Ausgaben an Eingangs- und Abgangsporto werden auf Grund des monatlich abzuschließenden Portokontobuches nach Formular Nr. 53 Anw. d. ORK. nach zuvoriger Bescheinigung durch den (Ersten) Gerichtsschreiber und unter Befolgung des § 34 Nr. 12 Anw. zur Zahlung angewiesen.

Im Uebrigen wird auf den 76. Abschnitt bei Müller „Postsendungen" S. 1353 hingewiesen. Eine Zusammenstellung der Vorschriften über die Frankirung der Postsendungen zwischen den Justizbehörden und den Gemeinde- und sonstigen Communalbehörden befindet sich dort S. 1366. Ueber die Verwendung von Postkarten trifft § 10 Allg. Verf. v. 25. Juni 1897 (JMBl. S. 147) Bestimmung.

Verschluß der Briefe.

Der Verschluß der Briefe hat regelmäßig durch Oblaten oder Siegelmarken zu erfolgen (Allg. Verf. v. 22. September 1879, JMBl. S. 368); die Farbe derselben ist nicht vorgeschrieben. Auch können sog. Briefstempel verwendet werden (Post-Handbuch 1900 S. 245). Nach Nr. I des Trauer-Reglements v. 7. Oktober 1797 (Rönne zu § 436, II, 1 ALR.) muß bei dem Ableben des Königs, der Königin und einer verwittweten Königin 6 Wochen hindurch schwarz gesiegelt werden.

Abholen der Postsachen von der Post.

Das Abholen von Werthsendungen von der Postanstalt oder einer anderen Behörde hat regelmäßig durch einen Gerichtsdiener zu geschehen. Uebersteigt der Werth der Sendung den Betrag von 3000 Mark, erreicht aber nicht den Betrag von 20000 Mark, so ist der zweite Verwahrungsbeamte zur Begleitung heranzuziehen. Bei Sendungen von noch höherem Betrage hat der aufsichtführende Richter in jedem einzelnen Falle die erforderliche Anordnung zu treffen. Richter dürfen zur Begleitung einer solchen Sendung nur mit ihrer Zustimmung verwendet werden (Cirk. Verf. v. 14./26. Juni 1883, I. 2346). Im Uebrigen siehe über das Abholen der Postsendungen von der Post die Reskr. v. 19. März 1894 (II d 608) und 6. Mai 1895 (II d 1496), welche bei Müller S. 1285 abgedruckt sind.

Telegraphischer und Fernsprechverkehr.

7. Von Telephon- und Telegraphen-Verbindungen ist, sofern dies als zweckentsprechend gelten kann, ausgiebiger Gebrauch zu machen; unter der Kürze des Telegrammstils darf die Deutlichkeit nicht leiden (Nr. 9 d. Grunds. des Staatsm. v. 20. Mai 1897). Das Regulativ über die geschäftliche Behandlung der Telegramme in Staatsdienstangelegenheiten vom 30. Juni 1877 ist bei Müller S. 1385 abgedruckt.

Die Gebühren für die telegraphische Korrespondenz, welche nur dann gewählt werden soll, wenn es sich darum handelt, durch Beschleunigung einer Nachricht, welche auf brieflichem Wege nicht rechtzeitig eintreffen würde, die Schädigung dienstlicher Interessen zu verhüten (Cirk.Verf. v. 8. Februar 1884, I 507), sind nach Anleitung der Allg.Verf. v. 5. Juli 1877 (JMBl. S. 169) zur Anweisung und Zahlung zu bringen. Auf Einführung des Kontirungsverfahrens ist hierbei nach Möglichkeit hinzuwirken. Das Konto ist in derselben Weise wie das Portokonto von dem Gerichtsschreiber (Sekretär) zu bescheinigen. Aus dem Konto, bezw. aus den besonderen Liquidationen, muß außer dem Bestimmungsorte und dem Empfänger des Telegrammes auch die Angelegenheit, in welcher das Telegramm abgesandt worden, hervorgehen (§ 34 Nr. 13 Anw. d. DRK.). Bei dem monatlichen Abschluß des Kontobuchs ist zu den einzelnen Akten, in denen Telegraphengebühren entstanden sind, die Höhe der erwachsenen Kosten mitzutheilen und die Bescheinigung hinzuzufügen, daß die Auslagen in den Akten notirt sind.

Die Gebühren werden lediglich für das Wort erhoben und betragen innerhalb Deutschlands und Luxemburgs 5 Pf., mindestens aber 50 Pf. für ein gewöhnliches Telegramm. Ein bei Berechnung der Gebühren sich ergebender, durch 5 nicht theilbarer Pfennigbetrag wird aufwärts abgerundet. Für Stadttelegramme werden für das Wort 3 Pf., mindestens aber 30 Pf. berechnet.

Dienstsiegel des Gerichts.

8. Die Dienstsiegel der Amtsgerichte, welche einen Durchmesser von 34 und 27 Millimeter haben dürfen (Allg. Verf. v. 5. November 1879, JMBl. S. 450), zeigen den heraldischen preußischen Adler mit der Umschrift: „Königl. Preuß. Amtsgericht" und die Benennung des Ortes am unteren Rande. Es ist darauf zu achten, daß die Dienstsiegel so aufbewahrt werden, daß Unbefugten ein Mißbrauch derselben unmöglich gemacht wird. Die Gerichtsschreiber haben sich der Benutzung der Gerichtssiegel in allen nicht zu ihren Dienstobliegenheiten gehörigen Angelegenheiten zu enthalten (Reskr. v. 12. Juni 1882, I. 2156).

Siegeldruckpressen.

Eine Gebrauchsanweisung für Benutzung der Siegeldruckpressen ist durch Rundverf. v. 30. April 1901 (I. 2557) mitgetheilt worden; sie ist bei Müller S. 1681 abgedruckt.

§ 20.

Die Gerichtsschreiberei und die Kanzlei.

Geschäftsordnung für die Gerichtsschreibereien der Amtsgerichte vom 26. November 1899 (JMBl. S. 394, Kayser S. 203, Müller S. 1284).

Gerichtsschreiberei-Abtheilungen.

1. Die Gerichtsschreiberei des Amtsgerichts wird, wo das Bedürfniß es erfordert, in mehrere Abtheilungen zerlegt; die Abtheilungen werden durch arabische Ziffern bezeichnet (§ 1 Nr. 1 Gesch.O.).

In der Hauptsache können für die Bildung der Abtheilungen die Vorschriften des § 1 des Geschäftsreglements v. 3. August 1841 (JMBl. S. 292) analog angewendet werden. Darnach werden bearbeitet in der Gerichtsschreiberei-Abtheilung.

I. die Grundbuchsachen,
II. die Nachlaß- und Vormundschaftssachen,
III. die Civilprozeßsachen,
IV. die Zwangsvollstreckungssachen (Zwangsversteigerungen, Zwangsverwaltungen, Konkurse) und die öffentlichen Register,
V. die Strafsachen.

Bezüglich der Gerichtsschreiberei hat der aufsichtführende Richter, sofern nicht höhere Anordnungen entgegenstehen, die Eintheilung bezw. Aenderungen derselben vorzunehmen, den Geschäftsgang zu regeln, reglementarische Verfügungen zu treffen u. s. w.

Für die Abtragung der Akten und sonstigen Schriften an eine andere Abtheilung oder an den Richter und für den mündlichen Geschäftsverkehr der Beamten untereinander wird der aufsichtführende Richter zweckmäßig bestimmte Stunden festsetzen.

Geschäftszeit.

2. Die gewöhnlichen Dienststunden währen Vormittags von 8 bis 1, Nachmittags von 3 bis 6 Uhr. Der Landgerichtspräsident kann die Dienststunden auf andere Stunden verlegen und unter besonderen Um-

ständen abkürzen. Für die Rechtsuchenden soll die Gerichtsschreiberei mindestens 2 Stunden werktäglich geöffnet sein. Der Landgerichtspräsident setzt die hierzu ein für allemal bestimmten Tagesstunden (Sprechstunden) fest. Die Sprechstunden sind an der Gerichtstafel bekannt zu machen. Für Rechtsanwälte und Notare, die sich in Person auf der Gerichtsschreiberei einfinden, gilt die Beschränkung auf die Sprechstunden nicht (§ 3 Nr. 1, 2, 3 Gesch.O.). Für eilige Fälle und bei besonderem Geschäftsandrang ist der Geschäftsbetrieb an keine Zeit gebunden (§ 3 Nr. 5 Gesch.O.). Sprechstunden. Eilsachen.

Der richterliche Vermerk „Eilt" enthält die bestimmte Anordnung nach Nr. 5 zu verfahren (Gruchot Bd. 42 S. 104).

Läßt der aufsichtführende Richter den Beamten Verfügungen zur Kenntnißnahme vorlegen, so empfiehlt es sich der Kontrolle halber die Beamten anzuweisen, ihrer Namensunterschrift auch das Datum beizufügen, an welchem ihnen die Vorlage gemacht ist. Vorlegungen.

In jeder Gerichtsschreiberei befindet sich zweckmäßig ein Ortschaftsverzeichniß und eine Karte des Gerichtsbezirks oder eine Kreiskarte. Ortschaftsverzeichniß, Kreiskarte.

3. Der Gerichtsschreiber hat auf Erfordern des Richters das Protokoll zu führen, die vom Richter getroffenen Anordnungen durch Anfertigung der Entwürfe, Ertheilung der Ausfertigungen und Abschriften sowie durch Anfertigung von Rechnungsarbeiten (Verf. v. 16. Sept. 1895, JMBl. S. 273) auszuführen; nach Maßgabe der bestehenden Vorschriften die Gerichtskosten zu berechnen, bei der Prüfung der Kostenfestsetzungsgesuche nach näherer Anweisung des Richters Hülfe zu leisten, bei der Einziehung der Gerichtskosten mitzuwirken und die Befolgung der Stempelsteuergesetze zu überwachen; für die Ordnung und Aufbewahrung der Akten und sonstigen Schriften zu sorgen; kleinere Schreibarbeiten, insbesondere die in der Verf. v. 5. April 1895 (JMBl. S. 125) bezeichneten, soweit nicht Ausnahmen nachgelassen sind, selbst zu fertigen; Register und Listen zu führen; die Aufstellung der vorgeschriebenen Auszüge und der Geschäftsübersichten zu bewirken; überhaupt sich denjenigen Verrichtungen zu unterziehen, welche im Interesse des Geschäftsbetriebes erforderlich sind (§ 4 Nr. 1 Gesch.O.). Obliegenheiten des Gerichtsschreibers. Im Allgemeinen.

Die Prüfungspflicht der Gerichte bezüglich des Stempelansatzes ist im § 20 der Allg. Verf. des Finanz- und des Justizministers v. 29. Februar 1896 (JMBl. S. 63) in der Fassung der Allg. Verf. v. 17. Juli 1900 (JMBl. S. 505) angeordnet (Kayser S. 1067). Hiernach ist über die Bemerkungen, zu welchen die Prüfung über die Stempelverwendung Anlaß gegeben hat, von den Gerichtsschreibern ein kurzer Vermerk aufzunehmen, welcher dem aufsichtführenden Richter zur Kenntnißnahme und Uebersendung an die zuständige Steuerbehörde vorzulegen ist. Prüfung des Stempelansatzes.

Nach § 70 Ausf.G. z. GVG sind die Gerichtsschreiber bei den Amtsgerichten zuständig, Wechselproteste aufzunehmen, sowie Siegelungen, Entsiegelungen und Inventuren vorzunehmen. Sie sollen sich solcher Geschäfte nur auf Anordnung des Richters unterziehen.

Ueber die Dienstpflichten der Gerichtsschreiber siehe auch Müller S. 184 Nr. 9.

Bezüglich der Gerichtsschreibergehülfen bestimmt § 5 des Gesetzes v. 3. März 1879 (GS. S. 99) Folgendes:

Die Gerichtsschreibergehülfen sind zur Wahrnehmung der Gerichtsschreibergeschäfte befähigt.

Zur Ertheilung von vollstreckbaren Ausfertigungen und von Zeugnissen, welche sich auf die Rechtskraft der Urtheile beziehen, zur Aufnahme eines Protokolls über Revisionsanträge und ihre Begründung in Strafsachen, sowie über weitere Beschwerden in Angelegenheiten der freiwilligen Gerichtsbarkeit, zur Aufnahme von Wechselprotesten und Vermögensverzeichnissen, zur Vornahme von Siegelungen und Entsiegelungen, sowie zu den Geschäften, welche dem Gerichtsschreiber bei der Führung des Grundbuchs und des Schiffsregisters obliegen, sollen jedoch außer in den Fällen einer nothwendigen Aushülfe oder Vertretung nur solche Gerichtsschreibergehülfen verwendet werden, welche, abgesehen von der Erledigung der aktiven Dienstpflicht, die Vorbedingungen für die Anstellung als Gerichtsschreiber erfüllt haben. Das Gleiche gilt für die Entgegennahme von Anmeldungen zu dem Vereinsregister, Güterrechtsregister, Handelsregister, Genossenschaftsregister, Musterregister und Börsenregister.

Amtstracht. Auf Grund der Allerh. Order v. 4. Juli 1879 und der Allg. Verf. v. 12. Juli 1879 (JMBl. S. 172), sowie des § 89 Ausf.G. z. GVG. haben die Gerichtsschreiber in den öffentlichen Sitzungen eine Amtstracht anzulegen, welche aus einem schwarzen Gewande aus Wollstoff mit einem schmalen Umschlagekragen und ohne Besatz, einer weißen Halsbinde und einem Baret aus schwarzem Wollstoff besteht. Während einer Eidesleistung oder Urtheilsverkündigung hat der Gerichtsschreiber das Baret aufzusetzen; die Eidesleistung hat der Gerichtsschreiber stehend und ohne Beschäftigung mit den Akten anzuhören.

Selbständige Amtshandlungen. 4. Ueber die selbständigen Amtshandlungen des Gerichtsschreibers siehe in der Geschäftsordnung für die Gerichtsschreibereien § 12, über die Vorlegung der Schriftstücke § 14 (Eilsachen erhalten bei der Vorlegung einen farbigen Umschlag § 14 Nr. 2, Terminsakten werden, sofern der Richter nicht andere Anordnungen trifft, am Tage vor dem Terminstage vorgelegt § 17 Nr. 2), über die Ordnung der in Bearbeitung befindlichen Schriftstücke § 15, über die Ausführung der Verfügungen (Expeditionen) § 16, über Zustellungen § 20, über die Vermittelung von Aufträgen an Gerichtsvollzieher § 21.

Die Gerichtsschreiber sind verpflichtet, sich in Behinderungsfällen gegenseitig zu vertreten (§ 1 Nr. 5 Gesch.O.).

Bei der Berathung und Abstimmung darf der Protokollführer als solcher nicht zugegen sein (§ 195 GVG.).

Nach § 71 AG. z. GVG. sind die Gerichtsschreiber bei den Amtsgerichten verpflichtet, in gerichtlichen Angelegenheiten, welche von den deutschen Prozeßordnungen nicht betroffen werden, Gesuche zu Protokoll zu nehmen. Das Protokoll ist erforderlichenfalls der zuständigen Stelle zu übersenden. Den Gerichtsschreibern liegt auch nach Vorschrift der Allg. Verf. v. 15. Juni 1883 (JMBl. S. 190) die Berechnung der Gebühren der Zeugen und Sachverständigen ob, und zwar nach Maßgabe der für das Amtsgericht festgesetzten Entfernungstabelle und dem Gebührentarif; sie dürfen von den hierdurch gegebenen Grundlagen nur abweichen, soweit die Abweichung durch den die Liquidation festsetzenden Richter angeordnet wird. Ist eine

solche Anordnung getroffen, so hat der Gerichtsschreiber dies auf der Liquidation kurz zu vermerken.

Von den Zahlungsweisungen über Zeugen- und Sachverständigengebühren werden nach Nr. 75 EV. Abschriften zu den Akten gebracht; daß dies geschehen, ist auf dem Belege kurz zu vermerken. Die Entscheidung der Frage, ob die Duplikate dieser Liquidationen durch den Gerichtsschreiber oder in der Kanzlei zu fertigen sind, kann, wie es in dem Reskr. v. 4. August 1893 (I 3143) heißt, für alle Fälle nicht getroffen werden. Entscheidend muß sein, welche Art der Anfertigung bei dem einzelnen Gericht nach den Geschäftsverhältnissen, namentlich der Belastung der Gerichtsschreiber mit sonstigen Geschäften, am zweckmäßigsten ist. Uebrigens wird es bezüglich der Zahlung von Vergütungen an Geschworene und Schöffen genügen, wenn zu den Akten statt einer vollständigen Abschrift der Liquidation eine kurze Notiz gebracht wird, die selbstverständlich von dem Gerichtsschreibereibeamten anzufertigen sein würde.

5. Die Allg. Verf. v. 16. Septbr. 1895, betr. die Anfertigung der Rechnungsarbeiten bei den Justizbehörden und die Rechnungsgebühren (JMBl. S. 273) bestimmt Folgendes: Rechnungsarbeiten.

1. Zur Anfertigung der Rechnungsarbeiten in den Angelegenheiten, auf welche der Erste Theil des Pr. GKG. v. 25. Juni 1895 oder die §§ 117 bis 121 [jetzt § 124] desselben Anwendung finden, sind bei jedem Gericht ein oder mehrere Beamte vom Präsidenten des Oberlandesgerichts ein- für allemal als Rechnungsbeamte zu bestellen. Die Befugniß hierzu kann von dem Oberlandesgerichtspräsidenten auf die Präsidenten der Landgerichte übertragen werden.

Zu Rechnungsbeamten können nur Personen bestellt werden, welche die Befähigung für das Gerichtsschreiberamt besitzen.

2. Bei Amtsgerichten von größerem Geschäftsumfange können für den Bezirk derselben oder für einen weiteren Bezirk besondere noch nicht etatsmäßig angestellte Beamte zur ausschließlichen Wahrnehmung der Rechnungsarbeiten gegen Gewährung der aufkommenden Gebühren vom Präsidenten des Oberlandesgerichts auf Widerruf bestellt werden. Von dieser Befugniß ist in der Regel Gebrauch zu machen, wenn die voraussichtliche reine Gebühreneinnahme (Nr. 5) den Jahresbetrag von 1800 Mark übersteigt. Erreicht diese Gebühreneinnahme einen Betrag von mehr als 3600 Mark, so können mehrere derartige Rechnungsbeamte bestellt werden.

3. Bei welchen Amtsgerichten und unter welchen Bedingungen Beamte als Kalkulatoren etatsmäßig angestellt werden können, wird durch die Etats und die zu deren Ausführung ergangenen Anordnungen bestimmt.

4. Für die von den bestellten Rechnungsbeamten (Nr. 1, 2, 3) als solchen vorgenommenen Rechnungsarbeiten sind Gebühren gemäß § 112 [jetzt § 117] des Pr. GKG. in der Art festzusetzen, daß bei einem Werthe des Gegenstandes

	bis zu 300 Mark einschließlich . . .	0,60 Mark,
von mehr als 300 Mark	„ „ 1000 „ „ . . .	1,00 „
„ „ „ 1000 „	„ „ 5000 „ „ . . .	1,50 „
„ „ „ 5000 „	. . . .	2,00 „

für die Stunde in Ansatz kommen. Die Rechnungsgebühren schließen die Auslagen, insbesondere für Schreibmaterialien und für das Schreibwerk, mit ein.

5. Den Rechnungsbeamten (Nr. 1, 2, 3) wird der Bezug der nach Nr. 4 festgesetzten Gebühren zugesichert, jedoch nur insoweit, als die Gebühren bei der Gerichtskasse zur Einziehung gelangt sind.

Wegen Zahlung und Verrechnung dieser Gebühren verbleibt es bei den Vorschriften der Kasseninstruktion v. 15. Juli 1893 [jetzt §§ 58, 78 KO.].

6. Kleine und einfache Rechnungsarbeiten können auch in den in Nr. 1 bezeichneten Angelegenheiten den Beamten der Gerichtsschreiberei als solchen nach Maßgabe der Geschäftsordnungen für die Gerichtsschreibereien vom Richter übertragen werden. In solchen Fällen findet die Festsetzung einer Rechnungsgebühr nicht statt. Ist der Gerichtsschreibereibeamte, dem eine Rechnungsarbeit übertragen wird, zugleich als Rechnungsbeamter bestellt, so ist von dem Richter bei der Uebertragung ersichtlich zu machen, ob die Arbeit unter Nr. 4 oder unter Nr. 6 dieser Verfügung fällt.

7. In anderen als den in Nr. 1 bezeichneten Angelegenheiten findet eine Gewährung von Rechnungsgebühren nicht statt.

Die bestehenden besonderen Anordnungen darüber, welche Beamten in solchen Angelegenheiten bestimmte Rechnungsarbeiten anzufertigen haben (vgl. § 4 der GeschO. für die Gerichtsschreibereien, §§ 72, 84, 90, 102, 118ff. KO., § 44 Anm. d. ORK., §§ 10, 18 der Instruktion für die Rechnungsrevisoren) bleiben unberührt. Zur unentgeltlichen Wahrnehmung der Rechnungsarbeiten in Angelegenheiten der Justizverwaltung sind auch die Kalkulaturbeamten (Nr. 2 und 3) verpflichtet.

Ueber den Ansatz von Rechnungsgebühren handelte noch die Allg. Verf. v. 22. Dezbr. 1899 (JMBl. S. 865) und v. 15. April 1897 betr. Vormundschaftssachen (JMBl. S. 93) Kayser S. 260.

Geschäftsverkehr des Gerichtsschreibers mit dem Gerichtsvollzieher.

6. Ueber den Geschäftsverkehr des Gerichtsschreibers mit dem Gerichtsvollzieher, sofern keine Vertheilungsstelle besteht (§§ 49ff. GVO.), bestimmt § 22 Gesch.O. Folgendes:

Der Geschäftsverkehr des Gerichtsschreibers mit dem Gerichtsvollzieher soll, soweit es irgend thunlich ist, ein mündlicher sein.

Aufträge, die sofort befolgt werden müssen, sendet der Gerichtsschreiber dem Gerichtsvollzieher besonders zu. Die Uebermittelung der anderen Aufträge geschieht durch Niederlegung der Schriftstücke in ein Fach. Für jeden Gerichtsvollzieher ist ein Fach zu bestimmen.

Einer Kontrole über den geschäftlichen Verkehr zwischen dem Gerichtsschreiber und dem Gerichtsvollzieher bedarf es in der Regel nicht. Der Landgerichtspräsident kann jedoch eine Kontrole anordnen.

Anlegung der Akten. Blattsammlungen.

7. Aus den Schriftstücken, welche dieselbe Rechtsangelegenheit betreffen, werden nach Maßgabe der vorgeschriebenen Aktenregister Akten oder Blattsammlungen gebildet. Blattsammlungen dürfen nur in den durch die Geschäftsordnung bestimmten Fällen angelegt werden (§ 7 Nr. 1 Gesch.O.). Andere Schriftstücke und Schriftstücke in solchen Rechtsangelegenheiten, für die ein besonderes Register nicht vorgeschrieben ist, werden zu Generalakten genommen. Es ist auch zulässig, Schriftstücke, welche verschiedene, aber gleichartige Angelegenheiten betreffen, zu gemeinsamen Akten (Sammelakten) zu vereinigen; Sammelakten gelten als Generalakten (§ 7 Nr. 2 Gesch.O.).

Sammelakten.

Da die Akten Staatseigenthum sind, so dürfen aus denselben auch Briefmarken ꝛc. nicht entfernt werden (Cirk.Verf. v. 21. Aug. 1891, I 3340, Müller S. 487). Wegen Sicherung der Akten, Bücher, Kassengelder ꝛc. in den Fällen herannahender Kriegsgefahr sind jedesmal besondere Verfügungen ergangen.

Die Akten werden geheftet und mit fortlaufenden Blattzahlen versehen (§ 7 Nr. 9 Gesch.O.). Aktenheften.

Das Heften der Akten ist entweder den Büreau- oder Kassenbeamten gegen Gewährung einer nach den örtlichen Verhältnissen zu bemessenden Entschädigung zu übertragen oder zu verdingen. Die Entscheidung hierüber hat der aufsichtführende Richter. Für das Aktenheften dürfen im Höchstbetrage jährlich verausgabt werden 36 Mark, unter besonderen Umständen 45 Mark, auf jeden Richter gerechnet. Ueber die Bewilligung von Entschädigung für das Heften der Akten an Büreau- oder Kassenbeamte entscheidet der aufsichtführende Richter, wenn der Satz von 36 Mark für jeden Richter aber überschritten wird, der Landgerichtspräsident. Sofern das Aktenheften verdungen und hierüber ein Vertrag abgeschlossen wird, bleibt es bei den für die Genehmigung der Verträge allgemein getroffenen Bestimmungen (Nr. 59 EV.). Das Heftmaterial wird in natura geliefert (StaatsmBeschl. v. 11. Mai 1863, JMBl. S. 214). Ueber die Frage, ob das Aktenheften durch Unterbeamte besorgt werden kann, vgl. d. Reskr. v. 31. Dezbr. 1897, II d. 4021 (Müller S. 1051). Bei einem aktenmäßigen Heften werden die Blätter nach unten gerade gelegt (Anm. 3 zu Form 1 d. Anm. d. ORK.). Das Einkleben von Blättern darf nicht geduldet werden.

Die Akten erhalten aus starkem Papier Aktendeckel und Aktenrücken. Der Landgerichtspräsident kann die Verwendung farbiger Aktenrücken zur Unterscheidung der einzelnen Gattungen von Akten anordnen, und der Oberlandesgerichtspräsident kann für gewisse Gattungen von Sachen bestimmen, daß die Akten nur mit einem aus einem halben Bogen bestehenden Aktenumschlage versehen werden. Jeder Aktenband soll in der Regel nicht mehr als 200 Blätter umfassen (§ 7 Nr. 9—11 Gesch.O.). Aktendeckel. Aktenrücken. Aktenumschlag.

Auf dem Aktendeckel oder auf dem Aktenumschlag ist das Amtsgericht zu bezeichnen, die Angelegenheit, auf die sich der Akteninhalt bezieht (Namen der Parteien, des Beschuldigten, des Erblassers u. s. w.), anzugeben und links unten das Aktenzeichen zu vermerken. Haftsachen sind als solche, andere Sachen, die einer besonderen Beschleunigung bedürfen, sind als „Eilsachen" auf dem Aktendeckel (Aktenumschlag) oder auf der vorzulegenden Schrift in einer in die Augen fallenden Weise zu bezeichnen (§ 7 Nr. 12 Gesch.O.). Auf dem Aktendeckel oder auf dem Aktenumschlag ist ferner zu vermerken, bis zu welchem Blatte die Kosten berechnet sind, auf welchen Blättern sich die Kostenrechnungen befinden, wann die Durchsicht zur Prüfung des Kostenansatzes stattgefunden hat, und zutreffendenfalls, daß ein weiterer Aktenband angelegt ist. Der Oberlandesgerichtspräsident kann weitere Vermerke anordnen (§ 7 Nr. 13 Gesch.O.).

Nach der Rundverf. v. 20. März 1901 (I. 1244, Müller S. 2045) sind die Oberlandesgerichtspräsidenten für die Gerichtsschreibereien ermächtigt, sei es in Betreff ihres ganzen Bezirks, sei es in Betreff einzelner Behörden, Bestimmungen über den Gebrauch sogenannter Aktenschwänze oder Aktenetikettes und die Art ihrer Herstellung zu erlassen. Aktenschwänze.

Hierbei ist im Einzelnen Folgendes in Erwägung zu ziehen:

1. Eine allgemeine Verwendung von Aktenschwänzen für sämmtliche Akten, die nicht zu den Blattsammlungen gehören, bei allen Behörden ist keinesfalls erforderlich.

2. Die Anwendung von Aktenschwänzen für lange aufzubewahrende Akten (Personal- und Generalakten, Grundbuchakten, Vormundschaftsakten u. dgl.) wird regelmäßig keinem Bedenken unterliegen.

3. Die Aktenschwänze sind, soweit sie für nöthig erachtet werden, thunlichst einfach und wohlfeil herzustellen; vielfach werden mehrfach gefaltete Streifen von Schreibpapier genügen.

Aktenzeichen. 8. Jedes Aktenstück sowie jede Blattsammlung erhält ein **Aktenzeichen**. Das Aktenzeichen wird durch den Buchstaben oder die römische Zahl und die Nummer des Aktenregisters und zwar, wenn dieses jahrgangsweise geführt wird, unter Beifügung der Jahreszahl gebildet. Ist die Bearbeitung derselben Gattung von Geschäften unter mehrere Abtheilungen der Gerichtsschreiberei getheilt, so ist dem Aktenzeichen eine die Gerichtsschreibereiabtheilung bezeichnende arabische Ziffer vorzustellen (§ 7 Nr. 3 Gesch.O.).

Für **Grundakten** dient als Aktenzeichen die Bezeichnung des Grundbuchs nach Bezirk, Band und Blatt. Bergwerksakten erhalten den Zusatz „Bgw." (§ 7 Nr. 4 Gesch.O.).

Für **Landgüter- und Höferollen** ist das Aktenzeichen aus der Nummer der Landgüter- oder Höferolle unter Hinzufügung der Gemeinde zu bilden (§ 7 Nr. 5 Gesch.O.).

Bei den zu dem Handels-, Börsen-, Vereins-, Güterrechts-, Genossenschafts-, Wassergenossenschafts-, Muster- und Schiffsregister gehörigen Blattsammlungen (**Registerakten**) wird das Aktenzeichen durch die abgekürzte Bezeichnung des Registers und die Eintragungsnummer vertreten. Hierbei sind folgende Abkürzungen zu wählen:

HRA = Handelsregister Abtheilung A; HRB = Handelsregister Abtheilung B,
BöRA = Börsenregister für Waaren; BöRB = Börsenregister für Werthpapiere,
GR = Güterrechtsregister; VR = Vereinsregister; GnR = Genossenschaftsregister,
WR = Wassergenossenschaftsregister; MR = Musterregister,
SSR = Seeschiffsregister; BSR = Binnenschiffsregister.

Generalakten erhalten als Aktenzeichen unter Voranstellung der Abkürzung Gen die Bezeichnung des Registerabschnitts und die laufende Nummer (§ 7 Nr. 6, 7 Gesch.O.).

Das Aktenzeichen lautet demgemäß beispielsweise: 5 C 11/01 oder 12 II 618/00 oder Tempelhof Bd. I Bl. 124 oder HRA 148 oder 1 Gen II 16 (§ 7 Nr. 8 Gesch.O.).

Im Uebrigen sind durch die §§ 36—38 Gesch.O. folgende Buchstaben für die Amtsgerichte festgesetzt:

Civilsachen:

A. Sühnesachen,
B. Mahnsachen,
C. Gewöhnliche Prozesse,
D. Urkunden- und Wechselprozesse,
E. Entmündigungssachen,

F. Aufgebotsverfahren,
G. Arreste und einstweilige Verfügungen,
H. Anträge außerhalb eines bei dem Gericht anhängigen Rechtsstreites,
I. Vertheilungsverfahren,
K. Zwangsversteigerung und
L. Zwangsverwaltung von unbeweglichen Gegenständen,
M. Andere Anträge betreffend Zwangsvollstreckung,
N. Konkurssachen.

Strafsachen.

A. Forstdiebstahlssachen,
B. Privatklagesachen,
C. Richterliche Strafbefehle,
D. Anklagen wegen Vergehen,
E. Anklagen wegen Uebertretung,
F. Voruntersuchungen,
G. Einzelne richterliche Anordnungen.

Das Aktenzeichen für Schriften, welche ein an das Amtsgericht gerichtetes Ersuchen anderer Gerichte oder Behörden betreffen, wird gebildet, indem der Registernummer die Bezeichnung „R. H.“ (Rechtshülfesache) vorgestellt wird (§ 11 Gesch.O.).

9. Die zu denselben Akten gehörigen Schriftstücke erhalten in dem denselben vorzuheftenden **Nummerverzeichnissen** in ununterbrochener Folge ein Nummer (**Ordnungsnummer**), welche auch dann fortläuft, wenn ein neuer Band angelegt wird. Die Nummern werden reihenweise in dem Verzeichnisse untereinander geschrieben, neben die Nummer wird das Datum des Schriftstücks geschrieben. Den Ordnungsnummern, welche einem und demselben Geschäftsjahre angehören, wird die Jahreszahl als Ueberschrift vorangestellt. Nach der Eintragung in das Verzeichniß wird das Aktenzeichen und darunter die Nummer auf das Schriftstück gesetzt. Aktenzeichen und Ordnungsnummer zusammen bilden die **Geschäftsnummer**; dieselbe wird bei allen Schriften (Protokollen, Konzepten, Reinschriften u. s. w.) links auf die erste Seite gesetze. Im Nummerverzeichnisse ist bei Einheftung des Schriftstücks oder bei der Abgabe desselben die betreffende Nummer zu durchstreichen, im letzteren Falle auch neben die Nummer ein Vermerk über den Verbleib zu setzen. Die Ordnungsnummer bestimmt die Folge der Schriften in den Akten; die Aktenblätter selbst werden mit fortlaufender Blattzahl versehen. Bilden die zu einer Rechtsangelegenheit gehörigen Schriften eine Blattsammlung, so wird das Nummerverzeichniß auf dem Umschlage niedergeschrieben (§ 8 Gesch.O.).

Nummerverzeichniß.

Ordnungsnummer.

Geschäftsnummer.

Haben mehrere Schriftstücke die gleiche Nummer erhalten, was namentlich dann vorkommen kann, wenn Schriftstücke zum Versendungsbelege (§ 18 Abs. 2 Gesch.O.) eingegangen sind, während die Akten versandt werden, so ist nach der Rückkunft der Akten bei dem nunmehr zu den Akten gelangten Schriftstücke dieser Ordnungsnummer ein kleiner lateinischer Buchstabe (z. B. 8a) als **Unterscheidungszeichen** hinzuzufügen. Die während der Versendung der Akten entstandenen Ordnungsnummern

Unterscheidungszeichen.

sind sammt dem etwaigen Unterscheidungszeichen in dem Nummerverzeichnisse nachzutragen (§ 8 Nr. 4 Gesch.O.).

Die näheren Bestimmungen über Ordnungsnummern u. s. w. sind im § 8 Gesch.O. nachzulesen.

Aktenweglegung. **10.** Die Akten sind auf Anordnung des Richters wegzulegen, wenn die Angelegenheit beendet ist oder für beendet gilt. In Sachen, in denen eine Strafe zu vollstrecken ist, werden die Akten erst weggelegt, wenn die Geldstrafe bezahlt, die Freiheitsstrafe angetreten oder die Strafvollstreckung aussichtslos ist. Die Akten über eine Verfügung von Todeswegen werden weggelegt, sobald der Hinterlegungsschein ertheilt ist.

Auf dem Aktendeckel sind das Jahr der Weglegung sowie das Jahr, bis zu welchem die Akten aufzubewahren sind, zu vermerken und die von der Vernichtung auszuschließenden Blätter zu bezeichnen. Die weggelegten Akten werden jahrgangsweise nach ihrer Nummernfolge aufbewahrt. Besondere Register über weggelegte Akten werden nicht geführt (§ 7 Nr. 14 ff. Gesch.O.).

Ueber die Aussonderung, Vernichtung und Veräußerung der kassirten Karten siehe das Nähere im § 21 Nr. 5, 6.

Akteneinsicht. **11.** Die Einsicht der öffentlichen Register und der Akten hat der Gerichtsschreiber ohne richterliche Anweisung insoweit zu gestatten, als die Einsicht nach gesetzlichen Bestimmungen Jedermann freisteht (§ 3 Nr. 4 Gesch.O.). Näheres siehe Müller S. 1425 Nr. 34.

Blattsammlungen. **12.** Blattsammlungen dürfen nur in den durch die Geschäftsordnung bestimmten Fällen angelegt werden (§ 7 Nr. 1 Gesch.O.). Im Uebrigen bestimmt § 7 Nr. 17 ff. Gesch.O. Folgendes:

17. Die Blattsammlungen erhalten, soweit nicht Ausnahmen zugelassen sind, statt des Aktendeckels eine Hülle, die mit der Bezeichnung des Gerichts oder am oberen Rande mit einem Abdrucke des Gerichtssiegels zu versehen ist. In der Hülle sind die zu der Angelegenheit gehörigen Schriftstücke, und zwar in der Regel lose, aufzubewahren.

18. Die Blattsammlung ist zu heften, wenn sie versandt werden muß oder wenn sie mehr als sechs Ordnungsnummern umfaßt. Die Blattsammlungen der Register I, III, IV (§ 44 Gesch.O.) und die im § 53 Gesch.O. bezeichneten Blattsammlungen sind stets zu heften und mit fortlaufenden Blattzahlen zu versehen.

19. Die Hülle erhält das Aktenzeichen und eine kurze Bezeichnung der Rechtsangelegenheit sowie einen Vermerk, bis zu welcher Ordnungsnummer die Kosten berechnet sind.

20. Die Blattsammlungen sind jahrgangsweise nach Gattungen getrennt in besonderen Fächern aufzubewahren.

21. Die Weglegung der Blattsammlung wird durch einen thunlichst gekürzten Vermerk verfügt, sobald die Angelegenheit erledigt ist oder als erledigt gilt. Die Blattsammlungen, deren Weglegung verfügt ist, sind zunächst in besonderen dazu bestimmten Fächern aufzubewahren.

22. Ausgeführt wird die Weglegung einheitlich für den ganzen Jahrgang, und zwar am Schlusse des nächstfolgenden Geschäftsjahrs. Insoweit einzelne Blattsammlungen bis dahin noch nicht vollständig erledigt sind, kann der Jahrgang unter deren vorläufiger Ausschließung weggelegt werden.

23. Die weggelegten Jahrgänge sind zwischen zwei Pappdeckeln verschnürt aufzubewahren. Auf dem oberen Deckel ist der Inhalt und das Jahr, bis zu dem die Aufbewahrung erfolgen soll, zu bezeichnen, z. B. „Mahnsachen 1901, aufzubew. bis 1907".

24. Die von der Weglegung vorläufig ausgeschlossenen Blattsammlungen verbleiben bis zur vollständigen Erledigung in dem Fache ihres Jahrganges und sind, nachdem ihre Weglegung angeordnet ist, in die Sammlung des betreffenden Jahrgangs wieder einzuordnen; der Vermerk über die Aufbewahrungsfrist ist erforderlichenfalls zu ändern.

13. Die Akten werden in Register eingetragen und in der Ordnung aufbewahrt, in welcher sie verzeichnet sind. Die Register werden von jeder Gerichtsschreiberei-Abtheilung, welcher Angelegenheiten der im Register bezeichneten Art zugewiesen sind, besonders geführt; in den Registern dürfen allgemein verständliche Abkürzungen gebraucht werden (§ 9 Nr. 1 Gesch.O.). Die Registratur.

Das Register für Generalakten und das Register der Vormundschaften, Pflegschaften und Beistandschaften sind fortlaufend, die übrigen Register sind jahrgangsweise zu führen (§ 9 Nr. 3 Gesch.O.).

I. Im Allgemeinen sind folgende Aktenregister zu führen: Aktenregister im Allgemeinen.

1. Das Eingangsregister (§ 8 Nr. 15 Gesch.O.).

Schriften, bei denen es zweifelhaft erscheint, ob sie zu angelegten Akten zu nehmen, ob mit ihnen neue Akten anzulegen oder in welches Register sie einzustellen sind, ingleichen solche Schriften, die ohne sachliche Verfügung an eine andere Behörde abzugeben sind, hat der Gerichtsschreiber in das Eingangsregister einzutragen und bis zu ihrer Rücksendung, Unterbringung oder Abgabe vorläufig mit der Nummer dieses Registers, erforderlichenfalls unter Voranstellung der Abtheilungsziffer (§ 7 Abs. 3), zu versehen, z. B. 5 E R 12/01. Das Eingangsregister hat folgende Spalten: 1. Jährlich fortlaufende Nummer, 2. Tag des Einganges, 3. Bezeichnung des Absenders, 4. Kurze Angabe des Gegenstandes, 5. Angabe, wo sich die Schrift bis zu ihrer Unterbringung oder Abgabe befindet, 6. a. Weiterer Verbleib der Schrift, b. Akten, zu denen die Schrift genommen ist.

2. Das Register für Generalakten (§ 10 Gesch.O., Formular 1).

Es zerfällt nach den Gegenständen in Abschnitte.

Als Generalakten sind diejenigen Akten anzusehen, welche Angelegenheiten der Justizverwaltung betreffen, und alle übrigen Akten, die nicht in ein besonders vorgeschriebenes Register einzustellen sind (§ 7 Abs. 2 Gesch.O). Jede Gerichtsschreibereiabtheilung führt ein oder mehrere Generalaktenstücke, welche die allgemeinen Anordnungen über den Geschäftsbetrieb enthalten.

3. Das Register für Rechtshülfesachen (§ 11 Gesch.O., Formular 2).

4. Der Geschäftskalender (§ 17 Gesch.O., Formular 3).

Die Termine, soweit sie nicht in die Kalender für mündliche Verhandlungen in bürgerlichen Rechtsstreitigkeiten und für Hauptverhandlungen in Strafsachen anzustellen sind, sowie die angeordneten und von Amtswegen zu beobachtenden Fristen verzeichnet der Gerichtsschreiber in dem Geschäftskalender.

5. **Der Geschäftskalender für die Gerichtstage** (§ 17 Nr. 6 Gesch.O., Formular 3).

6. **Das Aktenausgabebuch** (§ 18 Gesch.O.).

Akten, die einem Beamten des Gerichts oder auf richterliche Anordnung einem Rechtsanwalt in die Wohnung verabfolgt, einer anderen Gerichtsschreibereiabtheilung, der Staatsanwaltschaft am Sitze des Amtsgerichts, dem Büreau des Amtsanwalts oder der Gerichtskasse zeitweilig überlassen oder anderen Akten vorübergehend als Beistücke beigefügt werden, sind in das Aktenausgabebuch einzutragen.

Das Aktenausgabebuch hat folgende Spalten: 1. Aktenzeichen, 2. letzte Ordnungsnummer, 3. kurze Bezeichnung der Sache, 4. Bezeichnung des Empfängers oder der Sache, zu der die Beifügung geschehen ist, 5. Tag a. der Ausgabe, b. der Rückgabe.

Das Aktenausgabebuch ist spätestens vor dem Schlusse eines jeden Kalendervierteljahres durchzusehen, damit die Rückforderung der seit längerer Zeit ausgegebenen Akten veranlaßt werden kann. Die Durchsicht ist hinter der letzten Eintragung zu vermerken.

7. **Das Urkundenverwahrungsbuch.**

Wird der Gerichtsschreiber auf Grund des § 88 HO. beauftragt, Werthpapiere auf Namen, auf welche die Zahlung nicht jedem Inhaber geleistet werden kann, zu verwahren, so hat er die Urkunden, deren Verwahrung angeordnet ist, in das Urkundenverwahrungsbuch einzutragen.

8. **Büreauasservate.**

Größere Gegenstände, welche als Beistücke zu Akten gehören, bei denselben aber nicht dauernd behalten werden können, oder deren Mitgabe bei Versendung der Akten nicht nothwendig erscheint, z. B. große Situationspläne und Karten, die meist gerollt zu sein pflegen, größere Handzeichnungen, umfangreiche Urkunden u. s. w. hat der Gerichtsschreiber unter Verschluß zu halten. Eine besondere Kontrolle ist für diese sogenannte Büreauasservation nicht vorgeschrieben, doch empfiehlt es sich, eine solche vielleicht nach einem Formular mit folgenden Spalten zu führen: 1. Laufende Nummer, 2. Aktenzeichen, 3. Bezeichnung des Gegenstandes, 4. Verbleib desselben.

Register für Prozeßsachen.

II. **Register für Prozeßsachen:**

1. **Das Sühneregister A** (§ 23 Gesch.O., Formular 4).

Das Sühneregister ist dem Richter in der Sitzung vorzulegen; die weitere Ausfüllung ist sogleich nach Vorschrift des § 23 GeschO. zu bewirken.

2. **Das Mahnregister B** (§ 24 Gesch.O., Formular 5).

3. **Das Civilprozeßregister C—H** (§ 25 Gesch.O., Formular 6).

In das Civilprozeßregister gehören, mit Ausnahme der Sühnesachen und der Mahnsachen, alle Civilprozeßangelegenheiten, für welche nicht das Vollstreckungsgericht als solches zuständig ist insbesondere auch diejenigen Arten des Aufgebotsverfahrens, auf welche die Vorschriften der CPO. nur auf Grund besonderer Gesetzesbestimmungen Anwendung finden, mit Einschluß des zur Zuständigkeit des Vollstreckungsgerichts gehörenden nach den §§ 138, 140 des Reichsges. über die Zwangsverst. ꝛc. stattfindenden Aufgebotsverfahrens.

4. **Das Nebenregister zum Civilprozeßregister** (§ 26 Gesch.O., Formular 7).

5. **Das Vollstreckungsregister I, K, L, M** (§ 27 Gesch.O., Formular 8).

In dasselbe sind die zur Zuständigkeit des Vollstreckungsgerichts gehörenden Anordnungen einzutragen, mögen sie in einer richterlichen Vollstreckungsthätigkeit, in der Mitwirkung bei einer Vollstreckungshandlung oder in einer sonstigen die Zwangsvollstreckung betreffenden Entscheidung bestehen.

6. **Das Schuldnerverzeichniß** (§ 27 Nr. 8 Gesch.O.).

Dasselbe zerfällt in Jahreshefte. Es ist ein Verzeichniß der im § 915 CPO. und § 107 KO. bezeichneten Personen.

§ 915 CPO.: Das Vollstreckungsgericht hat ein Verzeichniß derjenigen Personen zu führen, welche vor ihm den im § 807 erwähnten Offenbarungseid geleistet haben oder gegen welche wegen Verweigerung des Eides die Haft angeordnet ist. Die Vollstreckung einer Haft ist in dem Verzeichnisse zu vermerken, wenn sie sechs Monate gedauert hat.

Nach Ablauf der im § 903 Abs. 2 oder der im § 914 Abs. 2 bezeichneten Frist ist die Eintragung dadurch zu löschen, daß der Name unkenntlich gemacht wird.

Die Einsicht des Verzeichnisses ist Jedem gestattet.

§ 107 KO.: Die Abweisung des Eröffnungsantrags kann erfolgen, wenn nach dem Ermessen des Gerichts eine den Kosten des Verfahrens entsprechende Konkursmasse nicht vorhanden ist. Die Abweisung unterbleibt, wenn ein zur Deckung der im § 58 Nr. 1, 2 bezeichneten Massekosten ausreichender Geldbetrag vorgeschossen wird.

Das Gericht hat ein Verzeichniß derjenigen Schuldner zu führen, bezüglich deren der Eröffnungsantrag auf Grund der Vorschrift des Abs. 1 Satz 1 abgewiesen worden ist. Die Einsicht des Verzeichnisses ist Jedem gestattet. Nach dem Ablaufe von 5 Jahren seit der Abweisung des Eröffnungsantrags ist die Eintragung in dem Verzeichnisse dadurch zu löschen, daß der Name unkenntlich gemacht wird.

7. **Der Kalender für mündliche Verhandlungen** (§ 28 Gesch.O., Formular 9).

Der Kalender wird über die Termine zur mündlichen Verhandlung mit Ausnahme der Termine in Aufgebotssachen, Entmündigungssachen und den im § 27 Gesch.O. bezeichneten Zwangsvollstreckungssachen geführt. Für jede Prozeßabtheilung wird ein besonderer Kalender gehalten.

8. **Der Aushang des Urtheilsverzeichnisses** (§ 30 Gesch.O., Formular 10).

9. **Das Konkursregister N** (§ 32 Gesch.O., Formular 11).

III. **Register für Strafsachen:** Register für Strafsachen.

1. **Das Verzeichniß über die Strafthaten, welche dem Verfahren nach dem Forstdiebstahlsgesetz v. 15. April 1878 unterliegen** (§ 36 Nr. 1 Gesch.O., Formular 13).

2. **Das Register A für Forstdiebstahlssachen** (§ 36 Nr. 2 Gesch.O., Formular 14).

3. **Das Register für Privatklagesachen** (§ 37 Gesch.O., Formular 15).

4. **Das Strafprozeßregister C, D, E, F, G** (§ 38 Gesch.O., Formular 16).

5. **Der Kalender für Hauptverhandlungen** (§ 39 Gesch.O., Formular 17).

Für jede Strafprozeßabtheilung wird ein besonderer Kalender geführt.

6. **Die Liste der Ueberführungsstücke** (§ 41 Gesch.O., Formular 18).

7. **Die Liste der eingezogenen Gegenstände** (§ 40 Str.G.B., § 15 F.D.G., § 23 F.u.F.P.G.).

Die Konfiskate sind durch einen Unterbeamten (nicht Gerichtsvollzieher) zu verkaufen, sobald der Verkauf lohnend erscheinen sollte. Bezüglich der eingezogenen Gewehre und Jagdgerätschaften ist die Allg. Verf. v. 21. April 1883 (JMBl. S. 128) maßgebend.

8. **Das Hinterlegungsbuch** (§ 42 Gesch.O.; § 3 Allg. Verf. v. 10. Juni 1891, JMBl. S. 161).

Diese Liste betrifft die Aufbewahrung und Auszahlung der von einem Angeklagten gemäß § 219 Abs. 2 StPO. bei dem Gerichtsschreiber hinterlegten Entschädigungen für Zeugen und Sachverständige.

9. Im Oberlandesgerichtsbezirk Marienwerder ein **Verzeichniß der unpfändbaren Forstdiebe** (Reskript des Herrn Oberlandesgerichts-Präsidenten d. d. Marienwerder, d. 6. Juni 1881; I. 4166 H. 263).

Die Gerichtsschreiber haben in Forstdiebstahlssachen alphabetische Verzeichnisse der Forstdiebe zu führen, in welchen sie auf Grund der zu den Akten zurückgelangten Beitreibungslisten diejenigen Debenten nach Name, Stand oder Gewerbe, Wohn- oder Aufenthaltsort eintragen, gegen welche die Zwangsvollstreckung fruchtlos gewesen ist. Bei Aufstellung der neuen Beitreibungsliste sind demnächst nach sorgfältiger Einsicht dieses Verzeichnisses diejenigen Zahlungspflichtigen auszuscheiden, deren Zahlungsunfähigkeit darnach gerichtskundig geworden ist. Gegen diese ist, insofern nicht ein für haftbar Erklärter vorhanden ist, dessen Zahlungsunfähigkeit noch nicht gerichtskundig ist, sofort mit der Vollstreckung der substituirten Gefängnißstrafe resp. mit Ueberweisung zur Forst- oder Gemeindearbeit vorzugehen (§§ 13, 14 F.D.G.). Der Gerichtsschreiber aber rechtfertigt durch einen Vermerk in den Akten unter Hinweis auf das Verzeichniß die unterbliebene Aufnahme des Debenten in die Beitreibungsliste, verfährt hierbei auch in Betreff der Kosten nach Anleitung des § 12 Anw. v. 30. August 1879 [jetzt der Kassenordn.].

Sind dem Gerichtsschreiber Thatsachen bekannt, welche die Vermuthung begründen, daß ein nach dem Verzeichniß zahlungsunfähiger Schuldner später zahlungsfähig geworden ist, so ist derselbe selbstverständlich in die Beitreibungsliste aufzunehmen. Ein solcher Fall wird aber bei den Forstdieben voraussichtlich sehr selten eintreten.

Register für gerichtliche Urkunden.

IV. Register für gerichtliche Urkunden:

1. **Das Beurkundungsregister I, II, III, IV** (§ 44 Gesch.O., Formular 19).

Die Handlungen in Angelegenheiten der freiwilligen Gerichtsbarkeit, mit Ausschluß der vor dem Grundbuchamte beurkundeten Auflassungserklärungen, werden, sofern nicht für einzelne Arten besondere Vorschriften gegeben oder besondere Register angeordnet sind, in das nach dem Formular Nr. 19 zu führende Beurkundungsregister eingetragen.

2. Das Wechselprotestregister (§ 45 Gesch.O.).

In das Wechselprotestregister sind die aufgenommenen Proteste nach ihrem ganzen Inhalte Tag für Tag und nach der Ordnung des Datums einzutragen; das Register ist von Blatt zu Blatt mit fortlaufenden Zahlen zu versehen (Art. 90 WO.). Eine Eintragung der Wechselproteste in das Beurkundungsregister findet nicht statt.

3. Das Register für Verfügungen von Todeswegen; Verwahrungsbuch (§ 47 Gesch.O., Formular 20, Nr. 2 u. 3 Allg. Verf. v. 24. Oktober 1900, JMBl. S. 617).

Die vor dem Gericht errichteten, dem Gerichte zur amtlichen Verwahrung übergebenen, an das Gericht abgelieferten oder dem Gerichte nach der Eröffnung zur weiteren Aufbewahrung übersandten Testamente und Erbverträge sind in das nach dem Formular Nr. 20 zu führende Register für Verfügungen von Todeswegen V einzutragen.

V. Register für Grundbuchsachen: Register für Grundbuchsachen.

1. Das Eigenthümerverzeichniß (§ 50 Gesch.O.).

Für den Bezirk des Gerichts ist ein alphabetisches Eigenthümerverzeichniß zu führen. Es hat folgende Spalten: 1. Laufende Nr., 2. Zu- und Vorname, Beruf und Wohnort des Eigenthümers, 3. Hinweis auf das Grundbuch, a) Grundbuchbezirk, b) Band, c) Blatt, 4. Bemerkungen.

2. Das Tagebuch (§ 51 Gesch.O., Formular 21, Allg. Verf. v. 9. Dezbr. 1901, JMBl. S. 278).

Der Gerichtsschreiber des Grundbuchamtes (Grundbuchführer) hat dies Register über die von ihm im Grundbuche bewirkten Einschreibungen zu führen.

VI. Oeffentliche Register: Oeffentliche Register.

1. Ueber die Landgüter- und Höferolle und die sonstigen Register enthalten die §§ 52 und 53 Gesch.O. die reglementarischen Bestimmnngen.

2. Das Handelsregister (§ 125 Ges. v. 17. Mai 1898, RGBl. S. 189, 771; Ges. v. 21. Septbr. 1899, GS. S. 249; Allg. Verf. v. 7. Novbr. 1899, JMBl. S. 313);

3. Das Vereinsregister (§ 159 Ges. v. 17. Mai 1898, RGBl. S. 189, 771; Art. 29 Ges. v. 21. Septbr. 1899, GS. S. 249; Allg. Verf. v. 6. Novbr. 1899, JMBl. S. 299);

4. Das Güterrechtsregister (§ 161 Ges. v. 17. Mai 1898, RGBl. S. 189, 771; Art. 29 Ges. v. 21. Septbr. 1899, GS. S. 249; Allg. Verf. v. 6. Novbr. 1899, JMBl. S. 299);

5. Das Genossenschaftsregister (Bek. v. 1. Juli 1899, RGBl. S. 347; Allg. Verf. v. 8. Novbr. 1899, JMBl. S. 334);

6. Das Wassergenossenschaftsregister (Ges. v. 1. April 1879, GS. S. 247; Allg. Verf. v. 9. Septbr. 1879, JMBl. S. 337);

7. Das Musterregister (Ges. v. 11. Januar 1876, RGBl. S. 11; Allg. Verf. v. 29. Februar 1876, JMBl. S. 194);

8. Das Börsenregister (Ges. v. 22. Juni 1896, RGBl. S. 157; Bek. des Reichskanzlers v. 9. Oktbr. 1896, Allg. Verf. v. 17. Oktbr. 1896 JMBl. S. 327).

9. **Das Schiffsregister** (Art. 29 Ges. v. 21. Septbr. 1899, GS. S. 249; Allg. Verf. v. 11. Dezbr. 1899, JMBl. S. 753);

10. **Das Seeschiffsregister** (§ 18 Allg. Verf. v. 11. Dezbr. 1899);

11. **Das Binnenschiffsregister** (§ 34 Allg. Verf. v. 11. Dezbr. 1899).

Ueber die Führung des Seeschiffs= und Binnenschiffsregisters s. a. Müller S. 4 zu d.

12. **Das Aktenregister für Register-Angelegenheiten** (VI) (§ 54 Gesch.O., Formular 22).

Register für Nachlaß- und Theilungssachen.

VII. **Register für Nachlaß= und Theilungssachen:**

Das Register für Nachlaß- und Theilungssachen (§ 56 Gesch.O., Formular 23).

Register für familienrechtliche Angelegenheiten.

VIII. **Register für familienrechtliche Angelegenheiten:**

1. **Das Register für Vormundschaften, Pflegschaften und Beistandschaften** (§ 57 Gesch.O., Formular 24);

2. **Das Familienrechtsregister** (§ 58 Gesch.O., Formular 26, Nr. 4 u. 5 Allg. Verf. v. 24. Oktober 1900, JMBl. S. 617).

Ueber die sonstigen zur Zuständigkeit des Gerichts, insbesondere des Vormundschaftsrichters, gehörigen familienrechtlichen Angelegenheiten einschließlich der Standesamtssachen und der Zwangserziehungssachen, ist ein Register (Familienrechtsregister) nach dem Formular Nr. 26 zu führen.

Kanzlei.

14. Wegen Annahme und Anstellung von Kanzleiarbeitern sowie wegen Berechnung des Schreibwerks enthält die **Kanzleiordnung** v. 9. Februar 1895 (JMBl. Nr. 8), welche durch die Allg. Verf. vom 18. Januar 1897 (JMBl. S. 21), v. 18. Januar 1899 (JMBl. S. 159), v. 28. März 1901 (JMBl. S. 74) und v. 9. Februar 1902 (JMBl. S. 34) abgeändert ist, die näheren Vorschriften (**Kayser** S. 260, **Müller** S. 236, § 7). Nach derselben wird das bei dem Amtsgericht vorhandene Kanzleipersonal entweder zu einer besonderen **Kanzlei** vereinigt oder der Gerichtsschreiberei zugewiesen bezw. unter die mehreren Gerichtsschreiberei=Abtheilungen vertheilt. Auch kann ein Theil des Personals zu einer **Hauptkanzlei** vereinigt, ein anderer Theil den Gerichtsschreiberei=Abtheilungen zugewiesen werden. Die bezüglichen Anordnungen werden von dem **aufsichtführenden Richter**, als dem Vorstande der Behörde, getroffen (§ 24 Kanzl.O.). Die Einrichtung der Kanzlei und deren Geschäftsgang ist durch die §§ 25 bis 38 der Kanzleiordnung geregelt.

Einrichtung und Geschäftsgang.

Dienststunden.

Das Kanzleipersonal hat die für die Gerichtsschreiber (Sekretäre) festgesetzten Dienststunden innezuhalten. Kanzleigehülfen, welche die ihnen aufgetragenen Arbeiten erledigt haben, kann der vertheilende Kanzlist auch noch vor Ablauf der Dienststunden von der Verpflichtung zur Anwesenheit im Geschäftslokal entbinden.

Für die Erledigung der Eilsachen ist der Dienst an keine Zeit gebunden.

Der vertheilende Kanzlist kann den Kanzleiarbeitern gestatten, einzelne Arbeiten in ihre Behausung mitzunehmen (§ 26 Kanzl.O.).

Die Berechnung des Schreibwerks erfolgt nach den Grundsätzen des Abschnitts III der Kanzleiordnung (§ 13 bis § 23). Berechnung des Schreibwerkes.

Der Bedarf an Papier und Formularen, an Tinte, Streusand, Siegellack, Mundlack, Bindfaden und Heftmaterial wird für Rechnung der Staatskasse beschafft. Für das sonstige Schreibmaterial hat das Kanzleipersonal selbst zu sorgen. Die Kanzleibeamten erhalten jedoch zur Beschaffung desselben die Schreibmaterialienvergütung nach Maßgabe der Bestimmungen in Nr. 56 EV. (§ 41 Kanzl.O.). Schreibmaterial.

Wegen Fertigung der Schreibarbeiten auf Schreibmaschinen und Berechnung der zu vergütenden Schreiblöhne ist die Rundverf. v. 30. April 1900 (I. 2387) maßgebend (Müller S. 268 Nr. 7). Schreibmaschinen.

Die Entscheidung über den Betrag des zu zahlenden Schreiblohns bezw. über den von einem Kanzleibeamten der Staatskasse zu vergütenden Betrag und der Erlaß der Zahlungsanweisung erfolgen nach § 38 Kanzl.O. durch den Präsidenten des Gerichts bezw. den aufsichtführenden Amtsrichter. Bezüglich der Kanzleibeamten und Kanzleigehülfen bei der Staatsanwaltschaft hat der Präsident vor der Entscheidung sich des Einverständnisses des Ersten Staatsanwalts bezw. Oberstaatsanwalts zu vergewissern. Schreiblohn.

Die Zahlungsanweisung erfolgt unter der für jede Behörde besonders anzufertigenden Zusammenstellung der Ergebnisse der Monatszettel nach Maßgabe des Formulars.

In den Fällen der Ermäßigung des Arbeitspensums für Kanzleibeamte, sowie der Bewilligung des Mindesteinkommens an Kanzleigehülfen oder der Ermäßigung des Arbeitspensums für Kanzleigehülfen mit Mindesteinkommen ist beglaubigte Abschrift der betreffenden Verfügung der erstmaligen Anweisung des Schreiblohns beizufügen. Entsprechendes gilt von abändernden Verfügungen.

Siehe auch § 7 Nr. 6 (S. 33).

Der Erste Gerichtsschreiber (Sekretär), bezw. der dazu bestimmte Büreaubeamte, hat sich von dem Geschäftsbetriebe der Kanzlei fortlaufende Kenntniß zu verschaffen. Er hat die zur Verhütung von Verzögerungen und Unregelmäßigkeiten nöthigen Anordnungen zu treffen und darauf zu halten, daß die Schriftstücke leserlich, korrekt und sauber, sowie den bestehenden Vorschriften entsprechend, angefertigt werden. Er ist berechtigt, Schriftstücke, welche diesen Anforderungen nicht entsprechen, zu kassiren. Er hat ferner die Tagesstunden zu bestimmen, zu denen sich die Kanzleibeamten und Kanzleigehülfen behufs Kollationirens der angefertigten Schriftstücke mit den Gerichtsschreibern (Sekretären) bereit zu halten haben. Er hat endlich in angemessenen Zwischenräumen, mindestens einmal im Monat, die Richtigkeit der in den Monatszetteln und auf den Konzepten bewirkten Anschreibungen unter Vergleichung mit dem Umfang der angefertigten Schriftstücke zu prüfen. Die Prüfung, welche zugleich eine Kontrole des vertheilenden Kanzlisten bezweckt, erfolgt ohne vorhergehende Ankündigung (§ 39 Kanzl.O.). Aufsicht. Revision.

Eine weitere Revision der Kanzleiverwaltung erfolgt auch durch den Rechnungsrevisor (§ 5 d. Instr. v. 20. Juni 1885, Beilage zum JMBl. Nr. 27; Allg. Verf. v. 11. Septbr. 1886, JMBl. S. 248).

Verminderung des Schreibwerks.

15. Die Allg. Verf. v. 5. April 1895 (JMBl. S. 125) betr. die Verminderung des Schreibwerks bei den Justizbehörden hat Folgendes angeordnet:

Vom Gerichtsschreiber zu fertigende Schreibarbeiten.

I. Die nachbezeichneten Schreibarbeiten liegen regelmäßig den Beamten der Gerichtsschreiberei und des Sekretariats der Staatsanwaltschaft ob:

1. Entwürfe zu Zahlungs- und Vollstreckungsbefehlen;
2. Mittheilungen von der Widerspruchserhebung gegen Zahlungsbefehle an den Gläubiger und Bescheinigungen über die Widerspruchserhebung für den Schuldner;
3. Uebertragungen der Terminsbestimmung auf die Abschriften der eine Ladung enthaltenden Schriftsätze im Civilprozeß;
4. Bescheinigungen über fruchtlose Sühneversuche in Ehesachen;
5. Mittheilungen an die Parteien vom Eingang der Beweisverhandlungen im Civilprozeß;
6. Urtheilsverzeichnisse (§ 316 CPO.);
7. Vollstreckungsklauseln, Rechtskraftzeugnisse und Nothfristatteste;
8. Benachrichtigungen der Schuldner von der Ertheilung einer weiteren vollstreckbaren Ausfertigung;
9. Bescheinigungen über den Antrag auf gerichtliche Entscheidung gegen polizeiliche Strafverfügung;
10. Vollstreckbarkeitsbescheinigungen in Strafsachen;
11. Zählkarten und Strafnachrichten;
12. Auskunftsertheilungen aus den Strafregistern;
13. Aufforderungen zum Strafantritt und Ersuchen um Strafvollstreckung (jedoch mit Ausschluß der etwa beizufügenden Abschriften der Urtheilsformel);
14. Eintragungen in die den Grundakten vorgehefteten Tabellen, insoweit nicht diese Eintragungen durch den Grundbuchrichter bewirkt werden;
15. Benachrichtigungen von Eintragungen in die Liste der Genossen auf Grund des Gesetzes über die Erwerbs- und Wirthschaftsgenossenschaften;
16. Aktenexemplare der von Amtswegen erfolgenden Ladungen;
17. Schreiben, welche lediglich die Einforderung, Uebersendung und Rücksendung von Akten betreffen;
18. Notizblätter über versendete Schriftstücke und Akten (sog. Retenta).

II. Für jede Abtheilung der Gerichtsschreiberei und des Sekretariats ist ferner unter Berücksichtigung ihrer Geschäftslast ein Verzeichniß sonstiger kleinerer Schreibarbeiten (§ 4 Gesch.O.) aufzustellen, welche gleichfalls von den Beamten der Gerichtsschreiberei (des Sekretariats) zu fertigen sind. Hierfür sind insbesondere solche Schreibarbeiten auszuwählen, deren Erledigung die Beamten nicht wesentlich mehr in Anspruch nimmt, als die ihnen sonst obliegende Prüfung und Kollationirung der etwaigen Expedition und der Reinschrift. Die entsprechenden Anordnungen trifft der Vorstand der betreffenden Justizbehörde.

III. Die Heranziehung der Kanzlei zu den unter I und II bezeichneten Arbeiten ist nur aus wichtigen Gründen gestattet. Sie bedarf der schriftlichen Genehmigung des Vorstandes der betr. Justizbehörde. Bestimmungen, welche die Genehmigung einer höheren Behörde fordern, bleiben in Kraft, desgleichen die Anordnungen darüber, unter welchen Voraussetzungen und in welchem Umfange Kanzleigehülfen zu Grundbucharbeiten herangezogen werden dürfen.

Druckstempel.

IV. Für häufig wiederkehrende, in bestimmten Formeln, aber ohne Benutzung von Formularen zu erledigende Schreibarbeiten, z. B. für Vollstreckungsklauseln, Rechtskraftzeugnisse, Nothfristatteste, Uebertragungen von Terminsbestimmungen u. dergl., bei größeren Justizbehörden die Verwendung von Stempeln gestattet. Hinsichtlich der Beschaffung solcher Stempel bewendet es bei der Cirk.Verf. v. 5. Okt. 1883 (I 3432), welche Folgendes bestimmt:

1. Druckstempel zur Bestimmung der Verhandlungstermine in Civilsachen haben sich bereits bei einer Anzahl von Gerichten mit größerer Geschäftslast nicht nur durch die Ersparniß an Büreauarbeit, sondern auch durch die größere Uebersichtlichkeit des gedruckten Vermerks als zweckmäßig bewährt. Die Befugniß der Justizbehörden zur Anschaffung derartiger Druckstempel regelt sich fortan lediglich nach den allgemeinen Vorschriften über die Verwaltung der sächlichen Fonds (§ 8c der Vorschriften v. 28. September 1879), sowie nach den Vorschriften über die Dispositionsbefugniß der Justizbehörden zur Anschaffung von Utensilien (Allg. Verf. v. 14. Juli 1874 Nr. 14, JMBl. S. 215; Allg. Verf. v. 30. September 1879, JMBl. S. 395) in Verbindung mit den Einschränkungen, welche sich aus der Limitirung der Utensilienfonds regeln. Die Anschaffung derartiger Stempel muß selbstredend auf Fälle des wirklichen Bedürfnisses beschränkt werden.

Die bei verschiedenen Justizbehörden bereits früher erfolgte Anschaffung solcher Stempel wird hiermit generell genehmigt.

Zu dem bezeichneten Zweck empfehlen sich übrigens Kautschukstempel mehr als Metallstempel, zumal die ersteren sich erheblich billiger im Preise stellen.

2. Zur Anschaffung aller anderen Druckstempel der im Eingange erwähnten Art (z. B. von Präsentationsstempeln, Stempeln zu Vollstreckungsbefehlen, Stempeln zu „Eilt"-Vermerken) bedarf es der Genehmigung der Vorstandsbeamten des Oberlandesgerichts, hinsichtlich der Gefängnisse mit besonderem Etat der Genehmigung des Oberstaatsanwalts. Die Genehmigung ist nur zu ertheilen, wenn die Anschaffung sich durch ein wirklich anzuerkennendes Geschäftsbedürfniß empfiehlt.

V. [Betr. Zustellungen von Amtswegen; vgl. jetzt §§ 208ff. CPO.; Allg. Verf. v. 10. Dezbr. 1899 (JMBl. S. 728, Kayser S. 567)].

VI. Bei der von Amtswegen erfolgenden gleichzeitigen Ladung mehrerer Personen in derselben Sache zu demselben Termin bedarf es für die Akten nur einer mit sämmtlichen Adressen versehenen Urschrift. Sie genügt im Civilprozeß bei der Ladung mehrerer Zeugen oder Sachverständigen auch dann, wenn das Beweisthema für die einzelnen Zeugen- oder Sachverständigen ein verschiedenes ist. *Gleichzeitige Ladung mehrerer Personen.*

Ueber das Ausfüllen der den Grundakten vorgehefteten Tabellen (§ 18 Grdb.O.) ist hier folgende Cirk.Verf. v. 5. Mai 1882 (I 1600) erwähnenswerth: *Ausfüllen der Grundbuchtabellen.*

1. Die Neuanlegung oder Umschreibung der Tabellen ist grundsätzlich den Lohnschreibern zu übertragen.

2. Die bloße Fortführung der Tabellen gehört zu den Geschäften der Gerichtsschreiber. Sind jedoch die Gerichtsschreiber schon durch ihre sonstige Thätigkeit vollauf in Anspruch genommen, so daß es billig erscheint, denselben eine Erleichterung zu gewähren, so darf ausnahmsweise auf Grund vorgängiger Genehmigung der Aufsichtsbehörde das Uebertragen der Grundbuchvermerke in die Tabellen durch Lohnschreiber bewirkt werden. Zur Ertheilung der Genehmigung ist der aufsichtführende Richter ermächtigt, sofern nicht der Landgerichtspräsident dieselbe sich selbst vorbehält.

3. Für die Richtigkeit der Eintragungen in die Tabellen bleibt in jedem Falle der Grundbuchführer verantwortlich.

4. Für die Neuanlegung, Umschreibung oder Ergänzung der Tabellen dürfen in keinem Falle den Parteien Schreibgebühren in Rechnung gestellt werden.

§ 21.

Einzelne Geschäfte der Justizverwaltung.

Oeffentliche Bekanntmachungen. 1. Der aufsichtführende Richter hat die öffentlichen Bekanntmachungen in Angelegenheiten der Justizverwaltung zu veranlassen; dahin gehören namentlich die Bekanntmachung der Gerichtstage, des Termins für den Verkauf alter Akten, alter Utensilien und Baumaterialien u. s. w. Die Kosten für Bekanntmachungen in öffentlichen Blättern sind durch den Ersten Gerichtsschreiber in Zahlungslisten zusammenzustellen und allmonatlich in einer Summe zu verausgaben (§ 62 Nr. 1 KO., Nr. 74 EB.).

Nach der Cirk.Verf. v. 5. September 1882 (I. 2988) ist als das im § 204 CPO., § 76 Konk.O. und § 320 StPO. bezeichnete, zur Veröffentlichung der amtlichen Bekanntmachungen bestimmte Blatt der öffentliche Anzeiger des Regierungsamtsblattes anzusehen.

Beaufsichtigung des Gerichtskostenansatzes. 2. Die Vorstände der Justizbehörden haben nach der Allg. Verf. v. 28. Februar 1885 (JMBl. S. 90, Kayser S. 1125) darüber zu wachen, daß die Kostenliquidationsgeschäfte ordnungsmäßig erledigt werden. Sie sind insbesondere befugt, im Verwaltungswege die Richtigstellung der Kostenrechnungen durch den Gerichtsschreiber bezw. Sekretär anzuordnen. Richter und Staatsanwälte haben von den zu ihrer Kenntniß gelangenden Fällen eines unrichtigen Kostenansatzes dem Vorstande der Behörde Kenntniß zu geben.

Amtliche Mittheilungen an den Aufsichtsrichter. 3. Sofern Gerichtsbeamte als Zeugen oder Sachverständige vorgeladen werden, so ist dem aufsichtführenden Richter durch den Gerichtsschreiber oder Sekretär des ladenden Gerichts oder der Staatsanwaltschaft eine Abschrift der Ladung zu übersenden und zwar ohne Anschreiben mittels Briefumschlags (Allg. Verf. v. 17. Mai 1883, JMBl. S. 155). Ihm muß nach der Allg. Verf. v. 19. Februar 1895 (JMBl. S. 56) auch von einer etwaigen Aufhebung des Termins und Abbestellung des Zeugen oder Sachverständigen Mittheilung gemacht werden.

Daß Gerichtsbeamte, welche als Schöffen an einer Sitzung theilzunehmen haben, dies dem aufsichtführenden Richter oder dem Ersten Gerichtsschreiber anzeigen, erscheint mir selbstverständlich, da event. für ihre Vertretung Sorge getragen werden muß.

Gerichtstage. 4. Die Abhaltung von Gerichtstagen außerhalb des Gerichtssitzes kann durch den Justizminister angeordnet werden (§ 22 Ausf.G. z. GVG.); dieselben sind entweder vollständige Gerichtstage oder Forstgerichtstage. Auf letzteren gelangen lediglich Zuwiderhandlungen gegen das Forstdiebstahlsgesetz v. 15. April 1878 (GS. S. 222) zur Verhandlung und Entscheidung, und zwar nur, soweit dieselbe ohne Zuziehung von Schöffen erfolgen kann.

Ueber Aufhebung, Einschränkung oder Erweiterung von Gerichtstagen wird nach dem Reskr. v. 27. August 1883 (IId, 2655, Müller S. 12) sich der aufsichtführende Richter zu äußern haben.

Gerichtstagspersonal.

Das Gerichtstagspersonal besteht aus einem Richter, einem Gerichtsschreibereibeamten und einem Unterbeamten. Der Richter wird in der jährlichen Geschäftsvertheilung durch das Landgerichtspräsidium bestimmt, den Gerichtsschreibereibeamten und den Unterbeamten ernennt der aufsichtführende Richter.

Bei der Abhaltung auswärtiger Gerichtstage hat der Gerichtsschreiber in den zur Beendigung kommenden Sachen die zur Zahlung angebotenen Kosten zu erheben (§ 30 KO.), auch hat er einen besonderen Geschäftskalender zu führen (§ 17 Abs. 6 Gesch.O.).

Wegen Versendung des Gepäcks zu den Gerichtstagsorten siehe Müller S. 754 unter q.

Gerichtstagsdiener.

Sofern Gerichtsdiener zur Wahrnehmung der Dienstleistung bei den Gerichtstagen nicht abkömmlich sind (§ 8 DO.), wird der aufsichtführende Richter mit einer geeigneten, an dem Gerichtstagsorte oder in dessen Nähe wohnhaften Persönlichkeit einen Vertrag wegen Uebernahme der Gerichtsdienergeschäfte auf dem Gerichtstage abschließen müssen, welcher der Genehmigung durch den Präsidenten des Landgerichts bedarf. Diese Gerichtstagsdiener haben als dienstliches Abzeichen das Brustschild der Hülfsgerichtsdiener zu tragen; dies Schild wird zweckmäßigerweise jedesmal zum Gerichtstage mitgenommen, damit ein Mißbrauch desselben ausgeschlossen ist.

Organisation der Gerichtstage.

Die über die Organisation der Gerichtstage und die auf denselben zu erledigenden Geschäfte erlassenen Bestimmungen sind bei Müller S. 12 flgd. abgedruckt.

Bekanntmachung.

Die festgesetzten Gerichtstage hat das Gericht zu Ende des Monats November für jedes nächstfolgende Jahr durch eine Bekanntmachung im Amtsblatt sowie durch Aushang am Sitze des Gerichts und dem Orte, wo die Gerichtstage abgehalten werden, zur Kenntniß des Publikums zu bringen. In dieser Bekanntmachung ist zugleich das zur Abhaltung des Gerichtstags bestimmte Lokal zu bezeichnen (§ 39 Gesch.-Reg. v. 18. Juli 1850, JMBl. S. 233). Es empfiehlt sich, die Bekanntmachung der Gerichtstage auch in einem anderen in der Gegend viel gelesenen Blatt zu publiciren, auch dem Staatsanwalt, dem Amtsanwalt und den betheiligten Oberförstern Abschrift derselben zu ertheilen.

Miethung der Gerichtstagslokale.

Wegen Miethung der Gerichtstagslokale und der mit den Vermiethern aufzunehmenden Verträge ist das Nähere im § 25 Nr. 6 behandelt.

Ordentliche Gerichtstage im Prozeßverfahren.

Die im § 500 CPO. erwähnten ordentlichen Gerichtstage werden durch den Prozeßrichter ebenfalls für das folgende Geschäftsjahr im Voraus bestimmt, und durch Aushang an der Gerichtstafel bekannt gemacht.

§ 500 CPO.: An ordentlichen Gerichtstagen können die Parteien zur Verhandlung des Rechtsstreits ohne Ladung und Terminsbestimmung vor Gericht erscheinen. Die Erhebung der Klage erfolgt in diesem Falle durch den mündlichen Vortrag derselben.

Vernichtung der Akten.

5. Ueber die Vernichtung der Akten, Register und Urkunden bei den Justizbehörden bestimmt die Allg. Verf. v. 6. September 1900 (JMBl. S. 569) Folgendes:

A. Streitige Gerichtsbarkeit.

I. Civilprozeß- und Konkurssachen. § 1. Zur Vernichtung nach 30 Jahren sind geeignet:

1. die Prozeßakten, in denen über Eigenthum an Grundstücken oder in das Schiffsregister eingetragenen Schiffen, über Berechtigungen, für welche die sich auf Grundstücke beziehenden Vorschriften gelten, über nachbarrechtliche Beschränkungen des Eigenthums an Grundstücken (Ueberbaue, Nothwege rc.), über Grenzstreitigkeiten, über Grunddienstbarkeiten und andere mit dem Eigenthum an einem Grundstücke verbundene Rechte, über Privilegien, über innere Angelegenheiten der Vereine und der Körperschaften, Stiftungen oder Anstalten des öffentlichen Rechtes, über Namenrechte, über Familien- oder Erbrechte, über Familienstiftungen, über Familienfideikommisse, über Leibgedinge, Witthümer, Abfindungen und Altentheilslasten, über Ansprüche aus einer außerehelichen Beiwohnung verhandelt worden ist;
2. die Akten über Sicherung des Beweises;
3. die Vergleiche in Sühnesachen (CPO. § 510);
4. die gerichtlichen Akten über Ehe-, Kindschafts- und Entmündigungssachen;
5. die Akten über Aufgebotsverfahren;
6. die bei den Gerichten niedergelegten Schiedssprüche (CPO. § 1039);
7. die über Vertheilungen angelegten Bände der Konkursakten;
8. die bei den Oberlandesgerichten und Landgerichten angelegten Sammelakten über Entscheidungen in Berufungs- und Beschwerdesachen [bisher nach 10 Jahren];
9. alle zur Zwangsvollstreckung geeigneten Titel; Urtheile jeder Art; Beschlüsse über Vertheilung des Zuschlags bei Zwangsversteigerungen; Handzeichnungen, Karten, Abrechnungen und sonstige Schriftstücke, auf welche in dem entscheidenden Theile eines Urtheils oder in einem gerichtlichen Vergleiche Bezug genommen ist; Verhandlungen über die Vertheilung des Erlöses von Zwangsversteigerungen sowie der Entschädigung bei Enteignungen; Tabellen über die angemeldeten Konkursforderungen; Zwangsvergleiche (Zwangsvergleichsvorschlag, Verhandlung und Bestätigungsbeschluß).

§ 2. Zur Vernichtung nach 10 Jahren sind geeignet:

1. die bei den Landgerichten angelegten Prozeßakten, in denen ein Urtheil ergangen oder ein gerichtlicher Vergleich abgeschlossen ist, mit Ausnahme der im § 1 erwähnten Akten;
2. die Akten über Zwangsversteigerungen, sofern der Zuschlag ertheilt ist;
3. die Akten über Zwangsverwaltungen und über die Zwangsliquidation von Bahneinheiten;
4. die Konkursakten, sofern ein Prüfungstermin abgehalten ist, mit Ausschluß der Aktenbände über Vertheilungen.

§ 3. Zur Vernichtung nach 5 Jahren sind geeignet:

1. die bei den Landgerichten angelegten Prozeßakten, mit Ausnahme der in den §§ 1, 2 bezeichneten;
2. sämmtliche bei den Amtsgerichten auf Grund der CPO. angelegten Akten, soweit nicht vorstehend Ausnahmen gemacht sind, insbesondere auch die Akten, in denen die vollstreckbare Ausfertigung von Urkunden verfügt ist;
3. die Mahnregister; 4. die Aushänge der Urtheilsverzeichnisse;
5. die bei den Staatsanwaltschaften geführten Akten über Ehe-, Kindschafts- und

Entmündigungssachen sowie die Anzeigen der Irrenanstalten über die Aufnahme von Geisteskranken;

6. die Akten über Zwangsversteigerungen, sofern der Zuschlag nicht ertheilt ist;
7. die Konkursakten, sofern ein Prüfungstermin nicht abgehalten ist.

§ 4. Aus den in den §§ 2, 3 bezeichneten Akten sind vor der Vernichtung die Schriftstücke, welche nach § 1 Nr. 3, 6, 9 länger aufzubewahren sind, herauszunehmen.

Allg. Verf. v. 20. Dez. 1896 (JMBl. S. 366) A I c: „Die Vorrechtsregister und die dazu gehörigen Akten sind im Jahre 1910 zu vernichten."

II. Strafsachen. § 5. Zur Vernichtung nach 30 Jahren sind geeignet:

1. die Akten, in denen eine Hauptverhandlung vor dem Schwurgerichte stattgefunden hat;
2. alle Urtheile — nicht Strafbefehle —, in denen rechtskräftig auf Strafe erkannt ist, und die Nachweise über die Vollstreckung oder den Erlaß der Strafe.

Hierzu treten: „3. Die bis zum 1. Okt. 1882 geführten Verzeichnisse der bestraften Personen und die gleichen Zwecken dienenden Listen; die Frist läuft vom 1. Jan. 1897 ab" (a. a. O. II unter a).

§ 6. Zur Vernichtung nach 10 Jahren sind geeignet:
die Akten, welche Verbrechen und Vergehen betreffen, mit Ausnahme der im § 5 Nr. 1 bezeichneten Akten und der Akten in Privatklagesachen.

§ 7. Zur Vernichtung nach 5 Jahren sind geeignet:

1. die Akten in Privatklagesachen und die Akten, welche Uebertretungen oder Zuwiderhandlungen gegen das Forstdiebstahlsgesetz mit Ausschluß der §§ 6 und 8 dieses Gesetzes betreffen;
2. die Blattsammlungen und Handakten der Staatsanwaltschaften; werden indeß die Hauptakten bei der Staatsanwaltschaft aufbewahrt, so sind die Handakten erst mit diesen zusammen zu vernichten.

§ 8. Aus den im § 6 und im § 7 Nr. 1 bezeichneten Akten sind vor der Vernichtung die Schriftstücke, welche nach § 5 Nr. 2 länger aufzubewahren sind, herauszunehmen.

Die in den §§ 5, 6, 7 bezeichneten Fristen beginnen, sofern rechtskräftig auf Strafe erkannt und nicht etwa die Strafvollstreckung völlig aussichtslos ist, erst mit dem Tage der vollendeten Strafvollstreckung oder des Straferlasses.

Akten, aus denen sich ergiebt, daß der objektive Thatbestand eines Verbrechens oder Vergehens vorliegt, der Thäter aber nicht zur Aburtheilung zu bringen ist, sind in allen Fällen mindestens so lange aufzubewahren, als nicht die Strafverfolgung durch Verjährung ausgeschlossen ist.

Die Vorschriften, welche über die Vernichtung der Strafnachrichten durch die Allg. Verf. v. 7. Sept. 1896 (JMBl. S. 294) und über die Vernichtung der Akten, Register und Kontrolen der Amtsanwälte durch den Art. 126 der Geschäftsanweisung v. 28. August 1879 (JMBl. S. 260) gegeben sind, bleiben in Kraft.

B. Freiwillige Gerichtsbarkeit.

§ 9. Von der Vernichtung bleiben ausgeschlossen:

1. alle Schriftstücke über Anerkennungen der Vaterschaft, Annahmen an Kindesstatt, Volljährigkeitserklärungen, Erbscheine, Zeugnisse über Ernennung eines Testamentsvollstreckers und die übrigen im § 56 Abs. 6 der Geschäftsordnung für die Gerichtsschreibereien der Amtsgerichte erwähnten Zeugnisse, Bescheini-

gungen über die Berechtigung des Fideikommißfolgers, Eheverträge, Auseinandersetzungsverträge unter Miterben oder Theilnehmern an einer Gütergemeinschaft, Erbverzichte, Ehelichkeitserklärungen oder sonstige Handlungen der freiwilligen Gerichtsbarkeit, welche unter I in das Beurkundungsregister eingetragen sind, sowie alle Vermögensverzeichnisse, sei es daß mit diesen Urkunden besondere Akten gebildet oder daß sie zu anderen Akten genommen sind;

2. die Akten über Erklärungen, betreffend den Austritt aus Kirchen- und Synagogengemeinden;
3. die den Gerichten übergebenen Notariatsregister und Notariatsakten mit Ausschluß der Wechselprotestregister;
4. die Verfügungen von Todeswegen sowie die darauf bezüglichen Akten, Register und Bücher, insbesondere die Verwahrungsbücher;
5. die Grundbücher einschließlich der Bahngrundbücher, die Höfe- und Landgüterrollen, die Abschriften der Flurbücher und Gebäudesteuerrollen nebst Anhängen, die Rezeßausfertigungen, die Eigenthümerverzeichnisse, die Grundakten sowie die sonstigen zu den hier aufgeführten Büchern und Urkunden gehörigen Akten einschließlich der Generalakten, welche die erste Anlegung der Grundbücher betreffen;
6. die Handels-, Börsen-, Vereins-, Güterrechts-, Genossenschafts-, Wassergenossenschafts-, Muster- und Schiffsregister sowie die Listen der Genossen;
7. die Gewerkenbücher, soweit deren Führung nach § 239 des Allgemeinen Berggesetzes für die Preußischen Staaten vom 24. Juni 1865 den Gerichten obliegt, nebst den dazu gehörigen Akten;
8. die Akten über Lehngüter, Fideikommisse und Stiftungen;
9. die Akten über die Berichtigung der Standesregister.

§ 10. Zur Vernichtung nach 30 Jahren sind geeignet:

1. die Akten über die unter II, III und IV in das Beurkundungsregister eingetragenen Angelegenheiten, soweit nicht im § 9 Ausnahmen gemacht sind;
2. die den Amtsgerichten übergebenen Protokollbücher der Schiedsmänner; die Frist beginnt mit dem Tage der letzten Eintragung;
3. die Akten, welche zu den im § 9 Nr. 6 bezeichneten Registern gehören; die Frist beginnt mit dem Tage, an welchem alle Eintragungsvermerke, auf die sich der Aktenband bezieht, in den Registern gelöscht sind;
4. die Akten über Nachlaß- und Theilungssachen.

§ 11. Zur Vernichtung nach 10 Jahren sind geeignet:

1. die bei den Gerichten geführten oder an sie abgelieferten Wechselprotestregister und die dazu gehörigen Akten;
2. die Akten, welche in das Familienrechtsregister eingetragen sind, soweit nicht im § 9 Ausnahmen gemacht sind;
3. die Akten über Vormundschaften, Pflegschaften und Beistandschaften, in denen eine Vermögensverwaltung stattgefunden hat.

§ 12. Zur Vernichtung nach 5 Jahren sind geeignet:

die Akten über Vormundschaften, Pflegschaften und Beistandschaften, in denen eine Vermögensverwaltung nicht stattgefunden hat.

§ 13. Aus den in den §§ 10 bis 12 bezeichneten Akten sind vor der Vernichtung die Schriftstücke, welche nach § 9 Nr. 1 dauernd aufzubewahren sind, herauszunehmen.

C. Justizverwaltung.

§ 14. Von der Vernichtung bleiben ausgeschlossen:

1. die Generalakten über noch gültige Provinzialgesetze und Verordnungen, über Observanzen und Privilegien, sowie diejenigen Akten, welche für die Kenntniß früherer Zustände und Sitten von besonderem Interesse sind;
2. die Standesamtsregister und die hierauf bezüglichen Akten.

Desgl. die Duplikate der Kirchenbücher: Allg. Verf. v. 20. Dez. 1896 (JMBl. S. 366) unter C zu a.

§ 15. Zur Vernichtung nach 30 Jahren sind geeignet:

1. die Generalakten, soweit nicht anderweite Anordnungen getroffen sind;
2. die Personalakten der Beamten sowie die Akten über ein Disziplinarverfahren; die Frist beginnt mit dem Ausscheiden der Beamten aus dem Justizdienste;
3. die Bücher über vorläufige Verwahrungen und Urkundenverwahrungen mit Ausnahme der Verwahrungsbücher für Verfügungen von Todeswegen sowie die dazu gehörigen Belege.

§ 16. Zur Vernichtung nach 10 Jahren sind geeignet:

1. die Akten über die von den Aufsichtsbehörden aufgenommenen Revisionsverhandlungen;
2. die Akten über das Schiedsmannswesen einschließlich der allgemeinen Uebersichten über die schiedsmännische Thätigkeit, jedoch mit Ausschluß der Akten über die Bestätigung und Verpflichtung der Schiedsmänner;
3. die an die Amtsgerichte abgelieferten Dienstregister und Akten der Gerichtsvollzieher; die im § 75 Nr. 3 GVO. enthaltenen Bestimmungen über die Vernichtung der Sonder- und Sammelakten der Gerichtsvollzieher bleiben in Kraft;
4. die Gefangenbücher über Straf- und Untersuchungsgefangene;
5. die in der Gefängnißverwaltung geführten Personalakten der Strafgefangenen;
6. die Posteingangsnotizbücher.

§ 17. Zur Vernichtung nach 5 Jahren sind geeignet:

1. die Beschwerdeakten;
2. die Akten über Bestätigung und Verpflichtung der Schiedsmänner; die Frist beginnt nach Beendigung der Amtsdauer sämmtlicher in Betracht kommenden Schiedsmänner;
3. die Gefangenbücher über Civil- und Polizeigefangene sowie die Register über die den Gefangenen abgenommenen oder von den Behörden eingelieferten Gegenstände;
4. die in der Gefängnißverwaltung geführten Akten, Register, Listen und Kontrolen, soweit nicht besondere Anordnungen getroffen sind;
5. die Inventarien.

§ 18. Der Oberlandesgerichtspräsident kann in Gemeinschaft mit dem Oberstaatsanwalte für die vorstehend nicht besonders bezeichneten Generalakten, insbesondere für Sammelakten, kürzere Aufbewahrungsfristen bestimmen. Solche Anordnungen sind dem Justizminister zur Kenntnißnahme mitzutheilen.

D. Allgemeine Vorschriften.

§ 19. Soweit nicht vorstehend etwas Anderes bestimmt ist, sind zur Vernichtung geeignet:

1. die Aktenregister, sobald alle darin verzeichneten Akten und die aus diesen herausgenommenen Urkunden vernichtet sind;
2. die lediglich zur Kontrole des Geschäftsganges dienenden Listen und Schriften, namentlich die Kalender, Tagebücher, Aktenausgabebücher, Eingangs- und Rechtshülferegister, sowie die Listen der Ueberführungsstücke, nach 5 Jahren.

. § 20. Wenn besondere Gründe die längere Aufbewahrung der nach den obigen Vorschriften vernichtungsfähigen Akten oder einzelner Theile von solchen angemessen erscheinen lassen, so sind diese von der Vernichtung auszuschließen.

§ 21. Alle in dieser Verfügung nicht genannten Akten sind in entsprechender Anwendung der vorstehenden Bestimmungen zu behandeln. Die zur Ergänzung dieser Bestimmungen etwa nöthigen Anordnungen sind von dem Oberlandesgerichtspräsidenten in Gemeinschaft mit dem Oberstaatsanwalte zu erlassen und dem Justizminister zur Kenntnißnahme mitzutheilen.

§ 22. Die festgesetzten Fristen beginnen, soweit nicht andere Bestimmungen getroffen sind, für Akten mit dem Tage der Weglegung; für Kontrolen und Listen ꝛc., sobald alle darin aufgeführten Angelegenheiten erledigt sind ꝛc.; für Grundstücks-, Gebäude- und Dienstwohnungsinventarien, sobald die inventarisirten Grundstücke ꝛc. nicht mehr im Eigenthume der Justizverwaltung stehen oder die Inventarien durch neue ersetzt sind; für andere Inventarien (z. B. bei der Gefängnißverwaltung über Bekleidungs- und Lagerungsgegenstände), sobald die inventarisirten Gegenstände verbraucht oder die Inventarien neu aufgestellt sind.

§ 23. Das Jahr, in welchem die Akten nach Maßgabe der vorstehenden Anordnungen vernichtet werden können, bestimmt der Richter, Staatsanwalt, Gefängnißvorsteher oder Kassenkurator, und zwar:

1. sofern die Vernichtungsfrist mit dem Tage der Weglegung beginnt, bei der Weglegung der Akten;
2. in allen anderen Fällen, sobald der Eintritt des für den Beginn der Vernichtungsfrist maßgebenden Ereignisses bei den Akten bekannt wird.

Lassen besondere Gründe die längere Aufbewahrung der nach den allgemeinen Vorschriften vernichtungsfähigen Akten oder einzelner Theile von solchen angemessen erscheinen, so ist dies kurz zu vermerken. Die herauszunehmenden und weiter aufzubewahrenden Blätter sind bei Ausführung der Weglegungsverfügung auf dem Aktendeckel in augenfälliger Weise zu vermerken.

§ 24. Für die besonderen Gefängnisse werden die in dieser Verfügung dem Oberlandesgerichtspräsidenten in Gemeinschaft mit dem Oberstaatsanwalt übertragenen Anordnungen von dem Oberstaatsanwalt allein getroffen.

§ 25. Die Bezeichnung „Akten" begreift auch Blattsammlungen in sich.

§ 26. Die bestehenden Vorschriften über die Vernichtung der Akten bei den Justizbehörden werden aufgehoben, soweit sie nicht in dieser Verfügung ausdrücklich aufrecht erhalten sind.

Die nachstehenden Vorschriften über die Vernichtung der Bücher, Rechnungen, Belege und Akten auf dem Gebiete des Kassen- und Rechnungswesens bleiben bis auf Weiteres in Kraft.

Zu § 26. Allg.Verf. v. 20. Dez. 1896 (JMBl. S. 366):

E. Kassen- und Rechnungswesen.

a) Zur Vernichtung nach 50 Jahren sind geeignet:

1. die Konzepte der Haupt-, Theil-, Unter- und ähnlichen Rechnungen sowie der Spezial-Baurechnungen und diejenigen Manuale, welche deren Stelle vertreten; hat es sich um einen umfangreichen oder um einen Bau gehandelt, an welchen sich ein erhebliches Interesse knüpft, so sind die Spezial-Baurechnungen von der Vernichtung auszuschließen; diejenigen Konzeptrechnungen, von welchen eine Reinschrift außer an die Oberrechnungskammer an die der Kasse vorgesetzte Behörde eingereicht worden ist, können schon nach Ablauf von 10 Jahren vernichtet werden;
2. die bei der vorgesetzten Behörde aufbewahrten Rechnungsexemplare.

b) Zur Vernichtung nach 30 Jahren sind geeignet:

1. die Einnahme- und Ausgabejournale;
2. die Depositalmanuale sowie die Nebenmanuale der Justizhauptkassen;
3. die Asservatenbücher und Vorschußkonten;
4. die Ergänzungslisten über die sichergestellten Kosten und die Asservatenlisten der Gerichtskassen;

c) Zur Vernichtung nach 10 Jahren sind geeignet:

1. die übrigen, vorstehend nicht mitaufgeführten Kassenbücher, Listen und Kontrolen;
2. die Bücher und Beläge der Gefangenarbeitsverdienstkassen;
3. die Rechnungsbeläge, sofern sie nicht gemäß der Bestimmung unter Nr. 6 des Staatsministerialbeschlusses v. 7. Mai 1844 (JMBl. S. 133) von der Vernichtung überhaupt auszuschließen oder auf längere Zeit aufzubewahren sind;
4. die sonstigen Beläge der Justizhauptkassen und der Gerichtskassen;
5. die Akten der Justizhauptkassen und der Gerichtskassen mit Ausnahme derjenigen, welche die allgemeinen Dienst- und Geschäftsverhältnisse betreffen.

d) In Betreff der Vernichtung der auf die frühere gerichtliche Depositalkassenverwaltung bezüglichen Bücher und Beläge verbleibt es bei den Anordnungen der Allg. Verf. v. 18. Nov. 1852 (JMBl. S. 390). Die Fristen beginnen in Ansehung der Rechnungen und der Rechnungsbeläge mit dem Tage der von der Ober-Rechnungskammer oder der sonst zuständigen Behörde ertheilten Decharge, in Ansehung der Kassenbücher, Listen und Kontrolen mit dem Tage, an welchem die sämmtlichen eingetragenen Posten durch Zahlung, Niederschlagung, Uebertragung oder sonst erledigt sind.

Die für die Gerichtskassen gegebenen Bestimmungen finden entsprechende Anwendung auf die Gefängnißkassen.

§ 27. Diese Verfügung tritt sofort in Kraft.

Auf Akten, Bücher, Register und Urkunden, welche vor dem 1. Januar 1900 angelegt sind, finden die bisherigen Vorschriften auch ferner Anwendung.

Diese Vorschriften befinden sich in der Allg. Verf. v. 20. Dezember 1896 (JMBl. S. 366).

6. Ueber die Aussonderung und den Verkauf der nach Maßgabe der Allg. Verf. v. 6. Septbr. 1900 (JMBl. S. 569) zu vernichtenden Akten, Register und Urkunden sowie über die Verwendung des Erlöses ist in der Allg. Verf. v. 6. Septbr. 1900 (JMBl. S. 575) Folgendes bestimmt: Aussonderung der zu vernichtenden Akten.

1. Bei den Oberlandesgerichten, den Landgerichten und den Staatsanwalt-

schaften erfolgt die Aussonderung der zum Verkaufe bestimmten Akten in der Regel alle drei Jahre. Bei den Amtsgerichten und den Amtsanwaltschaften werden dafür angemessene Zeitabschnitte durch den Oberlandesgerichtspräsidenten in Gemeinschaft mit dem Oberstaatsanwalte bestimmt.

Der Art. 126 Abs. 3 der Geschäftsanw. für die Amtsanwälte (JMBl. S. 260) wird aufgehoben.

2. Das Aussonderungsgeschäft ist bei den Gerichten von den Gerichtsschreibern, bei den Staatsanwaltschaften von den Sekretären unter Leitung des Vorstandes der Behörde, bei der Amtsanwaltschaft durch den Amtsanwalt oder unter dessen Verantwortung durch von ihm beauftragte Personen vorzunehmen.

Die ausgesonderten Akten werden in den Registern (Repertorien) vermerkt.

Die Amtsanwaltschaft überweist die ausgesonderten Akten zum Verkauf an das Amtsgericht.

Bekanntmachung. 3. Sobald die Aussonderung erfolgt ist, wird durch Abdruck in einem öffentlichen Blatte eine Bekanntmachung erlassen, welche eine allgemeine Bezeichnung der zu vernichtenden Akten und die Aufforderung enthält, daß diejenigen, welche an der längeren Aufbewahrung der Akten ein Interesse haben, dasselbe innerhalb einer Frist von vier Wochen anzumelden und zu bescheinigen haben. Die Auswahl des Blattes, in welchem die Bekanntmachung abzudrucken ist, steht der Behörde zu, welche die Bekanntmachung anordnet.

Verkauf. 4. Der Verkauf der Akten erfolgt in der Regel durch Versteigerung nach zuvoriger Bekanntmachung; ein Verkauf aus freier Hand bedarf, wenn er von dem aufsichtführenden Amtsrichter angeordnet wird, der Genehmigung des Landgerichtspräsidenten.

Eine Versendung ausgesonderter Akten zum Zwecke des Verkaufs ist nur mit Genehmigung des Oberlandesgerichtspräsidenten und des Oberstaatsanwalts und nur dann zu veranlassen, wenn vorausgesehen werden kann, daß die Kosten der Versendung durch den dadurch zu erzielenden höheren Kaufpreis überstiegen werden.

Verkaufsbedingungen. 5. Der Verkauf erfolgt unter der Verpflichtung, die erstandenen Akten einstampfen oder sonst vernichten zu lassen und vorher Niemandem deren Durchsicht zu gestatten. Für den Fall des Zuwiderhandelns ist eine Konventionalstrafe bis auf Höhe des doppelten Betrages der für sämmtliche verkauften Akten gezahlten Summe zu verabreden. An Personen, deren Zuverlässigkeit nicht bekannt ist, dürfen Akten nicht verkauft werden.

Es ist nothwendig, bei den öffentlichen Ausgeboten über den Verkauf zu vernichtender Akten die Bedingungen genau dieser Vorschrift unter Nr. 5 festzusetzen und dabei auch Bestimmungen über den Nachweis für die Erfüllung der in Nr. 5 erwähnten Verpflichtung aufzunehmen (Cirk.Verf. v. 6. Febr. 1893, I. 493).

6. Der Verkauf der Akten wird bei den Oberlandesgerichten, den Landgerichten und den Staatsanwaltschaften bei diesen Gerichten von den Präsidenten gemeinschaftlich mit dem Vorstande der Staatsanwaltschaft, bei den Amtsgerichten von dem aufsichtführenden Richter angeordnet.

Erlös. Der nach Abzug der durch die Aussonderung und den Verkauf erwachsenen baaren Auslagen verbleibende Erlös fließt zur Justizoffizianten-Wittwenkasse. Zu den baaren Auslagen gehören auch die Kosten einer Bekanntmachung (Nr. 3 und 4), dagegen nicht die Remuneration für die mit der Aussonderung und dem Verkaufe der Akten beschäftigten Beamten. Solche Remunerationen können auf Antrag der Behörde, welche den Verkauf angeordnet hat, durch den Präsidenten des Oberlandesgerichts in Gemeinschaft mit dem Oberstaatsanwalte nach Maßgabe der verfügbaren Mittel bewilligt werden.

7. Der Erlös wird in Höhe des Betrags der baaren Auslagen unter den sonstigen Einnahmen (Kapitel 30 Titel 6), in Höhe des Ueberrestes unter den Einnahmen für die Justizoffizianten-Wittwenkasse (Kapitel 30 Titel 7 des Etats) eingestellt. Die baaren Auslagen werden bei den sächlichen Fonds zu vermischten Ausgaben, die Remunerationen bei den persönlichen Fonds zu außerordentlichen Remunerationen verrechnet. Remunerationen.

Die Einnahmeanweisungen und die Anweisungen zur Zahlung der baaren Auslagen sind bei den Oberlandesgerichten, den Landgerichten und den Staatsanwaltschaften bei diesen Gerichten durch den Präsidenten, bei den Amtsgerichten durch den aufsichtführenden Richter, die Anweisungen zur Zahlung der Remunerationen dagegen bei allen Behörden durch den Oberlandesgerichtspräsidenten zu erlassen.

Die Einnahmeanweisungen werden der Justizhauptkasse, die Ausgabeanweisungen der Gerichtskasse zugestellt.

Für die Anweisung zur Vereinnahmung des Erlöses aus dem Aktenverkauf ist das Formular 31 zu benutzen (§ 23 Anw. d. ORK.).

8. Durch Bestimmung längerer Zeitabschnitte für die Aussonderung der Akten und durch Einschränkung der Kosten für die öffentlichen Bekanntmachungen ist auf Verminderung der baaren Auslagen hinzuwirken.

9. Bei der Aussonderung von Akten sind die Vorschriften der Allg. Verf. v. 6. Sept. 1900 über die Ablieferung der Akten an die Staatsarchive zu beachten.

10. Die vorstehenden Bestimmungen finden auf den Verkauf von Büchern und Druckschriften keine Anwendung. Der aus ihnen erzielte Erlös fließt zur Staatskasse.

7. Ueber die Ablieferung der Akten an die Staatsarchive bestimmt die Allg. Verf. v. 6. September 1900 (JMBl. S. 577) Folgendes: Ablieferung von Akten an die Staatsarchive.

1. Die bei den Justizbehörden entbehrlich gewordenen Akten und Urkunden, welche sich auf die Geschichte, die Besitz- und Rechtsverhältnisse oder die Verwaltung des Staates und der einzelnen Landestheile beziehen oder von besonderem kulturhistorischen Interesse sind, sollen an die Staatsarchive abgeliefert werden. Bei Meinungsverschiedenheiten darüber, ob diese Voraussetzungen vorliegen, entscheidet die Ansicht des zuständigen Archivbeamten.

2. Demgemäß sind Akten und Urkunden der bezeichneten Art von der Vernichtung und Veräußerung auszuschließen. Zu diesem Zwecke ist bei der Anordnung der Weglegung der Vermerk „Staatsarchiv" in die Verfügung aufzunehmen. Der gleiche Vermerk ist mit Rothstift oder in sonst auffälliger Weise auf dem Aktendeckel und im Aktenregister zu machen. Die so bezeichneten Akten sind bei jeder Aktenaussonderung in ein Verzeichniß zu bringen.

3. Abschrift dieses Verzeichnisses und der in Nr. 3 der Allg. Verf. v. 6. Septbr. bezeichneten Bekanntmachung sind unmittelbar nach deren Erlasse dem zuständigen Staatsarchive zu übersenden. Hierdurch wird die Befugniß der Archivbeamten nicht ausgeschlossen, die Vorlegung solcher Akten zu verlangen, welche in das Verzeichniß nicht aufgenommen sind.

4. Die vorstehenden Bestimmungen finden auch auf ältere Bücher rechtsgeschichtlichen Inhalts, welche für die Gerichtsbibliotheken nicht mehr

von Werth sind, sowie auf diejenigen für den Geschäftsbetrieb entbehrlichen Akten und Schriftstücke Anwendung, welche nur deshalb von der Vernichtung ausgeschlossen sind, weil sie für die Kenntniß früherer Zustände und Sitten ein besonderes Interesse bieten (§ 14 Nr. 1 der Allg. Verf. v. 6. Sept. 1900, JMBl. S. 569). Ueber die Entbehrlichkeit dieser Bücher, Akten und Schriftstücke entscheidet der Vorstand der Justizbehörde, bei welcher sie aufbewahrt werden.

Bei der Abgabe von Büchern ist § 31 Abs. 2 des Ges. v. 11. Mai 1898 (GS. S. 77) zu beachten.

5. Die sonstigen nach den bestehenden Bestimmungen von der Vernichtung ausgeschlossenen Akten, Register und Urkunden sind von den übrigen Akten gesondert aufzubewahren und an die Staatsarchive abzugeben, wenn es deren Einsicht voraussichtlich nicht mehr bedürfen wird. Dies ist nur anzunehmen, wenn seit Weglegung der Akten mindestens 80 Jahre verflossen sind. Dem Tage der Weglegung steht für Register und Bücher der Tag gleich, an welchem die letzte Eintragung bezw. Löschung in denselben erfolgt ist.

Ueber die Ablieferung hat in jedem einzelnen Falle der Oberlandesgerichtspräsident und, falls die Akten bei einer Staatsanwaltschaft aufbewahrt werden, der Oberstaatsanwalt zu entscheiden.

6. Auf Verlangen sind den Archivbeamten Akten, Aktenregister und Bücher zur Auswahl des für die Archive wünschenswerthen Materials vorzulegen; auch ist ihnen jede für archivalische Zwecke etwa gewünschte Auskunft zu ertheilen.

7. Die Uebersendung der zur archivalischen Aufbewahrung bestimmten Akten, Bücher und Urkunden an die Staatsarchive erfolgt nach Maßgabe der nachstehenden Vorschriften:

a) Die abliefernden Justizbehörden tragen die Kosten des Transports bis zum Postgebäude oder Bahnhofe des Gerichtsorts.
b) Postsendungen sind von der absendenden Behörde durch Beifügung des Aversionirungsvermerkes (§ 2 der Bestimmungen v. 7. Febr. 1894, JMBl. S. 58) zu frankiren.
c) Die übrigen Kosten übernimmt das Staatsarchiv. Sollten die Archivbeamten eine besondere Art der Verpackung für erforderlich erachten, so sind die von ihnen zu bezeichnenden Verpackungsmittel auf Kosten der Archivverwaltung zu beschaffen.

8. Die Staatsarchive werden die abgelieferten Akten der abliefernden Justizbehörde auf deren Ersuchen kostenfrei zurücksenden. Einer Erklärung der Staatsarchive hierüber bei der Abgabe der Akten an sie bedarf es nicht.

9. Die bestehenden Vorschriften über die Ablieferung von Akten 2c. an die Staatsarchive werden aufgehoben.

Diese Bestimmungen waren in der Allg. Verf. v. 25. April 1885 (JMBl. S. 153) enthalten.

Invaliditäts- und Altersversicherung.

8. Nach Nr. 1 der Cirk.Verf. v. 21. Dezbr. 1890 (JMBl. 1891 S. 103) hat bei den Amtsgerichten der aufsichtführende Richter rechtzeitig festzustellen, zu welcher Klasse die nach dem Gesetz v. 13. Juli 1899 (RGBl. S. 463) betr. die Invaliditäts- und Altersversicherung,

welches an die Stelle des Gesetzes vom 22. Juni 1889 getreten ist, bei dem Gericht beschäftigten versicherungspflichtigen Arbeiter gehören; dahin sind zu rechnen die aushülfsweise angenommenen Lohnschreiber und die zur Aufsicht der Außenarbeiter angenommenen Hülfsgefangenaufseher (s. Müller S. 912 ff.). Diese Personen haben sich eine vorschriftsmäßige Quittungskarte zu beschaffen und dieselbe bei jeder Lohnabhebung der zahlenden Kasse vorzulegen.

Der Ankauf, die Verwendung und die Entwerthung der erforderlichen Marken, sowie die Berechnung der Zahl der Beitragswochen liegt dem Gerichtskassenrendanten oder dem von dem Oberlandesgerichtspräsidenten sonst etwa dazu bestimmten Beamten ob. Er führt darüber ein Markenkontobuch, welches bei den Kassenrevisionen auch jedesmal zu prüfen ist. Der zur Beschaffung der Marken erforderliche Betrag ist auf jedesmalige Anweisung des aufsichtführenden Richters definitiv zu verausgaben (Allg. Verf. v. 3. April 1891, JMBl. S. 95). Der weitere Inhalt dieser Verfügung nebst Ausführungsbestimmungen ist bei Müller S. 917 Nr. 7 zu finden. Markenkontobuch.

Die Ausgaben auf Grund des Invalidenversorgungsgesetzes sind bei Kap. 80 nachzuweisen (Nr. 71 EV.).

Auf die Krankenfürsorge im Bezirk der Justizverwaltung findet die Allg. Verf. v. 25. April 1901 (JMBl. S. 95) Anwenduug. Krankenfürsorge.

9. Die Aufbewahrung der nach §§ 70, 72 HO. bei den Amtsgerichten in Verwahrung genommenen Gelder, an Inhaber zahlbare Werthpapiere und Kostbarkeiten erfolgt unter gemeinschaftlichem Verschluß des Amtsrichters und des Gerichtsschreibers. Das Amtsgericht kann die Hinterlegung jederzeit bewirken und hat dies zu veranlassen, wenn nach seinem Ermessen anzunehmen ist, daß die Herausgabe nicht binnen 6 Monaten erfolgen werde (§ 82 HO.). Ueber die vorläufigen Verwahrungen und das über dieselben zu führende Verwahrungsbuch bestimmt die Allg. Verf. v. 26. Dezbr. 1899 (JMBl. S. 870, Müller S. 1261, Kayser S. 977) das Nähere. Vorläufige Verwahrung.

Die zu einer Eintragung gehörigen Gegenstände sind ohne Vermischung mit anderen Gegenständen in einer Hülle (Beutel, Papierumschlag u. s. w.) versiegelt aufzubewahren. Die Nummer des Verwahrungsbuches und der Inhalt sind auf der Hülle anzugeben (§ 7 der Allg. Verf.).

10. Die besondere amtliche Verwahrung der Testamente und der Erbverträge erfolgt bei den Amtsgerichten. Die Annahme zur Verwahrung sowie die Herausgabe ist von dem Amtsrichter anzuordnen und von dem Amtsrichter und dem Gerichtsschreiber gemeinschaftlich zu bewirken. Die Verwahrung erfolgt unter gemeinschaftlichem Verschlusse der beiden Beamten, auch sind bei der Buchführung die Vermerke über die Annahme und die Herausgabe und ferner die Hinterlegungsscheine von beiden zu unterschreiben (Art. 81 §§ 1, 3 AG. z. BGB.). Verwahrung letztwilliger Verfügungen.

Die geschäftliche Behandlung der zu verwahrenden Verfügungen von Todeswegen und die Führung des Registers und des Verwahrungsbuches erfolgt nach Vorschrift des § 47 Gesch.O. Nach Nr. 16 dieser Vorschrift hat der zweite Verwahrungsbeamte alljährlich im Oktober ein Verzeichniß

8*

derjenigen Verfügungen von Todeswegen aufzustellen, die sich seit mehr als 54 Jahren in amtlicher Verwahrung befinden.

Wegen Eröffnung derselben ist nach Art. 82 AG. z. BGB. und § 2260 bis § 2262 BGB. zu verfahren.

§ 22.

Revisionen.

Revisionen des Amtsgerichts durch die Vorstandsbeamten der Obergerichte.

1. Die Präsidenten der Oberlandesgerichte haben bei den Amtsgerichten nach ihrem Ermessen Geschäftsrevisionen, auch ohne besondere Veranlassung und ohne an einen bestimmten Turnus gebunden zu sein, vorzunehmen. Der Präsident des Oberlandesgerichts kann bei den Revisionen ein Mitglied des Oberlandesgerichts zu seiner Unterstützung zuziehen; er kann mit der Vornahme einzelner Revisionen einen Senatspräsidenten oder ein Mitglied des Oberlandesgerichts beauftragen.

Die Präsidenten der Landgerichte haben die Amtsgerichte des Bezirks mindestens alle 4 Jahre einmal, jedoch — von besonderen Veranlassungen abgesehen — nicht öfter als einmal im Jahre zu revidiren. Mit der Vornahme einzelner Revisionen können sie ausnahmsweise einen Direktor des Landgerichts beauftragen.

Durch diese Geschäftsrevisionen soll den Vorstandsbeamten die Gelegenheit gegeben werden, von den Geschäfts- und Personalverhältnissen nähere Kenntniß zu nehmen, auf Gleichmäßigkeit in Behandlung der Geschäfte hinzuwirken, etwaige Mängel aufzudecken und denselben durch mündliche Besprechung und Belehrung oder durch schriftliche Anordnungen Abhülfe zu verschaffen. Wie weit eine Revision auszudehnen und ob über dieselbe ein Protokoll aufzunehmen ist, bestimmt sich nach den besonderen Verhältnissen des einzelnen Falles. Die frühere grundsätzliche Unterscheidung zwischen Justizvisitationen, summarischen Geschäftsrevisionen und Geschäftsinspektionen findet nicht statt (Allg. Verf. v. 24. Mai 1880, JMBl. S. 122).

Revisionen durch den Rechnungsrevisor.

2. Die Rechnungsrevisoren bei den Landgerichten haben bei den Amtsgerichten in der Regel einmal im Jahre die zu ihrem Geschäftskreis gehörigen Revisionen an Ort und Stelle vorzunehmen. Die Zeit dieser Revisionen, die ohne zuvorige Ankündigung stattfinden, wird von dem Landgerichtspräsidenten bestimmt (§ 2 Instr.).

Geschäftskreis der Rechnungsrevisoren.

Der Geschäftskreis der Rechnungsrevisoren erstreckt sich

1. auf die Revision der Kassen- und Asservatenverwaltungen, sowie der Verwaltung der Materialienvorräthe;
2. auf die Revision der Kanzleiverwaltung;
3. auf die Revision des Gerichtskostenansatzes;
4. auf die Revision der Dienstpapiere und Register der Gerichtsvollzieher;
5. auf die Revision der Abschlüsse der Dienstregister der Gerichtsvollzieher;
6. auf die rechnerische Prüfung der Bücher der kleinen Gerichtskassen;
7. auf die Prüfung der Asservatenlisten und Verrechnungsregister;
8. auf die Vorrevision von Rechnungen der Gefangenarbeitsverdienstkassen nach den Anordnungen des Oberstaatsanwalts;

9. auf die Mitwirkung bei der Erledigung anderer Angelegenheiten der Justizverwaltung.

Das Nähere enthält die Instruktion für die Rechnungsrevisoren v. 20. Juni 1885 (JMBl. 1885, Beilage zu Nr. 27, Kayser S. 255).

3. Die Bestimmungen über die Stempelrevisionen bei den Justizbehörden und über die Behandlung der von den Stempelfiskalen erhobenen Bemerkungen über den Ansatz der mit den Gerichtskosten zu erhebenden Stempelbeträge sind bei Müller S. 1247 Nr. 32 u. 33 zu finden. Der Stempelfiskal wird dem aufsichtführenden Richter entweder sein Erscheinen vorher mittheilen lassen oder sich bei ihm bei Beginn der Revision vorstellen müssen. Revisionen durch den Stempelfiskal.

4. Ueber die Geschäftsrevisionen der Gerichtsschreiberei siehe das Nähere im § 18 Nr. 6. Revisionen der Gerichtsschreiberei.

5. Durch Cirk.Verf. v. 15. Dezember 1881 (I. 4877) ist angeordnet worden, daß das Urkundenverwahrungsbuch und die Liste der Ueberführungsstücke zur Herbeiführung eines gleichmäßigen Verfahrens bei den Amtsgerichten vierteljährlich durch den aufsichtführenden Richter zu revidiren sind. Von dem Präsidenten des Landgerichts kann bei größeren Amtsgerichten mit der Vornahme dieser Revisionen an Stelle des aufsichtführenden Richters ein anderer Richter beauftragt werden. Revisionen des Urkundenverwahrungsbuches und der Liste der Ueberführungsstücke.

Das Ergebniß der Revision ist durch ein Protokoll festzustellen. Aus demselben muß ersichtlich sein, ob die Gegenstände, welche listenmäßig vorhanden sein sollen, auch wirklich vorgefunden sind und ob die Buchführung und die Verwahrung den bestehenden Vorschriften entspricht. Erscheint es dem Revisor erforderlich, eine Prüfung der Zulässigkeit der fortdauernden Verwahrung herbeizuführen, so ist das Protokoll oder ein Auszug aus demselben bei den betreffenden Akten vorzulegen. Die geprüfte Liste ist mit einem Revisionsvermerk zu versehen.

Ueber die geschäftliche Behandlung der in Verwahrung genommenen Ueberführungsstücke 2c. siehe auch die Rundverf. v. 6. Mai 1901 (I 1655) bei Müller S. 2045.

6. Ueber die Bestandsrevisionen der Schreib-, Pack- und Beleuchtungsmaterialien siehe das Nähere im § 26 Nr. 3. Bestandsrevisionen.

7. Ueber die Revision der Kanzlei siehe § 20 Nr. 14. Revision der Kanzlei.

8. Die in der Allg. Verf. v. 10. Juni 1891 (JMBl. S. 161) geregelte Geschäftsführung des Gerichtsschreibers betr. die Behandlung der gemäß § 219 Abs. 2 StPO. hinterlegten Zeugen- und Sachverständigen-Entschädigungen ist jährlich mindestens einmal einer Revision durch den aufsichtführenden Richter oder den Präsidenten des Landgerichts zu unterziehen. Sind die fraglichen Geschäfte einem Kassenbeamten übertragen, so ist statt der erwähnten Revision mit jeder Kassenrevision eine Revision der bezeichneten Geschäftsführung durch den Kassenkurator zu verbinden. Revision des Hinterlegungsbuches.

§ 23.

Geschäftsberichte.

Generalberichte.

1. Durch die Cirk.Verf. v. 22. Septbr. 1880 (I. 3879) und 25. Septbr. 1890 (I. 2875) sind die Vorstandsbeamten der Oberlandesgerichte angewiesen, alle 3 Jahre, mit dem Jahre 1881 beginnend, dem Justizminister über den Zustand der Justizverwaltung des Bezirks einen gemeinschaftlichen Generalbericht zu erstatten. Das Material zu demselben muß natürlich durch die einzelnen Gerichte zusammengetragen werden. Der aufsichtführende Richter hat in seinem zu diesem Zwecke an den Präsidenten des Landgerichts einzureichenden Generalbericht nach jenem Reskript folgende Punkte zu berücksichtigen:

1. die geographische Gestalt des Amtsgerichtsbezirks, etwa vorgekommene Aenderungen desselben oder Vorschläge zu solchen Aenderungen;
2. den Zustand der Justizgebäude, namentlich das räumliche Bedürfniß des Amtsgerichts, sowie die Art, in welcher dasselbe seine Befriedigung findet;
3. Bemerkungen, zu denen das Verfahren nach den deutschen Prozeßordnungen Anlaß bietet;
4. das Kostenwesen;
5. die Behandlung der bei dem Amtsgericht erwachsenen Einnahmen und Ausgaben;
6. die Dienst= und Geschäftsverhältnisse der bei dem Amtsgericht beschäftigten Referendare, Gerichtsschreiber, Lohnschreiber, Gerichtsvollzieher und Gerichtsdiener;
7. die Thätigkeit der Rechtsanwälte, der Notare und der Schiedsmänner;
8. den Stand der Rechtspflege und Verwaltung in Betreff der übrigen Geschäfte im Allgemeinen und nach den verschiedenen Geschäftsgattungen. Es sind hierdurch die Ergebnisse der Erfahrung über die Anwendung der Gesetze und Verwaltungsnormen festzustellen, um namentlich auch Material dafür zu gewinnen, ob und nach welchen Richtungen hin etwa Aenderungen in der Gesetzgebung oder Verwaltung angezeigt erscheinen.

Nach der Cirk.Verf. v. 7. Dezbr. 1886 (I 3957) sind in den Generalberichten auch die Vorschriften über das Etats=, Kassen= und Rechnungswesen zur Erörterung zu ziehen und die bei Anwendung derselben gewonnenen Erfahrungen darzulegen.

Der letzte Generalbericht war nach der Cirk.Verf. v. 16. Juli 1900 (I 2242) zum 1. Mai 1902 zu erstatten.

Jährliche Hauptgeschäftsübersichten.

2. Die Hauptgeschäftsübersichten sind alljährlich aufzustellen, rechnerisch zu prüfen, zu attestiren und bis zum 1. Februar dem Präsidenten des Landgerichts durch den aufsichtführenden Richter zu überreichen (Allg. Verf. v. 6. Dezember 1880, JMBl. S. 272; Allg. Verf. v. 8. Dezember 1887, JMBl. S. 356). Die Uebersichten hat der Erste Gerichtsschreiber aus den Nachrichten zusammenzustellen, welche ihm die einzelnen Gerichtsschreiber liefern müssen (§ 4 Nr. 3 c Gesch.O.).

Die Formulare zu den Geschäftsübersichten (Allg. Verf. v. 19. Oktober 1900, JMBl. S. 611) werden den Justizbehörden zugeschickt. Ueber die Erläuterungen zu den Uebersichten und die Ausfüllung der Spalten siehe Müller S. 1578 ff.

3. Bis zum 1. Februar jedes Jahres ist dem Landgerichtspräsidenten von den Amtsgerichten nach Vorschrift der Allg. Verf. v. 28. November 1881 (JMBl. S. 281) und nach Anleitung der beiden durch die Allg. Verf. v. 26. Febr. 1900 (JMBl. S. 67) vorgeschriebenen Formulare eine Zusammenstellung über die bei ihnen stattgehabten Zwangsversteigerungen von Grundstücken einzureichen (Müller S. 1595, Kayser S. 648). Jährliche Zusammenstellung von Zwangsversteigerungen.

4. Ueber den Eigenthumswechsel von Grundstücken, welche hauptsächlich zur Land- oder Forstwirthschaft dienen, sind in Gemäßheit der Allg. Verf. v. 11. Januar 1896 (JMBl. S. 16) jährliche (vom 1. April beginnende) Nachweisungen aufzustellen. Die gehörig aufgerechneten und abgeschlossenen Nachweisungen sind bis zum 1. Juli jedes Jahres dem Oberlandesgerichtspräsidenten mittels Briefumschlages einzureichen. Die Amtsgerichte im Bezirke des Oberlandesgerichts in Jena haben die Einreichung der Nachweisungen unmittelbar bei dem Herrn Minister für Landwirthschaft ꝛc. zu bewirken (Müller S. 1598, Kayser S. 885). Jährliche Nachweisungen über Eigenthumswechsel.

5. Auf Wunsch des Ministers für Landwirthschaft, Domänen und Forsten sollen die Beträge der jährlich zur Eintragung und Löschung gelangenden Hypotheken ermittelt werden. Für die Vornahme der Ermittlungen ist den Amtsgerichten unterm 15. Juli 1885 durch Allg. Verf. die auf Seite 251 bis 255 JMBl. abgedruckte Anweisung mit dem Zusatz der Allg. Verf. v. 22. Oktober 1885 (JMBl. S. 354) ertheilt. Nach dieser Anordnung hat jedes Amtsgericht jährlich eine Nachweisung über die Beträge der in den Grund- beziehungsweise Hypothekenbüchern seines Bezirks im Laufe des Etatsjahres, also in der Zeit vom 1. April jedes Jahres bis zum 31. März des folgenden Jahres, eingetragenen und gelöschten Hypotheken aufzustellen. Die gehörig aufgerechneten und abgeschlossenen Nachweisungen sind bis zum 1. Juli jedes Jahres mittels Briefumschlages dem Präsidenten des Oberlandesgerichts einzureichen. Amtsgerichte im Bezirke des Oberlandesgerichts in Jena haben die Nachweisungen unmittelbar dem Herrn Minister für Landwirthschaft und Forsten einzureichen (Müller S. 1600). Jährliche Nachweisungen über Eintragung und Löschung von Hypotheken.

6. Auf Grund der Cirk.Verf. v. 22. Januar 1894 (I. 217) ist dem Herrn Justizminister eine Uebersicht der in Preußen belegenen Familienfideikommisse zugegangen. Nach der Cirk.Verf. v. 5. Februar 1895 (I. 368) wünscht derselbe fortdauernd von den in dem Umfange der Feideikommisse eintretenden Veränderungen sowie von der Neuerrichtung von Güterfideikommissen Kenntniß zu erhalten. Zu diesem Zwecke empfiehlt es sich, die aufgestellten Verzeichnisse fortzuführen und zu ergänzen. Am Schluß eines jeden Kalenderjahres ist demnach ein **Nachtragsverzeichniß** über die im Laufe des Kalenderjahres eingetretenen Veränderungen und Neuerrichtungen nach dem vorgeschriebenen Formular aufzustellen und dem Minister bis Ende Januar jedes Jahres einzureichen. Jährliche Nachweisungen der Fideikommisse.

Die Amtsgerichte haben diese Verzeichnisse dem Oberlandesgerichtspräsidenten zu dem von diesem bestimmten Termin (ev. durch Vermittelung des Landgerichtspräsidenten) zu übersenden.

7. Bis zum 15. Februar jedes Jahres hat der **aufsichtführende Richter** den Vorstandsbeamten des Oberlandesgerichts eine **Nachweisung** Jährliche Nachweisungen von Reparaturen.

der erforderlichen Reparaturen, Aenderungen 2c. an und in den justizfiskalischen Gebäuden einzureichen.

Näheres § 25 Nr. 2 am Schluß.

Jährliche Nachträge zu den Grundstücksinventarien.

8. Jährlich bis spätestens zum 1. Juni hat der aufsichtführende Richter die Nachträge zu den Grundstücksinventarien an die Vorstandsbeamten des Oberlandesgerichts einzusenden.

Näheres § 25 Nr. 2.

Jährliche Berichte über Büreaubedürfnisse.

9. Jährlich bis zum 15. Januar hat der aufsichtführende Richter Anträge auf Erhöhung der Limita für Bureaubedürfnisse zu stellen, auch anzuzeigen, ob eine Ersparniß für das laufende Etatsjahr zu erwarten steht.

Näheres § 26 Nr. 3.

Personalnachweisungen.

10. Alle zwei Jahre und zwar in den Jahren mit ungeraden Zahlen (Cirk.Verf. v. 25. Septbr. 1890, I. 2875), ist gemäß der Cirk.Verf. v. 1. Dezember 1874 (I. 5084) und 15. Dezbr. 1884 (I. 4230) eine Personalnachweisung der bei dem Amtsgericht beschäftigten Richter, Rechtsanwälte, Assessoren, Referendare, Subaltern- und Unterbeamten dem Landgerichtspräsidenten nach zwei verschiedenen Formularen einzureichen. In den Nachweisungen der nichtrichterlichen Beamten sind die Aeußerungen des aufsichtführenden Richters über die Qualifikation und die Leistungen der Beamten am Schlusse mit Namensunterschrift zu versehen. In Bezug auf die Qualifikation und die Leistungen genügen die einfachen Worte „genügend, zufriedenstellend, gut, ungenügend u. s. w.“ nicht; es sind nicht einfache Censuren, sondern eingehende Gutachten abzugeben. In der Spalte „Familienverhältnisse 2c.“ sind auch die in den letzten 2 Jahren gegen den Beamten eingegangenen Schuld- und Privatklagen und die vom aufsichtführenden Richter verhängten Ordnungsstrafen mitzutheilen. Das nachstehende Reskript v. 12. Juli 1854 (I. 2773) ist auch jetzt noch gültig:

Wenn gegen einen in der Personal-Nachweisung aufzuführenden Beamten eine gerichtliche Untersuchung oder ein Disziplinar-Verfahren stattgefunden hat, so ist in allen Fällen und auch dann, wenn das Verfahren durch Freisprechung beendigt worden ist, über die Veranlassung und den Ausgang eines solchen Verfahrens das Erforderliche in den gedachten Nachweisungen in der Kolonne „Bemerkungen“, oder in besonderen Beilagen, worauf in dieser Kolonne Bezug zu nehmen ist, anzuführen. Ordnungsstrafen, welche ohne vorhergegangenes Disziplinar-Verfahren einzelnen Beamten auferlegt werden, sowie Mahnungen und Rügen, die gegen dieselben ausgesprochen werden, sind bei den Dienst-Akten zu vermerken und von dort aus in die Personal-Nachweisungen zu übertragen. Endlich ist in den letzteren auch von Injurien-Prozessen, welche gegen Beamte angestellt worden sind, von der Entscheidung derselben, sowie von den wegen Schulden gegen sie angebrachten Klagen und Exekutions-Gesuchen Anzeige zu leisten.

Jährliche Anzeige von niedergeschlagenen Stempelbeträgen.

11. Die in jedem Etatsjahre von den Gerichtskassen in Soll gestellten und niedergeschlagenen Stempelbeträge (Abschluß der Spalten 6 b des Kostenregisters und der Niederschlagungsliste, § 90 KO.) sind nach dem Jahresabschluß von dem aufsichtführenden Richter als Kassen-

kurator dem Präsidenten des Landgerichts anzuzeigen (Allg. Verf. v. 7. April 1885, JMBl. S. 144).

12. Im Oberlandesgerichtsbezirk Marienwerder ist bis zum 1. Oktober jedes Jahres dem Landgerichtspräsidenten anzuzeigen, ob im Laufe des folgenden Kalenderjahres die Vollendung des fünfzigsten Dienstjahres bei einem Beamten des Amtsgerichts zu erwarten steht (Reskr. des Oberlandesgerichtspräsidenten v. 12. Dezember 1879. I. 2792. J. 241). Jährliche Anzeigen über etwaige Dienstjubiläen.

II. Rechte und Pflichten des aufsichtführenden Richters bezüglich der Fondsverwaltung.

Vorschriften für die Verwaltung der Etatsfonds bei den Justizbehörden v. 31. März 1900 (JMBl. S. 301, Kayser S. 1143, Müller S. 1031).

§ 24.

A. Allgemeine Bestimmungen.

1. Die für die Justizverwaltung der einzelnen Oberlandesgerichtsbezirke bestimmten Fonds werden durch die Kassenetats zahlbar gemacht (Nr. 1 EV.). Jeder Etatsfonds darf nur zu der durch seine Bezeichnung festgestellten Bestimmung verwendet werden. Eine gegenseitige Uebertragung der Fonds, mögen dieselben einen ganzen Titel oder einzelne Abtheilungen desselben Titels umfassen, ist nur insoweit zulässig, als dies im Kassenetat oder in besonderen Bestimmungen zum Ausdruck gebracht ist (Nr. 2 EV.). Es ist unzulässig, Ausgaben, welche dem laufenden Jahre angehören, aus dem Fonds des verflossenen oder des folgenden Jahres zu decken (Nr. 8 EV.). Verwaltung der Fonds.

2. Die Rechnungen über geleistete Arbeiten oder stattgehabte Lieferungen sind nach Nr. 76 EV. mit dem Atteste: „Die Richtigkeit bescheinigt" zu versehen. Mit der Vollziehung des Richtigkeitsattestes übernimmt der betr. Beamte die Verantwortung dafür, daß die im Beleg aufgeführten Arbeiten oder Lieferungen zu dem Zwecke, zu welchem sie geschehen, nothwendig gewesen, daß sie gut und zweckentsprechend ausgeführt, daß von den Forderungsberechtigten alle ihnen dabei obliegenden Verpflichtungen vollständig erfüllt, und daß die in Ansatz gebrachten Preise ortsüblich sind, bezw. nicht billiger haben bedungen werden können. Bei den nach Gewicht in Rechnung gestellten Materialien und sonstigen Gegenständen ist die Richtigkeit des angesetzten Gewichts, falls amtliche Waagescheine oder Frachtscheine von staatlichen Behörden nicht beigebracht sind, besonders zu bescheinigen. Handelt es sich um die Anschaffung von Utensilien und Büchern, so ist auch auf den Anschaffungsbelegen zu vermerken, unter welcher Nummer dieselben im Inventar eingetragen worden sind. Für die unentgeltlich in Zugang gekommenen Bücher (Reichs-Gesetzblatt 2c.) ist der Inventarisationsvermerk auf die Belege über das Einbinden derselben zu setzen. Rechnungen.

Die Handwerker sind anzuhalten, ihre Rechnungen rechtzeitig, spätestens aber in der ersten Hälfte des letzten Monats des betreffenden Quartals einzureichen. Den Lieferanten ist schon bei der Bestellung bemerklich zu machen, daß sie ihre

Forderung nur zu liquidiren, nicht aber durch Nachnahme zu erheben haben (§ 34 Nr. 12 Anw. d. ORK.).

Die Berechnungen über Reisekosten und Tagegelder für Dienstreisen sind von der zuständigen Behörde mit der Bescheinigung der Richtigkeit zu versehen, welche das Anerkenntniß der Nothwendigkeit der Reise, der geschehenen Ausführung der Geschäfte sowie die Angemessenheit der zu den letzteren verwendeten Zeitdauer und der Richtigkeit der angegebenen Dauer überhaupt in sich begreift. Falls eine vorhandene Kleinbahn unbenutzt geblieben ist, sind die Gründe hierfür kurz anzugeben (Nr. 76 EV.).

Zahlungsanweisungen.

3. Die Zahlungsanweisungen sind nach Nr. 77 EV. kurz und bündig zu fassen und haben den einmalig oder fortlaufend zu zahlenden Betrag anzugeben. In denselben ist der Fonds und erforderlichenfalls dessen Abtheilung zu bezeichnen, bei welcher die Ausgabe zu verrechnen ist. Einer derartigen Angabe bedarf es nicht, wenn der Fonds bereits in einer zugehörigen Nachweisung bezeichnet ist. Bei Bestimmung dieses Fonds ist mit möglichster Sorgfalt vorzugehen, damit unrichtige Verrechnungen und Fondsverwechselungen vermieden werden. Ergeht eine Anweisung in dem neuen Rechnungsjahre zu einer Zeit, während welcher bei der Kasse die Bücher für das abgelaufene Rechnungsjahr noch offen zu halten sind, so ist in der Anweisung stets zu bemerken, für welches Etatsjahr die Verrechnung zu erfolgen hat.

Soll die Zahlung durch Vermittelung der Post erfolgen, so ist dies in der Anweisung zum Ausdrucke zu bringen. Kann der Empfangsberechtigte die portofreie Zusendung des ihm gebührenden Geldbetrags verlangen, so ist dies ebenfalls zu vermerken.

Beruht der Betrag der Ausgabe auf besonderer Berechnung, so ist die Anweisung in der Regel auf der Rechnung niederzuschreiben. Die Anweisung ist möglichst kurz, etwa dahin zu fassen: „. . Mark . . Pf. zu zahlen aus Kap. . . Tit. . . des Etats.“ Ist die Zulässigkeit der Ausgabe von gewissen Bedingungen abhängig, so muß in der Zahlungsanweisung oder in der Bescheinigung der Richtigkeit oder der rechnerischen Richtigkeit die stattgehabte Erfüllung der Bedingung bezeugt werden. Beruht die Zahlungsanweisung auf einer besonderen Ermächtigung der vorgesetzten Behörde, so ist beglaubigte Abschrift derselben der Anweisung beizufügen. In denjenigen Fällen jedoch, in welchen die ministerielle Genehmigung von Anträgen lediglich durch den Vermerk „genehmigt“, „dem Antrage wird stattgegeben“ oder einen ähnlichen Vermerk ertheilt ist, ist von der Beifügung einer beglaubigten Abschrift dieser Genehmigung als Rechnungsbeleg dann abzusehen, wenn die Genehmigung ohne besondere Bedingungen oder Voraussetzungen ertheilt ist. Abgesehen von besonderen Fällen genügt es, derartige Genehmigungen in der bezüglichen Weisung an die Kasse als Grundlage derselben — unter Angabe des Tages ihrer Ertheilung und der Geschäftsnummer — anzuführen.

Gründet sich die Zahlung auf einen Vertrag, so ist er der Zahlungsanweisung beizufügen oder, wenn dies bereits früher geschehen ist, auf ihn zu verweisen.

Den Erlaß von Zahlungsanweisungen regeln §§ 97, 98 KO.

Die den Vorständen der Landgerichte und der Staatsanwaltschaften sowie der Amtsgerichte und der Gefängnisse ertheilte Ermächtigung zur Anweisung auf die für die Land- und Amtsgerichte sowie für die besonderen Gefängnisse bestimmten Fonds zu Büreaubedürfnissen und sonstigen vermischten Ausgaben sowie zu Gefängnißverwaltungskosten (vgl. Nr. 15, 17, 18 EV.) erstreckt sich, unbeschadet der Vorschriften betr. die Schreibmaterialienvergütungen (vgl. Nr. 56 EV.), die Lasten und Abgaben, die Entschädigungen für das Aktenheften (vgl. Nr. 59 EV.) und die Pauschalentschädigungen, welche den Gerichtsdienern bei den Amtsgerichten mit 7 oder weniger etatsmäßigen Richtern für das Reinigen, Heizen und Beleuchten der Geschäftslokale (vgl. Nr. 60 EV.) sowie den Gefangenaufsehern für die Reinigungs- und Heizungsgeräthe und Materialien gewährt werden (vgl. Nr. 61 EV.), nicht auf fortlaufende aus diesen Fonds zu gewährende Beträge (Nr. 25 EV.). Ermächtigung zur Zahlungsanweisung.

4. Beschwerden über die Verfügungen, welche die Fondsverwaltung betreffen, werden im Aufsichtswege erledigt. Es gilt dies auch, insoweit es sich um Beschwerden gegen Verfügungen des Amtsrichters als Vorstand des Gefängnisses und um eine weitere Beschwerde gegen die bezügliche Entscheidung des Landgerichtspräsidenten handelt (Nr. 30 EV.). Beschwerden.

5. Diejenigen Rechnungen, welche die Ober-Rechnungskammer auf Grund des Gesetzes v. 27. März 1872 (GS. S. 278) von ihrer regelmäßigen Prüfung ausgeschlossen und deren Revision sowie Dechargirung sie den Justizverwaltungsbehörden überlassen hat — sog. delegirte Rechnungen — werden alljährlich alsbald nach dem Ablaufe des Etatsjahres durch den betreffenden rechnungsführenden Beamten gelegt. Darüber, wer die Rechnungen führen bezw. legen soll, desgleichen über die formelle Einrichtung der Rechnungen und der Justifikatorien sind — vorbehaltlich der etwaigen Entscheidung der Ober-Rechnungskammer — die nöthigen Vorschriften von dem Oberlandesgerichtspräsidenten, hinsichtlich der Gefangenarbeitsverdienstkassen von dem Ober-Staatsanwalt zu erlassen. Ueber die Abnahme, Revision und Dechargirung der Rechnungen bei den Justizbehörden siehe das Nähere im Anhang zur Anw. d. ORK. S. 93 ff. Rechnungslegung.

6. Die Erinnerungen aus dem Revisionsprotokoll B, — in welches seitens der Ober-Rechnungskammer diejenigen Erinnerungen aufgenommen werden, welche Anordnungen der Justizbehörden betreffen, — werden betreffs derjenigen Theilrechnungen, welche nach Bezirken der Landgerichte gelegt werden, ohne Verzug in der Urschrift dem Präsidenten des Landgerichts mit den bezüglichen Belägen zur Erledigung und Beantwortung innerhalb einer Frist von spätestens zwei Monaten zugefertigt. Der Landgerichtspräsident theilt seinerseits die bezüglichen Erinnerungen den davon betroffenen Justizbehörden oder Beamten mit Anwendung des im § 52 Anw. d. ORK. vorgeschriebenen Formulars zur Notaten-Beantwortung und unter Beifügung der bemängelten Beläge, zur Erledigung und Beantwortung innerhalb einer Frist von spätestens e i n e m Monat mit. Die Beantwortung der Erinnerungen sind demnächst in die aufzustellende Notaten-Beantwortung — möglichst kurz — zu übernehmen. Erledigung der Erinnerungen der ORK.

Die Beantwortung der Erinnerungen muß vollständig und gründlich geschehen, damit zweite Revisionsverhandlungen vermieden werden. Nachträglich erforderte Bescheinigungen dürfen nicht durch bloße Ergänzung früherer Atteste ertheilt werden, sondern sind — möglichst auf dem Belage selbst — besonders auszufertigen.

Sobald die Erinnerungen von dem Landgerichtspräsidenten an das Gericht gelangt sind, empfiehlt es sich, von denselben Abschrift zu den General-Akten zu fertigen, von welchen aus Aufforderungen an die betreffenden Akten oder Beamten zur umgehenden Beantwortung zu erlassen sind. Die Beantwortungen sind auf ihre Vollständigkeit zu prüfen und sodann in die Abschrift einzutragen. Nachdem alle Antworten eingegangen sind, wird die von dem Landgerichtspräsidenten eingegangene Liste ausgefüllt und vor Ablauf der Frist von einem Monat mittels Berichts abgesendet. Der Erste Gerichtsschreiber hat mit dafür Sorge zu tragen, daß diese Angelegenheit ohne Verzögerung und in vorschriftsmäßiger Form erledigt wird (siehe auch §§ 48 bis 54 Anw. d. ORK.).

§ 25.

B. Verwaltung des Baufonds.

Bearbeitung der Bausachen.

1. Die Bearbeitung der Bausachen erfolgt für die Geschäfts- und Gefängnißräume des Amtsgerichts durch den aufsichtführenden Richter (Allg. Verf. v. 30. September 1879, JMBl. S. 395). Er kann selbständig bis 30 Mark einschließlich aus dem dem Amtsgericht zur Verfügung gestellten Baufonds anweisen. Falls in dringlichen Fällen die Kosten der vorzunehmenden Bauten oder Reparaturen, welche keinen Aufschub gestatten, diese Summe übersteigen, so hat der aufsichtführende Richter zwar ohne vorgängige Anfrage die nothwendigen provisorischen Maßregeln zu treffen, von denselben aber sofort den Vorstandsbeamten des Landgerichts Anzeige zu machen und die getroffene Verfügung zu rechtfertigen (Allg. Verf. v. 14. Juli 1874 Nr. 8, JMBl. S. 218; Nr. 29 GV.).

Jährliche Untersuchung der Justizgebäude.

2. Nach Vorschrift des § 59 der Dienstanweisung für die Lokalbaubeamten der Staatshochbau-Verwaltung vom 1. Dezbr. 1898 haben die Lokalbaubeamten die Staatsgebäude und staatlichen Bauanlagen, sowie die vom Fiskus angemietheten Gebäude nebst ihren Einrichtungen zur Feststellung der für die ordnungsmäßige Instandhaltung erforderlichen Reparaturen in Gemeinschaft mit dem Vorstandsbeamten der das fragliche Gebäude benutzenden Verwaltung periodisch zu untersuchen.

Der aufsichtführende Richter bezw. sein Vertreter hat die Revision mit dem Lokalbaubeamten persönlich vorzunehmen; seine Vertretung durch einen Subalternbeamten hat der Herr Justizminister in der Cirk.Verf. v. 16. Januar 1890 (I. 4095) für unstatthaft erklärt:

Die von mir .... mitgetheilte Dienstanweisung bestimmt allerdings nicht, daß nur der gesetzliche Vertreter des Vorstandsbeamten einer Justizbehörde von letzterer als Vertreter bei den gemeinschaftlich mit dem Bauinspektor alljährlich vorzunehmenden Revisionen zugezogen werden dürfe; es liegt aber in der Natur der Sache, daß bei der Wahl des Vertreters auf die amtliche Stellung des Bauinspektors gebührende Rücksicht zu nehmen ist.

Der Königliche Bauinspektor bildet eine besondere technische Instanz. Derselbe ist zugleich Verwaltungsorgan des Regierungs-Präsidenten und der Regierung. Das Amt des Bauinspektors kann nur einem akademisch gebildeten Baubeamten nach Ablegung der Staatsprüfung verliehen werden. Hiernach erachte ich es für angemessen, daß, falls der Vorstandsbeamte der betreffenden Justizbehörde nicht persönlich an der Besichtigung Theil nimmt, zu seinem Vertreter nur ein Beamter des höheren Justizdienstes bestellt wird. Dadurch wird nicht ausgeschlossen, daß auch noch ein Subalternbeamter der Justizverwaltung zugezogen wird, falls dies im einzelnen Falle und aus besonderen Gründen wünschenswerth erscheinen sollte.

Ueber das Ergebniß der Untersuchung ist eine Verhandlung aufzunehmen, in welcher die für das nächste Etatsjahr erforderlichen Arbeiten zu verzeichnen sind.

Die Untersuchungen sind jährlich einmal in der Zeit vom 1. April bis 1. Oktober vorzunehmen. Der von dem Lokalbaubeamten für die Untersuchung in Aussicht genommene Termin ist dem aufsichtführenden Richter mindestens 14 Tage vorher mitzutheilen. Bei der Prüfung des Baubedürfnisses ist darauf zu achten, daß das Bestehende thunlichst erhalten und verbessert wird; unzulässig ist es, vorhandene Einrichtungen ohne zwingende Gründe abzuändern oder zu beseitigen.

Die Lokalbaubeamten haben bei der Feststellung der erforderlichen Reparaturen zwar den von der nutznießenden Behörde vorgebrachten Wünschen möglichst zu entsprechen, sind jedoch dafür verantwortlich, daß nur solche Arbeiten berücksichtigt werden, welche sich bei der Untersuchung aus wirthschaftlichen und technischen Gründen als nothwendig ergeben.

Werden wesentliche Aenderungen der architektonischen Gestaltung oder der inneren Einrichtung der Gebäude beabsichtigt, so ist die Genehmigung der Superrevisionsinstanz und des betheiligten Ressortministers erforderlich.

Die erforderlichen Anschläge sind, falls die Kosten der an einem Gebäude für nothwendig erachteten Unterhaltungsarbeiten nach überschläglicher Schätzung 500 Mark überschreiten, von dem Lokalbaubeamten ohne besonderen Auftrag auszuarbeiten und der vorgesetzten Dienstbehörde mit einer Abschrift der Verhandlung einzureichen.

Reparaturen dürfen vor der Feststellung der Kostenanschläge und der Genehmigung ihrer Ausführung nicht vorgenommen werden, sofern nicht nach dem Ermessen des Lokalbaubeamten Gefahr im Verzuge ist.

Bei der Untersuchung von Justizgebäuden haben die Lokalbaubeamten die ihnen von den Regierungspräsidenten u. s. w. vorher mitgetheilten Anträge der Lokaljustizbehörden (der aufsichtführenden Richter bei den Amtsgerichten) auf bauliche Aenderungen oder Reparaturen zu Grunde zu legen.

Die vom Fiskus zu Justizzwecken angemietheten, für Rechnung der Staatskasse zu unterhaltenden Gebäude sind von den Lokalbaubeamten nur alle drei Jahre, in besonderen Fällen auf Antrag der Justizbehörden in zweijährigen Fristen zu untersuchen.

Nach der Cirk.Verf. v. 3. Januar 1890 (I. 2923) hat der Herr Minister zur Vermeidung von Zweifeln bestimmt, daß neben diesen Vorschriften die Anordnungen in Abs. 1 der Nr. 7 der Allg. Verf. vom Nachweisungen.

14. Juli 1874 (JMBl. S. 215) auch fernerweit Beachtung zu finden haben, insoweit beide Bestimmungen füglich nebeneinander bestehen können.

Demnach sind über diejenigen Bauten, baulichen Einrichtungen, Aenderungen und Reparaturen, deren Ausführung von den Lokaljustizbehörden während der Benutzung der Gebäude und Räumlichkeiten für nothwendig befunden oder, auf Grund einer von den Vorständen dieser Behörden alljährlich vorzunehmenden besonderen Revision der einzelnen Baulichkeiten für das nächste Jahr für erforderlich erachtet wird, auch ferner die bisher vorgeschriebenen Nachweisungen aufzustellen und den Provinzialjustizbehörden bis zum 15. Februar (Cirk.Verf. v. 31. Oktbr. 1891, I. 4236), jedoch ohne jede technische Ausarbeitung, einzureichen. Die Provinzialjustizbehörden haben die Nachweisungen ihrer Prüfung zu unterziehen und dieselben sodann, mit ihren Bemerkungen versehen, bis Ende Februar den Provinzialbaubehörden mit dem Ersuchen um Mittheilung an die zuständigen Kreisbauinspektoren zu übersenden. Von den Letzteren werden die aus den Nachweisungen sich ergebenden Wünsche und Anträge in Gemäßheit der Bestimmungen in den Absätzen [5, 6 und 10 des § 59 der Dienstanweisung v. 1. Dezember 1898] zu beachten bezw. zu prüfen sein.

Grundstücksinventarien.

3. Nach Vorschrift der Allg. Verf. v. 5. Juni 1881 (JMBl. S. 122) und v. 28. Februar 1895 (JMBl. S. 72) sind nach dem vorgeschriebenen Formular aufs Neue Grundstücksinventarien und zwar unter Zugrundelegung des Standes vom 1. April 1895, angefertigt worden. Alljährlich ist zu diesem Grundstücksinventarium ein Nachtrag anzufertigen, in welchem die bis zum Schlusse des Etatsjahres eingetretenen Veränderungen anzugeben sind, oder es ist eine Bescheinigung auszustellen, daß Veränderungen nicht stattgefunden haben. Diese Nachträge oder Bescheinigungen sind nach der Allg. Verf. v. 6. November 1882 (JMBl. S. 352) spätestens zum 1. Juni den Vorstandsbeamten des Oberlandesgerichts einzureichen; von den Nachträgen bezw. Bescheinigungen sind zugleich beglaubigte Abschriften für das Justizministerium beizufügen. Bezüglich der Nachträge ist folgende Verfügung der Königl. Ober-Rechnungskammer v. 3. März 1883 (2959) zu beachten:

Nachträge.

Zur Beseitigung hervorgetretener Zweifel über die Einreichung von Nachträgen zu den Grundstücksinventarien werden die Herren Vorstandsbeamten zur künftigen Beachtung davon in Kenntniß gesetzt, daß wegen solcher Eintragungen, welche lediglich den Wechsel der Inhaber von Dienstwohnungen (Kol. 13b des Inventars) oder der Nutznießer von Grundstückstheilen, Pertinenzien und Berechtigungen (Kol. 14b des Inv.) oder Reparaturen an Gebäuden nnd den zu Dienstwohnungen gehörigen beweglichen Inventarienstücken (Kol. 17 des Inv.) betreffen, Nachträge zu den Grundstücksinventarien hierher nicht einzureichen sind.

Um die Zahl und den Inhalt der Nachträge einzuschränken, sind nach der Allg. Verf. v. 28. Febr. 1895 nur wirkliche Veränderungen gegen die ursprünglichen Eintragungen zum Gegenstande von Nachträgen zu machen, d. h. nur solche Angaben, welche auch bei einer Neuaufstellung des Inventars Berücksichtigung finden müßten, nicht dagegen unbedeutende Verbesserungen und Abänderungen. Bei Angabe solcher Veränderungen, welche sich nur auf einzelne Spalten des Inventars beziehen, ist kein vollständiges Formular des Inventars zu benutzen, sondern ein halber Bogen weißen Papiers.

4. Nach dem Beschluß des Königl. Staatsministeriums v. 13. Mai 1884 (Allg. Verf. v. 15. Mai 1886, JMBl. S. 118) sind als Kosten zur Unterhaltung der Staats- (Dienst-, Amts- rc.) Gebäude im Sinne des Staatshaushalts nur diejenigen Kosten anzusehen, welche betreffen: die Substanz der Gebäude und der dazu gehörigen Grundstücke, ferner solche Gegenstände, welche baulich beziehungsweise niet- und nagelfest mit den Gebäuden und den dazu gehörigen Grundstücken in dauernde Verbindung gebracht sind, und endlich solche bewegliche Gegenstände, welche für die Gebäude bezw. Grundstücke als solche, also nicht ausschließlich zur gegenwärtigen Benutzung derselben, für nothwendig zu erachten sind, also insbesondere: Kosten zur Unterhaltung der Staatsgebäude.

1. die Kosten für bauliche Einrichtungen, Aenderungen und Reparaturen in den Gebäuden, sowie die Kosten für die Unterhaltung von Gärten, soweit solche dem Staate obliegt;

2. die Kosten für Pflasterungen und Einfriedigungen, für Brunnen und Pumpen, für Wasser-, Gasleitungs- und Kanalisations-, Central-Heizungs- und Ventilationsanlagen, sowie für Kloset-Einrichtungen, für Blitzableiter, für äußere Uhren, Klingelzüge, Telegraphen- und Telephonleitungen, Feuermelde-Apparate, Hausschilder und dergleichen;

3. die Kosten für Oefen, Kochheerde, Waschkessel, für Feuerlöschgeräthschaften, für Winterfenster, und Fenstermarkisen, Fenster-Rouleaux, für Gasmesser, Gasarme, Kronleuchter für Vorhänge-Schlösser und Fensterverschlüsse, für Gasleitungsanlagen zu Illuminationszwecken, für Nationalfahnen u. s. w.

Von dem Königlichen Staatsministerium ist im Einverständnisse mit der Königlichen Oberrechnungskammer die Bestimmung getroffen worden, daß die Kosten der Beschaffung und Unterhaltung von Innen- (Zimmer-) Rouleaux für Dienstwohnungen wie für Geschäftsräume auf die Gebäude-Unterhaltungsfonds übernommen werden, daß die Beschaffung solcher Rouleaux auf Staatskosten aber nur da erfolgen darf, wo diese zum Schutze der betreffenden Räume, namentlich gegen die Einwirkung der Sonne, erforderlich sind und wo die Anbringung äußerer Schutzvorrichtungen (Jalousien oder Markisen) nicht für genügend bezw. zweckmäßig erachtet werden kann, daß ferner in jedem Einzelfalle auf eine dementsprechende Begründung des Bedürfnisses zu halten und zur Beschaffung von Innen-Rouleaux für Dienstwohnungen die Genehmigung der Centralbehörde erforderlich ist (Cirk.Verf. v. 14. November 1889, I. 3192).

In Betreff der Anschaffung und Unterhaltung Preußischer Nationalfahnen für die Dienstgebäude der Justizverwaltung bestimmt die Cirk.Verf. v. 30. Juli 1888 (I. 2100), daß für dazu geeignete Dienstgebäude zum Gebrauch bei festlichen Gelegenheiten Preußische Nationalfahnen als Inventarienstücke für Rechnung des Unterhaltungsfonds beschafft werden können.

Zu der ersten Anschaffung der Fahnen, welche bei Müller S. 1727 beschrieben sind, bedarf es der Genehmigung des Justizministers, während über die Neubeschaffung der Oberlandesgerichtspräsident und der Oberstaatsanwalt selbständig befinden (Cirk.Verf. v. 30. Juli 1888, I. 2100). Für Amtsgerichte soll in der Regel nur eine Fahne beschafft werden. Die Anschaffung einer zweiten Fahne kann nur in Rücksicht auf bauliche Verhältnisse genehmigt werden (Reskr. v. 19. Juli 1888, II c. 2218). Die Ausschmückung der Gefängnisse mit Fahnen hat in allen Fällen zu unterbleiben (Verf. d. M. d. J. v. 10. Dezbr. 1897).

Bestimmte Anordnungen über die Zeit der Beflaggung sind nur für Berlin durch das Reskr. v. 1. Febr. 1886 (I 335) getroffen. Hiernach wird auch anderweit zu flaggen sein am 27. Januar (Kaisers Geburtstag), 22. Oktober (Geburtstag der Kaiserin), 6. Mai (Geburtstag des Kronprinzen), am Neujahrstage, am 2. Septbr. (Sedanfest) und an demjenigen Tage, an welchem das Ordensfest stattfindet.

Im Interesse der Gleichmäßigkeit ist es empfehlenswerth, die Fahnen um 8 Uhr Morgens aufzuziehen und bei Sonnenuntergang niederzulassen.

Zu den Kosten zur Unterhaltung der Staatsgebäude werden folgende Kosten **nicht** gerechnet:

I. **Lasten und Abgaben** einschließlich der Einquartirungslasten und der für Entwässerung der Grundstücke zu zahlenden Kanalisationsabgaben;

II. **die Kosten hauswirthschaftlicher Art**, d. h. solche Kosten, welche erforderlich sind, um in und an den Gebäuden und auf den dazu gehörigen Grundstücken den ordnungsmäßigen Zustand zu erhalten, z. B. die Kosten

1. für Reinigung der Innenräume der Gebäude, der Höfe, sowie der Straßen und Bürgersteige vor den Dienstgebäuden;
2. für Reinigung der Müllgruben und für Abfuhr von Schutt und Müll;
3. für Entleerung und Desinfektion von Kloaken und Senkgruben;
4. für Befreiung der Dächer u. s. w. von Schnee und Eis;
5. für Bestreuung der Bürgersteige bei Glätte und für Beschaffung des dazu erforderlichen Materials;
6. für Beschaffung und Unterhaltung der zu diesen Arbeiten nöthigen Geräthschaften;
7. für das jedesmalige Befestigen und Wiederabnehmen der Winterfenster, Fenstermarkisen und Nationalfahnen, sowie für das Luftdichtmachen der Fenster;
8. für Schornsteinreinigung;

Zur Kontrole der Schornsteinreinigung empfiehlt es sich, ein **Kehrbuch** zu halten, in welches der Schornsteinfeger jedesmal den Tag und die Zahl der von ihm gefegten Schornsteine einzutragen hat; dies Buch hat der Kastellan oder ein Gerichtsdiener in Verwahrung zu halten und den jedesmaligen Eintrag des Essenkehrers als richtig zu bescheinigen.

9. für das Reinigen der Wasserheizungskanäle und der Telegraphenbatterien;
10. für das Umbinden der Brunnen und Pumpen mit Stroh;
11. für Vertilgung von Ungeziefer, als Ratten und Mäuse u. s. w.;
12. für die nächtliche Bewachung der Dienstgebäude und Gärten;
13. für Versicherung der Gebäude gegen Feuersgefahr, soweit Beiträge dazu von den fiskalischen Gebäuden überhaupt noch zu entrichten sind.

Zu den hauswirthschaftlichen Kosten gehören auch die Kosten für das mittels Leitungsanlage entnommene Gas und Wasser.

III. **Alle Kosten für solche beweglichen Gegenstände,**

welche nur zur gegenwärtigen Benutzung der Gebäude und Grundstücke, also nicht für die Gebäude und Grundstücke als solche, für nothwendig zu erachten sind.

Welche Kosten den Anordnungen dieses Staatsministerial-Beschlusses entsprechend auch zur Verrechnung bei dem Fonds zur Unterhaltung der Justizgebäude und bei den sächlichen Fonds gelangen, ist bei Müller S. 1734 Nr. 6 zu finden.

5. Bezüglich der Dienstwohnungen ist das Regulativ v. 26. Juli 1880 (JMBl. S. 331, Müller S. 681) maßgebend. Nach § 4 desselben ist über jede Dienstwohnung nebst Zubehör ein vollständiges und übersichtliches, geeignetenfalls mit einem Grundplan oder doch mit einer Handzeichnung zu versehendes Inventarium in 2 gleichlautenden Exemplaren anzulegen, von denen das eine durch die Aufsichtsbehörde, das andere durch den Wohnungsinhaber aufbewahrt wird, und durch Nachtragung aller während der Benutzungszeit genehmigten Abänderungen zu vervollständigen, so daß das Inventarium stets den zeitigen Stand der Wohnungen erkennen läßt und eine ausreichende Grundlage für die Rückgewähr bildet. Das Inventarium muß nach § 5 enthalten: Dienstwohnungen.

a) Zahl, Maaß und Ausstattung der Räume;

b) die Bezeichnung der etwaigen Repräsentationsräume und ihre Ausstattung;

c) die auf der Wohnung oder dem Dienstgrundstück haftenden Lasten und Besitzeinschränkungen;

d) bei Dienstwohnungen mit Garten oder Ackernutzung die Angabe des Flächeninhalts und die Beschreibung der Grenzen, beziehentlich der Bewährungen u. s. w. gegen die Nachbargrundstücke, sowie einen Vermerk darüber, ob und welche Vergütung der Wohnungsinhaber für die Nutzung der Ländereien zu entrichten hat.

Im Uebrigen bestimmt sich die Einrichtung des Inventariums in Form und Inhalt nach den besonderen Verhältnissen der Dienstwohnung.

Bei der Uebergabe der Dienstwohnung ist dem neu einziehenden Beamten die im § 10 des Regulativs bezeichnete ausdrückliche Eröffnung zu machen, daß für die Ueberweisung und Benutzung der Dienstwohnung die Bestimmungen des Regulativs vom 26. Juli 1880 maßgebend sind. Daß dies geschehen, ist in die Uebergabeverhandlung aufzunehmen (Allg. Verf. v. 14. Dezember 1880, JMBl. S. 330). Die Uebergabe und Rückgewähr einer Dienstwohnung wird in allen Fällen durch einen von der Aufsichtsbehörde ernannten Kommissar bewirkt. In der über den Hergang aufzunehmenden, von den Betheiligten zu vollziehenden Verhandlung sind alle Mängel, welche sich bei der Besichtigung unter Zugrundelegung des Inventars ergeben, zu verzeichnen. Gleichzeitig ist anzugeben, ob die für die Abhülfe aufzuwendenden Kosten der Staatskasse oder dem bisherigen Inhaber, beziehentlich dessen Erben zur Last fallen. Die Abschätzung der Herstellungskosten hat durch den Kommissar und bei höheren Beträgen durch den zuzuziehenden Techniker zu erfolgen (§ 10 Reg.).

Ueber die Unterhaltungspflicht des Wohnungsinhabers oder des Staates, über die Ausnahmen zu Gunsten der Unterbeamten, über die Vergütung, über Dienstwohnungen in angemietheten Gebäuden u. s. w. enthält das Regulativ das Nähere.

Ankauf, Verkauf und Verpachtung von Grundstücken der Justizverwaltung und Anmiethung von Lokalitäten.

6. Nach der Allg. Verf. v. 1. April 1874 (JMBl. S. 101) bedürfen die Veräußerung justizfiskalischer Grundstücke oder einzelner Theile derselben, ebenso wie deren Abtretung an eine andere fiskalische Behörde der Genehmigung des Justizministers.

Die Veräußerung bezw. Abtretung ist zu beantragen, wenn das Grundstück u. s. w. der Justizverwaltung voraussichtlich dauernd entbehrlich und angemessen zu verwerthen ist.

Zur Vermiethung oder Verpachtung von justizfiskalischen Grundstücken bezw. von Theilen derselben, sowie zur zeitweiligen unentgeltlichen Ueberlassung solcher Realitäten an andere Staatsbehörden genügt die Genehmigung der mit der Anordnung von Bauten, Reparaturen u. s. w. betrauten Vorstände der Provinzial-Justizbehörden.

Diese Genehmigung ist jedoch nur dann zu ertheilen, wenn das Grundstück zur Zeit entbehrlich, eine Veräußerung aber nicht zu empfehlen und wenn genügende Vorsorge getroffen ist, daß die Art der Benutzung seitens des Miethers oder Pächters die Interessen der Justizverwaltung nicht beeinträchtigt oder gefährdet. Insbesondere ist vertragsmäßig der Betrieb eines Gewerbes, welches die Stabilität des Gebäudes gefährdet, und ebenso die Lagerung feuergefährlicher Gegenstände zu untersagen.

Bei Abschließung derartiger Verträge ist im Uebrigen darauf Bedacht zu nehmen, daß der Miethс- oder Pachtzins dem aus den örtlichen Verhältnissen sich ergebenden Nutzungswerthe entspricht, und daß ferner bei Vermiethungen oder Verpachtungen von längerer als zweijähriger Dauer der Justizverwaltung das Recht vorbehalten wird, den Vertrag unter Innehaltung einer kurzen, längstens sechsmonatlichen Frist zu kündigen.

Der Erwerb des Eigenthums an Grundstücken für die Justizverwaltung und die Uebernahme fiskalischer Grundstücke aus der Verwaltung einer anderen Staatsbehörde in das Ressort der Justizverwaltung bedarf der Genehmigung des Justizministers.

Dagegen werden die Vorstände der Provinzial-Justizbehörden ermächtigt, selbständig Grundstücke, oder einzelne Theile derselben, deren Benutzung zu Zwecken der Justizverwaltung für den ordnungsmäßigen Geschäftsbetrieb einschließlich des Gefängnißdienstes erforderlich ist, zu miethen oder zu pachten, bezw. die bezüglichen Verträge zu bestätigen und das zur Ausführung derselben Erforderliche anzuordnen.

Abschließung der Verträge.

Bei Abschließung der Verträge ist nach der Allg. Verf. v. 1. April 1874 (JMBl. S. 101) Folgendes zu beachten:

Unter der Voraussetzung, daß das Bedürfniß der Justizverwaltung zur Benutzung der fraglichen Lokalien ein nachhaltiges ist, auch die Vertragsbedingungen für die Justizverwaltung nicht ungünstig sind und sich annehmen läßt, daß bessere Bedingungen demnächst nicht zu erlangen sein werden, ist das Miethс- bezw. Pachtverhältniß thunlichst auf mehrere Jahre zu erstrecken.

In den Verträgen, zu denen der gesetzliche Stempel zu verwenden ist, ist ferner darauf Bedacht zu nehmen, daß die Rückgewähr der gemietheten

Lokalien nach Beendigung des Mieths- oder Pachtverhältnisses in derjenigen Beschaffenheit ausbedungen wird, in welcher sich dieselben alsdann befinden werden. Falls dieses nicht thunlich sein sollte, kann eine für die etwaige Verschlechterung des Miethsobjekts zu leistende Geldentschädigung zugesagt werden, wobei jedoch im Voraus die Art und Weise, in welcher dieselbe festzustellen ist, vertragsmäßig bestimmt werden muß.

Sodann ist darauf hinzuwirken, daß, wenn das Mieths- oder Pachtverhältniß auf einen längeren Zeitraum als die Dauer von 3 Jahren festgesetzt wird, der Justizverwaltung die Befugniß vorbehalten wird, während der Dauer des Vertragsverhältnisses dasselbe durch Kündigung unter Innehaltung einer kürzeren, längstens einjährigen Frist zu lösen.

Endlich ist auch noch darauf zu achten, daß nicht allein der Miethsoder Pachtzins den aus den örtlichen Verhältnissen sich ergebenden Nutzungswerth nicht übersteigt, sondern daß auch von der Justizverwaltung keine ungewöhnlichen und nicht ortsüblichen Lasten übernommen werden.

Die Vorstände der Provinzial-Justizbehörden sind ermächtigt, nicht nur nach Maßgabe der vorerwähnten Gesichtspunkte auch in Betreff der Beschaffung der Lokalien zur Abhaltung auswärtiger Gerichtstage zu verfahren, sondern auch die Reinigung, Beleuchtung und Heizung dieser Lokalien vertragsmäßig zu ordnen (Allg. Verf. v. 1. April 1874, JMBl. S. 101). Anmiethung der Gerichtstagslokale.

7. Es empfiehlt sich für jedes Amtsgericht eine Feuerordnung zu erlassen, in denen die Vorschriften enthalten sind, welche zur Sicherung der Gerichtsgebäude gegen Feuersgefahr und zur Minderung der Nachtheile im Falle einer Feuersbrunst dienen. Der Erlaß einer solchen Feuerordnung ist Sache des aufsichtführenden Richters; sie muß vom Landgerichtspräsidenten genehmigt werden. Dem Ersten Gerichtsschreiber wird die besondere Aufsicht über die Gerichtslokalien in dieser Beziehung zu übertragen sein. Bei dem Schlusse der Arbeit muß jeder Beamte während der Zeiten, wo Licht gebrannt wird, die sorgfältigste Löschung desselben vornehmen. Die Asche aus den Oefen muß in blechernen Gefäßen fortgeschafft werden. Die Heizvorrichtungen müssen jährlich einer eingehenden Prüfung unter Zuziehung eines Sachverständigen unterworfen und die nothwendigen Aenderungen bezw. Verbesserungen rechtzeitig vor Eintritt der Heizperiode vorgenommen werden. Der Erste Gerichtsschreiber hat sich im Laufe derselben durch möglichst wöchentliche Revisionen davon zu überzeugen, daß die Heizungsanlagen sich im feuersicheren Zustande befinden. Ebenso sind natürlich die Geräthschaften zur Bekämpfung einer Feuersgefahr (Feuerspritzen, Eimer, Wassertonnen, die Schnüre zum Retten der Akten u. s. w.) öfters zu revidiren und auf ihre Gediegenheit und Sicherheit zu prüfen. Feuerordnung.

Zur Rettung der Akten bei Feuersgefahr sind Säcke nicht für zweckmäßig zu erachten, da die Einstopfung der Akten mit Zeitverlust verbunden ist. Es empfiehlt sich, starke hanfene mit einer Oehse versehene Schnüre, wie solche zum Binden der Aktenpackete gebraucht werden, anzuschaffen und in den Büreaus zu vertheilen, in denen sie im Falle einer Feuersgefahr zum Zusammenbinden der Akten dienen können (Reskr. v. 19. November 1860, IIb 3280).

Den neueintretenden Beamten ist die Feuerordnung zur Kenntnißnahme vorzulegen. Auch empfiehlt es sich, die hauptsächlichsten Bestimmungen derselben, welche das sorgfältige Umgehen mit Licht und die im Falle einer Feuersgefahr erforderlichen Maßnahmen betreffen, in den einzelnen Geschäftsräumen an einer in die Augen fallenden Stelle anzuheften.

Die Anlage von Heiz- und Beleuchtungseinrichtungen in den Grundbucharchiven ist zu vermeiden (Cirk.Verf. v. 28. Juni/13. Juli 1897, I. 3628).

§ 26.

C. Verwaltung der übrigen Fonds.

Verfügungsbefugniß des aufsichtführenden Richters.

1. Der aufsichtführende Amtsrichter verfügt nach Nr. 17 EV. über die Fonds

a) zu Büreaubedürfnissen und zu sonstigen vermischten Ausgaben bei dem Amtsgerichte (Kap. 74 Tit. 22 und Tit. 26), soweit über die letzteren nicht der Gefängnißvorsteher zu verfügen hat (Nr. 15 EV.);

Der aufsichtführende Richter verfügt auch über den Fonds zu sächlichen Ausgaben der Amtsanwaltschaften im Hauptamt, welche nicht aus dem Fonds Kap. 74 Tit. 14 des Etats bestritten werden (Reskr. v. 23. Mai 1894, II b 1379), und über die Fonds für Hülfsarbeiter und Stellvertreter (Kap. 74 Tit. 20) insoweit, als es sich um die Entschädigung der Kanzleigehülfen für die Aushülfe in der Kasse handelt (Nr. 5 Allg. Verf. v. 29. Aug. 1893, JMBl. S. 265).

b) zu den Kosten der Reisen der Beamten des Amtsgerichts behufs Abhaltung der Gerichtstage und zu den Kosten anderer Reisen dieser Beamten in Staatsdienstangelegenheiten, soweit die Reisen ohne besondere Genehmigung der vorgesetzten Dienstbehörde ausgeführt werden dürfen, ferner zu den Zehrungskosten der Gerichtsdiener des Amtsgerichts (Kap. 80 Tit. 1);

c) zu baaren Auslagen (Kap. 77) und Transportkosten (Kap. 78), welche in Strafsachen durch Amtshandlungen oder Anordnungen des Amtsanwalts veranlaßt werden;

d) zu den Kosten, welche der Justizfiskus als Prozeßpartei zu zahlen oder zu erstatten hat (Kap. 80 Tit. 2 a) in denjenigen Fällen, in welchen der Fiskus durch den Gerichtskassenrendanten vertreten worden ist;

e) zur Zahlung von Gebühren der Vertheidiger aus der Staatskasse sowie zur Erstattung von nothwendigen Auslagen an den Beschuldigten gemäß den §§ 499, 505 StPO. (Kap. 80 Tit. 2 a) in denjenigen Fällen, in welchen der Vertheidiger vom Vorsitzenden des Schöffengerichts oder von einem Amtsrichter ausgewählt oder die Entscheidung vom Schöffengericht oder vom Amtsgericht erlassen ist;

f) zu den Beiträgen der Krankenversicherung sowie zu den Ausgaben auf Grund des Unfallversicherungsgesetzes und des Invalidenversicherungsgesetzes (Kap. 80 Tit. 4 a) für Arbeiter bei dem Amtsgerichte.

Wenn der aufsichtführende Richter Anschaffungen, Reparaturen rc. verordnet, so wird er gut thun, die Ausführung seiner Anordnungen durch Reproduktionen zu kontroliren; auch empfiehlt es sich, nach Erledigung des Auftrages sofort die Kosten der Anschaffung rc. durch den Ersten Gerichtsschreiber feststellen zu lassen, um, falls später eine Rechnung über zu verschiedenen Zeiten gemachte Anschaffungen eingeht, prüfen zu können, ob die einzelnen Ansätze übereinstimmen.

Ein Verzeichniß der Kapitel und Titel der Etatsfonds in der für das Etatsjahr 1902 bestimmten Gestalt ist den Justizbehörden durch die Allg. Verf. v. 19. März 1902 (JMBl. S. 65) zur Kenntniß gebracht.

2. Zu den **sächlichen Fonds** gehören die oben unter a genannten beiden Fonds, nämlich — Sächliche Fonds.

I. **Zu Büreaubedürfnissen.**
(Kapitel 74 Titel 22 des Etats.)

a) Schreib- und Packmaterialien, sowie Drucksachen,
b) Feuerung und Beleuchtung,
c) Bibliothek,
d) Utensilien,
e) Miethen,
f) Sonstige Büreaukosten.

Welche Ausgaben bei dem Büreaubedürfnißfonds verrechnet werden, ist aus der Zusammenstellung bei Müller S. 1630 zu 4 unter I zu ersehen.

II. **Zu sonstigen vermischten Ausgaben bei dem Amtsgericht.**
(Kapitel 74 Titel 26 des Etats.)

Für die Verwaltung der sächlichen Fonds sind die Vorschriften der Allg. Verf. v. 16. März 1892 (JMBl. S. 106, 194) und der dieselbe erläuternden Bestimmungen auch ferner maßgebend (Nr. 54 EV.).

Zur Beseitigung entstandener Zweifel über die Verrechnung sächlicher Ausgaben, welche noch vor Schluß des Etatsjahres (das Etatsjahr beginnt mit dem 1. April und schließt mit dem 31. März jedes Jahres, § 1 Ges. v. 29. Juni 1876, GS. S. 177) zu zahlen sind, während die betreffende Anschaffung ganz oder zum Theil nicht mehr zur Deckung des Bedürfnisses des laufenden Etatsjahres, sondern erst des folgenden Etatsjahres dient, hat der Herr Justizminister unterm 7. Juni 1886 (I. 1946 a) Folgendes bestimmt:

Ausgaben der gedachten Art sind als noch dem laufenden Etatsjahr angehörig zu behandeln. Es gilt dies insbesondere hinsichtlich der noch vor dem 1. April zu zahlenden Zeitungsabonnementsgelder, hinsichtlich der Ausgaben für Holzankäufe, welche nach Lage der örtlichen Verhältnisse vor dem 1. April stattfinden müssen, und dergleichen.

Die Verrechnung solcher Ausgaben erfolgt daher sofort definitiv bei den Fonds des laufenden Etatsjahres, und es ist nicht zulässig, dergleichen Zahlungen mit Rücksicht darauf, daß sie ganz oder zum Theil für ein Bedürfniß des folgenden Etatsjahres bestimmt sind, vorschußweise für das folgende Jahr zu leisten.

Hierbei wird zugleich darauf hingewiesen, daß Abschlagszahlungen für Rechnung der sächlichen Fonds oder des Fonds zur Unterhaltung der Justizgebäude, welche vor Abschluß des Etatsjahres auf an sich fällige vertragsmäßige Forderungen, deren Justifizirung noch nicht vollständig erfolgen kann, gewährt werden, gleichfalls nicht als Vorschußzahlungen, sondern als definitive Zahlungen zu behandeln sind, in solchen Fällen jedoch auf eine rechtzeitige Ergänzung des Belages zur vollständigen Justifizirung der Ausgabe Bedacht zu nehmen ist.

Fonds zu Büreaubedürfnissen.

3. Seit dem 1. April 1882 ist auf Grund der Allg. Verf. v. 5. Juni 1882 (JMBl. S. 154) eine Limitirung der Fonds zu Büreaubedürfnissen (Kap. 74 Titel 22 des Etats) eingetreten. Die Limitirung erfolgt beim Beginne eines jeden Etatsjahres durch die Vorstandsbeamten des Oberlandesgerichts auf feste Beträge für jede der 6 Unterabtheilungen (1. Schreib- und Packmaterialen, sowie Drucksachen; 2. Feuerung und Beleuchtung; 3. Bibliothek; 4. Utensilien; 5. Miethe; 6. Sonstige Büreaukosten). Die bei den einzelnen Unterabtheilungen ausgeworfenen Limita übertragen sich wechselseitig, mit Ausschluß der Limita für Bibliothek, Utensilien und Miethe (Nr. 1 und 7 d. Allg. Verf.). Die Ueberschreitung des Limitums für die Bibliothek ist unzulässig, da für dieselbe ein Reservefonds bei dem Oberlandesgericht nicht zurückbehalten wird.

Der Fonds zu Büreaubedürfnissen, Kapitel 74 Titel 22 des Etats.

Schreib- und Packmaterialien sowie Drucksachen.	Feuerung und Beleuchtung.	Bibliothek.	Utensilien.	Miethe.	Sonstige Büreaukosten.
a.	b.	c.	d.	e.	f.
Uebertragung auf b und f zulässig.	Uebertragung auf a und f zulässig.	Uebertragung unzulässig, ebenso die Ueberschreitung.	Uebertragung unzulässig.	Uebertragung unzulässig.	Uebertragung auf a und b zulässig.

In Betreff der Unterabtheilungen zu Utensilien, bezw. zu Schreib- und Packmaterialien, Drucksachen, Feuerung, Beleuchtung und sonstigen Büreaukosten dürfen die Amtsgerichte die limitirten Beträge, insoweit dieselben nicht sich gegenseitig übertragen und Mehrausgaben bei einer Unterabtheilung durch Ersparnisse bei einer anderen Unterabtheilung gedeckt werden, nur in dringenden Ausnahmefällen auf Grund vorgängiger Genehmigung der Vorstandsbeamten des Oberlandesgerichts überschreiten. Anträge auf Erhöhung des Limitums sind unter Darlegung der seitherigen Aufwendungen und der bis zum Schlusse des Etatsjahres voraussichtlich noch erforderlichen Ausgaben spätestens bis zum 15. Januar bei den Vorstandsbeamten des Oberlandesgerichts zu stellen. Derartige Anträge des aufsichtführenden Richters gehen unter Couvert ohne Begleitschreiben an die Vorstandsbeamten des Landgerichts, welche dieselben entweder mit ihrer gutachtlichen Aeußerung oder nur mit ihrem Visum versehen an die Vorstandsbeamten des Oberlandesgerichts weiter zu befördern haben.

Diejenigen Amtsgerichte, bei welchen sich zu Anfang des Kalenderjahres übersehen läßt, daß an dem Fonds zu Utensilien bezw. an dem Gesammtlimitum der Fonds zu Schreib- und Packmaterialien, Drucksachen, Feuerung, Beleuchtung und sonstigen Büreaukosten eine Ersparniß eintreten wird, haben den muthmaßlichen Betrag derselben bis zum 15. Januar den Vorstandsbeamten des Oberlandesgerichts anzuzeigen (Nr. 3 d. Allg. Verf.).

Die Anschaffung von Schreibmaterialien, Drucksachen, Beleuchtungsmaterialien u. s. w. ist so einzurichten, daß der Jahresbedarf nicht überschritten wird, oder doch zur Zeit des Jahresschlusses nur geringe Vorräthe übrig bleiben (Nr. 55 EB.).

Utensilien, Drucksachen, Schreibmaterialien, Beleuchtungs- und Heizungsmaterial, sowie sonstige für den Geschäftsbetrieb erforderliche Gegenstände nach den ihm ertheilten Weisungen anzuschaffen und zu verwalten, gehört zu den Obliegenheiten des Ersten Gerichtsschreibers (§ 4 Gesch.O.). Er hat über die Anschaffung und Verwendung der Schreib-, Pack- und Beleuchtungsmaterialien eine Rechnung nach Formular 49 der Anw. d. ORK. auf Grund der Vorschriften im § 30 der Anweisung zu führen (Müller S. 1641).

Am 31. März oder, falls derselbe auf einen Sonntag oder Feiertag fällt, am nächstvorhergehenden Werktage hat der aufsichtführende Richter oder ein von demselben dazu bestimmter Beamter eine Bestandsrevision der Schreib-, Pack- und Beleuchtungsmaterialien vorzunehmen. Das Vorhandensein des rechnungsmäßigen Bestandes ist unter der Rechnung zu bescheinigen. Dieselbe ist ferner mit der Bescheinigung der rechnerischen Richtigkeit seitens eines Beamten, der aber ein anderer sein muß, als der Führer der Rechnung, zu versehen (§ 30 Abs. 5 Anw. d. ORK.). Bestandsrevisionen.

4. Die Schreibmaterialienvergütung nach Maßgabe des Staatsm. Beschl. v. 11. Mai 1863 wird gewährt (Nr. 56 EB.): Schreibmaterialienvergütung.

a) den etatsmäßig angestellten Beamten des höheren Justizdienstes,
b) den als ständigen Hülfsarbeitern bei der Staatsanwaltschaft bestellten Assessoren,
c) den Kanzlisten und Kanzleidiätaren.

Den bis auf Weiteres abgeordneten Gerichtsassessoren, welche nicht zu den unter b bezeichneten gehören, wird die Vergütung nicht gewährt.

Die Schreibmaterialienvergütung wird vierteljährlich im Voraus gezahlt.

Beamten, welche im Laufe eines Vierteljahres eintreten und seither zum Bezuge der Vergütung nicht berechtigt waren, ist die Vergütung erst vom Beginne des nächsten Vierteljahres ab zu gewähren. Bis dahin werden die Schreibmaterialien, für welche die Vergütung bestimmt ist, auch nicht aus den Beständen gewährt. Den Beamten, welche zu Anfang des Vierteljahrs sich nicht im Dienste befinden, ist für dieses Vierteljahr die Vergütung erst dann zu gewähren, wenn sie noch vor Ablauf desselben ihre amtliche Thätigkeit wieder aufnehmen. Scheidet ein Beamter, welcher die Vergütung bezieht, im Laufe eines Vierteljahres aus, so findet eine theilweise Wiedereinziehung der gezahlten Vergütung nicht statt. Wird ein solcher Beamter im Laufe des Vierteljahres versetzt, so wird ihm von

der Behörde, an welche er versetzt ist, die Vergütung erst vom Beginne des folgenden Vierteljahrs ab gewährt.

Die Anweisung der Schreibmaterialienvergütung erfolgt am Anfange jedes Vierteljahres mittelst besonderen, die bezugsberechtigten Beamten umfassenden Verzeichnisses. Die Quittung der Beamten erfolgt in dem Verzeichnisse.

Der Staatsministerial-Beschluß v. 11. Mai 1863 (JMBl. S. 214) bestimmt

I. Die Schreibmaterialienvergütung beträgt jährlich:
1. für die höheren Beamten [24 Mark],
2. für die Subalternbeamten mit Ausnahme der unter 3 aufgeführten, [12 Mark],
3. für die Kanzleibeamten und alle sonstigen Beamten, welche ausschließlich oder vorzugsweise mit der Fertigung von Reinschriften beschäftigt sind, [18 Mark].
Kopialienschreiber erhalten diese Vergütung nicht.

II. Der Bedarf an Papier wird den unter 2. und 3. genannten Beamten (auch den Kopialienschreibern) in natura verabfolgt. Ebenso wird für alle Dienstlokale der Bedarf an Tinte, Streusand, Siegellack, Mundlack, Bindfaden und Heftmaterial sowie für die Sessions- und Terminszimmer das gesammte Schreibmaterial in natura geliefert. Außerdem findet eine Verabreichung von Schreibmaterialien und ähnlichen Büreaubedürfnissen (Messern, Scheeren, Linealen u. dgl.) neben der Geldvergütigung an die Beamten nicht statt.

Die Verpflichtung, das zu den häuslichen Arbeiten erforderliche Papier aus den amtlichen Beständen zu entnehmen, bezieht sich nur auf Papier, nicht auf andere Schreibmaterialien (Allg. Verf. v. 15. Oktbr. 1886, JMBl. S. 272; Verf. v. 28. Jan. 1901, I. 258).

Papier. **5. Bei der Bestellung von Papier ist das Ries zu 1000 Bogen als Einheit zu Grunde zu legen; die Papierlieferungen sind nach dem Ries zu 1000 Bogen beziehungsweise nach dezimalen Theilen desselben (Zehntel, Hundertstel) zu verrechnen, und zwar sowohl bei Bestellungen, Kontrakten u. s. w., als auch in der Buchführung über die Papiervorräthe und deren Verwendung (Allg. Verf. v. 22. Mai 1883, JMBl. S. 171; Allg. Verf. v. 7. Januar 1884, JMBl. S. 4).**

Ueber die Prüfung des für den Amtsgebrauch anzuschaffenden Papiers sind folgende Allg. Verf. zu beachten: v. 25. Februar 1885 (JMBl. S. 89); v. 15. Oktober 1886 (JMBl. S. 272); v. 25. Mai 1887 (JMBl. S. 136); v. 2. Juli 1888 (JMBl. S. 168); v. 16. Juni 1890 (JMBl. S. 205); v. 29. Septbr. 1896 (JMBl. S. 318); v. 8. März 1900 (JMBl. S. 84).

Für den Gebrauch der deutschen Reichs- und Staatsbehörden ist ein einheitliches Papierformat von 33 Centimeter Höhe und 21 Centimeter Breite eingeführt; durch die Allg. Verf. v. 24. Februar 1877 (JMBl. S. 34) sind sämmtliche Gerichtsbehörden angewiesen, bei allen Neuanschaffungen von Papier die bezeichneten Maaße zur Richtschnur zu nehmen.

Für das Güterrechtsregister ist Papier in der Bogengröße von 40 × 50 cm, für das Vereinsregister, das Handelsregister, das Genossenschaftsregister und das Schiffsregister in der Bogengröße von 46 × 59 cm zu verwenden (Allg. Verf. v. 18. Dezbr. 1899, JMBl. S. 804).

Nach der Cirk.Verf. v. 17. März 1882 (I. 958) soll zu den Grundbüchern, sowie zu allen wichtigen Urkunden, insbesondere zur Anfertigung von Hypothekendokumenten und zur Aufnahme und Ausfertigung der Akte der freiwilligen Gerichtsbarkeit Papier verwendet werden, welches die Garantie einer längeren Haltbarkeit bietet. Die durch Verwendung besseren Papiers etwa entstehenden Mehrkosten werden nur geringe sein, wenn bei Auswahl desselben auf Eleganz und Glätte kein Gewicht gelegt wird. Ebenso ist zu dem Handelsregister, zu dem Genossenschaftsregister ꝛc. starkes Papier zu benutzen.

Zu den für den amtlichen Gebrauch anzuschaffenden Briefumschlägen ist haltbares Papier zu verwenden (Allg. Verf. v. 11. Febr. 1899, JMBl. S. 38). Briefumschläge.

Ueber die Auswahl der Tinten und die Grundsätze für amtliche Tintenprüfungen siehe den Staatsministerial-Beschluß v. 3. Juli 1888 (I. 1795, Müller S. 1654). Tinte.

Bei Bestellung von Stahlfedern seitens der Justizbehörden ist thunlichst auf den Bezug solcher Waare Bedacht zu nehmen, die in inländischen Fabriken hergestellt ist (Cirk.Verf. v. 26. Septbr. 1895, I. 3755). Stahlfedern.

Die durch Anschaffung von Grund-, Deposital- und ähnlichen Büchern veranlaßten Aufwendungen sind, auch wenn sie zugleich mit Buchbinderlöhnen in ungetrennter Summe berechnet worden sind, bei der Abtheilung für Drucksachen zu verrechnen (Allg. Verf. v. 27. Oktober 1876, JMBl. S. 204). Drucksachen.

Für Herstellung der Formulare sind die bei Müller S. 1655 unter 21 bis 24 verzeichneten besonderen Anordnungen ergangen. Formulare.

6. Die Anschaffung von Feuerungs- und Beleuchtungsmaterial ist so einzurichten, daß der Jahresbedarf nicht überschritten wird, oder doch zur Zeit des Jahresschlusses nur geringe Vorräthe übrig bleiben (Nr. 55 EV.). Die Kosten für den Ankauf und das Zerkleinern des Feuerungsmaterials sind möglichst in demselben Etatsjahre in Anrechnung zu bringen. Ist Kohlenheizung eingeführt, und wird die Anlieferung der Kohlen im Submissionswege vergeben, so ist die Tonne zu 1000 kg als Gewichtseinheit zu Grunde zu legen; die Beschaffung nach einer bestimmten Raumeinheit soll nur ausnahmsweise da zugelassen werden, wo nach den besonderen örtlichen Verhältnissen die Abnahme nach Gewicht nicht ausführbar oder nachweislich mit einer Schädigung der fiskalischen Interessen verbunden sein würde (Reskr. v. 16. September 1880, I. 3667). Feuerungs- und Beleuchtungsmaterial.

Nach einem Allerh. Erlaß v. 15. September 1889 ist die Entschädigung, welche die eine Dienstwohnung innehabenden Unterbeamten für die Entnahme des zu ihrem eigenen Bedarf erforderlichen Feuerungsmaterials aus den Vorräthen der Behörde an die Staatskasse zu entrichten haben, durchweg auf drei und ein halbes Prozent des Durchschnittsgehalts der Stelle festzusetzen (Allg. Verf. v. 3. Dezember 1889, JMBl. S. 288).

Im Uebrigen bestimmt Nr. 62 EV. das Weitere wegen der Ueberlassung von Feuerungsmaterial an Beamte (s. a. Müller S. 1662 Nr. 27).

Die Uebernahme von Kosten für die Illumination von Dienstgebäuden auf Staatsfonds ist ohne Allerhöchste Genehmigung nicht zulässig (Allerh. Kab.Order v. 28. Dezember 1829, Jahrbuch Bd. 45 S. 486).

In Betreff der Beleuchtung der Geschäftslokale (Petroleum-, Gas- und elektrische Beleuchtung) siehe Müller S. 1665 Nr. 30.

Bibliothekfonds. 7. Die Ueberschreitung des Limitums bei dem Bibliothekfonds ist unzulässig (Allg. Verf. v. 5. Juni 1882 Nr. 2, JMBl. S. 155). Die Kosten für Druckwerke, welche zum geschäftlichen Gebrauche nur für gewisse kürzere Zeitabschnitte der Gegenwart bestimmt sind (z. B. Hof- und Staatshandbuch, Kalender, Wohnungsanzeiger, Zeitungen mit Ausnahme des Staatsanzeigers) werden nicht bei dem Bibliothekfonds, sondern bei dem Fonds „Zu sonstigen Büreaukosten" verrechnet (Nr. 57 EV.)

Es ist darauf zu halten, daß die Buchhändler von dem Kaufpreise der gelieferten Bücher den üblichen Rabatt bewilligen, und wenn dies abgelehnt sein sollte, zu erwägen, ob nicht die Lieferungen einem andern Buchhändler zu übertragen seien (Entsch. der ORK., BBl. 1890 S. 204).

Kosten für Bücher 2c. Die Kosten für den Einband der zu den gerichtlichen Bibliotheken gehörigen Bücher sind bei dem Bibliothekfonds zu verrechnen. Zeitungen, einschließlich des Staatsanzeigers, sind nicht einzubinden (Nr. 57 EV.).

Zeitungsbezug. Aus dem Bibliothekfonds sind auch die Kosten für das Justiz-Ministerial-Blatt, für den Staatsanzeiger und für das Register zum Regierungs-Amtsblatt zu bestreiten (Nr. 57 EV.).

Das Justiz-Ministerial-Blatt muß den Richtern und Beamten des Amtsgerichts vorgelegt werden; auch ist darauf zu halten, daß die Referendare von dem Inhalte desselben Kenntniß nehmen (Cirk.Verf. v. 8. Oktober 1884, I. 3418).

Die für das Amtsgericht erforderlichen Exemplare der Gesetz-Sammlung (Beschluß des Staatsministeriums v. 28. November 1861, JMBl. S. 312), des Reichsgesetzblattes (Allg. Verf. v. 23. Januar 1868, JMBl. S. 24) und der Regierungsamtsblätter (§ 8 d. Ges. v. 28. März 1811, GS. S. 165. — Allg. Verf. v. 21. September 1849, JMBl. S. 407) und das Deutsche Fahndungsblatt (Allg. Verf. v. 21. März 1899 zu III, JMBl. S. 72) werden unentgeltlich geliefert.

Das Central-Polizeiblatt ist von denjenigen Amtsgerichten zu halten, bei denen nach den obwaltenden Geschäftsverhältnissen ein Bedürfniß hierzu vorhanden ist; die Entscheidung hierüber hat der Landgerichtspräsident zu treffen (Allg. Verf. v. 30. November 1882, JMBl. S. 377). Im Einzelnen handeln über dasselbe die Allg. Verf. v. 13. März 1863, JMBl. S. 70; v. 23. November 1870, JMBl. S. 345; v. 14. September 1874, JMBl. S. 252; v. 12. April 1884, JMBl. S. 74.

Ueber das in Mainz erscheinende „Internationale Criminal-Polizeiblatt" handeln die Allg. Verf. v. 10. Febr. 1888 (JMBl. S. 42) und v. 16. Juni 1897 (JMBl. S. 154). Kayser S. 767.

Bücher-Inventarium. 8. Ueber die vorhandenen Bücher ist ein besonderes Inventarium zu führen. Aus demselben muß hervorgehen, wo die Bücher Aufstellung gefunden haben. Dasselbe ist alljährlich durch den aufsichtführenden Richter oder den Ersten Gerichtsschreiber zu revidiren, wobei zu prüfen ist, ob das Inventarium ordnungsmäßig geführt ist, ob die Zugänge richtig nachgetragen, die Abgänge als unvermeidlich nachgewiesen und die als verblieben aufgeführten Bücher wirklich vorhanden sind (Nr. 58 EV.).

Eine Bescheinigung über die Führung und die Revision des Bücher-Inventars ist am Jahres-Rechnungsschlusse gemäß § 31 Anw. d. ORK. der Gerichtskasse zu ertheilen.

Auch die dem Amtsgericht unentgeltlich überwiesenen Bücher sind zu inventarisiren (Cirk.Verf. v. 2. März 1889, I. 617).

Die Kosten für die Herstellung eines Kataloges trägt nicht der Bibliothekfonds (Reskr. v. 22. Novbr. 1890, II. d. 3286), wohl aber die Kosten für die Erd- und Himmelskugeln, Landkarten, Zeichnungen und Kupferstiche, sofern die letzteren nicht in Rahmen gefaßt sind; sind sie gerahmt, so gehören sie zu den Utensilien (Müller S. 1728).

Eintheilung und Kontrole der Bücher

Der aufsichtführende Richter hat durch geeignete, den lokalen Verhältnissen Rechnung tragende Anordnungen dafür Sorge zu tragen, daß der Nachweis über den Verbleib der Bücher thunlichst gesichert ist (Nr. 58 GV.). Um einen solchen Nachweis zu ermöglichen, scheint es angebracht zu sein, die Bücher nicht nur auf dem Titelblatt neben dem Gerichtsstempel mit der Inventariumsnummer zu versehen, sondern diese Nummer auf dem Rücken auf einem farbigen Zettel zu wiederholen. Dies hat auch den Vortheil, daß die Bücher in den Schränken sich stets in derselben Reihenfolge befinden bezw. daß sie ohne Schwierigkeit in dieselbe wieder eingefügt werden können. Als eine passende Eintheilung der Bücher dürfte sich folgende empfehlen:

I. Civilsachen
(grüne Schilder).

A. Gerichtsverfassung, Prozeß, Bürgerliches Gesetzbuch, Landrecht, Lehrbücher.
B. Handels- und Wechselrecht, öffentliche Register.
C. Konkurs, Zwangsvollstreckung in das unbewegliche Vermögen.
D. Erbrecht, Nachlaß- und Vormundschaftssachen, Aufgebotsverfahren.
E. Grundbuch- und Hypothekenwesen.
F. Justizverwaltung.
G. Kosten-, Kassen-, Hinterlegungs- und Stempelwesen.
H. Staatsrecht, Kirchenrecht, Provinzialrecht, Verwaltungsrecht u. s. w.

II. Strafsachen
(rothe Schilder).

III. Vermischte Sachen
(gelbe Schilder).

Entscheidungen des Reichsgerichts, des Obertribunals, des Kammergerichts, Archive, Justiz-Ministerial-Blatt, Gesetzsammlung, Amtsblatt u. s. w.

Verwaltung der Bibliothek.

9. Die Bücher werden in ihrem größeren Bestande in der Gerichtsbibliothek untergebracht, während in jedem Richterzimmer und in jeder Gerichtsschreiberei die erforderliche Spezialliteratur zum Handgebrauch Aufstellung findet. Ueber die Benutzung der Bibliothek ist zweckmäßig eine Bibliothekordnung zu erlassen, die der Landgerichtspräsident zu genehmigen hat. Dieser wird auch darüber Bestimmung zu treffen haben, ob und welche Bücher aus der Bibliothek entfernt und mit nach

Hause mitgenommen werden dürfen und ev. auf wie lange Zeit, und wie es mit der Ersatzpflicht für beschädigte oder in Verlust gerathene Bücher zu halten ist; in letzter Beziehung ist die Allg. Verf. v. 13. März 1891 (JMBl. S. 73) zu beachten. Auch den Rechtsanwälten wird die Bibliothek zugänglich sein.

Die Leitung und Beaufsichtigung der Bibliothek wird sehr verschieden gehandhabt. Bei einzelnen Gerichten werden die Bücherschränke sorgsam verschlossen gehalten, und nur durch den Ersten Gerichtsschreiber, dem zumeist die Aufsicht über die Bibliothek übertragen ist und der die Schrankschlüssel in Gewahrsam hat, ist es möglich, oft nach vielen Schwierigkeiten, in den Besitz eines Werkes zu gelangen. Nach meinem Dafürhalten müssen die Bücher den Richtern und Beamten jederzeit zugänglich sein, zu welchem Behufe die Schränke allerdings offen stehen müssen; jeder Beamte ist indeß verpflichtet, die Entnahme und Abgabe eines Buches in ein dazu im Bibliothekzimmer aufliegendes Buch einzutragen; daß dies geschieht, darauf muß allerdings mit Strenge gesehen werden. Bei größeren Gerichten empfiehlt es sich, daß, wenn nicht der aufsichtführende Richter, so doch ein Richter die Leitung der Bibliothek übernimmt, denn einerseits muß bei einem Richter ein größeres Interesse für die Bibliothek vorausgesetzt werden, andererseits wird er die Bedürfnisse der Bibliothek besser beurtheilen können.

Utensilienfonds.

10. Die Uebertragung des Limitums bei dem Utensilienfonds auf einen anderen Fonds ist nicht gestattet (Allg. Verf. v. 5. Juni 1882, JMBl. S. 154).

Der aufsichtführende Richter ist zur selbständigen Verfügung in Betreff des Utensilienfonds bis zur Höhe von 30 Mark einschließlich befugt (Allg. Verf. v. 14. Juli 1874 Nr. 14, JMBl. S. 221; Allg. Verf. v. 30. September 1879, Nr. IIc, JMBl. S. 395; Nr. 29 GV.). Bei Ausgaben, welche diesen Satz überschreiten, bedarf es der vorher einzuholenden Genehmigung der Vorstandsbeamten des Landgerichts (Allg. Verf. v. 14. Juli 1874).

Wenn Anschaffungen und Reparaturen von Utensilien im Gesammtbetrage von 30 Mark gleichzeitig nothwendig geworden und auch gleichzeitig angeordnet worden sind, dann ist die höhere Ermächtigung erforderlich, da es in diesem Falle nicht darauf ankommen kann, ob jede einzelne Arbeit weniger als 30 Mark Kosten verursacht hat, indem es sich nur um eine Ausgabe handelt. Die Ausstellung von mehreren besonderen Rechnungen würde nur für zulässig erachtet werden können, wenn es sich um verschiedene Aufträge und Ausführungen gehandelt hätte (Entsch. der ORK., BBl. 1890 S. 206).

Unter Utensilien sind nicht nur solche Gegenstände zu verstehen, welche zu den gewöhnlichen ordentlichen Bedürfnissen jedes Gerichts gehören und nothwendig sind, um den Geschäftsbetrieb in Gang zu erhalten, sondern auch solche, die an sich zwar nicht unentbehrlich sind, deren Anschaffung aber aus Zweckmäßigkeitsgründen und in Rücksicht auf die besonderen obwaltenden Verhältnisse wünschenswerth erscheint, z. B. Uhren, Umdruckmaschinen u. s. w. (Allg. Verf. v. 14. Juli 1874, JMBl. S. 220).

Wegen der Verpflichtung der Lokalbaubeamten zur Mitwirkung bei Anschaffung von Geräthen und Möbeln siehe Müller S. 1704.

Es dürfen nur noch Thermometer nach Celsius angeschafft werden (Allg. Verf. v. 17. Januar 1893, JMBl. S. 24); bei Neubeschaffungen sind thunlichst Stühle mit durchlochten Holzsitzen zu wählen (Reskr. v. 25. Septbr. 1897, I. 5029). Ferner dürfen von S. M. dem Kaiser oder seinen Vorfahren weder Gemälde noch Bildwerke zu Lasten von Staatsfonds bestellt werden. Es bezieht sich dies indeß lediglich auf die von Künstlern herzustellenden oder bereits hergestellten Originalbildnisse, nicht auch auf Vervielfältigungen und Photographien von Kunstwerken (Müller S. 1730 Nr. 5).

Bezüglich der Anschaffung von Papierkörben wird bemerkt, daß der Herr Justizminister einfache kleine Holzkasten, welche einen Kostenaufwand von 1 bis 1,50 Mark verursachen, zur Aufbewahrung der Papierabfälle für ausreichend erachtet hat (BBl. 1890 S. 206).

Nach den neuesten Erfahrungen sind Spucknäpfe aus emaillirtem Eisenblech zu empfehlen, welche mit Wasser zu füllen sind (Schr. v. 2. März 1897, I. 79, Müller S. 2004).

11. Ueber die Utensilien des Amtsgerichts ist ein Inventarium nach dem auf Seite 19 bis 21 der Beilage zum JMBl. Nr. 11 von 1885 abgedruckten Formular 1 vom Ersten Gerichtsschreiber (§ 4 Gesch.Ord.) zu führen, welches jährlich am Jahresrechnungsschlusse zu revidiren ist. Es ist hierbei zu prüfen, ob das Inventarium ordnungsmäßig geführt, die Zugänge richtig nachgetragen, die Abgänge als unvermeidlich nachgewiesen und die als verblieben aufgeführten Inventarienstücke wirklich vorhanden sind (Nr. 58 EV.). Es ist am Jahresrechnungsschlusse eine Bescheinigung über das Inventarium der Gerichtskasse nach Vorschrift des § 31 Anw. d. ORK. zu ertheilen. Inventarium der Utensilien.

12. Unbrauchbar oder entbehrlich gewordene Utensilien sind ebenso wie die von den Reparaturbauten herrührenden alten Materialien und die bei den Amtsgerichten niedergelegten Muster, welche von den Urhebern in der vorgeschriebenen Zeit nicht zurückgenommen sind, — diese behufs ihrer Vernichtung (Reskr. v. 26. Juni 1886, I. 2298) — zu verkaufen. Es empfiehlt sich, den Verkaufstermin mit einem Termin zu verbinden, in welchem die in Strafsachen konfiszirten Gegenstände versteigert werden. Mit dem Verkauf sind Gerichtsschreiber und bei Gegenständen von unbedeutendem Werth Unterbeamte zu betrauen (Reskr. d. Justizm. vom 1. Februar 1881, I. 50). Der Erlös aus dem Verkauf unbrauchbarer Materialien uud Utensilien ist durch die Gerichtskasse an die Justiz-Hauptkasse abzuführen; etwaige Verkaufsunkosten (Insertionsgebühren u. s. w.) dürfen nicht von dem Erlöse abgesetzt werden, sondern müssen besonders in Ausgabe gestellt werden. (Siehe auch Allg. Verf. v. 1. Dezember 1887, JMBl. S. 351.) Verkauf von Utensilien 2c.

Das Verfahren bei dem Verlust von Utensilien, Büchern und Materialien ist durch die Allg. Verf. v. 13. März 1891 (JMBl. S. 73) geregelt (Kayser S. 1166, Müller S. 1282). Verlust von Utensilien 2c.

13. Eine Uebertragung dieser Unterabtheilung auf andere Unterabtheilungen des Büreaukostenfonds findet nicht statt (Allg. Verf. v. 5. Juni 1882 Nr. 7, JMBl. S. 155). Miethe.

14. Unter der Abtheilung „Sonstige Büreaukosten“ sind nur Kosten Sonstige Büreaukosten.

der Büreauverwaltung zu verrechnen, insonderheit: Lohn für Aktenheften, Kosten für den Aktentransport, Aufwendungen für Zeitungen und andere nur zum vorübergehenden Gebrauche bestimmten Druckschriften, z. B. Hof- und Staatshandbuch, Kalender, Wohnungsanzeiger, Zeitungen mit Ausnahme des Staatsanzeigers (Nr. 57 EV.).

Ueber das Aktenheften enthält Nr. 59 EV. die näheren Bestimmungen, welche S. 91 abgedruckt sind.

Sonstige vermischte Ausgaben.

15. Was als sonstige vermischte Ausgaben anzusehen, ist bei Müller S. 1631 unter Nr. 4 Nr. III zusammengestellt.

Ueber die Reinigung und Heizung der Diensträume bestimmt Nr. 60 EV. Folgendes:

Heizung, Reinigung, Beleuchtung.

Die Heizung und Beleuchtung der Diensträume der Justizbehörden, die Reinigung dieser Räume und der darin befindlichen Gegenstände sowie die Reinigung der Hofräume und der Straße gehört zu den Obliegenheiten der Unterbeamten (§ 9 DO.). Zu dem Reinigen gehört insbesondere auch die Entfernung des Schnees und Eises sowie des zwischen den Steinen wachsenden Grases.

Bei den Amtsgerichten mit 8 oder mehr etatsmäßigen Richtern sind diese Geschäfte von den besonders angestellten Kastellanen zu besorgen. Eine besondere Entschädigung wird diesen nur für die Reinigung der Straße und Hofräume, für das Zutragen des Heizungsmaterials zu den Feuerungsstellen, für das Waschen der Handtücher, Gardinen und Rouleaux, für die zur Heizung erforderlichen Geräthe und für die zur Reinigung nothwendigen Geräthe und Materialien gewährt. Wenn bei größeren Gerichten der Kastellan, um die Heizung rechtzeitig zu besorgen, die Hülfspersonen, welche das Heizungsmaterial zu den Feuerstellen heranschaffen, auch zur Hülfe bei der Heizung selbst heranziehen muß, so kann hierauf bei Bemessung der Entschädigung entsprechende Rücksicht genommen werden.

Bei den Amtsgerichten mit 7 und weniger etatsmäßigen Richtern wird die Heizung, Reinigung und Beleuchtung einem Gerichtsdiener übertragen. Derselbe erhält für die Heizung und die zu derselben erforderlichen Geräthe, einschließlich des Zutragens des Heizungsmaterials zu den Feuerstellen, ferner für die Reinigung und die zu dieser erforderlichen Geräthe und Materialien, einschließlich der Reinigung der Straße und Hofräume, des Waschens der Handtücher, Gardinen und Rouleaux, sowie für die Beleuchtung eine fixirte Pauschalentschädigung.

Dieselbe beläuft sich im Höchstbetrage bei einem Amtsgerichte

mit 1 Richter auf . . .	90 Mark,	mit 5 Richtern auf . . .	234 Mark,
„ 2 Richtern auf . . .	126 „	„ 6 „ „ . . .	270 „
„ 3 „ „ . . .	162 „	„ 7 „ „ . . .	300 „
„ 4 „ „ . . .	198 „		

Als Richter im Sinne des Abs. 4 gelten auch diejenigen Hülfsrichter, welche in Folge besonderen Geschäftsandranges seit wenigstens einem Jahre beschäftigt und voraussichtlich nicht entbehrlich sind. Sind mit Hinzurechnen derselben bei einem Amtsgerichte beschäftigt

8 Richter, so beläuft sich der Höchstbetrag des Pauschalquantums auf 330 Mark,
9 und mehr Richter, „ „ „ „ „ „ „ 360 „

Auf Staatskosten außerhalb der den Kastellanen oder Gerichtsdienern gewährten Entschädigung dürfen nur übernommen werden

a) die Kosten für das Reinigen der Oefen, Schornsteine, Müllgruben und Aborte;

b) die Kosten für solche Reinigungen, welche durch außergewöhnliche Umstände, wie bauliche Reparaturen und Umzüge entstehen. Die Besorgung derartiger Reinigungen, einschließlich der Vorhaltung der dazu erforderlichen Geräthe und Materialien, kann dem Kastellan oder Gerichtsdiener gegen Gewährung einer besonderen Vergütung aufgetragen werden.

Außerordentliche Reinigungen, welche regelmäßig, wenn auch in längeren Zwischenräumen wiederkehrend, den Zweck haben, in besonders gründlicher Weise eine Sauberkeit herzustellen, wie sie durch die gewöhnlichen Reinigungen allein nicht erzielt werden kann, müssen von den Gerichtsdienern und Kastellanen ohne besondere Vergütung vorgenommen werden;

c) die Kosten für Fußbürsten, Matten und andere Geräthe, welche zum Reinigen der Füße dienen, sowie für den zur Füllung der Sandfässer erforderlichen Streusand;

d) die Kosten für das Zerkleinern des Heizungsmaterials und für die Hinschaffung desselben in die Vorrathsräume sowie für die Beschaffung des Anzündungsmaterials;

e) die Kosten für Kasten und Körbe, welche nicht zum Transporte, sondern lediglich zur vorläufigen Aufnahme des zunächst zu verbrauchenden Heizungsmaterials dienen, ferner die Kosten für Geräthe (insbesondere Ofenschirme, Ofenvorsätze, Stecheisen und Kohlenschaufeln und Kasten), welche dazu bestimmt sind, bei den Oefen stehen zu bleiben.

Die Entscheidung darüber, welchem unter mehreren Gerichtsdienern die Reinigung, Heizung und Beleuchtung zu übertragen ist, erfolgt durch den Landgerichtspräsidenten.

16. Die Liquidationen über die Berechnung der Reisekosten und Tagegelder der Justizbeamten in Staatsdienstangelegenheiten (Nr. 17 zu b GV.) sind von dem aufsichtführenden Richter mit der Bescheinigung der Richtigkeit zu versehen, welche das Anerkenntniß der Nothwendigkeit der Reise, der geschehenen Ausführung der Geschäfte, sowie die Angemessenheit der zu den letzteren verwendeten Zeitdauer und der Richtigkeit der angegebenen Dauer überhaupt in sich begreift (Nr. 76 Abs. 2 GV.). Den Amtsanwälten sind bei Dienstreisen Tagegelder und Reisekosten nach denselben Gesetzen zu gewähren, welche den Subalternbeamten der Lokalbehörden zustehen. Amtsanwälte, welche ein mit einem höheren Range verbundenes Amt im unmittelbaren Staatsdienste bekleiden, erhalten die ihnen nach diesem Amte zustehenden Tagegelder und Reisekosten (Allg. Verf. v. 20. Februar 1880, JMBl. S. 38). Reisekosten und Tagegelder der Gerichtsbeamten.

Die Grundsätze, nach welchen die den Parteien als baare Auslagen in Rechnung zu stellenden Reisekosten und Tagegelder der Beamten zu berechnen sind, sofern mehrere Lokalgeschäfte auf einer und derselben Reise oder Lokalgeschäfte im Anschluß an Gerichtstagsreisen erledigt werden, enthält die Allg. Verf. v. 17. Januar 1901 (JMBl. S. 14, Müller S. 776).

Die Tagegelder und Reisekosten der Gerichtsbeamten in Staatsdienstangelegenheiten werden nach der Verordnung v. 15. April 1876 (GS. S. 107) und dem Gesetz v. 21. Juni 1897 (GS. S. 193), diejenigen für gerichtliche Geschäfte, welche außerhalb des Gerichtsortes vorzunehmen sind, nach den Verordnungen v. 24. Dezember 1873 (GS. 1874 S. 2)

v. 8. Mai 1876 (GS. S. 119) und v. 27. August 1900 (GS. S. 319) berechnet (s. a. Müller S. 738, 769).

Durch die Cirk.Verf. v. 9. März 1885 (I. 839) wird im Einverständniß mit der Königl. Oberrechnungskammer bestimmt, daß für die Berechnung der Reisekosten der Gerichtspersonen bei Lokalterminen behufs Zurückführung des Grundbuchs auf das Kataster, sowie behufs Anlegung des Grundbuchs die Sätze der Verordnung v. 15. April 1876, betreffend die Tagegelder und die Reisekosten der Staatsbeamten (GS. S. 107), zur Anwendung zu bringen sind. Die Verrechnung dieser Kosten erfolgt bei dem Kapitel 80 Titel 1 des Etatsfonds, die Anweisung durch den aufsichtführenden Richter.

Die Bestimmungen dieser Verfügung finden keine Anwendung, wenn der Termin an Ort und Stelle nicht aus sachlichen Gründen, sondern lediglich auf Antrag des Eigenthümers aus Gründen, welche in seiner Person liegen, anberaumt wird. In solchen Fällen sind die Reisekosten nach den Sätzen der Verordnungen v. 24. Dezember 1873 und v. 8. Mai 1876 (GS. 1874 S. 2 und 1876 S. 119) zu liquidiren, bei dem Kapitel 77 des Etats zu verrechnen und von dem Grundeigenthümer wieder einzuziehen.

Zeugengebühren infolge Ersuchens der Staatsanwaltschaft.

Nach den Reskr. v. 16. Juni 1884 (I. 2692), v. 10. Novbr. 1887 (I. 3154) und v. 11. Juni 1894 (I. 2940) sind den von der Staatsanwaltschaft vernommenen Zeugen und Sachverständigen eine angemessene Vergütung aus Justizfonds zu gewähren. Die von der Polizeibehörde den Zeugen nach ihrer auf Ersuchen der Staatsanwaltschaft erfolgten Vernehmung gezahlten Vergütungen sind derselben aus Justizfonds zu erstatten. Bei Bemessung der Höhe der Vergütung können die Bestimmungen der Gebühren-Ord. v. 30. Juni 1878 zur analogen Anwendung gebracht werden. Die Vergütung ist in analoger Anwendung des § 16 Geb.Ord. nicht zu gewähren bezw. nicht zu erstatten, wenn das Verlangen von dem Zeugen 2c. nicht binnen 3 Monaten nach seiner Vernehmung angebracht ist. Die Zahlungsanweisung erfolgt nicht nach Maßgabe des § 17 Geb.Ord. auf Grund richterlicher Entscheidung, sondern im Verwaltungswege nach Maßgabe der Nr. 17, 20 EV. durch den Ersten Staatsanwalt bezw. den aufsichtführenden Richter. Ist die Festsetzung durch Letzteren erfolgt, so wird eine Beschwerde der Zeugen und Sachverständigen bezw. der Polizeibehörde von den Vorstandsbeamten des Landgerichts entschieden (s. a. Müller S. 1057).

Festsetzung der dem Beschuldigten erwachsenen nothwendigen Auslagen.

Ueber das Verfahren bei Festsetzung der dem Beschuldigten erwachsenen nothwendigen Auslagen, falls dieselben durch gerichtliche Entscheidung der Staatskasse auferlegt sind, (§§ 499 Abs. 2, 505 Abs. 1 StPO.) hat der Justizminister durch die Allg. Verf. v. 15. März 1892 (JMBl. S. 109) Bestimmung getroffen, welche bei Müller S. 1057 unter g abgedruckt sind. Die auf die Anträge vom Amtsgericht ergehenden Beschlüsse werden der bei dem Gericht bestehenden Staatsanwaltschaft (beim Amtsgericht also dem Amtsanwalt) zugestellt. Diese hat innerhalb einer Woche nach Zustellung des Beschlusses entweder die Beschwerde einzulegen, sofern dies zulässig und angezeigt erscheint, oder die Akten dem aufsichtführenden Richter mit der Erklärung zu übergeben, daß die Einlegung eines

Rechtsmittels nicht beabsichtigt werde. Die Anweisung zur Zahlung der Auslagen erfolgt sodann auf Grund des dieselben festsetzenden Beschlusses durch den aufsichtführenden Richter.

17. Die Kosten für Bekanntmachungen in öffentlichen Blättern (Nr. 74 EV.), die Zehrungskosten der Gerichtsdiener (Kgl. Verord. v. 27. August 1900, GS. S. 319) und die Kommissionsgebühren (§ 116 Pr. GKG.) sind in Zahlungslisten zusammenzustellen und allmonatlich in einer Summe zu verausgaben (§ 62 KO.). Die Zahlungsanweisung hat der aufsichtführende Richter zu erlassen. Bekanntmachungen. Zehrungskosten. Kommissionsgebühren.

§ 116 Pr. GKG.: Für die von einer Partei beantragte Errichtung eines Testaments oder eines Erbvertrags außerhalb der Gerichtsstelle steht in den Fällen, in welchen die Gerichtspersonen Tagegelder und Reisekosten nicht beziehen, dem Richter eine Entschädigung von 6 Mark und dem Gerichtsschreiber eine solche von 4 Mark zu (Kommissionsgebühren).

Diese Entschädigungen sind, sofern die Gerichtspersonen den Weg nach dem in dem Antrage bezeichneten Orte angetreten haben, auch dann zu zahlen, wenn es zur Ausführung des beantragten Geschäfts aus einem in der Person des Antragstellers liegenden Grunde nicht gekommen ist.

Kommissionsgebühren sind, wenn die Gerichtsbeamten an demselben Orte mehrere Testamente oder Erbverträge in unmittelbarem Anschluß an die erste Verhandlung aufnehmen, für jeden einzelnen Akt besonders zu entrichten (Beschl. des KG. v. 26. März 1900, Müller S. 2045).

Die Zahlungsanweisungen hinsichtlich der fortlaufenden Pauschalentschädigungen an die Unterbeamten für Reinigung, Heizung und Beleuchtung der Diensträume werden nach Nr. 60 EV. von dem aufsichtführenden Richter erlassen. Pauschalentschädigung.

Vierter Abschnitt.

Rechte und Pflichten des aufsichtführenden Richters als Kassenkurator.

Ordnung für die Verwaltung der Kassen bei den Justizbehörden (abgekürzt: Kassenordnung) v. 31. März 1900 (JMBl. S. 103).

§ 27.

I. Die Kassenbeamten.

1. Bei jedem Amtsgericht besteht eine Gerichtskasse, welche zugleich die Kassengeschäfte bei dem vorgeordneten und an demselben Orte befindlichen Landgericht und der Staatsanwaltschaft versieht. Die Kasse ist als Königliche Gerichtskasse zu bezeichnen; alle Schriftstücke in Kassensachen ergehen unter dieser Bezeichnung der Kasse (§ 1 Nr. 2 KO.). Gerichtskasse.

Bei jedem Gefängnisse, für welche Ausgaben auf Grund des Kapitels 75 des Etats zu leisten sind, besteht nach § 1 Nr. 4 KO. eine besondere Kasse (Gefängnißkasse).

Kassen-kurator. **2. Bei der Gerichtskasse fungirt nach § 6 KO. der aufsichtführende Amtsrichter als Kurator. Bei größeren Kassen kann von dem Landgerichtspräsidenten ein anderer Amtsrichter zum Kurator bestellt werden. Für Behinderungsfälle hat der Landgerichtspräsident einen regelmäßigen Vertreter zu bestimmen.**

Der Kurator der Gerichtskasse hat, sofern außer dem Rendanten und dem Kontroleur weitere Kassenbeamte beschäftigt werden, die Vertheilung der Geschäfte durch schriftliche Anordnung zu regeln. Er hat darauf zu sehen, daß die Gerichtskasse die in Bezug auf die Erhebung, Einziehung und Verwendung der Gelder ergangenen Vorschriften befolgt und daß die Register und Bücher ordnungsmäßig geführt werden. Er hat die monatlichen Kassenrevisionen vorzunehmen und darauf zu halten, daß die Gelder, soweit erforderlich, in gemeinschaftlichen Verschluß genommen (§ 64 KO.) und die entbehrlichen Geldbestände an die Justizhauptkasse abgeführt werden (§ 66 KO.). Dem Kurator liegt ferner ob, die wegen Sicherung der Kasse gegen Diebes- und Feuersgefahr erforderlichen Anträge zu stellen. Die Geschäfte müssen von dem Kassenkurator täglich im Kassenlokal abgemacht werden.

Ueber die äußeren Sicherheitsmaßregeln für die Kasse siehe Müller S. 1187 Nr. 44, und wegen der Aufbewahrung und Behandlung der Duplikatschlüssel (Nebenschlüssel Müller S. 1188 Nr. 45.

Den Weisungen des Kurators der Gerichtskasse haben die Kassen-, Gerichtsschreiberei- (Sekretariats)- und Unterbeamten sowie die Gerichtsvollzieher in allen das Kassenwesen betreffenden Angelegenheiten Folge zu leisten. Auf Beschwerden über den Kurator entscheidet der Landgerichtspräsident.

Wird ein eingehendes Geldstück (Reichsmünze), ein nachgemachter oder verfälschter Kassenschein oder eine solche Reichsbanknote in der Kasse in Zahlung gegeben und als Falschstück von den Kassenbeamten ohne Weiteres erkannt, so hat der Vorsteher der Kasse sofort der zuständigen Justiz- oder Polizeibehörde Anzeige zu machen und das angehaltene Falschstück vorzulegen unter Beifügung des eingegangenen Begleitschreibens, Etiketts u. s. w., bezw. der über die Einzahlung aufzunehmenden kurzen Verhandlung (Allg. Verf. v. 22. Mai 1876, JMBl. S. 114, Allg. Verf. v. 6. Juni 1876, JMBl. S. 119, Allg. Verf. v. 20. März 1877, JMBl. S. 54, Müller S. 1169).

Rendant. Kontroleur. **3. Die Geschäfte der Gerichtskasse sowie der Gefängnißkasse werden nach § 6 Nr. 4 KO. in der Regel von zwei Beamten, einem Rendanten und einem Kontroleur, wahrgenommen. Bei den Kassen derjenigen Amtsgerichte, bei welchen neben dem einzigen Gerichtsschreiber weder ein Gerichtsschreibergehülfe noch ein ständiger Büreauhülfsarbeiter beschäftigt wird, hat der Gerichtsschreiber allein die Kassengeschäfte wahrzunehmen.**

Ueber die Verwaltung der Kassen bei den im § 6 Nr. 1 Satz 2 bezeichneten Amtsgerichten (den kleinen Gerichtskassen) trifft § 92 KO. Bestimmung. Bei diesen fungirt der Gerichtsschreiber als Rendant

und hat zugleich diejenigen Verrichtungen wahrzunehmen, welche dem Kontroleur in den §§ 7 bis 11, dem § 37 Nr. 1 und § 53 Nr. 6 KO. übertragen sind. Die im § 59 Nr. 1 u. 2 KO. dem Kontroleur übertragenen Geschäfte liegen dem Kassenkurator ob. Nach der Cirk.Verf. v. 4. März 1885 (I. 879) sind die Funktionen des Kontroleurs nicht den Büreaugehülfen zu übertragen.

Rendant als Vertreter des Justizfiskus.

4. Die Vertretung des Justizfiskus in den zum Geschäftskreise der Kasse gehörenden Angelegenheiten liegt nach § 6 Nr. 6 KO. dem Rendanten ob. Zu einer Erklärung Namens der Kasse, auf deren Abgabe nicht einem Anderen ein Rechtsanspruch zusteht, insbesondere zu einem Rechtsgeschäfte, durch das die für eine Kostenforderung bestehende Sicherheit aufgehoben oder gemindert oder die Verpflichtung dazu begründet wird, wie zur Einräumung eines Vorrangs und zur Entlassung eines Grundstücks aus der Mithaft, ferner zum Abschluß eines Vergleichs, zur Genehmigung einer Schuldübernahme (BGB. § 415) oder zur Verweigerung dieser Genehmigung (BGB. § 416) bedarf der Rendant der Genehmigung des Kassenkurators, sofern aber der Werth des Gegenstandes der Erklärung die Summe von 300 Mark übersteigt, die Genehmigung des Oberlandesgerichtspräsidenten oder bei Gefängnißkassen des Oberstaatsanwalts. Die Wirkung der Erklärung des Rendanten gegen Dritte wird jedoch durch die Nichtbefolgung dieser Vorschrift nicht berührt.

Die Zuständigkeit des Rendanten zur Vertretung des Fiskus in bürgerlichen Rechtsstreitigkeiten ergiebt sich aus den hierüber getroffenen besonderen Vorschriften (Ges. v. 14. März 1885, Allg. Verf. v. 23. und 24. März 1885 und v. 22. Dez. 1886, Kayser S. 396).

Die Allg. Verf. v. 24. März 1885 (JMBl. S. 121) bestimmt Folgendes:

In den zur Zuständigkeit der Preußischen Amtsgerichte gehörigen Rechtsstreitigkeiten, welche Angelegenheiten der Justizverwaltung betreffen, können sich die Staatsanwaltschaften bei den Oberlandesgerichten, die Kassenrendanten und der Vorsteher des Einziehungsamtes bei der Gerichtskasse I zu Berlin (Allg. Verf. v. 23. März 1885, JMBl. S. 119) durch einen am Sitze des Prozeßgerichtes wohnenden nicht richterlichen Justizbeamten vertreten lassen. Das Ersuchen um Anordnung der Vertretung ist an den aufsichtführenden Amtsrichter zu richten. Dieser hat den Bevollmächtigten aus den Beamten des Amtsgerichts auszuwählen und demselben die Vollmacht, falls eine solche dem Ersuchen beigefügt ist, auszuhändigen. Erachtet der aufsichtführende Amtsrichter es für zweckmäßig, einen Beamten des Landgerichts zum Prozeßbevollmächtigten zu bestellen, so hat er das Ersuchen an den Präsidenten des Landgerichts zur Bestimmung des Bevollmächtigten abzugeben. Für die Prozesse, welche die Kassenrendanten als Vertreter des Fiskus bei dem an ihrem amtlichen Wohnsitze befindlichen Amtsgericht zu führen haben, können die zu Prozeßbevollmächtigten zu bestellenden Beamten ein- für allemal im Voraus durch den Landgerichtspräsidenten bestimmt werden. Die im Voraus bestimmten Beamten sind im Einzelfalle von dem Rendanten unmittelbar mit Vollmacht zu versehen. Die Staatsanwaltschaften bei den Oberlandesgerichten können den ihnen unterstellten Beamten entweder unmittelbar oder durch Vermittelung des Ersten Staatsanwalts Vollmacht ertheilen.

Die nicht richterlichen Justizbeamten, mit Ausschluß der Amtsanwälte, sind zur unentgeltlichen Uebernahme des Vollmachtsauftrages verpflichtet. Nothwendige Auslagen sind ihnen zu erstatten. Die erforderlichen Reinschriften und Abschriften sind in der Kanzlei der Behörde, bei welcher sie angestellt sind, zu fertigen. In die von den Staatsanwaltschaften bei den Oberlandesgerichten zu ertheilenden Prozeßvollmachten ist die Bestimmung aufzunehmen, daß der Bevollmächtigte ohne besondere Ermächtigung nicht befugt ist, den Rechtsstreit durch Vergleich, Verzichtleistung auf den Streitgegenstand oder Anerkennung des von dem Gegner geltend gemachten Anspruchs zu beseitigen.

In Ergänzung der Allg. Verf. v. 23. März 1885 (JMBl. S. 119) ist die Allg. Verf. v. 22. Dezember 1886 (JMBl. S. 340) erlassen, nach welcher zu den bürgerlichen Rechtsstreitigkeiten, welche aus der Beitreibung der zu den Kassen der Justizbehörden einzuziehenden Geldbeträge hervorgehen, auch das in den §§ 899 bis 914 CPO. (Offenbarungseid und Haft) vorgeschriebene Verfahren zu rechnen ist. In diesem Verfahren erfolgt daher die Vertretung des Fiskus:

a) im Falle der Nr. 2 der Allg. Verf. v. 23. März 1885, sofern eine Kasse ersucht wird, die Abnahme des Offenbarungseides herbeizuführen, durch den Rendanten der ersuchten Kasse;
b) im Falle der Nr. 3 dieser Verf., sofern ein Preußisches Amtsgericht ersucht wird, die Abnahme des Offenbarungseides herbeizuführen, durch den Rendanten der Kasse dieses Amtsgerichts.

Der bezeichnete Rendant hat auch, da nach § 900 CPO. das Verfahren mit der Ladung beginnt, den Schuldner zur Leistung des Offenbarungseides zu laden.

Sonstige Kassenbeamte.

5. Außer den Rendanten und Kontroleuren gehören die Kassirer, Kassensekretäre und Kassenassistenten zu den Kassenbeamten, über deren Stellung Näheres bei Müller S. 187 angegeben ist.

Kassenschreiber.

Die Einrichtung der Kassenschreiber ist vom 1. Oktober 1893 ab fortgefallen. Wegen Beschaffung des Schreibwerks bei den Gerichtskassen sind die bei Müller S. 265 abgedruckten Bestimmungen erlassen. Nach § 40 Kanzl.O. haben die bei Gerichtskassen als Kassenassistenten fungirenden Gerichtsschreibergehülfen, soweit es die ihnen zunächst obliegenden Geschäfte gestatten, nach näherer Bestimmung des aufsichtführenden Amtsrichters sich zugleich an der Herstellung des Schreibwerks für die Kassenverwaltung innerhalb der Dienststunden zu betheiligen. Eine besondere Vergütung für das Schreibwerk wird ihnen nicht gewährt.

§ 28.

II. Die Geschäftsverwaltung der Gerichtskasse und die Rechte und Pflichten des Kassenkurators.

Dienststunden.

1. Die für die Gerichtsschreiberei des Amtsgerichts bestimmten gewöhnlichen Dienststunden gelten auch für die Gerichtskasse. Der Landgerichtspräsident kann anordnen, daß Zahlungen an die Gerichtskasse oder aus der Gerichtskasse nur in den Vormittagsstunden zu leisten oder in Empfang zu nehmen sind. Von dieser Befugniß soll jedoch nur im

Falle eines dringenden Bedürfnisses Gebrauch gemacht werden. Die getroffene Anordnung ist durch Aushang an der Gerichtsstelle und an der gemäß dem § 70 KO. bestimmten Stelle des Kassenlokals bekannt zu machen und in den Aufforderungen zur Einzahlung oder Erhebung von Geldern mitzutheilen. Es ist Vorsorge zu treffen, daß die Auszahlung der Transportkosten und der Gebühren der Zeugen und Sachverständigen auch außerhalb der gewöhnlichen Dienststunden sowie die Annahme der im § 16 Nr. 7 KO. bezeichneten Vorschüsse auch außerhalb der für den Geldverkehr festgesetzten Dienststunden stattfinden kann (§ 5 Nr. 3 KO.).

Zu Aushängen der Vollstreckungsbehörde in Kassensachen wird die Gerichtstafel und das Kassenlokal bestimmt (§ 12 der Verf. v. 15. Novbr. 1899 betr. d. Verwaltungszwangsverfahren wegen Beitreibung von Geldbeträgen, GS. S. 545). Die Stelle, an welcher diese Aushänge im Kassenlokal zu bewirken sind, bestimmt der Kassenkurator (§ 70 KO.). Aushänge.

Der aufsichtführende Richter hat der Orts-Postanstalt die Namen derjenigen Kassenbeamten, welche zur Vollziehung der Postanweisungen, der Ablieferungsscheine zu den eingegangenen Werth- und Einschreibesendungen und der Packetadressen berechtigt sind, zu bezeichnen. Die beim Wechsel der Kassenbeamten erforderlichen Mittheilungen sind in gleicher Weise zu bewirken (§ 48 Nr. 5 KO.). Mittheilungen an die Post.

2. Nach § 5 Nr. 1 KO. erhebt die Gerichtskasse die Gerichtskosten und die Geldstrafen. Die Gerichtskasse und die Gefängnißkasse sind Spezialkassen der Justizhauptkasse und dienen ihr als Organe für die Erhebung der Einnahmen und Zahlung der Ausgaben. Geschäfte der Gerichtskasse.

Der zweite Theil der Kassenordnung (§ 7 bis § 95) behandelt die Geschäftsverwaltung der Gerichtskasse und der Gefängnißkasse und zerfällt in folgende Abschnitte:

1. Bildung der Solleinnahme (§ 7—§ 23 KO.);
2. Einforderung der Kosten und Vorschüsse (§ 24—§ 32 KO.);
3. Zwangsweise Beitreibung (§ 33—§ 41 KO.);
4. Einforderung und Beitreibung von Geldstrafen und von Kosten des Strafverfahrens (§ 42—§ 47 KO.);
5. Isteinnahme und Niederschlagungen (§ 48—§ 55 KO.);
6. Ausgaben der Gerichtskasse (§ 56—§ 63 KO.);
7. Baarbestände (§ 64—§ 67 KO.);
8. Geschäftliche Behandlung der Bücher und Akten (§ 68—§ 70 KO.);
9. Monatsabschluß (§ 71—§ 89 KO.);
10. Jahresabschluß (§ 90—§ 91 KO.);
11. Besondere Bestimmungen (§ 92—§ 95 KO.).

3. In der Gerichtskasse werden die folgenden Kassenbücher, Listen und Register geführt: Registratur.

1. Das Kostenregister (§ 7, § 9, § 18 KO.), Formular A. Die Führung desselben liegt, soweit nicht ein Anderes bestimmt worden ist, dem Kontroleur ob. Durch das Kostenregister wird die Solleinnahme an Kosten und Geldstrafen nachgewiesen. Kostenregister.

Im Sinne des § 7 gelten nach § 8 KO.

als Kosten: die Gerichtsgebühren, die baaren Auslagen, die durchlaufenden Gelder, die als Gerichtsgebühren zu erhebenden Stempelabgaben, die Strafvollstreckungskosten, die Gebühren und Auslagen der Gerichtsvollzieher, die Gebühren und Auslagen für das Beitreibungsverfahren, die Gebühren für Katasterauszüge und für Fortschreibungen;

als Geldstrafen: die gerichtlich oder im Disziplinarwege verhängten Geldstrafen, die als Zwangsmittel oder wegen Ungebühr, Ungehorsams ꝛc. festgesetzten Ordnungsstrafen, die Werthersatzgelder in Forstdiebstahlssachen, die Werthersatzsummen bei Zuwiderhandlungen gegen die Zollgesetze ꝛc. sowie der Erlös aus dem Verkaufe der der Einziehung unterliegenden Gegenstände, soweit nicht ein Anderes bestimmt ist.

Das Kostenregister wird in Monatsheften geführt. Das erste Monatsheft wird für die Zeit vom 1. bis 25. April, das letzte Monatsheft für die Zeit vom 25. bis 31. März geführt. Fallen die Endtermine auf einen Sonn- oder Feiertag, so tritt der letzte vorhergehende Werktag an ihre Stelle (§ 9 KO.).

Alles, was wegen der Einforderung und Beitreibung der Kosten geschehen ist, muß aus dem Kostenregister ersichtlich sein. Die Eintragung in dasselbe (Registrirung) erfolgt nach Vorschrift des § 18 KO.

Der Kontroleur hat jede Seite des Kostenregisters in den Spalten 6a bis 9 aufzurechnen, sobald eine weitere Eintragung auf der Seite nicht mehr stattfinden kann. Die Seitensummen sind monatlich (§ 71 KO.) zusammenzustellen und ebenfalls aufzurechnen; unter der Zusammenstellung wird die Richtigkeit bescheinigt (§ 72 KO.).

Ueber das vereinfachte Kosteneinziehungsverfahren in größeren Städten siehe die Allg. Verf. v. 31. März 1900 (JMBl. S. 279, Kayser S. 1129).

Kontrole der Nebeneinnahmen.

2. Die Kontrole der Nebeneinnahmen (§ 7, § 10 KO.), Formular B.

Die Führung desselben liegt, soweit nicht ein Anderes bestimmt worden ist, dem Kontroleur ob. Durch die Kontrole der Nebeneinnahmen wird die Solleinnahme aller übrigen Einnahmen, soweit sie nicht in das Kostenregister gehören, mit Ausschluß der Emolumente nachgewiesen.

Nach § 10 Nr. 1 KO. wird die Kontrole der Nebeneinnahmen für das Etatsjahr geführt und zerfällt in 6 Abtheilungen:

a) Kostendefekte, d. h. der Kasse entzogene Einnahmen an Kosten und Geldstrafen (§ 8 KO.);
b) Jurisdiktionsbeiträge;
c) Einnahmen aus der Beschäftigung der Gefangenen;
d) Sonstige Einnahmen, und zwar: I. Bestimmte Einnahmen, II. Unbestimmte Einnahmen, III. Kassen- und Rechnungsdefekte;
e) Einnahmen für die Justizoffizianten-Wittwenkasse;
f) Rückeinnahmen.

Mit der Erhebung des abzuliefernden Arbeitsverdienstes der Gefangenen und der Unternehmerbeiträge zu Unfallentschädigungen gilt die Gerichtskasse als allgemein beauftragt. Diese Einnahmen werden, ohne daß die Justizhauptkasse darum ersucht, nach dem Eingang in die Spalten 4, 5 der Kontrole eingestellt (§ 10 Nr. 2 KO.).

Andere als die unter § 10 Nr. 2 KO. genannten Nebeneinnahmen

werden in die Kontrole nur eingestellt, wenn die Justizhauptkasse um ihre Hebung ersucht hat (§ 10 Nr. 3 KO.).

Die in der Kontrole der Nebeneinnahmen unter Spalte 4 verzeichneten Beträge werden vom Rendanten in Wegfall gestellt (Spalte 6), wenn die Justizhauptkasse das Ersuchen um Erhebung derselben zurücknimmt.

3. Die Ergänzungsliste (§ 11 KO.), Formular C. Ergänzungsliste.

Ueber die zur Zeit unbeibringlichen Kostenforderungen (§ 20 Nr. 5, § 43 Nr. 10 KO.) einschließlich der in Rechtshülfesachen entstandenen Kosten im Falle des § 18 Nr. 2 Abs. 2, sowie über die vorläufig niedergeschlagenen Kostenforderungen (§ 20 Nr. 3, § 32 Nr. 1, § 53 Nr. 7 KO.) wird von dem Kontroleur eine Liste (Ergänzungsliste) geführt. Die Liste zerfällt in zwei Abtheilungen. Die Abtheilung A dient zum Nachweise der Kosten, für welche eine Sicherungshypothek oder ein anderweitiges Pfandrecht besteht oder eine sonstige Sicherheit geleistet ist; die übrigen Kosten sind in die Abtheiluug B einzustellen (§ 11 Nr. 1 KO.).

Die Löschung einer Post bedarf der Genehmigung des Kurators. Die Eintragung der Löschung erfolgt durch den Rendanten, die Eintragung der Genehmigung durch den Kurator (§ 11 Nr. 2 KO.).

Am Schlusse des Etatsjahrs werden die im Laufe desselben in Spalte 6a einer jeden Abtheilung eingetragenen Posten aufgerechnet. Für jede Abtheilung ist eine Nebenliste nach dem Formular C von dem Kontroleur zu führen, in welcher die im Etatsjahr eingegangenen und gelöschten Kosten nach Nummern und Beträgen sofort nach ihrem Eingang oder nach ihrer Löschung in der Ergänzungsliste verzeichnet werden. Ist die Löschung aus einem der im § 53 Nr. 6a bis 6c KO. bezeichneten Gründe erfolgt, so sind die in Wegfall kommenden Beträge, soweit sie der Staatskasse zustanden (Spalte 7 der Ergänzungsliste), auch in Spalte 8a und zutreffendenfalls 8b der Nebenliste einzustellen (§ 11 Nr. 3 KO.). Nebenliste.

4. Das Restenverzeichniß (§ 32 KO.). Restenverzeichniß.

Am Jahresschlusse werden vom Rendanten die im Kostenregister weder zur Vereinnahmung (Spalte 11), noch zur Niederschlagung (Spalte 13) gebrachten Kosten in Spalte 15 eingestellt. Diejenigen Beträge, welche in dem zum Kostenregister gehörigen Restenverzeichnisse noch offen stehen, werden in Spalte 15 desselben nur insoweit eingestellt, als sie aus dem Kostenregister des Vorjahrs herrühren, andernfalls werden sie vorläufig niedergeschlagen und in die Ergänzungsliste übertragen.

Die hiernach in Spalte 15 des Kostenregisters und des Restenverzeichnisses nachgewiesenen Beträge werden in das Restenverzeichniß für das neue Rechnungsjahr übertragen. Dabei sind unter Beibehaltung der Nummern des betr. Kostenregisters in getrennten Abschnitten zunächst die Posten aus dem vorjährigen Restenverzeichniß und sodann die Posten aus dem Kostenregister des Vorjahrs aufzuführen. Die Herstellung des Restenverzeichnisses ist im Wege der Geschäftsvertheilung zu regeln, die Richtigkeit desselben ist vom Kontroleur zu bescheinigen.

Die über die Benutzung und Führung des Kostenregisters gegebenen Vorschriften finden auf die Führung des Restenverzeichnisses entsprechende Anwendung.

Zur Vermeidung einer Differenz zwischen dem durch das Restenverzeichniß nachgewiesenen und dem beim Jahresabschlusse rechnungsmäßig festgestellten Betrage der Kostenreste sind thunlichst im Laufe des Rechnungsjahrs die Anschreibungen bei der Isteinnahme und die Niederschlagungen nachzuprüfen, sofern nicht die Uebereinstimmung der Reste bereits im Laufe des Jahres probeweise festgestellt wird.

Die Kassenbeamten haben darauf zu achten, daß, soweit irgend möglich, alle Einnahmen für das Etatsjahr, dem sie angehören, auch wirklich erhoben werden.

Einnahmejournal.

5. Das Einnahmejournal (§ 48 KO.), Formular O.

In dem Einnahmejournal bucht der Rendant die bei der Kasse eingehenden Gelder mit Ausnahme der Rückeinnahmen (§ 10 Nr. 6 KO.) und derjenigen, welche zur Verrechnung nach dem Etat nicht geeignet sind (z. B. Beiträge für die Allgemeine Wittwenverpflegungsanstalt) oder zu deren Verrechnung es noch einer weiteren Verfügung bedarf (§ 43 Nr. 1 KO.), ferner die Gelder, welche ein Gerichtsvollzieher auf Grund einer Abholungsliste einzahlt, und zwar am Abrechnungstage in der durch den Abschluß der Abholungsliste festgestellten Summe (§ 50 Nr. 1 KO.). Gelder, welche der Gerichtsvollzieher auf Grund der Ablieferungsliste einzahlt, werden in den einzelnen, durch den Abschluß der Ablieferungsliste in den Spalten 7, 8a und b festgestellten Gesammtbeträgen gebucht. Die Einzahlungen auf registrirte Kostenforderungen und auf noch zu registrirende Geldbeträge werden also in getrennten Summen angegeben (§ 50 Nr. 2 KO.).

Bei der Buchung einer Einzahlung, welche mehrere in einer Nachweisung (Abholungsliste, Ablieferungsliste u. s. w.) aufgeführte Posten umfaßt, ist die Aufrechnung der Nachweisung vom Kontroleur als richtig zu bescheinigen (§ 50 Nr. 3 KO.).

Die in dem Einnahmejournal gebuchten Geldbeträge werden, soweit sie nicht in die Spalten 7 und 8 des Einnahmejournals einzustellen sind, von dem Rendanten in dem betreffenden Register gutgeschrieben. Betrifft die Zahlung Forderungen, welche die Ergänzungsliste nachweist, so ist der eingegangene Betrag zu registriren und in der Ergänzungsliste auf den neuen Eintrag im Kostenregister zu verweisen (§ 52 KO.).

Die Quittungen über Zuschüsse der Justizhauptkasse sowie die Anträge auf Gewährung solcher Zuschüsse hat der Kurator mit dem Vermerke der Einsichtnahme zu versehen (§ 48 Nr. 3 KO.).

Der Rendant hat in dem Einnahmejournal jede Seite, sobald eine weitere Eintragung auf ihr nicht mehr stattfinden kann, aufzunehmen und das Ergebniß auf die folgende Seite zu übertragen; der Kontroleur hat die Aufrechnung des Einnahmejournals zu prüfen und die richtige Aufrechnung und die Uebereinstimmung mit dem Gegenbuche zu bescheinigen (§ 74 Nr. 1, 3 KO.).

Gegenbuch.

6. Das Gegenbuch zum Einnahmejournal (§ 48 Nr. 4b KO.).

Der Kontroleur führt ein Gegenbuch zum Einnahmejournal. Die über die Führung des Einnahmejournals gegebenen Vorschriften finden hierbei mit der Maßgabe Anwendung, daß die Spalten 6 bis 8 des Formulars im Gegenbuch außer Gebrauch bleiben und daß in Spalte 3 nur der Name des Einzahlers eingetragen wird.

7. Die Asservatenliste (§§ 48, 51 KO.), Formular P. Asservatenliste.

In die Asservatenliste werden vom Rendanten die nach § 48 Nr. 1 KO. nicht für das Einnahmejournal geeigneten Gelder eingetragen. Sofern sich ein Bedürfniß ergiebt, sind in der Asservatenliste die Spalten 5 und 6 in solche für „Werthpapiere" und für „baare Gelder" zu zerlegen.

Bei den Kassen, bei welchen die Geschäfte des Kontroleurs von einem Kontroleur im Hauptamte wahrgenommen werden, hat dieser die Eintragung jeder einzelnen Post in der Asservatenliste zu prüfen und dieser seine Namensunterschrift zuzusetzen (§ 48 Nr. 4a KO.).

Ferner bestimmt § 51 KO.:

1. Die in der Asservatenliste verzeichneten Geldbeträge, welche behufs Tilgung einer Kostenschuld eingezahlt sind, werden in das Einnahmejournal übertragen, sobald die Registrirung erfolgt ist.

2. Gelder, welche ein Gerichtsvollzieher mit dem Vorbehalte der Verrechnung an dem ordentlichen Abrechnungstage bei der Kasse niedergelegt hat (§ 36 Nr. 3 KO.), werden asservirt und demnächst durch die im § 50 KO. bezeichneten Buchungen in das Einnahmejournal übernommen.

3. In der Asservatenliste werden die in dem Einnahmejournale gebuchten oder an einen Dritten ausgelieferten Geldbeträge in die Spalte „Ausgabe" eingestellt. In Spalte 7 ist hierbei auf die Buchung oder Quittung hinzuweisen.

4. Die Asservatenliste wird bei der Kassenrevision abgeschlossen. Die beim Abschlusse noch unerledigten Posten werden unter Beibehaltung der seitherigen Nummern vorgetragen.

5. Die asservirten Geldbeträge sind getrennt von den übrigen Geldern der Gerichtskasse aufzubewahren.

6. Asservate, welche der Justizhauptkasse gebühren, werden behufs Abführung an diese beim Monatsabschlusse (§ 71 KO.) zur Kasse vereinnahmt und als Zuschuß gebucht. Sie sind bei der Abführung unter Angabe des Anlasses zur Asservation nach den Beträgen und Einzahlern zu bezeichnen.

8. Das Posteingangsnotizbuch (§ 49 KO.). Posteingangsnotizbuch.

Die für die Gerichtskasse bestimmten Postanweisungsbeträge und Sendungen mit Werthangabe sind vom Rendanten in Empfang zu nehmen. Ueber diese Beträge und Sendungen wird vom Rendanten ein Posteingangsnotizbuch geführt, dessen Einrichtung und Führung im § 49 KO. bestimmt wird. Bei Amtsgerichten von geringem Geschäftsumfange kann ein gemeinschaftliches Posteingangsnotizbuch für Gericht und Kasse geführt werden; die Anordnung hierüber ist dem Landgerichtspräsidenten vorbehalten.

9. Die Niederschlagungsliste (§ 53 Nr. 6 KO.), Formular R. Niederschlagungsliste.

Nach § 53 KO. erfolgen Niederschlagungen von Kosten nur auf Verfügung des Kassenkurators. Einer solchen Verfügung bedarf es für die Kasse auch in den Fällen, in welchen der Kostenansatz durch eine gerichtliche Entscheidung geändert ist, oder Kosten im Wege der Gnade erlassen sind. Niederschlagung von Kosten.

Eine vorläufige Niederschlagung findet, abgesehen von den

Fällen des § 32 Nr. 1 KO., statt, wenn die im § 20 Nr. 3 KO. bezeichneten Voraussetzungen vorliegen.

Der Kassenkurator ist für den Ausfall einer Gerichtskostenforderung verantwortlich, wenn er die vorläufige Niederschlagung der Kosten verfügt, ohne Ueberzeugung davon zu nehmen, ob nicht durch den unterlassenen Antrag auf Arrestirung und Ueberweisung der für den Schuldner eingetragenen Hypothek, sowie Eintragung im Grundbuch die Kosten einzuziehen waren und hierdurch dem Fiskus die Befriedigung entgangen ist. Wenn auch die Hypothek für einen Dritten arrestirt war, so mußte sich der Kassenkurator sagen, daß dieser Arrest durch anderweite Befriedigung jenes Dritten wegfallen konnte; überdies war die Höhe des Arrestes unbestimmt gelassen und daraus war der Zweifel zu entnehmen, ob nicht ein Betrag der Hypothek frei geblieben sei und der Staatskasse überwiesen werden könne (Erk. d. RG. v. 4. Novbr. 1886, Bolze Praxis Bd. 3 S. 109).

Eine endgültige Niederschlagung ist zu verfügen:

a) wenn Kosten irrig in Ansatz gebracht oder einer Person, die nicht oder nicht mehr in Höhe der erforderten Kosten und Vorschüsse zahlungspflichtig ist, in Rechnung gestellt sind (§ 53 Nr. 3 KO.);
b) wenn das Unvermögen des Zahlungspflichtigen erwiesen oder wenn der Schuldner nicht zu ermitteln oder nicht zu erreichen ist und feststeht, daß die Kosten weder zur Zeit noch auch künftig einziehbar sein werden, auch eine Sicherheit für die Kosten nicht zu erlangen ist (§ 53 Nr. 4, § 20 KO.);
c) wenn ein Kostenbetrag bis zu 20 Pf. einschließlich zu erheben ist und auf die Erhebung verzichtet werden soll;
d) wenn Kosten defektirt sind (§ 53 Nr. 5 KO.);
e) aus Anlaß der Bewilligung des Armenrechts in Ansehung der noch rückständigen Kosten (§ 19 Nr. 3 KO.).

Die in Folge der Niederschlagung in Wegfall kommenden Kosten werden in die von dem Kontroleur zu führende Niederschlagungsliste eingestellt. Die Nummer der Liste ist unter der Verfügung des Kurators zu vermerken. In die Spalten 10, 11 findet eine Einstellung der niedergeschlagenen Beträge nur in den § 53 Nr. 6 KO. angegebenen Fällen statt.

Der Kurator hat die Eintragungen in der Niederschlagungsliste allmonatlich probeweise mit den genehmigten Anträgen zu vergleichen und dies zu bescheinigen (§ 53 Nr. 6 KO.).

Die niedergeschlagenen Kosten sind vom Rendanten im Kostenregister als niedergeschlagen anzuschreiben, durchlaufende Gelder auch im Verrechnungsregister. Die vorläufig niedergeschlagenen Kosten sind in die Ergänzungsliste aufzunehmen (§ 53 Nr. 7 KO.).

Der Antrag des Rendanten, eine Kostenforderung wegen Armuth niederzuschlagen (§§ 20, 53 Nr. 4 KO.), ist dem Gerichtsschreiber vorzulegen. Soweit ein zweiter Schuldner vorhanden ist, ist eine Kostenrechnung aufzustellen, eine Reinschrift für den zweiten Schuldner beizufügen und der einzuziehende Betrag auf dessen Namen im Kostenregister umzuschreiben. Soweit ein zweiter Schuldner nicht vorhanden ist, ist dies unter dem Antrage des Rendanten zu bemerken. Die Niederschlagung wegen Armuth des Schuldners darf nur erfolgen, wenn der Gerichtsschreiber bezeugt, daß ein zweiter Schuldner nicht vorhanden ist. (§ 54 Nr. 1 KO.).

Die Niederschlagungsverfügungen des Kurators sind zu den Gerichtsakten zu nehmen. Von einer vorläufigen Niederschlagung ist seitens der Kasse zu den Akten Mittheilung zu machen (§ 54 Nr. 2 KO.).

Für die Niederschlagung der Kosten wegen Armuth ist der Kurator der Kasse allein verantwortlich und er hat vor dem Erlasse der Niederschlagungsverfügung selbständig zu prüfen, ob die Voraussetzungen derselben gegeben sind (Reskr. vom 8. Januar 1889, II. c. 164, Müller S. 1125 zu f.).

Der Kontroleur hat jede Seite der Niederschlagungsliste in den Spalten 6a bis 9 aufzurechnen, sobald eine weitere Eintragung auf der Seite nicht mehr stattfinden kann. Die Seitensummen sind zur monatlichen Revision zusammenzustellen und ebenfalls aufzurechnen. Unter der Zusammenstellung wird die Richtigkeit bescheinigt (§ 72 KO.). Der Rendant hat die Aufrechnung der Spalten 6a bis 9 zu prüfen und am Schlusse des Rechnungsmonats unter der Zusammenstellung der Seitensummen als richtig zu bescheinigen (§ 73 KO.).

10. Die Ausgabeverzeichnisse I und II (§ 57 KO.), Formular T. Ausgabeverzeichnisse.

Ueber die Ausgaben werden vom Rendanten außer dem Ausgabejournal (siehe Nr. 11) zwei Ausgabeverzeichnisse (I und II) in Monatsheften geführt. Die Monatshefte für den ersten Monat des Etatsjahrs enthalten die in der Zeit vom 1. bis 25. April auf das neue Etatsjahr geleisteten Ausgaben. Für den Monat März-Nachtrag werden besondere Hefte angelegt, diese enthalten die in der Zeit vom 25. März bis 25. April auf das alte Etatsjahr geleisteten Ausgaben (§ 71 KO.).

In das Ausgabeverzeichniß werden diejenigen Ausgaben aufgenommen, welche zu verrechnen sind als:

a) baare Auslagen in Civil- und Strafsachen (Kapitel 77);
b) Transportkosten (Kapitel 78);
c) nicht aversionirte Postporto- und Gebührenbeträge, Telegrammgebühren (Kapitel 79);
d) Reisekosten der Geschworenen, Schöffen und Mitglieder des Wahlausschusses (Kapitel 80 Tit. 1).

Entschädigungen für Zeugen sind, wenn der in einem Belege dargestellte Gesammtbetrag 10 Mark nicht übersteigt und die Entschädigungen nicht gemäß § 14 der Geb.O. für Zeugen gewährt sind, in das Ausgabeverzeichniß II, welches nur die Spalten 1 bis 5 des Formulars T enthält, einzutragen. Alle übrigen Ausgaben der zu a bis d bezeichneten Art einschließlich sämmtlicher Entschädigungen für Sachverständige gehören in das Ausgabeverzeichniß I. Der beim Monatsabschlusse festgestellte Gesammtbetrag des Verzeichnisses II wird — ohne fortlaufende Nummer — als letzte Buchung in das Ausgabeverzeichniß I Spalte 5 und 6 eingestellt. Die Belege erhalten für jedes Ausgabeverzeichniß besondere Nummern.

Unter dem Ausgabeverzeichniß I für März-Nachtrag ist vom Rendanten eine Jahreszusammenstellung auf Grund der Ueberweisungsauszüge aufzustellen.

Der Rendant hat in den Ausgabeverzeichnissen jede Seite, sobald eine weitere Eintragung auf ihr nicht mehr stattfinden kann, aufzurechnen und das Ergebniß auf die folgende Seite zu übertragen. Beim Schlusse des Monats (§ 71 KO.) wird der Gesammtbetrag der in dem Ausgabeverzeichniß I gebuchten Zahlungen der in dem Ausgabejournal nachgewiesenen Hauptsumme hinzugesetzt und auf diese Weise die Summe der Gesammtausgabe des Monats dargestellt. Der Kontroleur hat die Aufrechnung zu prüfen und die richtige Aufrechnung in den Verzeichnissen zu bescheinigen (§ 74 KO.).

Ausgabejournal. 11. Das Ausgabejournal (§ 57 KO.) Formular S.

In das Ausgabejournal, welches vom Rendanten in gleicher Weise wie die Ausgabeverzeichnisse geführt wird, werden alle anderen, insbesondere auch die übrigen bei Kapitel 80 Tit. 1 zu verrechnenden Ausgaben, eingestellt.

Auftragszahlungen, d. h. solche Zahlungen, welche unter einer anderen Nebenspalte des Ausgabejournals oder in den Ausgabeverzeichnissen nicht verrechnet werden können, sind in Spalte 18 des Ausgabejournals zu buchen. Bei Aufstellung des Ueberweisungsauszugs ist eine dem Gesammtbetrage solcher Auftragszahlungen gleiche Summe in Spalte 14 des Ausgabejournals als Ablieferung an die Justizhauptkasse in Ausgabe und in Spalte 8 des Einnahmejournals als erstattete Auftragszahlung in Einnahme nachzuweisen.

Sind von der Spezialkasse Ausgaben zu leisten, welche bei dem entsprechenden Fonds erst in dem folgenden Etatsjahre verrechnet werden dürfen, wie dies z. B. in Betreff der Gnadenbezüge für die Hinterbliebenen eines im letzten Vierteljahre des Etatsjahrs verstorbenen Beamten der Fall ist, so ist eine solche Ausgabe zunächst von der Spezialkasse als Auftragszahlung, von der Justizhauptkasse als Vorschuß zu buchen. Beim Beginne des neuen Etatsjahrs ist von der Spezialkasse der auf das neue Jahr fallende Betrag in Spalte 5 und in die Nebenspalte des Ausgabejournals, unter welcher er zu verrechnen ist, einzustellen und in Spalte 3 die Bemerkung „an die Justizhauptkasse erstatteter Vorschuß" aufzunehmen. Der bezeichnete Betrag ist durch Einsendung einer Quittung über empfangenen Zuschuß zu erstatten und der Zuschuß in den Spalten 5, 7 des Einnahmejournals für das alte Etatsjahr zu buchen.

Baare Auslagen, welche in den zur Zuständigkeit des Reichsgerichts gehörigen Strafsachen (GVG. § 136 Nr. 1) durch die Thätigkeit des Oberreichsanwalts (GVG. § 147 Abs. 2) und der Staatsanwaltschaft (GVG. § 144 Abs. 2) oder durch die Handlungen eines zum Untersuchungsrichter bestellten Preußischen Richters (StPO. § 184 Abs. 2) oder eines ersuchten Amtsrichters (StPO. §§ 159, 160, 184 Abs. 3 und § 187) entstehen und welche von Fall zu Fall zur Zahlung angewiesen werden, sind von der Gerichtskasse für Rechnung der Reichskasse vorschußweise zu zahlen und demgemäß als Auftragszahlungen zu buchen.

Der Rendant hat in dem Ausgabejournal jede Seite, sobald eine weitere Eintragung auf ihr nicht mehr stattfinden kann, aufzurechnen und das Ergebniß auf die folgende Seite zu übertragen. Der Kontroleur hat die Aufrechnung zu prüfen und in dem Ausgabejournal die richtige Aufrechnung zu bescheinigen (§ 74 Nr. 1 u. 3 KO.).

12. Das Ausgabemanual (§ 57 Nr. 4 KO.) Ausgabemanual.

Der Rendant hat unter Beachtung der für die Rechnungslegung ertheilten Vorschriften ein Ausgabemanual zu führen:

A. über die Kosten für Büreaubedürfnisse (Kapitel 74 Titel 22), über die sonstigen vermischten Ausgaben (Kapitel 74 Titel 26) und über die Kosten der Unterhaltung der Justizgebäude (Kapitel 81);

B. über die Gefängnißverwaltungskosten (Kapitel 74 Titel 25).

Wenn bei diesen Ausgaben fixirte Beträge vorhanden sind, welche an bestimmte Empfangsberechtigte gezahlt werden sollen, so hat die Justizhauptkasse die Spezialkasse um die Einstellung solcher Beträge in das Manual zu ersuchen.

Bei der Gerichtskasse am Sitze des Landgerichts werden in Betreff der Kosten für Büreaubedürfnisse 2c. (A) zwei Manuale, das eine über die Ausgaben für das Landgericht und das andere über die Ausgaben für das Amtsgericht geführt. In dem Manuale für das Landgericht sind auch die Ausgaben zur Unterhaltung der Justizgebäude (Kapitel 81) für das Amtsgericht darzustellen. Dabei sind die Ausgaben für jedes dieser Gerichte in besonderen Spalten auszubringen (vgl. Nr. I Abs. 2 Satz 2 des Ausschreibens der Ober-Rechnungskammer vom 19. März 1900 J. 1050).

Ergeben sich Rückeinnahmen aus den in dem Ausgabemanuale der Gerichtskasse verzeichneten Beträgen, so ist deren Buchung aus dem Ausgabejournale (§ 10 Nr. 6) auch in das Ausgabemanual mit rother Tinte zu übertragen. Auf einen solchen Eintrag ist in dem Manuale bei der Ausgabepost, durch welche die Rückeinnahme veranlaßt worden ist, hinzuweisen. Bei der Aufrechnung des Manuals finden die Vorschriften des § 10 Nr. 6 KO. entsprechende Anwendung.

Das Ausgabemanual ist jährlich an dem im § 90 KO. bestimmten Tage abzuschließen.

13. Das Verzeichniß der Zurückzahlungen (§ 57 Nr. 5 KO.), Formular U. Verzeichniß der Zurückzahlungen.

Ueber die Zurückzahlungen von Kosten (§ 59 KO.) und Geldstrafen (§ 60 KO.) wird vom Rendanten ein Verzeichniß geführt.

Die Eintragungen in das Verzeichniß erfolgen erst bei der Auszahlung oder der anderweitigen Verrechnung (§ 59 Nr. 2) der zurückzuzahlenden Beträge.

Soweit die Auszahlungen mittelst Postanweisungen erfolgen, sind die Einzahlungen bei der Post nicht einzeln oder täglich, sondern je nach dem Geschäftsumfange der Kasse in dreitägigen bis einwöchigen Zwischenräumen gemeinschaftlich auf Grund eines Einlieferungsverzeichnisses für Postanweisungen zu bewirken, es sei denn, daß besondere Umstände die Einzelsendung erforderlich machen.

Die Eintragung der Postanweisungen in das Verzeichniß erfolgt durch den Rendanten unter Benutzung der von dem Postamte zu erbittenden amtlichen Formulare (Verfügung des Staatssekretärs des Reichspostamts v. 25. Januar 1899). Bei der Eintragung ist die Reihenfolge des Zurückzahlungsverzeichnisses innezuhalten. Den Einlieferungsverzeichnissen sind die Spalten „Laufende Nummer" und „Nummer des Zurückzahlungsverzeichnisses" hinzuzufügen.

Ueber zurückgezahlte Beträge, welche von dem Empfangsberechtigten an der Kasse erhoben werden, ist in der Regel durch bloße Namensschrift in Spalte 16 zu quittiren. In diese Spalte gehört auch der Einnahmevermerk hinsichtlich der auf andere Kosten verrechneten Beträge (§ 59 Nr. 2).

Die Einlieferungsverzeichnisse und die etwa besonders ausgestellten Quittungen bilden Belege zum Verzeichnisse der Zurückzahlungen. Sie sind fortlaufend zu nummeriren. Diese Nummern, bei Einlieferungsverzeichnissen unter Hinzufügung der laufenden Nummern der einzelnen Posten (z. B. 48^{12}), bilden die in Spalte 17 einzustellenden Belegnummern.

Die nach Spalte 10 verausgabten Beträge werden in der Tagessumme (Spalte 11) in das Ausgabejournal eingestellt.

Eine Einstellung der zurückerstatteten Beträge in die Spalten 12, 13 hat nur in den Fällen des § 53 Nr. 6c KO. unter den daselbst erwähnten Voraussetzungen und unter entsprechender Anwendung der für die Spalten 10, 11 der Niederschlagungsliste getroffenen Bestimmungen zu erfolgen. Von der Aufnahme in die Spalten 12, 13 bleiben hiernach auch diejenigen erstatteten Stempelbeträge ausgeschlossen, auf deren Rückzahlung dem Steuerpflichtigen ein gesetzlicher Anspruch, wie in den Fällen des § 25 Abs. 1 und der Tarifstelle 32 Abs. 4, 7 des Stempelsteuergesetzes vom 31. Juli 1895 zugestanden ist, vorausgesetzt, daß das Recht der Rückforderung innerhalb der gesetzlichen Fristen geltend gemacht worden ist.

Das Verzeichniß ist monatlich abzuschließen und dem Ueberweisungsauszuge beizufügen. Unter dem Verzeichnisse für den Monat März-Nachtrag ist von dem Rendanten eine Jahreszusammenstellung auf Grund der Ueberweisungsauszüge aufzustellen.

Zurückzahlung von Kosten. Die Zurückzahlung von Kosten erfolgt auf Anweisung des Kassenkurators.

Die Anordnung ist in der Regel auf die anderweit aufgestellte Kostenrechnung oder auf das die Zurückzahlung veranlassende Schriftstück zu setzen und in kürzester Form zu fassen, z. B.:

Zurückzuzahlen an N. N. . . . Mk. . . . . Pf.
darunter Spalte 12 des Verz. . . . . „ . . . . „
„ 13 „ „ . . . . „ . . . . „

Die Anordnung wird in der Urschrift dem Rendanten vorgelegt, welcher unter ihr die Befolgung unter Beifügung das Datums und der Nummer des Zurückzahlungsverzeichnisses vermerkt. Die Anordnung gelangt demnächst zu den Akten der Gerichtsschreiberei zurück, nachdem zuvor der Kontroleur die Eintragung im Verzeichnisse der Zurückzahlungen mit der Anordnung verglichen und die Uebereinstimmung in Spalte 15 bezeugt hat. Der Vermerk in Spalte 15 kann mehrere gleichzeitig geprüfte Eintragungen umfassen (§ 59 KO.); im Uebrigen enthält § 59 KO. die weiteren Vorschriften.

Die Zurückzahlung einer zur Staatskasse vereinnahmten Geldstrafe erfolgt auf Anordnung der Strafvollstreckungsbehörde, welche die Einzahlung veranlaßt hat. Das Weitere ergiebt sich aus § 60 KO. Zurückzahlung von Geldstrafen.

14. Das Verrechnungsregister für durchlaufende Gelder. (§ 58 KO.) Formular V. Verrechnungsregister.

Zum rechnungsmäßigen Nachweis über die durchlaufenden Gelder führt der Rendant ein Verrechnungsregister. Dieses zerfällt in zwei Hauptabtheilungen:

I. Rechnungsgebühren; II. andere durchlaufende Gelder.

Der Rendant verzeichnet die im Kostenregister nachgewiesenen Rechnungsgebühren und die anderen durchlaufenden Gelder im Verrechnungsregister nach den Einzelbeträgen (Spalte 2) als Solleinnahme mit Angabe der Registernummer (Spalte 1) und des Empfangsberechtigten (Spalte 9). Die Einstellung der Isteinnahme als zahlbare Sollausgabe in Spalte 5 des Verrechnungsregisters erfolgt, sobald die entsprechende Kostenforderung im Kostenregister als eingegangen angeschrieben wird (§ 52 KO.) oder schon bei der Einstellung des Geldbetrages in Spalte 2 des Verrechnungsregisters, wenn dieser durch einen bereits eingezahlten Kostenvorschuß gedeckt worden ist (§ 17 Nr. 6 KO.). In diesem Falle wird in Spalte 1 auch die Registernummer, bei welcher die Einzahlung im Kostenregister angeschrieben ist, verzeichnet.

2. Der in Spalte 5 des Verrechnungsregisters angegebenen Isteinnahme entsprechend, wird die Ausgabe geleistet und nach dem Ausgabejournale (Spalte 17) in Spalte 10 des Verrechnungsregisters angeschrieben.

Sind mehrere Geldbeträge an einen Berechtigten gleichzeitig zu zahlen, so werden sie mit Angabe der laufenden Nummer (Spalte 7) zusammengestellt und aufgerechnet. Die Zusammenstellung wird der über die Summe lautenden Quittung beigefügt. In Spalte 10 des Verrechnungsregisters werden die Einzelbeträge als verausgabt angeschrieben, in dem Ausgabejournale wird die Summe unter einer Nummer eingetragen. Die Rechnungsgebühren und die dritten Berechtigten gebührenden Geldstrafen ꝛc. werden auf diese Weise beim Abschluß eines jeden Monats (§ 71 KO.) und beim Abschlusse des Etatsjahrs (§ 90 KO.) zur Auszahlung gebracht.

3. Niederschlagungen werden in Spalte 3 auf Grund der Niederschlagungsliste in Abgang gestellt.

4. In Spalte 13 jeder Hauptabtheilung kommen beim Jahresabschlusse die Einnahmereste zur Darstellung. In dem Register für das nächste Etatsjahr werden diese Reste unter Angabe der Nummer des Kostenregisters vorgetragen und besonders aufgerechnet.

5. Die Spalte 2 wird beim Monatsabschluß aufgerechnet. Die Monatssummen und die Summen der vorjährigen Einnahmereste werden am Schlusse des Etatsjahrs zusammengestellt. Alle übrigen Spalten werden vom Rendanten beim Jahresabschluß aufgerechnet.

6. Ausgabereste dürfen am Jahresschlusse nicht verbleiben. Fällige

Beträge, deren Auszahlung Hindernisse entgegenstehen, werden auf Anweisung des Kassenkurators zur vorläufigen Verwahrung des Amtsgerichts gezahlt. Die Quittung der Verwahrungsbeamten dient als Rechnungsbeleg.

Kontrole über Besoldungen 2c.

15. Die Kontrole über Besoldungen und andere fortlaufende Ausgaben (§ 61 KO.), Formular W.

Die Mittheilungen der Justizhauptkasse, welche Ersuchen um Zahlung von Besoldungen und anderen fortlaufenden Ausgaben oder die Abänderung solcher Ersuchen betreffen, werden ihrem Inhalte nach in eine vom Rendanten nach dem Formular W zu führende Kontrole eingetragen. Die auf diese Eintragungen Bezug habenden Schriften werden von der Gerichtskasse zu besonderen Akten gebracht und in diesen nach der Zeitfolge geordnet.

Zahlungslisten über Besoldungen 2c.

Auf Grund der Kontrole stellt der Rendant für jeden Zahlungstermin eine Zahlungsliste über Besoldungen, andere persönliche Ausgaben und Wartegelder 2c. nach dem Formular W^1 auf.

Die Vorschriften über die Behandlung dieser Zahlungsliste enthält § 61 KO.

Zahlungslisten über andere Ausgaben.

16. Zahlungslisten über die Zahlung anderer Ausgaben (§ 62 KO.).

§ 62 KO. bestimmt: 1. Auf die Verminderung der Belege ist Bedacht zu nehmen. Die Kosten für Bekanntmachungen in öffentlichen Blättern und die Kommissionsgebühren sind in Zahlungslisten zusammenzustellen und allmonatlich in einer Summe zu verausgaben. Das Gleiche gilt von den Zehrungskosten und von den Kosten für kleine sächliche Bedürfnisse, sofern wegen der Anzahl der Ausgabeposten die Anlegung einer Zahlungsliste zweckmäßig erscheint.

2. Mit der aus der Vorschrift in Nr. 1 sich ergebenden Einschränkung sind die angeordneten Zahlungen pünktlich zu leisten. Lassen besondere Umstände eine baldige Zahlung nicht zu oder ergeben sich Bedenken gegen die Ausführung der Zahlungsanweisung, so ist der anweisenden Behörde alsbald Anzeige zu erstatten. Insbesondere ist darauf zu achten, daß noch vor dem Jahresabschlusse die ergangenen Zahlungsanweisungen vollständig erledigt werden.

3. Bei der Buchung einer Zahlung, welche mehrere in einer Nachweisung (Zahlungsliste) verzeichnete Ausgabeposten umfaßt, ist die Aufrechnung der Nachweisung von dem Kontroleur als richtig zu bescheinigen.

Vorschüsse.

Ueber Vorschüsse bestimmt § 63 KO.: 1. Um die Gebühren der Zeugen und Sachverständigen und die Transportkosten sofort nach beendigtem Geschäfte zur Zahlung zu bringen, können auf Anweisung des Oberlandesgerichtspräsidenten einzelnen Beamten eiserne Vorschüsse aus der Justizhauptkasse gegeben werden.

2. Die aus einem eisernen Vorschusse geleisteten Zahlungen sind in Verzeichnisse aufzunehmen, auf welche die Vorschriften im § 57 Nr. 2 KO. entsprechende Anwendung finden. Die gezahlten Beträge sind dem Beamten bei der Ablieferung der Belege und der Verzeichnisse aus der Gerichtskasse zu erstatten. Beim Jahresschlusse müssen alle für das Etatsjahr geleisteten Zahlungen bei der Gerichtskasse zur Anrechnung gebracht

sein. In die Ausgabeverzeichnisse werden nur die durch jene Verzeichnisse ermittelten Gesammtbeträge, und daneben die auf die einzelnen Ausgabetitel zu übernehmenden Summen eingestellt. Die Einstellung eines solchen Gesammtbetrags erfolgt jedoch in Spalte 1 des Ausgabeverzeichnisses nicht unter einer Nummer, sondern unter so viel Nummern als das Verzeichniß Eintragungen enthält.

3. Zur Berichtigung der baaren Auslagen, namentlich der Zeugen- und Sachverständigengebühren, welche bei einem außerhalb der Gerichtsstelle abzuhaltenden Termine zur Zahlung anzuweisen sind, ist dem Gerichtsschreiber auf Antrag des Richters ein Vorschuß zu gewähren. Die Zahlungsanweisung hat der Kurator zu erlassen. Der Vorschuß ist nicht als Ausgabe zu buchen. Die Abrechnung mit dem Gerichtsschreiber ist unmittelbar nach der Beendigung des Geschäfts zu bewirken, bis dahin gilt die Quittung als Baarbestand.

17. Das Tresorbuch (§ 64 KO.), Formular X. Tresorbuch.

§ 64 KO. bestimmt: 1. Die vorhandenen baaren Gelder werden bei denjenigen Gerichtskassen, bei welchen die Kontroleurgeschäfte hauptamtlich wahrgenommen werden, von dem Rendanten und dem Kontroleur gemeinschaftlich in Verschluß genommen.

Ueber den Gesammtbetrag der unter gemeinschaftlichem Verschlusse befindlichen baaren Gelder wird ein Tresorbuch nach dem Formular X geführt. In diesem ist jede Einlage und jede Herausgabe mit Angabe des Tages von dem Rendanten zu verzeichnen und der dadurch veränderte Geldbestand des Tresors von Fall zu Fall anzugeben. Die Angabe ist durch Namensschrift der beiden am Verschlusse betheiligten Beamten in Spalte 5 zu beglaubigen. Von denjenigen Gerichtskassen, welche dem Reichsbank-Giroverkehr angeschlossen sind, wird auch das baare Guthaben bei der Reichsbank eingetragen.

Das Tresorbuch wird in dem Tresor aufbewahrt; dort werden von den betreffenden Gerichtskassen auch das Kontogegenbuch und die Scheckformulare niedergelegt.

Zu Beginn der Geschäftsstunden werden die zur Bestreitung der Tageszahlungen erforderlichen Gelder dem Rendanten aus dem Tresor übergeben. Was davon und von der Tageseinnahme zu den täglichen Ausgaben nicht erforderlich gewesen, ist beim Tagesschluß in den Tresor zurückzugeben. Damit auch nach dem Schlusse der Geschäftsstunden Zeugengebühren und sonstige Zahlungen geleistet werden können, kann dem Rendanten ein Betrag belassen werden, dessen Höhe von dem Kassenkurator entweder von Fall zu Fall oder allgemein zu bestimmen ist. Der Kontroleur ist befugt, durch Einsichtnahme der Kassenbücher sich über die Höhe des in gemeinschaftlichen Verschluß zu nehmenden Bestandes zu vergewissern.

2. Bei denjenigen Gerichtskassen, bei welchen die Kontroleurgeschäfte nebenamtlich wahrgenommen werden, sind die vorhandenen baaren Gelder dann in gemeinschaftlichen Verschluß des Rendanten und des Kontroleurs zu nehmen, wenn sie bei der Gerichtskasse der Amtsgerichte mit 4 oder mehr Richtern den Betrag von 1500 Mk.
den sonstigen Gerichtskassen den Betrag von . . . . 900 „
übersteigen. Auch bei geringerem Kassenbestande kann eine gemeinschaftliche Verwahrung stattfinden, wenn sie vom Kassenkurator für angemessen erachtet oder vom Rendanten gewünscht wird.

Soweit ein gemeinschaftlicher Verschluß erfolgt, finden die unter Nr. 1 getroffenen Anordnungen wegen Führung des Tresorbuchs auch hier Anwendung.

Bei den kleinen Gerichtskassen sind Geldbeträge, welche den Betrag von 500 Mk. übersteigen, von dem Kurator und den Rendanten unter besonderen Verschluß zu nehmen (§ 92 Nr. 5 KO.).

Nebenschlüssel.

3. Zu den vorhandenen Geldschränken und anderen Behältnissen mit künstlichen Schlössern, welche den Zwecken der Kassenverwaltung dienen, sind Nebenschlüssel zu halten. Sie sind demjenigen Beamten zur Aufbewahrung zu übergeben, welcher den Gebrauchsschlüssel in Händen hat. Die Aushändigung des Nebenschlüssels ist in den Akten zu beurkunden. Bei der Aushändigung ist dem Beamten zur Pflicht zu machen, den Nebenschlüssel in seiner Privatwohnung, nicht in dem Geschäftslokal, unter sicherem Verschluß aufzubewahren und von dem Verluste des Gebrauchsschlüssels oder des Nebenschlüssels sofort Anzeige zu machen. Auch der Gebrauchsschlüssel darf außerhalb der Zeit des dienstlichen Gebrauchs im Geschäftslokale nicht belassen werden.

Die Gerichtskassen, welche dem Reichsbank-Giroverkehr angeschlossen sind, haben diejenigen Bestände, welche in den nächsten 8 Tagen nicht gebraucht werden, bei der Reichsbankanstalt nach Vorschrift der Allg. Verf. v. 8. März 1900 (JMBl. S. 76, Kayser S. 1135, Müller S. 1131) zur Verwahrung zu geben (§ 65 KO.).

Aufbewahrungsregister.

18. Das Aufbewahrungsregister (§ 13 Nr. 5 KO.).

§ 13 KO. bestimmt: 1. Von der Befugniß, die Aushändigung von Ausfertigungen und Abschriften sowie die Rückgabe der aus Anlaß eines Geschäfts der freiw. Gerichtsbarkeit vorgelegten Urkunden von vorheriger Zahlung der Kosten und Stempelabgaben abhängig zu machen (Pr. GKG. § 15), ist Gebrauch zu machen, sofern nicht der Eingang der Beträge mit Sicherheit zu erwarten steht.

2. Die Entscheidung darüber, ob von der in der Nr. 1 bezeichneten Befugniß Gebrauch zu machen ist, hat zunächst der für die Berechnung der Kosten zuständige Gerichtsschreiber zu treffen. Der Kassenkurator kann jederzeit eine abändernde Entscheidung erlassen. Insbesondere ist, auch wenn der Eingang der Kosten nicht mit Sicherheit angenommen werden kann, der Kassenkurator ermächtigt, auf den Antrag der Partei die Aushändigung der Schriftstücke und Urkunden vor Zahlung der Kosten und Stempelabgaben anzuordnen, falls nach Lage der Umstände die Verzögerung der Herausgabe der Partei einen unverhältnißmäßigen Nachtheil bringen würde und keine Thatsachen vorliegen, welche auf eine Absicht schließen lassen, die Kosten der Staatskasse zu entziehen.

Die zurückzubehaltenden Urkunden (Ausfertigungen, Abschriften) und die dazu gehörigen Uebersendungsschreiben werden vom Gerichtsschreiber in eine Hülle gelegt, welche mit einer genauen Bezeichnung der Schriftstücke und, falls diese nicht adressirt sind, auch mit Namen, Stand und Wohnort des Empfangsberechtigten zu versehen ist. Die Hülle ist der Urschrift der Kostenrechnung beizulegen und, nachdem auf derselben die Registernummer vom Kontroleur nachgetragen ist, dem Rendanten gegen Empfangsbescheinigung zu übergeben. Der Rendant bewahrt die so erhaltenen Urkunden an einem sicheren Orte auf. Für Gerichtskassen mit einem größeren Geschäftsumfange kann vom Oberlandesgerichtspräsidenten die Führung eines besonderen Aufbewahrungsregisters angeordnet werden (§ 13 Nr. 5 KO.).

19. **Die Aufforderungsliste** (§ 26 KO.). Aufforderungsliste.

Nach § 24 Nr. 1 KO. wird die Einforderung der Kosten von den Zahlungspflichtigen durch Mittheilung einer Kostenrechnung bewirkt, welche die Aufforderung enthält, an die Kasse zu zahlen. Diese Kostenrechnungen werden vom **Rendanten** bei der Absendung nach den Registernummern in einer **Aufforderungsliste** verzeichnet. Das Weitere enthält § 26 KO.

20. **Die Beitreibungsliste** (§ 34 KO.), **Formular J.** Beitreibungsliste.

Die Anordnung des Verwaltungszwangsverfahrens wegen Beitreibung der Kosten (§ 8 KO.) und der im § 141 des Pr. GKG. bezeichneten Beträge steht dem **Rendanten** zu. Dem **Kurator** ist jedoch gestattet, die Funktionen der Vollstreckungsbehörde selbst zu übernehmen (§ 33 Nr. 1 KO.).

Nach § 34 Nr. 1 KO. wird für jeden Vollstreckungsbezirk eine Beitreibungsliste nach dem Formular J angelegt. Sie zerfällt in einzelne Hefte, welche je mit einer durch das Rechnungsjahr fortlaufenden Nummer zu versehen und am 1. und 15. eines jeden Monats oder an dem Abrechnungstage (§ 36 Nr. 2 KO.) des Gerichtsvollziehers, welcher auf die bezeichneten Tage zunächst folgt, abzuschließen und auszuhändigen sind.

Die Liste enthält in besonderen Abschnitten:

A. Kosten anderer Kassen und der Gerichtsvollzieher (§ 66 Abs. 6 GVO.);

B. Kosten aus der Ergänzungsliste; C. alle übrigen Kosten.

Im Uebrigen enthalten §§ 33, 34, 26 Nr. 3, 27 Nr. 6, 36 Nr. 2 KO. die weiteren Vorschriften.

Das Verwaltungszwangsverfahren wegen Beitreibung von Geldbeträgen ist durch die Kgl. V. v. 15. November 1899 (GS. S. 545) und die Anweisung dazu v. 20. November 1899 (Centralblatt der Abgabenges. 1900 Nr. 2) geregelt.

Ueber die Stundung von Kosten, einschließlich der Gebühren und Auslagen der Gerichtsvollzieher, entscheidet nach § 31 KO. der **Kurator**. Eine Stundung ist zu bewilligen, wenn der Schuldner zur Zeit unvermögend ist (§ 20 Nr. 2 KO.) oder durch die sofortige Beitreibung einen unverhältnißmäßigen Nachtheil erleiden würde, oder wenn durch Gewährung einer Frist oder durch Gestattung von Theilzahlungen der Eingang der Kosten voraussichtlich sicherer oder früher erreicht werden kann als durch Beitreibung. Haften noch andere Personen für die Kosten, so hat der **Kurator** darauf Bedacht zu nehmen, daß durch die Stundung weder das Interesse dieser Personen noch das der Kasse gefährdet wird; geeignetenfalls sind die mitverhafteten Personen über das Stundungsgesuch zu hören. Stundung von Kosten und Theilzahlungen.

Dem Schuldner ist bei der Bewilligung von Theilzahlungen zu eröffnen, daß im Falle unpünktlicher Zahlung die Beitreibung der ganzen Schuld angeordnet werden kann. Der Rendant, bei Gerichtsvollzieherkosten der Gerichtsvollzieher, hat die Fälligkeit der gestundeten Beträge zu kontroliren.

Soll eine Stundung lediglich aus Billigkeitsgründen über den Jahres-

abschluß hinaus gewährt werden, so bedarf es der Genehmigung des Landgerichtspräsidenten, wenn der zu stundende Betrag 300 Mark übersteigt. Die Stundung von Fideikommißstempeln über den bezeichneten Termin hinaus bleibt der Entscheidung des Justizministers vorbehalten.

Abholungsliste.

21. Die Abholungsliste (§ 27 KO.), Formular E.

§ 27 KO. bestimmt: 1. Von den Zahlungspflichtigen, welche in dem Bezirke des am Sitze der Kasse befindlichen Amtsgerichts wohnen, können, soweit es die Verhältnisse gestatten, insbesondere soweit nicht in Einzelfällen eine besondere Beschleunigung der Einziehung geboten erscheint, und soweit sich aus den nachstehend bezeichneten Einschränkungen Ausnahmen nicht ergeben, Kosten und Vorschüsse bis zur Höhe von 30 Mark einschließlich durch den die Kostenrechnung behändigenden Gerichtsvollzieher abgeholt werden.

2. Von der Abholung sind ausgeschlossen:

a) die in Strafsachen gleichzeitig mit der Geldstrafe eingeforderten Kosten;

b) die Kosten, von deren Zahlung die Aushändigung einer Urkunde oder einer sonstigen Schrift abhängig gemacht ist;

c) die Kosten, für welche eine Zustellung der Kostenrechnung angeordnet ist (Tarifstelle 8 Abs. 3 zum Stempelsteuerges. v. 31. Juli 1895);

d) die Kosten, welche Reichs-, Staats-, ständische, kirchliche oder Gemeinde-Behörden und aktive Militärpersonen schulden.

3. Der Rendant verzeichnet die Reinschriften der Kostenrechnungen in eine nach dem Formular E zu führende Liste (Abholungsliste) und übergiebt sie mit dieser Liste dem Gerichtsvollzieher, nachdem er dessen Namen in Spalte 5 des Kostenregisters vermerkt hat. Die Liste ist auf der ersten Seite mit der für jeden Abholungsbezirk jährlich fortlaufenden Nummer sowie mit dem aus dem Formular ersichtlichen Abholungs- und Vollstreckungsauftrage zu versehen. Die Aushändigung einer Liste erfolgt wöchentlich an dem dazu ein- für allemal bestimmten Werktage.

Das Weitere enthält § 27, § 36 Nr. 2, § 50 KO.

Bücher und Akten.

4. Buchführung. Rasuren in den Listen, Kassenbüchern und Registern dürfen nicht vorkommen. Durchstreichungen sind so vorzunehmen, daß die ursprünglichen Eintragungen erkennbar bleiben (§ 68 KO.).

Die Abholungs-, Beitreibungs- und ähnlichen Listen, ebenso wie die Urschriften der Ueberweisungsauszüge und Jahresnachweisungen sind aktenmäßig aufzubewahren. Besondere Akten sind auch zu halten über die Kassenrevisionen, über den Geschäftsverkehr mit der Justizhauptkasse, über den Verkehr mit der Reichsbankanstalt, über die allgemeinen Dienst- und Geschäftsverhältnisse der Gerichtskasse. Ueber die vorhandenen Akten ist ein Register zu führen (§ 69 KO.).

Aktenregister.

Monatsabschluß der Bücher.

5. Der Monatsabschluß der Bücher erfolgt am 25. jedes Monats und, falls dieser Tag auf einen Sonntag oder allgemeinen Feiertag fällt, am vorhergehenden Wochentage (§ 71 KO.). Bezüglich des Abschlusses der einzelnen Bücher ist das Nöthige (§ 72 ff. KO.) bereits bei Besprechung derselben mitgetheilt.

Jahresabschluß der Bücher.

6. Der Jahresabschluß der Bücher erfolgt nach § 90 KO. in folgender Weise:

Der Jahresabschluß der Bücher erfolgt zum ersten ordentlichen Revisionstage (§§ 71, 83 KO.) des neuen Etatsjahrs. Die auf die Solleinnahme bezüglichen Spalten des Kostenregisters (Spalten 6a bis 9), der Ergänzungsliste (Spalten 6a bis 9) und des Verrechnungsregisters (Spalte 2) werden jedoch bereits am 31. März geschlossen. Die Spalte 4 der Kontrole der Nebeneinnahmen ist für Einnahmen aus dem abgelaufenen Etatsjahre bis zum ersten ordentlichen Revisionstag offen zu halten und erst an diesem Tage zu schließen.

Die monatlichen Ergebnisse des Kostenregisters und der Niederschlagungsliste sind hinter der betreffenden letzten Eintragung vom Kontroleur zusammenzustellen. Der Kontroleur hat diese Zusammenstellungen, die Spalte 6a der Ergänzungsliste und die zu dieser Liste geführten Nebenlisten abzuschließen und aufzurechnen. Von dem Rendanten sind die Zusammenstellungen und Aufrechnungen zu prüfen und als richtig zu bescheinigen.

Der Rendant hat die Einnahmereste in Spalte 15 des Kostenregisters im Einzelnen festzustellen und die Spalten 11, 13, 15 dieses Registers aufzurechnen. Die Spalten 11, 13 sind soweit angängig, schon im Laufe des Jahres aufzurechnen. Die Aufrechnung ist vom Kontroleur zu prüfen und als richtig zu bescheinigen.

Von dem Kassenkurator sind die bei Aufstellung des Jahresabschlusses benutzten Bücher und Listen, sowie das Verzeichniß der am Schlusse des Rechnungsjahres verbliebenen Reste an Kosten mit dem Vermerk: „Gesehen zum Jahresrechnungsschlusse“ unter Hinzufügung des Datums und seiner Unterschrift zu versehen (§ 14 Abs. 7 Anw. d. ORK.).

Jahresnachweisung.

§ 91 KO.: 1. Die in den monatlichen Ueberweisungsauszügen dargestellten Isteinnahmen und Istausgaben sind nach Anfertigung des letzten Ueberweisungsauszugs in eine Jahresnachweisung nach dem Formular Z einzustellen. Die Angaben in Spalte „Bemerkungen“ sind zu II auf Grund der Nebenliste zur Ergänzungsliste und zu III auf Grund des Restenbuchs der Gerichtsvollzieher aufzunehmen.

2. Der Kassenkurator und der Kontroleur haben die Jahresnachweisung zu prüfen und gemeinschaftlich mit dem Rendanten nach den Anforderungen des Formulars als richtig zu bescheinigen.

3. Die Jahresnachweisung und die Kontrole der Nebeneinnahmen sind am 30. April der Justizhauptkasse einzureichen. Von der Jahresnachweisung ist ein Duplikat beizufügen.

Der in der Anweisung für die Rechnungslegung vorgeschriebene Jahresabschluß ist nebst der Niederschlagungsliste und der Bescheinigung betreffs der am Jahresschlusse verbliebenen Asservate bis zum 15. Juni der Justizhauptkasse einzureichen. Ist ein Protokoll zur Niederschlagungsliste aufgenommen, so ist eine Ausfertigung desselben dem Jahresabschlusse beizufügen (siehe § 14 der Anweisung für die Rechnungslegung).

§ 29.

III. Revisionen der Gerichtskasse.

Monatliche Revisionen durch den Kurator.

1. Die monatliche Revision der Gerichtskasse hat der Kurator am 25. jedes Monats und, falls dieser Tag auf einen Sonntag oder einen allgemeinen Feiertag fällt, am vorhergehenden Wochentage (§ 71 KO.) ab-

zuhalten. Dabei hat auch eine besondere Prüfung des Markenkontobuches und eine Feststellung der Markenbestände für die Invalidenversicherung, sowie eine Prüfung der von Angeklagten hinterlegten Zeugen- und Sachverständigengebühren (Allg. Verf. v. 10. Juni 1891, JMBl. S. 161) stattzufinden, falls die hierauf bezüglichen Geschäfte einem Kassenbeamten obliegen (§ 83 Nr. 1 KO.).

Prüfung des Ueberweisungsauszuges.

Nach § 84 Nr. 1 KO. ist bei der Revision der zur Einsendung an die Justizhauptkasse bestimmte nach Vorschrift des § 76 ff. KO. angefertigte Ueberweisungsauszug zu Grunde zu legen. Er ist vom Kontroleur rechnerisch zu prüfen und als richtig zu bescheinigen. Die im Ueberweisungsauszuge nachgewiesene Summe der Isteinnahme wird nach dem Abschlusse des Einnahmejournals, die unter Nr. 1 b, 2 bis 6 eingestellten Beträge werden nach dem Inhalte der Kontrole über die Nebeneinnahmen und die Beträge unter Nr. 8 bis 11 nach den Angaben geprüft, auf welche der Ueberweisungsauszug verweist.

Bei der zur Erläuterung der Einnahmereste an Gerichtskosten unter Nr. III aufgestellten Berechnung werden die Solleinnahme aus dem abgelaufenen Monate mit dem Abschlusse der Spalte 7 des Kostenregisters, der als niedergeschlagen davon abgesetzte Betrag mit dem Abschlusse der Niederschlagungsliste, die abgesetzten Zurückzahlungen mit dem entsprechenden Betrage der Ausgabe und die Einnahmereste aus dem letzten Monate mit dem vorangegangenen Ueberweisungsauszuge verglichen.

Die in dem Ueberweisungsauszuge berechnete Summe der Ausgaben ist nach dem Abschlusse des Ausgabejournals, die unter Nr. 1 bis 15 aufgeführten Beträge sind nach den Ergebnissen der entsprechenden Spalten des Ausgabejournals und des Ausgabeverzeichnisses zu prüfen. Unter den Abschlüssen des Einnahme- und Ausgabejournals hat der Revisor zu bescheinigen, daß der nachgewiesene Hauptbetrag in den Ueberweisungsauszug übernommen ist.

Die nach dem Ausgabejournale Spalte 7 verzeichneten durchlaufenden Gelder, die Ablieferungen und diejenigen Ausgaben, welche etwa schon für den neuen Monat gebucht worden sind, hat der Revisor auch nach den Belegen zu prüfen und mit dem Prüfungsvermerke zu versehen. Die Prüfung der übrigen Belege und der nach diesen in dem Ausgabejournal und in den Ausgabeverzeichnissen bewirkten Buchungen bleibt der Buchhalterei der Justizhauptkasse vorbehalten (§ 84 Nr. 2 KO.).

Bestandsrevision.

Der Rendant übergiebt eine nach dem Formular Y[1] aufgestellte, von dem Kontroleur als richtig bescheinigte Bestandsnachweisung und legt den Bestand der Kasse dem Revisor vor (§ 85 KO.).

Prüfung der Asservatenliste.

Bei den nach der Asservatenliste in Ausgabe gestellten Beträgen hat der Revisor im Einzelnen festzustellen, daß sie als Einnahmen gebucht oder gegen Quittung ausgezahlt sind.

Der Revisor hat die von ihm geprüften Quittungen mit einem Vermerke zu versehen.

Daß die durch die Asservatenliste als vorhanden nachgewiesenen Asservate bei der Revision vorgefunden sind, ist in der Asservatenliste vom Revisor zu bemerken (§ 86 KO.)

Den Inhalt des Posteingangsnotizbuchs, der Einziehungs-, Abholungs-, Beitreibungs-, Vollstreckungs- und Ablieferungslisten sowie der Ablieferungsscheine hat der Revisor mit den in dem Einnahmejournal und der Asservatenliste verzeichneten Geldbeträgen probeweise zu vergleichen. Er hat darauf zu achten, daß die Bücher ordnungsmäßig geführt und die gemäß dem § 13 Nr. 5 KO. zurückbehaltenen Urkunden sicher aufbewahrt sind (§ 87 KO.). Prüfung der Buchführung.

Bei den Kassenrevisionen hat jedesmal auch eine spezielle Prüfung des Markenkontobuches stattzufinden, durch welches der Ankauf und die Verwendung der Marken der Invaliditäts- und Altersversicherung zu kontroliren ist (Allg. Verf. v. 3. April 1891, JMBl. S. 95, Müller S. 917).

Ueber die Kassenrevision ist nach § 88 KO. ein Protokoll aufzunehmen. Das Protokoll gelangt mit der Bestandsnachweisung und dem Entwurfe des Ueberweisungsauszugs zu den Generalakten über die Kassenrevisionen. Revisionsprotokoll.

Der Betrag des vorgelegten Bestandes und der Asservate ist anzugeben. Der Rendant hat amtlich zu versichern,

> daß er andere amtlich ihm anvertraute Gelder, als die vorgelegten, nicht hinter sich habe, auch mit der Verwaltung anderer Kassen nicht befaßt sei.

Erfolgt die Absendung eines nach Inhalt des Ueberweisungsauszugs auf die etatsmäßigen Einnahmen angerechneten Geldbetrags (eine Baarablieferung) an die Justizhauptkasse zwar am Revisionstage, jedoch erst nach der Kassenrevision gleichzeitig mit dem Ueberweisungsauszuge, so ist auch dieser Geldbetrag dem Kurator der Spezialkasse bei der Kassenrevision vorzulegen und, daß dies geschehen, in dem Protokolle zu bemerken. Unter der Bestandsnachweisung ist auf den betreffenden Theil des Protokolls durch einen kurzen Vermerk hinzuweisen.

Der Revisor hat die Richtigkeit des Ueberweisungsauszugs zu bescheinigen. Ausstellungen, zu denen die Revision Anlaß giebt, sind zu bezeichnen.

Sind aus der Justizhauptkasse eiserne Vorschüsse gewährt worden, so muß wenigstens zweimal im Jahre eine Revision dieser Vorschüsse veranlaßt werden. Eine solche Revision ist, soweit thunlich, mit einer monatlichen Revision der Gerichtskasse zu verbinden und in dem Protokoll alsdann das Geeignete hierüber zu vermerken.

Eine Reinschrift des Ueberweisungsauszugs ist nach § 89 KO. noch am Revisionstag an die Justizhauptkasse ohne Begleitschreiben abzusenden. Der Sendung werden das Ausgabejournal, die Ausgabeverzeichnisse und das Verzeichniß der Zurückzahlungen nebst den dazu gehörigen Belegen beigefügt. Die Belege über die in Spalte 17 des Ausgabejournals gebuchten durchlaufenden Gelder bleiben jedoch bei der Gerichtskasse zurück. Diese werden nach der Abtheilung und der laufenden Nummer des Verrechnungsregisters geordnet und zum Gebrauche bei der Rechnungslegung aufbewahrt. Absendung des Ueberweisungsauszuges.

Die Briefe oder Packete sind im Falle der Uebersendung mittelst der Post mit dem Vermerk „Einschreiben“ zu versehen. Der Gerichtskasse am Sitze der Justizhauptkasse wird über den Empfang der Sendung eine Empfangsbescheinigung ertheilt.

Ein Kassenkurator, welcher entdeckte Unregelmäßigkeiten nicht vermerkt, macht sich regreßpflichtig. Hat auch ein anderer Beamter bei früheren Revisionen nicht sorgfältig verfahren, so können Beide in Anspruch genommen werden (Erk. d. RG. v. 11. Dezbr. 1894, Bolze, Praxis Bd. 19 S. 148).

Außerordentliche Revisionen durch den Kurator.

2. Ueber die außerordentlichen Kassenrevisionen enthält die Allg. Verf. v. 21. Juni 1885 (JMBl. S. 222) folgende Bestimmungen:

Von den Kassenkuratoren können außerordentliche Revisionen der ihnen unterstellten Kassen zu jeder Zeit vorgenommen werden. Dieselben erfolgen, ohne daß die Kassenbeamten davon unterrichtet sind.

Bei der außerordentlichen Revision ist mit der Feststellung des in der Kasse vorhandenen Geldbestandes zu beginnen. Dabei hat der Revisor unter der letzten Eintragung in dem Einnahme- und Ausgabejournal, in dem Ausgabeverzeichniß und in der Asservatenliste zu vermerken, daß dieselben zum Zweck der außerordentlichen Kassenrevision vorgelegt worden sind. Hat der Revisor mehrere Kassen zu revidiren (z. B. noch die Gefangenarbeitsverdienstkasse), so ist zunächst bei sämmtlichen Kassen der Bestand festzustellen. Der Revisor hat über die Feststellung des Bestandes ein besonderes Protokoll aufzunehmen, in welchem der vorgefundene Bestand mit Bezugnahme auf den darüber aufgenommenen und beigefügten Sortenzettel vermerkt wird. In dem Protokoll ist anzugeben, daß der Rendant die im § 88 Nr. 2 KO. bezeichnete Versicherung dahin abgegeben hat,

> daß er andere amtlich ihm anvertraute Gelder, als die vorgelegten, nicht hinter sich habe, auch mit der Verwaltung anderer Kassen nicht befaßt sei.

Das Protokoll ist von dem Rendanten zu unterschreiben.

Nach der Feststellung des Bestandes werden die Bücher dem Rendanten zur Anfertigung des Abschlusses zurückgegeben. Die Aufrechnung der Bücher und der auf Grund derselben gefertigte Abschluß sind von dem Kontroleur, einem anderen Kassenbeamten oder von einem durch den aufsichtführenden Amtsrichter damit beauftragten Beamten zu prüfen und als richtig zu bescheinigen. Der Revisor hat sich zu überzeugen, daß der ihm übergebene Abschluß mit den abgeschlossenen Büchern übereinstimmt. Stimmt der buchmäßige Bestand mit dem vorgefundenen Bestand nicht überein, so sind die Ursachen der Abweichung zu ermitteln.

Bei der an der Feststellung des Bestandes sich anschließenden Revision hat der Revisor zu prüfen, ob die für die Kassenverwaltung bestehenden Vorschriften überall befolgt sind. Der Revisor darf sich namentlich nicht mit der Prüfung der Bücher seit der letzten monatlichen Kassenrevision begnügen, sondern muß sich durch probeweise Vergleichungen zugleich davon überzeugen, daß die Bücher auch in der früheren Zeit nicht nur in sich und untereinander, sondern auch mit den vorschriftsmäßig attestirten Abschlüssen übereinstimmen.

Der Revisor hat auch zu prüfen, ob die Kasse gegen Diebes- und Feuersgefahr hinreichend gesichert ist und das Ergebniß dieser Prüfung in das Protokoll aufzunehmen.

Duplikatschlüssel.

Bei den außerordentlichen Revisionen oder nach Beendigung derselben sind die Duplikatschlüssel (Nebenschlüssel) auf ihre Brauchbarkeit zu prüfen.

Das Ergebniß ist in dem Revisionsprotokoll anzugeben, auch ist dabei zu bezeugen, daß die im § 64 Nr. 3 KO. gegebenen Vorschriften befolgt worden sind (Cirk.Verf. v. 26. Februar 1889 zu Nr. 3, I. 490).

Da der Präsident des Landgerichts dem Oberlandesgerichtspräsidenten nach dem Schlusse des Etatsjahres anzuzeigen hat, ob und mit welchem Erfolge außerordentliche Kassenrevisionen stattgefunden haben, so wird es zweckmäßig sein, eine beglaubigte Abschrift des Revisionsprotokolls dem Präsidenten des Landgerichts zu überreichen (vgl. auch Allg. Verf. v. 8. November 1886 Nr. 2 JMBl. S. 289).

3. Der Rechnungsrevisor hat die Gerichtskasse in Gemäßheit der Instruktion für die Rechnungsrevisoren v. 20. Juni 1885 (JMBl. Beilage zu § 9 Nr. 27) § 3, der Allg. Verf. v. 21. Juni 1885 Nr. 2 (JMBl. S. 222) und v. 31. März 1900 (JMBl. S. 385) zu revidiren. Das von ihm über die Revision aufgenommene Protokoll ist dem Kassenkurator zur Kenntnißnahme vorzulegen und von diesem mit seinem Visum zu versehen (Allg. Verf. v. 21. Juni 1885 Nr. 12). Revisionen durch den Rechnungsrevisor.

Fünfter Abschnitt.

Rechte und Pflichten des aufsichtführenden Richters als Gefängnißvorsteher.

Gefängniß-Ordnung für die Justizverwaltung in Preußen v. 21. Dezember 1898 (JMBl. S. 292).

§ 30.

I. Die Gefängnißbehörden.

1. Dem Ober-Staatsanwalt gebührt unter der Aufsicht des Justizministers die obere Leitung der Verwaltung der sämmtlichen Gefängnisse des Oberlandesgerichtsbezirks. Er hat die geeigneten allgemeinen Vorschriften über den Geschäftsbetrieb und die Ordnung in den Gefängnissen zu erlassen und die im einzelnen Falle etwa erforderliche Abhülfe von Amtswegen oder auf erhobene Beschwerde zu treffen (§ 24 Gef.O.). Oberstaatsanwalt.

2. Die Geschäfte des Gefängnißvorstehers versieht: Gefängnißvorsteher.

a) an denjenigen Orten, welche Sitz eines Landgerichts sind, der Erste Staatsanwalt;

b) an anderen Orten der Amtsrichter, bei einem mit mehreren Richtern besetzten Amtsgerichte, sofern nicht eine andere Anordnung getroffen ist, der aufsichtführende Richter (§ 3 Gef.O.).

Die Empfangnahme der an den Gefängnißvorsteher adressirten Postanweisungsbeträge, Sendungen mit Werthangabe und Einschreibsendungen sowie die Eröffnung derselben ist dem aufsichtführenden Richter ausschließlich vorbehalten (§ 6 Gesch.O.).

Disziplinargewalt über die Gefängnißbeamten.

3. Dem Ober-Staatsanwalt gebührt eine Disziplinargewalt über den Amtsrichter, welchem die Aufsicht und Verwaltung eines Gefängnisses übertragen ist, nicht, da nach § 152 GVG. den Staatsanwälten eine Dienstaufsicht über die Richter nicht übertragen werden darf. Hieraus ergiebt sich, daß der Ober-Staatsanwalt sich bezüglich disziplinarischer Rügen an den vorgesetzten Präsidenten des Amtsrichters zu wenden, sowie daß er sich gegen den Richter des Requisitionsstiles zu bedienen hat.

Steht dem Gefängnisse ein Amtsrichter vor, so unterliegen hinsichtlich der Aufsicht und Disziplin die Gefängnißbeamten den für Gerichtsbeamte geltenden Vorschriften (§ 25 Gef.O.). Auch hat er die Disziplinargewalt über die Gefangenen mit Ausschluß der Disziplinargewalt über die Untersuchungsgefangenen, welche dem Richter zusteht (§ 59 Gef.O.).

Fondsverwaltung.

4. Nach Nr. 15 GV. verfügt jeder Vorsteher eines Gefängnisses über die Fonds zu Gefängnißverwaltungskosten (Kap. 74 Tit. 25, Kap. 75 Tit. 15) sowie zu vermischten Ausgaben, soweit letztere die Gefängnisse ausschließlich betreffen (Kap. 74 Tit. 26 Abth. 1 des Kassenetats); über den Fonds zu den Kosten der Reisen behufs Revision des Gefangenen-Arbeitsbetriebs (Kap. 80 Tit. 1); über die Fonds für „Beiträge zur Krankenversicherung der Arbeiter“ sowie zu „Ausgaben auf Grund des Unfallversicherungsgesetzes“ (Kap. 80 Tit. 4a), soweit Arbeiter bei einem Gefängniß ausschließlich beschäftigt sind; über den Fonds zu „Ausgaben auf Grund des Gesetzes über die Invalidenversicherung“ (Kap. 80 Tit. 4a) für Arbeiter, auch sog. Arbeitsaufseher, bei den Gefängnissen; endlich über den Fonds „zu Bewilligungen an die Gefangenen aus dem Arbeitsverdienste“ (Kap. 80 Tit. 4c), der Vorsteher eines besonderen Gefängnisses (Kap. 75) auch über den Fonds zu Büreaubedürfnissen und sonstigen vermischten Ausgaben (Kap. 75 Tit. 13 und 16).

Soweit es sich um Beschaffung von Utensilien handelt, ist die Dispositionsbefugniß eine beschränkte, indem bei amtsgerichtlichen Gefängnissen der Amtsrichter nur bis zur Höhe von 30 Mark verfügen darf; bei Ausgaben, welche diesen Satz überschreiten, bedarf es der Genehmigung der Vorstandsbeamten des Oberlandesgerichts (Allg. Verf. v. 14. Juli 1874, JMBl. S. 221).

Durch § 16 des Reglements über die Bekleidung und Lagerung der Gefangenen v. 1. September 1887 ist angeordnet, daß über die Neubeschaffung von Bekleidungsgegenständen der Ober-Staatsanwalt auf Vorschlag des Gefängnißvorstehers Verfügung zu treffen hat, woraus sich ergiebt, daß die Zahlungsweisung auf den in Rede stehenden Fonds seitens der Gefängnißvorsteher, soweit es sich um die Beschaffung von Lagerungs- und Bekleidungsgegenständen handelt, nur mit Ermächtigung des Ober-Staatsanwalts erfolgen darf (Dalcke u. Genzmer S. 168, Dalcke S. 98).

Ueber die Kosten für die Verpflegung (Beköstigung) der Gefangenen verfügen die Gefängnißvorsteher, ohne durch eine bestimmte Grenze beschränkt zu sein (Dalcke u. Genzmer S. 181).

Beschwerden über die Verfügungen des Amtsrichters als Gefängnißvorsteher in Angelegenheiten der Fondsverwaltung werden im Aufsichtswege erledigt (Nr. 30 GV.).

Das Aktenheften bei den Gefängnissen liegt den Beamten ohne besondere Entschädigung ob (Nr. 59 EV.).

5. Die Vorschriften der Gefängniß-Ordnung und der für das einzelne Gefängniß bestehenden besonderen Bestimmungen finden auf die Untersuchungsgefangenen nur in soweit Anwendung, als nicht vom Richter für einen solchen abweichende Anordnungen getroffen sind. Die Befugnisse des Richters werden bis zur Eröffnung des Hauptverfahrens durch den Untersuchungsrichter ausgeübt. Mit der Eröffnung des Hauptverfahrens gehen sie auf den Vorsitzenden des erkennenden Gerichts über. Ist eine Voruntersuchung nicht eröffnet oder ist deren Führung dem Amtsrichter übertragen (§ 183 StPO.), so sind die Befugnisse des Richters so lange von dem Amtsrichter auszuüben, als der Untersuchungsgefangene sich in dem Gefängnisse am Sitze des Amtsgerichts befindet (§ 95 Gef.O.). Der Richter.

6. Bei jedem Gefängnisse, für welches Ausgaben auf Grund des Kapitels 75 des Etats zu leisten sind, besteht nach § 1 Nr. 4 KO. eine besondere Kasse (Gefängnißkasse); bei dieser fungirt der Gefängnißvorsteher als Kurator, sein Vertreter als Stellvertreter des Kurators (§ 6 Nr. 2 KO.); auf Beschwerden über den Kurator entscheidet der Oberstaatsanwalt (§ 6 Nr. 5 KO.). Die Obliegenheiten des Kontroleurs sind von einem dazu bestimmten Gefängnißbeamten wahrzunehmen (§ 93 Nr. 2 KO.). Die von der Gefängnißkasse zu führenden Bücher sind im § 93 Nr. 1 KO. angegeben. Im Uebrigen wird auf die Ausführungen in dem Abschnitt IV dieses Buches hingewiesen. Gefängnißkasse.

§ 31.

II. Die Gefängnißbeamten.

1. Bei jedem Gefängnisse sind als Beamte thätig: ein Vorsteher, ein Inspektor und die erforderliche Zahl von Unterbeamten (Gefangenoberaufseher, Gefangenaufseher, Gefangenoberaufseherinnen, Gefangenaufseherinnen). Bei größeren Gefängnissen können mehrere Inspektionsbeamte, auch Rechnungs- und Kanzleibeamte sowie Beamte für den technischen und wirthschaftlichen Betrieb angestellt werden (§ 2 Gef.O.). Gefängnißbeamte.

Die etatsmäßigen Inspektionsgehülfen werden als „Inspektionsassistenten", und die diätarischen als „ständige" bezw. „nicht ständige Inspektionsgehülfen" bezeichnet (Cirk.Verf. v. 26. März 1896, I. 1868).

Sind mehrere Inspektions- oder Unterbeamte, Rechnungs- und Kanzleibeamte sowie Beamte des technischen und wirthschaftlichen Betriebes (§§ 2, 17 Gef.O.) angestellt, so hat der Oberstaatsanwalt über die Vertheilung der Dienstgeschäfte Verfügung zu treffen oder die Bestimmung hierüber dem Gefängnißvorsteher zu übertragen (§ 5 Gef.O.).

2. Die ausschließlich im Gefängnißdienst angestellten Inspektionsbeamten haben im Dienst stets, die Gefangenaufseher im Dienst sowohl innerhalb wie außerhalb des Gefängnisses die vorgeschriebene Dienstkleidung zu tragen. Hülfsaufseher haben im Dienst die Dienstmütze und das Seitengewehr zu tragen (§§ 13, 16 Gef.O.). Für die nur nebenamtlich im Gefängnißdienst beschäftigten Beamten gelten hinsichtlich der Dienstkleidung.

Dienstkleidung die für das Hauptamt geltenden Vorschriften. Danach haben die als Gefangenaufseher fungirenden Gerichtsdiener die durch § 17 der Dienstordnung v. 21. Dezbr. 1899 vorgeschriebene Dienstkleidung zu tragen, während des Gefängnißdienstes aber das Seitengewehr anzulegen (Müller S. 595 Fußnote).

Wie die Dienstkleidung beschaffen sein soll ist durch die Rundverf. v. 12. Novbr. 1900 (I. 2504), wodurch die Rundverf. v. 13. Septbr. 1881 (I. 2475) aufgehoben ist, angeordnet. Diese Verfügung ist bei Müller S. 595 abgedruckt. Auch die Rundverf. v. 6. März 1901 (I. 1280) ist zu beachten (Müller S. 2035).

Die Hirschfänger bezw. Unteroffiziersäbel der Aufseher und die Säbel 2c. der Oberaufseher werden geliefert. Die Säbelkoppeln, Troddeln bezw. Portepees sind den Aufsehern und Oberaufsehern zu liefern; die Anfertigung dieser Gegenstände, wenigstens der Säbelkoppeln, wird in dem Gefängniß selbst stattfinden können (Nr. 6 der Cirk.Verf. v. 13. Septbr. 1881, I. 2475; Rundverf. v. 15. Dezbr. 1900, I. 7094; Reskr. v. 18. Januar 1882, I. 4979).

Waffengebrauch.

3. Ueber den Waffengebrauch bestimmt § 22 Gef.O. Folgendes:

Die Aufsichtsbehörde (§ 24 Gef.O.) kann zur Sicherheit der Beamten oder des Gefängnisses nach dessen Lage oder Beschaffenheit und der sonstigen in Betracht kommenden Verhältnisse die Verabreichung von Schußwaffen an die Inspektionsbeamten und Gefangenaufseher anordnen.

Den Beamten ist bei Ausübung des Dienstes der Gebrauch der ihnen anvertrauten Hieb- und Schußwaffen gestattet:

1. wenn entweder ein Angriff auf ihre Person oder auf andere erfolgt, oder sie oder andere mit einem solchen bedroht werden;
2. wenn ein Gefangener in den Besitz eines Werkzeugs, welches zu gefährlichen Angriffen dienen kann, sich gesetzt hat und der Aufforderung, solches abzulegen, nicht nachkommt;
3. wenn Gefangene sich zusammenrotten und mit vereinten Kräften einen Ausbruch unternehmen, die Beamten oder die mit der Beaufsichtigung Beauftragten angreifen, ihnen Widerstand leisten oder sie zu Handlungen oder Unterlassungen zu nöthigen suchen;
4. wenn ein Gefangener sich der Ergreifung bei versuchter Flucht thätlich oder durch gefährliche Drohungen widersetzt oder auf ergangene wiederholte Aufforderung von dem Fluchtversuche nicht abläßt.

Von den Waffen darf nur insoweit Gebrauch gemacht werden, als es zur Unterdrückung der Meuterei (Ziffer 3), zur Verhinderung des Fluchtversuchs, zur Abwehr des Angriffs oder zur Ueberwindung des Widerstandes erforderlich ist. Von der Schußwaffe darf mit Ausnahme des Falles, daß es sich um die Abwehr eines unmittelbaren Angriffs auf die Person handelt, nur nach geschehener erfolgloser Warnung und jedenfalls nur dann Gebrauch gemacht werden, wenn andere Mittel nicht zum Ziele führen würden. Ob bei Meutereien, abgesehen von dem Falle des unmittelbaren Angriffs, die Schußwaffe anzuwenden ist, bestimmt der Vorsteher oder in dessen Abwesenheit der Gefängnißinspektor.

Die Aufseher bei den außerhalb der Anstalt beschäftigten Gefangenen sind außerdem nach § 6 des Ges. v. 11. April 1854 (GS. S. 143) befugt, zur Verhinderung der Flucht derselben nöthigenfalls von ihren Hieb- und Schußwaffen Gebrauch zu machen.

In jedem Falle des Waffengebrauchs ist dem Vorsteher sogleich Anzeige zu machen, von diesem der Sachverhalt festzustellen und dem Oberstaatsanwalt zu berichten (§ 11 Gef.O.).

Ueber die Verwaltung und Aufbewahrung der Schußwaffen und der Munition, sowie über die abzuhaltenden Uebungen im Gebrauch der Schußwaffen siehe die Cirk.Verf. v. 4. März 1897 (I. 1004) und 13. Mai 1897 (I. 2359) bei Müller S. 598.

4. Die Beamten der Gefängnißverwaltung haben sich eines sittlichen, nüchternen Lebenswandels zu befleißigen. Sie müssen die ihnen obliegenden Dienstgeschäfte mit Treue, Fleiß und Ordnung besorgen und bemüht sein, durch rege Selbstthätigkeit, auch dann, wenn sie sich nicht beaufsichtigt wissen, die Aufgaben der Gefängnißverwaltung zu fördern; insbesondere haben sie sich auch mit den in der Anstalt betriebenen Arbeiten möglichst bekannt zu machen. In allen dienstlichen Angelegenheiten haben sie strenge Verschwiegenheit zu beobachten. Verhalten der Gefängnißbeamten.

Gehorsam gegen die Befehle der Vorgesetzten, Friedfertigkeit und Dienstwilligkeit unter einander, ein ernstes und festes, aber wohlwollendes und gerechtes Verhalten gegenüber den Gefangenen wird ihnen zur Pflicht gemacht. Die Behandlung der Gefangenen soll unter Berücksichtigung ihrer Eigenart und ihres bürgerlichen Standes erfolgen. Die Bevorzugung einzelner Gefangenen ist streng untersagt. — Die erwachsenen Gefangenen sind mit „Sie" anzureden. Inwieweit eine Beschäftigung der Gefangenen für Gefängnißbeamte erfolgen kann, ist besonders bestimmt (§ 18 Gef.O.).

Jeder nicht dienstliche Verkehr der Beamten mit Gefangenen ist unzulässig. Insbesondere dürfen die Beamten unter keinem Vorwande mit den Gefangenen Geschäfte eingehen oder in Darlehnsverkehr treten, auch nicht Aufträge der Gefangenen vermitteln, und weder für sie noch von ihnen oder ihren Angehörigen Geld oder andere Sachen als Geschenk oder zur Verwahrung annehmen. Den Gefängnißbeamten ist es untersagt, mit den Lieferanten und Arbeitsunternehmern des Gefängnisses sowie mit entlassenen Gefangenen Geldgeschäfte zu machen, namentlich Darlehne von ihnen zu nehmen oder Waaren auf Borg oder gegen billigeren Preis, als andere Personen, von ihnen zu beziehen. Auch dürfen sie für Verrichtung in Anlaß der Ausübung ihres Amts keinerlei Vergütungen oder Vortheile annehmen (§ 19 Gef.O.).

Die Beamten der Gefängnißverwaltung sind für alle seitens ihrer Familie, ihrer Dienstboten oder ihres Besuchs stattfindenden Uebertretungen der Hausordnung persönlich verantwortlich. Sie haben darüber zu wachen, daß diese Personen sich jeder Einmischung in den Dienst und jedes mittelbaren und unmittelbaren Verkehrs mit den Gefangenen enthalten. Die Verwendung von Familiengliedern oder Dienstboten zu amtlichen Verrichtungen ist ohne ausdrückliche Erlaubniß des Vorstehers unstatthaft (§ 20 Gef.O.).

Dienstkreis des Gefängnißinspektors. 5. Die Geschäfte des Gefängnißinspektors werden entweder durch einen ausschließlich zu diesem Dienste angestellten Beamten oder durch einen von den Vorstandsbeamten des Oberlandesgerichts zu bestellenden Büreaubeamten der Staatsanwaltschaft oder des Amtsgerichts versehen (§ 12 Gef.O.).

Dem Gefängnißinspektor liegt nach § 13 Gef.O. insbesondere ob:

a) die Sorge für die sichere Verwahrung der Gefangenen und die innere Ordnung des Gefängnisses sowie die Aufsicht über die Gebäude;
b) die Aufnahme und die Entlassung der Gefangenen sowie die Erstattung der hierauf bezüglichen Anzeigen und der Frühberichte (§ 7 Gef.O., Muster 6, JMBl. 1898 S. 345);
c) die vorläufige Bestimmung über die Vertheilung der Gefangenen in die Zellen (§§ 6, 34 Gef.O.);
d) die besondere Ueberwachung der Gefangenaufseher, in deren Ausübung er insbesondere wöchentlich mindestens zweimal, von Zeit zu Zeit — mindestens alle 2 Monate — auch des Nachts, das Gefängniß zu revidiren und den Befund in dem Revisionsbuch zu vermerken hat;
e) die hauswirthschaftliche Verwaltung und die Aufstellung der Berechnungen über die Gefängnißverwaltungskosten;
f) die Führung der Nachweisung der Bestände (Muster 12, JMBl. 1898 S. 357) und die Sorge für deren Ausbesserung und Ergänzung;
g) die Vorbereitung des Transports der Gefangenen nach anderen Gefängnissen oder nach Strafanstalten u. s. w.;
h) die Beschaffung angemessener Arbeit für die Gefangenen und die Verwaltung der Arbeitsverdienstkasse;
i) die Führung der vorgeschriebenen Bücher, Listen, Nachweisungen u. s. w.
k) die Verwaltung der Schußwaffen und der Munition sowie die Sorge für deren Unterbringung.

Nach Bedarf kann dem Gefängnißinspektor zur Anfertigung der schriftlichen Arbeiten Beihülfe gewährt werden.

Dienst der Gefangenaufseher 2c. 6. Der Dienst des Gefangenaufsehers wird durch besondere hierzu angestellte Beamte (Aufseher, Oberaufseher, Hausväter u. s. w.) oder durch Gerichtsdiener wahrgenommen.

In größeren Gefängnissen mit besonderen Abtheilungen für weibliche Gefangene wird die Aufsicht über diese ausschließlich, in kleineren Gefängnissen, soweit thunlich, Gefangenaufseherinnen übertragen.

Die Gerichtsdiener, welche nicht zugleich Gefangenaufseher sind, haben die Verpflichtung, die Gefangenaufseher zu vertreten (§ 14 Gef.O.).

Dem Gefangenaufseher liegt insbesondere ob:

a) die unmittelbare Beaufsichtigung der Gefangenen;
b) der Verschluß der äußeren Zugänge zum Gefängnisse und der Verschluß der Gefängnißzellen;
c) die Ausführung der Hausordnung;
d) die Sorge für die Reinlichkeit aller Gefängnißräume, sowie der Einrichtungs-, Lagerungsgegenstände u. s. w.;

e) die Sorge für die Reinlichkeit der Gefangenen selbst, ihrer Wäsche und Kleidungsstücke, und die Wartung erkrankter Gefangenen.

Die Gefangenaufseher sind nach Anordnung des Vorstehers auch zur Mitwirkung bei dem Nachtdienst verpflichtet. Außerdem können dem Gefangenaufseher einzelne minder wichtige Obliegenheiten des Gefängnißinspektors mit Genehmigung des Oberstaatsanwalts übertragen werden. Ausgeschlossen ist die Uebertragung der Verwaltung der Arbeitsverdienstkasse. Meldungen und Gesuche der Gefangenaufseher sind regelmäßig durch Vermittlung des Gefängnißinspektors an den Vorsteher zu richten (§ 15 Gef.O.).

Dienststunden des Gefangenaufsehers. Der Dienst des Gefangenaufsehers ist an eine bestimmte Tageszeit nicht gebunden. Während der Nachtzeit darf er sich ohne Genehmigung des Vorstehers oder des Inspektors nicht außerhalb seiner Wohnung aufhalten (§ 16 Gef.O.).

Kein Verfügungsrecht über die Gefangenen. Dem Gefangenaufseher steht nicht zu, eigenmächtig über die Beschäftigung der Gefangenen Verfügung zu treffen oder etwa zu seinem eigenen Nutzen durch die Gefangenen Arbeiten verrichten zu lassen (§ 16 Gef.O.).

Hülfsgefangenaufseher. 7. Wo das Personal der Gefangenwärter nach dem Umfange der auswärtigen Beschäftigung der Gefangenen einer Vermehrung bedarf, ist die erforderliche Zahl von Hülfsgefangenwärtern anzunehmen. Für die Annahme derselben gelten die allgemeinen Bestimmungen, namentlich auch in Betreff der vorzugsweisen Berücksichtigung der Militärversorgungs-Berechtigten. Der Oberstaatsanwalt kann die vorläufige Annahme derselben, vorbehaltlich seiner Genehmigung, dem Gefängnißvorsteher überlassen (§§ 10, 11 der Instruktion v. 30. Mai 1854, Dalcke S. 123).

Den Hülfsgefangenaufsehern, welche monatsweise angenommen werden, ist ein Lohn bis zu 60 Mark zu gewähren. Wenn aber das Bedürfniß der Aushülfe voraussichtlich den Zeitraum eines Monats nicht erreicht, so können solchen Hülfsgefangenaufsehern, welche nur für diejenigen Tage angenommen worden sind, an denen ihre Dienste nöthig sind, Tagegelder bis zu 2 Mark bewilligt werden (Instr. § 11; Reskr. v. 7. Juli 1875). Diese Tagegelder der Hülfsgefangenaufseher sind aus der Arbeitskasse, und zwar speziell aus derjenigen Einnahme zu zahlen, welche durch die nach dem Gesetze vom 11. April 1854 und nach der Instruktion v. 30. Mai ej. eingerichtete Beschäftigung der Gefangenen gewonnen wird.

Diejenigen Aufseher, welche speziell zur Aufsicht bei der Außenarbeit angenommen werden, sind als Hülfsarbeiter im Sinne des Gesetzes über die Invaliditäts- und Altersversicherung v. 13. Juli 1899 (RGBl. S. 463) anzusehen und daher versicherungspflichtig (s. a. Müller S. 912). Auf die nichtständigen Hülfsarbeiter im Unterbeamtendienste erstreckt sich nach der Allg. Verf. v. 25. April 1901 (JMBl. S. 95) auch die Krankenfürsorge.

Gefängnißgeistliche. 8. Für alle Gefängnisse, welche durchschnittlich mindestens 10 Gefangene desselben christlichen Glaubensbekenntnisses enthalten, muß auf Gewinnung eines Seelsorgers und Einrichtung regelmäßiger Gottesdienste Bedacht genommen werden (§ 82 Gef.O.). Ueber die Grundsätze, nach welchen bei Einrichtung des Gottesdienstes und der Seelsorge zu verfahren ist, hat das im Handbuch von Dalcke u. Genzmer S. 189 abgedruckte Reskr. v. 21. Februar 1856 Bestimmungen getroffen, welche durch die Reskripte v. 7. Juni 1861 (I. 2314) und v. 19. November 1873 (I. 4107) ergänzt werden (s. a. Dalcke S. 43, Müller S. 1986). Es können nach Inhalt dieser Reskripte für Gefängnisse mit einer Durchschnittszahl von 11 bis 50 Gefangenen dem Geistlichen jährlich 150 Mark, mit einer Durchschnittszahl von 51 bis 100 Gefangenen 240 Mark als Remuneration, mit Einschluß des Pauschquantums für Nebenkosten, bewilligt werden.

Dabei muß jedoch ausdrücklich darauf hingewiesen werden, daß es durchaus nicht den Zwecken und Interessen der gerichtlichen Gefängnißpflege entsprechen würde, wenn die bloße Steigerung der Gefangenen-Gottesdienste über die in der Allg. Verf. v. 21. Februar 1856 hinaus vorgeschriebenen Zahlen als Grund für eine möglichst reiche Bemessung der Remuneration behandelt werden sollte. Ein größerer Werth ist auf den seelsorgerischen Verkehr mit den einzelnen Gefangenen zu legen, und bei Abmessung der Remuneration kommt es deshalb vorzugsweise darauf an, ob die bisherige Thätigkeit der Geistlichen nach dieser Richtung hin vortheilhaft hervorgetreten oder eine Steigerung derselben wenigstens für die Zukunft zu erwarten ist. Wenn die Abschließung neuer Verträge mit den Geistlichen nothwendig wird, so ist die Durchschnittszahl der Gefangenen nach den letzten 3 Jahren zu berechnen. Besondere Gründe, wie z. B. die Errichtung einer besonderen Station für jugendliche Gefangene, bei deren Unterricht der Geistliche mitwirkt, können die Annahme eines anderen Maßstabes rechtfertigen.

Gefängnißärzte.

9. Soweit nicht besondere Gründe entgegenstehen, sollen an Orten, welche Sitz eines Medizinalbeamten sind, die ärztlichen Stellen bei den Gefängnissen diesem zuertheilt werden. Bei dem Eintreten von Vakanzen in den Medizinalbeamtenstellen sind, soweit angängig, Privatärzte nur aushülfsweise heranzuziehen (Cirk.Verf. v. 20. März 1883, I. 824).

Die Dienststellung der Kreisärzte ist geregelt durch das Gesetz v. 16. Septbr. 1899 (GS. S. 172) und die Dienstanweisung v. 23. März 1901 (Allg. Verf. v. 30. April 1901, JMBl. S. 111).

In den Verträgen soll der Arzt nach dem Reskr. v. 21. Dezember 1858 (I. 3175) folgende Verpflichtungen übernehmen:

1. die erkrankten Untersuchungs- und Strafgefangenen ärztlich und wundärztlich zu behandeln,

2. die Gefängnißeinrichtungen im Allgemeinen, sowie namentlich die Beköstigung der Gefangenen in Rücksicht auf die Gesundheitspflege zu beaufsichtigen,

3. auf Erfordern des Gerichts den Gesundheitszustand aller Kategorien der Gefangenen zu untersuchen und den Befund schriftlich anzuzeigen,

4. sich in Fällen der Verhinderung durch einen qualifizirten Arzt auf seine Kosten vertreten zu lassen,

5. die bei der Behandlung der Kranken etwa anzuwendenden Instrumente unentgeltlich zum Gebrauch zu stellen, wogegen ihm die zu verabreichenden Bruchbänder und Bandagen nach den verifizirten Rechnungen besonders vergütet werden.

Dazu hat das Reskr. v. 12. Febr. 1894 (I. 3764) bestimmt:

1. daß die Gefängnißärzte nicht mehr verpflichtet sein sollen, die Geschäfte der kleinen Chirurgie selbst wahrzunehmen oder auf ihre Kosten durch eine andere Person wahrnehmen zu lassen, daß für solche Fälle vielmehr ein Heilgehülfe auf Staatskosten anzunehmen sei;

2. daß die Verpflichtung, jeden neu eingelieferten Gefangenen binnen 24 Stunden zu untersuchen, dahin zu beschränken sei, daß dies nur auf Verlangen des Gefängnißvorstehers zu geschehen habe. Die Gefängnißbeamten sollen dies Verlangen aber nur stellen, wenn sich Erscheinungen von Krankheiten, insbesondere von ansteckenden (s. Seite 179), gezeigt haben;

3. daß sowohl für die Justizverwaltung wie für den Arzt stets gleichmäßig eine dreimonatliche Kündigung zu verabreden sei.

Bezüglich der Remunerirung der Aerzte bestimmt das Reskr. vom 19. Novbr. 1873 (I. 4107):

Bei Gefängnissen, für welche bei gewöhnlichen Verhältnissen auf nicht mehr als 10 Gefangene durchschnittlich zu rechnen ist, muß von dem Engagement eines Arztes gegen feste Remuneration der Regel nach Abstand genommen und eine Bezahlung der ärztlichen Hülfe nach der Medizinaltaxe von Fall zu Fall vorgezogen werden, falls der Arzt sich nicht mit einem wechselnden Pauschquantum von 4 Mark pro Kopf und Jahr begnügen sollte. Bei Gefängnissen mit mehr als 10 Gefangenen Durchschnittsbesetzung dürfen bis zu 60 Gefangenen pro Kopf 4 Mark und darüber hinaus pro Kopf 2 Mark bewilligt werden. Auch für die Bewilligung von Pauschquanten nach dem Durchschnitt der vorausgegangenen Jahre können eintretendenfalls diese Sätze als maßgebend angenommen werden. Außerdem wird aber auch die Gewährung fester Remunerationen von 75 Mark jährlich gestattet, wenn die Aerzte eine solche Fixirung — bei kleineren Gefängnissen — dem Honorar nach der wechselnden Gefangenzahl vorziehen sollten.

10. Verträge wegen des Unterrichts jugendlicher Gefangener bedürfen der ministeriellen Genehmigung (Reskr. v. 6. Juli 1899, II d. 2079). Gefängnißlehrer.

Ueber die Frage, ob die Lehrer an den Gefängnißschulen zu disziplinarischen Maßregeln befugt sind, hat das Reskr. v. 9. März 1890 (I. 820) Entscheidung getroffen.

Danach ist den Lehrern an organisirten Gefängnißschulen denjenigen jugendlichen Gefangenen gegenüber, welche noch im schulpflichtigen Alter (im Sinne der Volksschule) stehen, die disziplinare Befugniß zur Vornahme körperlicher Züchtigungen in den in dem Erlasse des Herrn Ministers der geistlichen, Unterrichts- und Medizinal-Angelegenheiten vom 19. Januar 1900 bezeichneten Grenzen zuzugestehen. Es soll darauf hingewirkt werden, daß die Gefängnißlehrer von ihrem Züchtigungsrecht nur im beschränktesten Umfange und zwar nur in denjenigen Fällen Gebrauch machen, in welchen die sonstigen Disziplinarmittel voraussichtlich nicht zum Ziele führen würden.

11. Geistliche, Aerzte und Lehrer bei den Gefängnissen sind in Beziehung auf die Aufrechterhaltung der Hausordnung an die Anordnungen des Vorstehers gebunden (§ 23 Gef.Regl.). Ihre Dienststellung und der Umfang ihrer Dienstpflichten wird für das einzelne Gefängniß durch besondere Bestimmungen geregelt (§ 17 Gef.Regl.). Verhältniß der Geistlichen, Aerzte und Lehrer zur Gefängnißverwaltung.

§ 32.

III. Die Gefangenen.

Aufnahme der Gefangenen. Annahmebefehl. Vorläufige Annahme.

1. Nach § 26 Gef.O. erfolgt die Annahme auf Grund eines schriftlichen Annahmebefehls des Richters oder des Staatsanwalts. Die Annahme von Strafgefangenen erfolgt auf Grund eines schriftlichen Annahmebefehls der Strafvollstreckungsbehörde, die Annahme von Polizeigefangenen auf Grund eines schriftlichen Annahmebefehls der Polizeibehörde. Personen, welche von einer öffentlichen Behörde oder von Beamten des Polizei- oder Sicherheitsdienstes eingeliefert werden, können ohne schriftlichen Annahmebefehl, jedoch nur vorläufig, aufgenommen werden, sofern nicht ihr Zustand (Trunkenheit, Unreinlichkeit, Krankheit u. s. w.) dem entgegensteht. Dem Gefängnißvorsteher ist von einer solchen Aufnahme sofort Anzeige zu erstatten.

Findet auf Grund eines Haftbefehls, eines Steckbriefs, einer Ladung zum Strafantritt oder aus anderer Veranlassung eine vorläufige Aufnahme in das Gefängniß statt, so wird der Strafvollstreckungsbehörde oder der sonst betheiligten Behörde alsbald Mittheilung gemacht.

Die Polizeibehörden müssen, wenn durch ihre Beamte und ohne Veranlassung der Justizbehörden die Verhaftung erfolgt, den Festgenommenen in reinem Zustande an das Gerichtsgefängniß abliefern lassen, gleichviel, ob derselbe in das Polizeigefängniß aufgenommen war oder nicht (Cirk.Verf. des Ministers des Innern v. 13. September 1883, betreffend die Ablieferung von Gefangenen seitens der Polizeibehörde an das Justizgefängniß, JMBl. 1883 S. 349). Der Herr Justizminister hat nun unterm 19. Juni 1884 genehmigt, daß die Gefängnißverwaltungen die Reinigung der Gefangenen ein- für allemal durch Vertrag gegen eine von der betreffenden Polizeiverwaltung zu zahlende Entschädigung übernehmen; hierdurch soll den Konflikten begegnet werden, welche in Folge der Vorschrift des zwischen den Gefängniß- und Polizeiverwaltungen über die Reinigung der in die Gefängnisse eingelieferten Personen entstanden sind. Zur Reinigung der Kleidungsstücke der Gefangenen von Ungeziefer ist vom Herrn Justizminister die Anschaffung von sogenannten Schwefelkohlenstoff-Desinfektions-Reinigungs-Apparaten empfohlen worden; dieselben sind von C. Lübcke in Celle zum Preise von 33 Mark 50 Pf. pro Stück zu beziehen.

Ueber die gleichzeitige Vollstreckung von Straf- und Untersuchungshaft siehe die Rundverf. v. 11. Mai 1896 (I. 1422, Kayser S. 821).

Zeit der Aufnahme.

Personen, welche sich zum Strafantritt melden, werden in der Regel nur an Wochentagen und nicht vor 7 Uhr Morgens und nicht nach 6 Uhr Abends angenommen (§ 26 Gef.O.).

Durchsuchung.

Die aufgenommenen Gefangenen werden nach Vorschrift des § 30 Gef.O. einer Durchsuchung unterzogen; alle ihnen während der Haft entbehrlichen Gegenstände werden ihnen abgenommen. Die Behandlung der einem Gefangenen abgenommenen Geldbeträge erfolgt nach Vorschrift der Allg. Verf. v. 25. Novbr. 1901 (JMBl. S. 267).

Personalbeschreibung.

Nach § 32 Gef.O. ist von jedem eingelieferten Untersuchungsgefangenen und von jedem Strafgefangenen, welcher eine längere als einmonatige Freiheitsstrafe zu verbüßen hat, binnen 24 Stunden nach der Einlieferung eine genaue Beschreibung der Person aufzunehmen und zu den Akten zu bringen. Ob in besonderen Ausnahmefällen photographische Aufnahmen der Gefangenen erfolgen sollen, bestimmt der Untersuchungsrichter, Staatsanwalt oder Gefängnißvorsteher.

Für Gefangene mit einer Strafdauer von 1 Jahre und darüber sind Personalakten anzulegen, welche mindestens zu enthalten haben: Personalakten.

eine beglaubigte Abschrift der Urtheilsformel, die Beschreibung der Person,

ein Verzeichniß der Disziplinarstrafen sowie Bemerkungen über Vorstrafen und Führung.

Wird später an demselben Gefangenen eine weitere Strafe in einem anderen Gefängnisse vollstreckt, so hat der Vorsteher des Gefängnisses die Personalakten zum Zwecke der Fortführung einzufordern.

Ueber die Benutzung und Förderung kriminalpolizeilicher Einrichtungen (Verbrecher-Album, Kriminal-Museum, Meßdienst) vgl. die Allg. Verf. v. 19. Oktober 1899 (I. 5835, Kayser S. 772).

Den Gefangenen ist bei der Aufnahme von der Berechnung der Strafzeit Kenntniß zu geben (§ 27 Gef.O.). Sie werden mit der Tagesordnung und den wesentlichen Vorschriften der Hausordnung bekannt gemacht und darauf hingewiesen, daß sie einen Abdruck in dem ihnen angewiesenen Raume vorfänden (§ 33 Gef.O.). Mittheilungen bei der Aufnahme.

Durch die Tagesordnung ist das Aufstehen, Niederlegen, sowie der Beginn und Schluß der durch Verabreichung der Mahlzeiten und die Bewegung im Freien (§ 78 Gef.O.) in angemessenen Zwischenräumen zu unterbrechenden Arbeit festzustellen (§ 33 Gef.O.). Tagesordnung.

Kranke Personen müssen sofort nach ihrer Einlieferung unter ärztliche Behandlung gestellt und — wenn ihre Unterbringung in einer Krankenanstalt nicht erfolgt — bis zu ihrer Heilung in besonders hierzu bestimmten Zellen verwahrt werden. Kranke.

Personen, welche mit ansteckenden Krankheiten behaftet sind, sollen in das Gefängniß nicht aufgenommen werden. Dasselbe gilt von schwangeren Personen, welche zur Verbüßung einer Strafe aufgenommen werden sollen, wenn die Schwangerschaft bereits bis zum siebenten Monate vorgerückt ist; es sei denn, daß die Aufnahme im Interesse der Strafvollstreckung ausdrücklich verlangt wird (§ 28 Gef.O.). Schwangere.

Ansteckende Krankheiten sind: Pocken, Scharlach, Masern und Rötheln, Rose, Diphtherie, Unterleibstyphus, Fleck-, Wechsel-, Rückfallfieber, Ruhr, asiatische Cholera, Pest, Influenza, Keuchhusten, kroupöse Lungenentzündung, epidemische Genickstarre, Kindbettfieber, kontagiöse Augenentzündung, Krätze, Rotz, Hundswuth, Milzbrand (Verf. der Min. des Inn. und der geistl. Ang. v. 13. Juli 1899, MBl. f. d. i. V. S. 108).

Den Gefangenen ist nicht zu gestatten, Kinder in das Gefängniß mitzubringen. Eine Ausnahme ist nur zulässig, wenn ein Säugling von der Mutter nicht getrennt werden kann. Werden außer diesem Falle Kinder von den Eltern mitgebracht oder mit diesen eingeliefert, so sind sie nur so lange im Gefängnisse zu belassen, bis die sofort anzurufende Polizeibehörde für die anderweite Unterbringung gesorgt hat (§ 29 Gef.O.). Kinder.

Militärverhältnisse der Gefangenen.

2. Der Gefängnißvorsteher hat nach § 10 Gef.O. die nach § 106 Ziffer 6 und § 25 Nr. 6 Abs. 2 der Deutschen Wehrordnung vom 22. Mai 1888 ihm obliegenden Prüfungs-, Anzeige- und Anmeldepflichten zu beobachten.

Nach § 106 der Wehrordnung hat der Gefängnißvorsteher die Verpflichtung, die Militärverhältnisse der in das Gefängniß eingelieferten im Alter vom vollendeten 20. bis zum vollendeten 45. Lebensjahre stehenden männlichen Personen zu prüfen und, falls dieselben sich nicht ordnungsmäßig auszuweisen vermögen, hiervon dem Civilvorsitzenden der Ersatzkommission des Geburtsorts der Betreffenden Anzeige zu machen. Bei den Gefängnissen der Justizverwaltung hat dies bei Gefangenen zu geschehen, welche eine längere als sechswöchentliche Strafe zu verbüßen haben (Cirk.Verf. v. 7. November 1892, MBl. f. d. i. V. 1893 S. 20).

Nach § 25 Nr. 6 Abs. 2 der Wehrordnung haben die Gefängnißvorsteher die Verflichtung, die in der Zeit vom 15. Januar bis 1. Februar jedes Jahres im Gefängniß untergebrachten Militärpflichtigen in Gemäßheit dieses Paragraphen zur Stammrolle anzumelden (Cirk.Verf. v. 1. August 1892, I. 3793).

Durch die Cirk.Verf. v. 3. Mai 1888 (I. 1261) ist wegen Heranziehung der zur Zeit der Musterung oder der Aushebung in gerichtlicher Untersuchungs- oder Strafhaft befindlichen Militärpflichtigen dahin Bestimmung getroffen, daß die in Strafhaft befindlichen Militärpflichtigen durch Gendarme oder Polizeibeamte der Ersatzbehörde desjenigen Aushebungsbezirks, in welchem sie detinirt sind, vorgeführt werden sollen, daß dagegen die Vorführung von Untersuchungsgefangenen von den Umständen des Einzelfalles abhängen muß und daher über die Zulässigkeit derselben, sowie eventuell über die Art ihrer Ausführung jedesmal von dem zuständigen Richter zu befinden ist. Demzufolge werden die Gefängnißvorsteher angewiesen, die in den Gefängnissen detinirten Strafgefangenen, welche der Ersatzbehörde vorgeführt werden sollen, gegen Vorlegung des betreffenden Vorführungsbefehls dem Gendarmen oder Polizeibeamten zu diesem Zweck zu übergeben und die Gefangenen nach Erledigung des Ersatzgeschäfts von dem bezeichneten Beamten wieder anzunehmen.

Strafaufschub.

3. Die Vollstreckung einer Freiheitsstrafe ist aufzuschieben, wenn der Verurtheilte in Geisteskrankheit verfällt; dasselbe gilt bei anderen Krankheiten, wenn von der Vollstreckung eine nahe Lebensgefahr für den Verurtheilten zu besorgen steht. Die Strafvollstreckung kann auch dann aufgeschoben werden, wenn sich der Verurtheilte in einem körperlichen Zustande befindet, bei welchem eine sofortige Vollstreckung mit der Einrichtung der Strafanstalt unverträglich ist (§ 487 StPO.). In einem solchen Falle hat der Gefängnißvorsteher unter Beifügung eines Gutachtens des Gefängnißarztes der Behörde, welcher die Strafvollstreckung obliegt, Bericht zu erstatten und den Strafaufschub von dieser zu erwirken. Weder die Gefängnißvorsteher noch sonstige Beamte der Gefängnißverwaltung sind befugt, eigenmächtig über Aussetzung oder Theilung der Strafvollstreckung bezw. über die Beurlaubung eines Gefangenen eine Verfügung zu treffen (§ 90 Gef.O.).

Strafteilung.

Beurlaubung.

Es können auch Fälle eintreten, in denen die Beurlaubung eines Gefangenen wegen eines nicht in seiner eigenen Person liegenden Umstandes erforderlich und billig erscheint; so z. B. machen die unmittelbar bevorstehende Entbindung der Ehefrau, die gleichzeitige Erkrankung mehrerer

Familienmitglieder, dringende wirthschaftliche Verhältnisse u. s. w., die vorläufige Entlassung vielleicht sehr wünschenswerth. In solchen Fällen hat der Gefängnißvorsteher die Zustimmung des Ersten Staatsanwalts, — wenn es sich um eine Beurlaubung bis zu 4 Wochen, — des Ober-Staatsanwalts — wenn es sich um eine solche bis zur Dauer von 6 Monaten handelt — einzuholen (Cirk.Verf. v. 7. Juni 1881, I. 2432).

Das Nähere über den Aufschub der Strafvollstreckung, über Strafunterbrechung und Straftheilung siehe bei Dalcke u. Genzmer S. 75 f. und Müller S. 1772, 1781, und über die Ermächtigung des Justizministers zur Bewilligung von Strafaussetzung an solche Verurtheilte, hinsichtlich deren bei längerer guter Führung eine Begnadigung in Aussicht genommen werden kann, den Allerh. Erlaß v. 23. Oktbr. 1895 (JMBl. S. 348, Kayser S. 821).

Die zu einer längeren Gefängnißstrafe Verurtheilten können, wenn sie drei Viertheile, mindestens aber Ein Jahr der ihnen auferlegten Strafe verbüßt, sich auch während dieser Zeit gut geführt haben, mit ihrer Zustimmung vorläufig entlassen werden (§§ 23 bis 26 StGB., § 99 Gef.O.). Vorläufige Entlassung.

Die Anträge auf vorläufige Entlassung stellt nach § 9 Gef.O. der Gefängnißvorsteher.

Ueber das Verfahren bei vorläufigen Entlassungen siehe Müller S. 1990, Dalcke u. Genzmer S. 85, Wulff I S. 196.

4. Nach § 85 Gef.O. ist bei eintretender Erkrankung eines Gefangenen der Gefängnißarzt und bei besonderer Dringlichkeit, falls dieser nicht erreichbar ist, ein anderer Arzt herbeizurufen. Von bedenklichen Erkrankungen ist dem Vorsteher, und wenn es sich um einen Untersuchungsgefangenen handelt, auch dem Richter Nachricht zu geben. Von ansteckenden Krankheiten ist nach Maßgabe der gesundheitspolizeilichen Vorschriften der Polizeibehörde Anzeige zu machen. Erkrankungen im Gefängniß.

Die ansteckenden Krankheiten sind unter Nr. 1 Seite 179 angegeben.

Untersuchungsgefangene können sich mit Genehmigung des Richters, Strafgefangene mit Genehmigung des Gefängnißvorstehers, auf ihre Kosten der Hülfe eines anderen als des Gefängnißarztes bedienen.

Kranke Gefangene sind möglichst in abgesonderten, vorzugsweise gesund gelegenen Zellen oder in einer nur für erkrankte Gefangene bestimmten Anstalt zu behandeln. Die ärztlichen Vorschriften sind streng zu beobachten; ihre Ausführung ist durch das Aufsichtspersonal zu überwachen.

Nur sofern der Zustand des Erkrankten es erfordert, wird er in einer anderen, von dem Oberstaatsanwalt bestimmten Heilanstalt untergebracht. Der Strafvollstreckungsbehörde ist von einer solchen Anordnung Kenntniß zu geben.

Schwangere müssen in der Regel bei dem Herannahen der Niederkunft entweder in eine am Orte befindliche öffentliche Entbindungsanstalt geschafft oder einstweilen aus der Haft entlassen werden (Allg. Verf. vom 20. Juni 1883, JMBl. S. 195). Schwangere.

Ueber die Entlassung geisteskrank gewordener Gefangener sind zu beachten die Allg. Verf. v. 25. Oktober 1882 (JMBl. S. 325, Müller S. 1781), Cirk.Verf. v. 30. Oktober 1900 (I. 6355, Müller S. 1782) und die bei Müller S. 2008 unter Nr. 5 aufgeführten Verfügungen. Geisteskranke.

Verunglückte. Ueber „die Behandlung Verunglückter bis zur Ankunft des Arztes“ verhält sich die Schrift von Dr. Pistor, deren Anschaffung den Gefängnißvorstehern empfohlen ist (Cirk.Verf. v. 4. Juli 1891, I. 2711).

Im Falle der lebensgefährlichen Erkrankung eines Gefangenen sind durch Vernehmung desselben oder sonst auf geeignete Weise sogleich diejenigen Erkundigungen einzuziehen, welche im Falle des Todes zur Erzielung einer korrekten Eintragung in das Sterberegister nothwendig sind; die Erfordernisse sind unter Nr. 7 Seite 184 angegeben. Auch sind nach der Cirk.Verf. v. 4. Juli 1889 (I. 2048) die Angehörigen des Kranken sofort in Kenntniß zu setzen (§ 86 Gef.O.).

Ist der Verurtheilte nach Beginn der Strafvollstreckung wegen Krankheit in eine von der Strafanstalt getrennte Krankenanstalt gebracht worden, so ist die Dauer des Aufenthaltes in der Krankenanstalt in die Strafzeit einzurechnen, wenn nicht der Verurtheilte mit der Absicht, die Strafvollstreckung zu unterbrechen, die Krankheit herbeigeführt hat. In letzterem Falle hat die Staatsanwaltschaft eine Entscheidung des Gerichts herbeizuführen (§ 493 StPO.).

Arzneibuch. 5. Die Arzneien, welche der Arzt verordnet, sind in ein Arzneibuch einzutragen (§ 85 Gef.O.), welches für je ein Vierteljahr anzulegen und zweckmäßig nach einem Formular mit folgenden Spalten zu führen ist: 1. Laufende Nummer, 2. Datum, 3. Namen der Patienten, 4. Verordnung des Arztes, 5. Taxe, 6. Nachtaxe, 7. Preis, 8. Name des Verfertigers, 9. Bemerkungen. In Betreff der zu verordnenden Medikamente ist dem Arzte die Beobachtung der größtmöglichen Sparsamkeit zur Pflicht zu machen (Cirk.Verf. v. 21. Dezbr. 1858, I. 3175).

Am Schluß des Vierteljahres hat der Gefängnißinspektor die Richtigkeit der Apothekerrechnung, sowie auch ferner zu bescheinigen, daß die in dem Arzneibuch verzeichneten Arzneien wirklich geliefert und für die Gefangenen bestimmungsmäßig verwendet worden sind. Sodann ist das Buch zur Prüfung der Liquidationen durch den Regierungs-Medizinalrath an den Regierungspräsidenten einzusenden; sobald die Rechnung angewiesen ist, ist das Arzneibuch zu vernichten.

Mit dem Apotheker wird eine Abmachung zu treffen sein, ob er die Medizingläser wieder zurückzunehmen geneigt ist; in diesem Falle ist der von ihm für die Gläser zu vergütende Betrag von der Summe der Rechnung in Abgang zu stellen. Auch wird bei dem Apotheker auf die Bewilligung des üblichen Rabatts hinzuwirken sein.

Näheres siehe Müller S. 2017.

Kur- und Verpflegungskosten. 6. In der Cirk.Verf. v. 21. Dezember 1881 (I. 4498) hat der Herr Justizminister die Grundsätze festgestellt, in welchem Umfange die Kur- und Verpflegungskosten für erkrankte Gefangene von den Justizfonds zu tragen sind. Darnach ist, so oft die Entfernung eines Gefangenen aus dem Gefängnisse in Folge seiner Erkrankung angezeigt scheint, auf das Sorgfältigste zu erwägen, ob die Untersuchungshaft aufzuheben bezw. die Strafhaft zu unterbrechen, oder ob der Gefangene nur vorübergehend behufs seiner Verpflegung einer von dem Gerichtsgefängniß getrennten Krankenanstalt zu überweisen ist. Diese Entschließung darf aber nicht lediglich unter dem Gesichtspunkt möglichster Entlastung des Kriminalfonds, sondern muß mit Rücksicht auf die Gesammtheit der obwaltenden Umstände getroffen werden. Insbesondere wird dann, wenn es sich um hülfsbedürftige Strafgefangene handelt, welche nur in Ermangelung der geeigneten Einrichtungen zur ärztlichen Behandlung innerhalb des Gefängnisses aus dem letzteren entfernt werden, anzunehmen sein, daß dieselben in der Regel nicht mit Unterbrechung der Strafvollstreckung förmlich entlassen werden, sondern der Krankenanstalt zur Verpflegung auf Kosten der Justizverwaltung, unter Anrechnung der Dauer ihres Aufenthaltes in der Krankenanstalt auf die Strafzeit, zu übergeben sind. In solchen Fällen ist aber dem Vorstande des Krankenhauses oder je nach der Lage des einzelnen Falles der zuständigen Kommunalbehörde gleichzeitig ausdrücklich die Dauer der von dem Erkrankten noch zu verbüßenden Freiheitsstrafe mitzutheilen, da mit dem Ende der Strafzeit der Erkrankte unbedingt aufhört, Gerichtsgefangener zu sein und die Justizverwaltung dann keine gesetzliche Verpflichtung, noch auch sonstige Veranlassung mehr hat, für seine Verpflegung zu sorgen.

Von einer Entlassung des Gefangenen wird ferner in dem Falle keine Rede sein können, wenn derselbe in einem so erheblichen Grade erkrankt ist, daß er thatsächlich nicht in Freiheit gesetzt werden kann; eine thatsächliche Entlassung, nicht aber eine solche, welche bloß in den Akten angeordnet worden ist, kann, wie auch das Bundesamt für das Heimathswesen in konstanter Rechtsprechung angenommen hat, allein als Grund dafür angesehen werden, daß die Kosten für die Verpflegung des Erkrankten nicht den Justizfonds, sondern der betreffenden Verwaltungsstelle zur Last fallen.

Die zwischen den Justizbehörden und den Ortsarmenverbänden entstehenden Streitigkeiten haben ihre Quelle meist darin, daß die Bedeutung der Entlassung und Ueberweisung nicht von Hause aus klar ausgesprochen, namentlich also nicht ganz deutlich erkennbar gemacht wird, ob eine Entlassung des Gefangenen wirklich stattgefunden hat. Bei Ueberführung eines erkrankten Strafgefangenen ist also jedes Mal bestimmt zu erklären, ob der Gefangene wirklich aus der Haft entlassen ist, so daß eine Unterbrechung der Strafvollstreckung stattfindet, oder ob derselbe auch während der Dauer seines Aufenthaltes im Krankenhause als Gefangener betrachtet werden und eine Anrechnung dieses Aufenthaltes auf die Strafe in Gemäßheit des § 493 StPO. stattfinden soll.

Geburten und Todesfälle im Gefängniß.

7. Nach § 86 Gef.O. sind Geburten und Todesfälle, welche sich in Gefängnissen ereignen, dem Standesbeamten durch den Gefängnißvorsteher auf Grund der §§ 20 und 58 des Ges. über die Beurkundung des Personenstandes v. 6. Februar 1875 (RGBl. S. 23) nach Maßgabe der Allg. Verf. vom 19. Juli 1876 (JMBl. S. 141) und v. 16. Februar 1893 (JMBl. S. 53) anzuzeigen. Ein im Gefängnisse geborenes Kind ist, sobald dies angeht, der Familie oder der Ortspolizeibehörde zur Pflege zu überweisen.

Die lebensgefährliche Erkrankung oder der Tod eines Gefangenen ist ohne Verzug den Angehörigen bekannt zu machen. Mit der Benachrichtigung von dem Todesfalle ist die Aufforderung an die Angehörigen zu verbinden, sich binnen einer bestimmten Frist, in der Regel von 24 Stunden, zu erklären, ob sie die Beerdigung der Leiche übernehmen wollen. Der Leichnam ist ihnen auf Verlangen zu verabfolgen. Wird die Beerdigung innerhalb der bestimmten Frist von den Angehörigen nicht übernommen, so wird der Leichnam der Ortspolizeibehörde überwiesen. Auch hat der Gefängnißvorsteher der Polizeibehörde des Heimathsortes des Gefangenen, sowie der Strafvollstreckungsbehörde von dem Todesfalle Kenntniß zu geben (§ 86 Gef.O.).

Die Anzeigen an das Standesamt sollen nach der Allg.Verf. v. 16. Februar 1893 (JMBl. S. 53) nicht schriftlich, sondern soweit als möglich mündlich durch eine aus eigener Wissenschaft unterrichtete Person erfolgen, durch den Arzt, die Hebammen u. s. w. Dabei ist zu vermeiden, daß der Umstand zum Ausdrucke gelangt, daß der Akt in der Gefangenanstalt vorgekommen ist, weshalb diese letztere nur nach Straße und Hausnummer zu bezeichnen ist.

Wegen Bestreitung der Kosten für die Beerdigung der in den gerichtlichen Gefängnissen verstorbenen Gefangenen siehe Müller S. 2021.

Bei der Geburt eines Kindes sind nach § 22 des Ges. über die Beurkundung des Personenstandes dem Standesamte anzuzeigen:

1. Vor- und Familiennamen, Stand oder Gewerbe und Wohnort des Anzeigenden;
2. Ort, Tag und Stunde der Geburt;
3. Geschlecht des Kindes;
4. Vornamen des Kindes;
5. Vor- und Familiennamen, Religion, Stand oder Gewerbe und Wohnort der Eltern.

Die Eintragung des Sterbefalles soll nach § 59 a. a. O. enthalten:

1. Vor- und Familiennamen, Stand oder Gewerbe und Wohnort des Anzeigenden;
2. Ort, Tag und Stunde des erfolgten Todes;
3. Vor- und Familiennamen, Religion, Alter, Stand oder Gewerbe, Wohnort und Geburtsort des Verstorbenen;
4. Vor- und Familiennamen seines Ehegatten, oder den Vermerk, daß der Verstorbene ledig gewesen sei;
5. Vor- und Familiennamen, Stand oder Gewerbe und Wohnort der Eltern des Verstorbenen.

Beköstigung der Gefangenen.

8. Die Beköstigung der Gefangenen erfolgt entweder durch die Gefängnißverwaltung auf Staatskosten oder im Wege der Selbstbeköstigung auf Kosten der Gefangenen (§ 66 Gef.O.); die Beköstigung auf Staatskosten kann entweder auf dem Wege der Selbstverwaltung (Staatsregie) oder dadurch bewirkt werden, daß Privatpersonen oder daß Gefangenaufsehern die Verpflegung übertragen wird (Müller S. 1909).

Die Verpflegung der gerichtlichen Gefangenen regelt sich nach dem Regulativ v. 15. Juni 1872, welches bei Dalcke S. 107f. und Müller S. 1915f. abgedruckt ist. Die Beschaffenheit und die Quantität der an erkrankte Gefangene zu verabreichenden Beköstigung wird darnach in jedem einzelnen Falle vom Gefängnißarzt bestimmt.

Die Selbstbeköstigung darf nach § 67 Gef.O. nur von dem zu ihrer Beschaffung ermächtigten Speisewirth nach Anordnung des Gefängnißvorstehers verabfolgt werden. Wird ausnahmsweise durch den Richter die anderweite Einbringung von Lebensmitteln in das Gefängniß gestattet, so sind sie, ebenso wie das Geschirr, vor der Verabfolgung sorgfältig zu untersuchen; Backwaren sind zu durchschneiden. Die im Wege der Selbstbeköstigung beschaffte Kost darf die Grenzen eines mäßigen Genusses nicht übersteigen; der Genuß von Branntwein ist in jedem Falle ausgeschlossen. Selbstbeköstigung.

Ob einem Gefangenen auf seinen Wunsch die Selbstbeköstigung zu gestatten ist, richtet sich nach den Bestimmungen der §§ 94, 98, 102, 103, 104 bis 106 Gef.O.

Hiernach ist den Untersuchungsgefangenen (§ 94 Gef.O.), den zu einfacher Haft Verurtheilten (§ 102 Gef.O.) und den Civilhaftgefangenen (§ 104 Gef.O.) auf Verlangen die Selbstbeköstigung gestattet; im Falle des Mißbrauches kann diese Ermächtigung ihnen entzogen werden (§§ 102, 103 Gef.O.). Die zu Gefängnißstrafen Verurtheilten dürfen sich nur selbst beköstigen, wenn nach dem Gutachten des Gefängnißarztes die Beibehaltung der regelmäßigen Gefängnißkost eine Schädigung des Gesundheitszustandes der Gefangenen herbeigeführt und nach den Einrichtungen des Gefängnisses sich nicht eine genügende andere Kost beschaffen läßt (§ 98 Gef.O.). Selbstbeköstigung für die zu geschärfter Haft (§ 361 Nr. 3 bis 8 StGB.) Verurtheilten ist ausgeschlossen (§ 103 Gef.O.).

Ob die Selbstbeköstigung zu gewähren ist, hat bei Untersuchungsgefangenen der Untersuchungsrichter zu bestimmen, der letztere muß aber bei seiner Anordnung Bedacht darauf nehmen, daß der Gefangene nicht etwa Völlerei treibt und daß die Ordnung im Gefängniß nicht darunter leidet. Geschieht Letzteres, so wird der Gefängnißvorsteher die Ausführung der Anordnung zu beanstanden haben und es dem Untersuchungsrichter überlassen, sich bei dem Oberstaatsanwalt bezw. dem Justizminister zu beschweren (Erlaß v. 12. Novbr. 1894, Dalcke S. 32).

Ist einem jüdischen Gefangenen Selbstbeköstigung gestattet, so können die dafür zugelassenen Speisen mit Beachtung der jüdischen Speisegebote beschafft werden (§ 67 Gef.O.). Den jüdischen Gefangenen ist am Passahfest (und zwar für die ganze Dauer des Passahfestes, nicht nur für die beiden ersten und die beiden letzten Festtage, Reskr. v. 2. Mai 1884, I. 1678, Müller S. 1925) an Stelle der Gefängnißverpflegung die Beköstigung mit rituell zubereiteten Speisen und die Beschaffung der Speisen auch durch eine jüdische Gemeinde gestattet. Kosten dürfen der Gefängnißverwaltung dadurch nicht entstehen. Die Gefangenen sind an diesen Tagen von anderen Gefangenen getrennt zu halten (§ 98 Gef.O.).

Nach § 68 Gef.O. ist für jedes Gefängniß unter Beifügung der Preise ein Verzeichniß derjenigen Nahrungsmittel aufzustellen, deren Ankauf Gefangenen, welche im Uebrigen die vorschriftsmäßige Verpflegung durch die Gefängnißverwaltung erhalten, unter Verwendung des ihnen zur Verfügung stehenden Antheils der Arbeitsbelohnung gestattet sein soll. Der Verkauf oder die Besorgung dieser Zusatz-Nahrungsmittel darf nur durch die Gefängnißverwaltung erfolgen. Die Verabreichung an die Gefangenen ist nur mit schriftlicher Bewilligung des Vorstehers in jedem einzelnen Falle zulässig. Ein Preisverzeichniß soll in jeder Zelle ausgehängt sein. Zusatz-nahrungsmittel.

Den zu geschärfter Haft Verurtheilten ist die Anschaffung von Zusatznahrungsmitteln nur ausnahmsweise zu gestatten (§ 103 Gef.O.).

Bekleidung der Gefangenen.

9. Die Gefangenen haben eine gleichmäßige, ihnen von der Gefängnißverwaltung zu gebende Hauskleidung zu tragen, sofern ihnen nicht nach Maßgabe der Hausordnung gestattet ist, die eigenen Kleider zu behalten. Bei der Außenarbeit ist stets Hauskleidung zu tragen (§ 64 Gef.O.).

Den Untersuchungsgefangenen (§ 93 Gef.O.), den zu Gefängnißstrafe Verurtheilten, gegen welche nicht gleichzeitig auf den Verlust der bürgerlichen Ehrenrechte erkannt ist (§ 97 Gef.O.), den zu Haft Verurtheilten (mit Ausnahme derjenigen, welche auf Grund des § 361 Nr. 3 bis 8 StGB. verurtheilt sind, §§ 101, 103 Gef.O.) und den Civilhaftgefangenen (§ 104 Gef.O.) ist die eigene Kleidung und Wäsche zu belassen, sofern dieselbe ausreichend, ordentlich und schicklich ist; im entgegengesetzten Falle wird ihnen Hauskleidung verabfolgt.

Ueber die Bekleidung der Gefangenen, über den Umfang des zu haltenden Bestandes, über die Neubeschaffung, die Anfertigung, die Tragezeit und das Ausrangiren von Bekleidungsstücken enthält das Bekleidungs-Reglement vom 1. Septbr. 1887 die näheren Bestimmungen; das Reglement ist abgedruckt bei Magunna, der Preuß. Gerichtsschreiber S. 516, Dalcke S. 93, Dalcke u. Genzmer S. 169, Müller S. 1900.

Es mag hier bemerkt werden, daß nach § 2 des Regl. in allen Gefängnissen, in welchen die Kleidung der Untersuchungs- und Strafgefangenen die gleiche ist, der die Hauskleidung tragende Untersuchungsgefangene als solcher dadurch kenntlich gemacht werden muß, daß auf beiden Achseln der Jacke ein Stück weißes Band von ca. 2 cm Breite und 5 cm Länge aufgenäht ist.

Bestand.

Jedes Gefängniß soll einen ausreichenden Bestand an Kleidungsstücken und Wäsche zur Ausgabe an diejenigen Gefangenen haben, welche verpflichtet sind, Hauskleidung zu tragen oder denen die eigene Kleidung nicht belassen werden kann (§ 64 Gef.O.). Alle für das Gefängniß erforderlichen Kleidungsgegenstände, Lagerungs- und Einrichtungsgegenstände, sowie die hierzu gebrauchten Rohstoffe müssen, wenn möglich, durch Gefangene verfertigt werden (§ 71 Gef.O.).

Anfertigung.

Ausbesserung, Ergänzung. Revision. Ausrangirung.

Dem Gefängnißinspektor liegt nach § 13 zu f Gef.O. die Führung der Nachweisung der Bestände nach Muster 12 und die Sorge für deren Ausbesserung und Ergänzung ob. Der Gefängnißvorsteher hat die Kleider- und Wäschevorräthe nachzusehen; er allein hat über die Ausmusterung zu bestimmen (§ 64 Gef.O.).

Die Ausrangirung unbrauchbar gewordener Stücke erfolgt nach Vorschrift des § 20 Regl. durch den Gefängnißvorsteher unter Beihülfe eines der ihm unterstellten Beamten. Ueber den Akt der Ausrangirung wird eine Verhandlung aufgenommen, welche dem Inventar als Belag beizufügen ist.

Wäsche.

Die Leibwäsche und das jedem einzelnen Gefangenen zu verabfolgende Handtuch sind wöchentlich zu wechseln. Die von einem Gefangenen gebrauchte Leibwäsche darf nur, nachdem sie vorher gewaschen und ausgebessert ist, an einen andern Gefangenen ausgegeben werden (§ 63 Gef.O.).

Lagerung der Gefangenen.

10. Nach § 65 Gef.O. erhält jeder Gefangene ein besonderes Bettlager. In der Regel haben sich alle Gefangenen des von der Gefängnißverwaltung gereichten Lagers zu bedienen. Die Benutzung eigner Betten kann vom Gefängnißvorsteher nach Maßgabe der Hausordnung ge-

stattet werden. Die zu einfacher Haft Verurtheilten (§ 101 Gef.O.) und die Civilhaftgefangenen (§ 104 Gef.O.) können ihre eigenen Betten benutzen. Gefangene, gegen welche neben der zu verbüßenden Freiheitsstrafe der Verlust der Ehrenrechte ausgesprochen ist, haben stets Gefängnißbetten zu benutzen (§ 97 Gef.O.).

Die Bettwäsche ist monatlich zu wechseln. Die Lagersäcke sind, so oft sich das Bedürfniß hierzu ergiebt, nachzustopfen oder neu zu füllen. Die von einem Gefangenen gebrauchte Bettwäsche darf nur, nachdem sie vorher gewaschen und ausgebessert ist, an einen anderen Gefangenen ausgegeben werden. Das Bettzeug ist aus Zellen, welche zum Aufenthalt von Gefangenen bei Tag und bei Nacht dienen und nicht mit Anschlußbettstellen versehen sind, am Tage zu entfernen (§ 63 Gef.O.).

Ueber das jedem Gefangenen zur Lagerung zu Gewährende enthält Abschnitt II des Reglements v. 1. Septbr. 1887 die näheren Bestimmungen (s. vorige Nummer). Bezüglich der Anschaffung von Bettstellen, die zu den Utensilien gehören, verbleibt es bei den in Betreff der Anschaffung der letzteren bestehenden Vorschriften (Refr. v. 26. Septbr. 1888, I. 2142). Die Verwendung von dreitheiligen Indiafaser-Matratzen ist empfohlen durch Runderl. v. 20. August 1897, I. 2423, Müller S. 1906).

11. Für alle Gefängnisse, welche durchschnittlich mindestens 10 Gefangene desselben christlichen Glaubensbekenntnisses enthalten, muß auf Gewinnung eines Seelsorgers und Einrichtung regelmäßiger Gottesdienste Bedacht genommen werden. In der Regel wird in Gefängnissen mit einer Belegung bis zu 50 Gefangenen desselben Bekenntnisses alle 4 Wochen, in Gefängnissen mit stärkerer Belegung alle 14 Tage, in Gefängnissen, bei welchen eigene Geistliche angestellt sind, wöchentlich einmal, gemeinschaftlicher Gottesdienst abgehalten. Soweit dies nicht ausführbar ist, finden Andachtsübungen statt. Auch in den kleineren Gefängnissen wird auf die geistliche Versorgung der Gefangenen nach Möglichkeit Bedacht genommen (§ 82 Gef.O.). Seelsorge.

Strafgefangene haben dem regelmäßigen Gottesdienste beizuwohnen, sofern sie nicht krank oder aus besonderen Gründen durch den Gefängnißvorsteher von der Theilnahme entbunden sind. Civilhaftgefangenen steht die Theilnahme am gemeinschaftlichen Gottesdienste frei, Untersuchungsgefangene, mit Ausnahme der nur wegen Verdachts einer Uebertretung verhafteten, dürfen zu demselben nur mit ausdrücklicher Genehmigung des Richters zugelassen werden. Den Gefangenen ist Gelegenheit zur Theilnahme an den kirchlichen Heilsmitteln im Gefängniß zu geben; ein Zwang zur Betheiligung darf nicht stattfinden (§ 82 Gef.O.).

Jüdische Gefangene können am Sabbath und an den folgenden Feiertagen: Purim (1 Tag), Passah (an den beiden ersten und den beiden letzten Tagen) Wochenfest (2 Tage), Neujahrsfest (2 Tage), Versöhnungsfest (1 Tag), Laubhüttenfest (an den beiden ersten und den beiden letzten Tagen) (§ 75 Gef.O.) Andachtsübungen in dem dazu bestimmten Raum abhalten (§ 82 Gef.O.).

Ueber die mit den Geistlichen über Abhaltung des Gottesdienstes in den gerichtlichen Gefängnissen und über die Seelsorge für Gefangene abzuschließenden Verträge sind durch die Cirk.Verf. v. 21. Februar 1856 und v. 7. Juni 1861 generelle Bestimmungen ergangen (Müller S. 1982 bis 1986). Ueber die für die Seelsorge zu zahlenden Remunerationen bestimmt die Cirk.Verf. v. 19. November 1873 (I. 4107) das Nähere (Müller S. 1986). Für die bei den Gerichtsgefängnissen mit der gottesdienstlichen und seelsorgerischen Pflege der Gefangenen beauftragten evangelischen Geistlichen hat der Ev. Ober-Kirchenrath die Anweisung vom 24. Dezbr. 1858 erlassen (JMBl. 1859 S. 346, Müller S. 1987).

Unterricht. **12.** In Anstalten für jugendliche Gefangene erhalten die Gefangenen ohne Ausnahme Religionsunterricht und Unterricht in denjenigen Gegenständen, welche in der Volksschule gelehrt werden. Ob eine Schule sowie die Ertheilung des Religionsunterrichts auch in den zur Aufnahme Erwachsener bestimmten Gefängnissen einzurichten ist, wird für das einzelne Gefängniß durch den Justizminister angeordnet. Zur Theilnahme am Unterrichte sind alsdann in der Regel alle in diesen Anstalten untergebrachten Gefangenen verpflichtet, welche des Religions- oder Schulunterrichts noch bedürfen und das 30ste Lebensjahr nicht überschritten haben. Auch ältere Gefangene können auf ihren Wunsch zur Betheiligung an den Unterrichtsstunden zugelassen werden (§ 83 Gef.O.).

Lektüre der Gefangenen. **13.** Nach § 84 Gef.O. muß in jeder Gefängnißzelle eine Bibel oder ein Neues Testament oder ein geeignetes Erbauungsbuch vorhanden sein. Außerdem ist für eine Anzahl von Büchern religiösen oder belehrenden Inhalts zu sorgen. Die Ausgabe dieser Bücher erfolgt nach Maßgabe der Eigenart des Gefangenen unter thunlicher Berücksichtigung etwa ausgesprochener Wünsche. Für die arbeitsfreie Zeit ist in den Zellen für gemeinschaftliche Haft das Vorlesen von Schriften durch einen geeigneten Gefangenen oder einen Aufseher möglichst zu fördern. Die Gefangenaufseher haben darüber zu wachen, daß die Bücher nicht beschädigt oder mißbraucht werden.

Gefangene, welche Gefängniß oder geschärfte Haft verbüßen, dürfen Bücher und Schriften nur aus der Sammlung des Gefängnisses entnehmen. Im Einzelfalle werden Ausnahmen hiervon durch den Gefängnißvorsteher bewilligt. Andere Gefangene können sich auch sonstige Bücher und Schriften, ausnahmsweise, wenn sich die Gefangenen in Einzelhaft befinden, auch Zeitungen beschaffen. Die Genehmigung hat in solchen Fällen der Gefängnißvorsteher zu ertheilen.

Die Kosten für Anschaffung von Bibeln, Gesang-, Gebet- und Erbauungsbüchern werden auf die Staatskasse angewiesen. Vor der Anschaffung sind die geistlichen Behörden über die Wahl der Bücher zu hören. Zur Anschaffung von Bibeln, namentlich Neuer Testamente, zweckmäßiger Auszüge aus denselben, von Gesang- und Gebetbüchern sind die Gefängnißvorstände ohne weitere Genehmigung des Oberstaatsanwalts berechtigt. Zur Anschaffung von Büchern unterhaltenden und belehrenden Inhalts werden die Oberstaatsanwälte ermächtigt, die Anschaffung selbständig anzuordnen für Gefängnisse mit einer durchschnittlichen Belegung von mehr als 100 Köpfen bis zum Preise von 20 Mark, für Gefängnisse mit einer niedrigeren Durchschnittsbelegung bis zum Preise von 10 Mark für das Etatsjahr. Bei höheren Beträgen ist die Genehmigung des Justizministers einzuholen (Cirk.Verf. v. 21. Februar 1856, v. 14. Februar 1882 (I. 5200), v. 30. März 1886 (I. 854) und v. 27. August 1898 (I. 5360), Müller S. 1983 f.).

14. Jeder Verkehr der Gefangenen, insbesondere mit der Nachbarschaft, ist sorgfältig zu vermeiden (§ 45 Gef.O.). Verkehr der Gefangenen nach Außen.

Nach § 79 Gef.O. dürfen Personen, welche nicht amtlich in dem Gefängnisse beschäftigt sind, zum Verkehr mit den Gefangenen, insbesondere zum Besuche, nur auf Grund besonderer Erlaubniß zugelassen werden. Dabei ist zu prüfen, ob gegen die Person, welche einen Gefangenen besuchen will, kein Bedenken vorliegt. Besuche.

Die Erlaubniß hat

in Betreff der Untersuchungsgefangenen der Richter,

in Betreff der übrigen Gefangenen der Gefängnißvorsteher

zu ertheilen.

Jeder Gefangene darf in der Regel einmal im Monat Besuche Angehöriger und in besonderen Fällen auch anderer Personen annehmen. Bei gutem Verhalten des Gefangenen können jedoch auch in kürzeren Zwischenräumen Besuche zugelassen werden.

Besuche dürfen nicht in der Gefängnißzelle, sondern in der Regel nur in dem Sprechzimmer oder einem anderen dazu bestimmten Geschäftsraume stattfinden. Ausnahmsweise können Kranke in dem Krankenzimmer besucht werden.

Die Gespräche der Besucher mit Untersuchungsgefangenen dürfen nur im Beisein des Richters oder eines von diesem beauftragten Beamten, Gespräche mit Strafgefangenen nur im Beisein eines Gefängnißbeamten, und zwar in beiden Fällen nur in einer dem betreffenden Beamten bekannten Sprache geführt werden. In besonderen Fällen kann der Vorsteher Strafgefangenen die Annahme von Besuchen ohne Beaufsichtigung gestatten.

Jeder Mißbrauch des Besuchs zu unerlaubtem Verkehr hat die sofortige Entfernung des Besuchers zur Folge; überdies kann dem Gefangenen die Erlaubniß zum Empfange von Besuchen überhaupt entzogen werden.

Den Gefangenen ist verboten, von den Besuchern des Gefängnisses ohne Genehmigung des Gefängnißvorstehers irgend etwas anzunehmen (§ 53 Gef.O.).

Dem Untersuchungsgefangenen ist der mündliche Verkehr mit dem Vertheidiger gestattet; über die Zeit und den Ort der Besuche entscheidet der Gefängnißvorsteher. So lange das Hauptverfahren noch nicht eröffnet ist, dürfen Besuche erst gestattet werden, nachdem der Richter darüber entschieden hat, ob eine Gerichtsperson der Unterredung beiwohnen soll. Verkehr mit dem Vertheidiger.

Ein schriftlicher Verkehr mit außerhalb der Anstalt wohnenden Personen darf nach § 80 Gef.O. nur stattfinden: Schriftlicher Verkehr.

bei Untersuchungsgefangenen mit Genehmigung des Richters,

bei Strafgefangenen mit Genehmigung des Gefängnißvorstehers.

Die eingehenden und ausgehenden Briefe der Untersuchungsgefangenen sind dem Richter, die der übrigen Gefangenen dem Gefängnißvorsteher vorzulegen, welcher die etwa erforderlichen Empfangsbescheinigungen auszustellen, unfrankirte Zusendungen aber zurückzuweisen hat, falls der Gefangene sich nicht vor der Eröffnung bereit erklärt und die Mittel besitzt,

die Portogebühr zu entrichten. Die Briefe können nur dann, wenn ihr Inhalt keinem Bedenken unterliegt, mit schriftlichem Einsichtsvermerk des Beamten, welchem die Ueberwachung des Schriftverkehrs obliegt, an die Adresse befördert werden.

Die Beförderung der für die Gefangenen eingehenden und der von ihnen abgesandten Briefe soll möglichst an demselben Tage und spätestens am nächsten Vormittage nach zuvoriger Prüfung erfolgen. Dementsprechend ist auch mit der Absendung von Briefen zu verfahren (Rundverf. v. 27. Dezbr. 1898, I. 7872).

Wünscht ein Untersuchungsgefangener, daß ein von ihm geschriebener Brief verschlossen an den Richter gelange, so wird ihm ein für die Aufnahme des — offen bleibenden — Briefes bestimmter, an den Richter adressirter Briefumschlag verabfolgt, der vom Gefangenen mit der Aufschrift: „Absender: Untersuchungsgefangene(r) N. aus X. Zelle Nr. . ." versehen und verschlossen wird. Darüber, ob der Brief dem Gefängnißvorsteher nachträglich vorzulegen ist, befindet der Richter.

Keinem Strafgefangenen dürfen ohne Genehmigung des Gefängnißvorstehers Schreibsachen in die Gefängnißzelle verabfolgt werden. Den Untersuchungsgefangenen sind, falls nicht besondere Bedenken obwalten, auf ihren Wunsch durch die Gefängnißverwaltung Schreibsachen zu liefern, deren Verwendung streng zu überwachen ist.

Eingehende Briefe sind Untersuchungsgefangenen nur mit Genehmigung des Richters, Strafgefangenen mit der des Gefängnißvorstehers zu belassen. Wird die Genehmigung versagt, so sind die Briefe dem Gefangenen, nachdem er sie gelesen hat, abzunehmen und für ihn bis zu seiner Entlassung aufzubewahren. Untersuchungsgefangenen ist auf Wunsch zu gestatten, die Briefe vor der Abnahme zu verschließen. Die eingehenden und nicht beanstandeten Briefe sind den Untersuchungsgefangenen mit möglichster Beschleunigung zu übergeben.

Vorbehaltlich weitergehender Bewilligung aus besonderen Gründen darf jeder Strafgefangene nur alle vier Wochen einen Brief absenden und einen Brief empfangen. Oefter eingehende oder wegen ihres Inhalts beanstandete Briefe werden nicht mitgetheilt.

Wird ein für einen Gefangenen eingegangener Brief nicht übergeben, oder eine Eingabe oder ein Brief des Gefangenen zurückgehalten, so wird letzterem davon unter Angabe des Grundes Kenntniß gegeben.

Die dem Gefangenen ertheilte Erlaubniß, Briefe zu schreiben, kann im Falle des Mißbrauchs entzogen werden.

Die Erlaubniß zur Abfassung von Eingaben an die Gerichte, die Staatsanwaltschaft und Aufsichtsbehörden ist den obigen Beschränkungen nicht unterworfen. Derartige Eingaben werden nicht zurückgehalten, Eingaben an andere Behörden nur dann, wenn sie beleidigenden oder sonst strafbaren Inhalts sind.

Untersuchungsgefangenen ist der schriftliche Verkehr mit dem Vertheidiger gestattet. Solange jedoch das Hauptverfahren nicht eröffnet ist, ist die Bestimmung des Richters darüber einzuholen, ob schriftliche Mittheilungen des Gefangenen oder des Vertheidigers zurückzuweisen sind, wenn deren Einsicht dem Richter nicht gestattet wird.

Im übrigen dürfen den Untersuchungsgefangenen nur solche Beschränkungen auferlegt werden, welche zur Sicherung des Zweckes der Haft oder zur Aufrechterhaltung der Ordnung im Gefängnisse nothwendig sind (§ 80 Gef.O.)

Den Civilhaftgefangenen sind Schreibsachen nicht zu versagen; ihr brieflicher Verkehr wird nicht überwacht (§ 104 Gef.O.).

Die gesetzliche Bestimmung: „Das Briefgeheimniß ist unverletzlich" (§ 5 Postgesetz v. 28. Oktober 1871) ist für die Strafgefangenen aufgehoben . . . Es ist zu vermeiden, daß von dem Inhalt der von den Gefangenen geschriebenen und an sie gelangenden Briefe mehr Personen Kenntniß nehmen, als unbedingt nöthig ist. Unbedingt Kenntniß davon haben muß der Vorsteher, weil er allein beurtheilen kann, ob nicht durch den Inhalt der Briefe die Sicherheit der Anstalt und der Strafvollzug gefährdet wird. . . . Es muß den Gefangenen bekannt und auch äußerlich durch die Behandlung der Briefe sichtbar gemacht sein, daß nur der Vorsteher Kenntniß von ihnen nehmen darf. Das wird am einfachsten in der Weise erreicht, daß die ankommenden Briefe, nachdem sie von dem Vorsteher bezw. dessen Vertreter gelesen, den Gefangenen von ihm selbst ausgehändigt oder wenn er selbst an der Aushändigung verhindert ist, in einem mit seinem Siegel verschlossenen Umschlage durch einen anderen Beamten überbracht werden. — Für die abgehenden Briefe bekommt der Gefangene außer dem Briefbogen — welcher passenderweise mit einem Vordruck versehen ist, damit die Angehörigen wissen, was sie beim Briefwechsel zu beachten haben, — zwei Umschläge: der eine nimmt den Brief auf, erhält die Aufschrift des Empfängers, bleibt offen und wird in den anderen, der mit der Aufschrift des Vorstehers versehen und vom Gefangenen geschlossen wird, hineingesteckt. Der Vorsteher öffnet den verschlossenen Umschlag persönlich, liest den Brief, verschließt den Umschlag mit der Aufschrift des Empfängers und läßt den Brief, dessen Porto der Gefangene zahlen muß, abgehen (Krohne, Lehrbuch der Gefängnißkunde S. 491).

15. Als Disziplinarmittel sind nach § 58 Gef.O. zulässig: Disziplinarmittel.

1. Verweis; 2. Entziehung hausordnungsmäßiger Vergünstigungen;
3. Entziehung der Bücher und Schriften bis zur Dauer von vier Wochen;
4. bei Einzelhaft: Entziehung der Arbeit bis zur Dauer einer Woche;
5. Entziehung der Bewegung im Freien bis zur Dauer einer Woche;
6. Entziehung des Bettlagers bis zur Dauer einer Woche;
7. Kostschmälerung bis zur Dauer einer Woche, welche wahlweise bestehen kann in:
   a) Entziehung des Brotes zum Frühstück, Mittag- oder Abendessen,
   b) Entziehung der Frühstücks-, Mittags- oder Abendsuppe,
   c) Entziehung des Fleisches,
   d) Entziehung des Fleisches, verbunden mit Entziehung der Suppe und des Brotes entweder am Morgen oder am Mittag oder am Abend,
   e) Beschränkung der Kost auf Wasser und Brot;
8. einsame Einsperrung (Arrest) bis zur Dauer von sechs Wochen.

Die unter 1 bis 7 bezeichneten Disziplinarmittel werden einzeln oder in Verbindung mit einander zur Anwendung gebracht.

Die einsame Einsperrung kann geschärft werden durch
a) Entziehung hausordnungsmäßiger Vergünstigungen,
b) Entziehung der Bücher und Schriften, c) Entziehung der Arbeit,
d) Entziehung des Bettlagers, e) Schmälerung der Kost, f) Verdunkelung der Zelle.

Die Schärfungen werden einzeln oder in Verbindung mit einander für die ganze Dauer oder für einen Theil der Strafzeit, die Schärfung durch Verdunkelung der Zelle jedoch nicht für mehr als vier Wochen verhängt. Dauert die einsame Einsperrung länger als eine Woche, so kommen die damit verbundenen, unter d, e, f, bezeichneten Schärfungen am vierten, achten und demnächst am jedem dritten Tage in Wegfall.

Gegen Gefangene, welche das achtzehnte Lebensjahr noch nicht vollendet haben, ist die Schärfung der einsamen Einsperrung durch Verdunkelung der Zelle ausgeschlossen. Ihnen gegenüber können neben den anderen Disziplinarmitteln auch die in Volksschulen gegen Personen desselben Alters und Geschlechts zulässigen Zuchtmittel zur Anwendung gebracht werden.

Rund=Verf. v. 27. Dezbr. 1898: Der Oberstaatsanwalt hat durch Benehmen mit dem Regierungspräsidenten festzustellen, welche Schulzuchtmittel zulässig sind, und dies den Gefängnißvorstehern mitzutheilen.

Disziplinarverfahren.

Die Verhängung der Disziplinarstrafen steht nach § 59 Gef.O. nach Anhörung der Gefangenen dem Vorsteher oder der Aufsichtsbehörde, hinsichtlich der Untersuchungsgefangenen dem Richter oder dem Gericht zu (§§ 116 Abs. 5, 125 StPO., § 95 Gef.O.). Sie werden in der Regel sofort vollstreckt.

Die Zuständigkeit bestimmt sich hinsichtlich der Strafgefangenen nach der Zeit und dem Ort der Verfehlung.

Soweit es sich nicht um eins der im § 58 Abs. 1 unter Ziffer 1 bis 4 Gef.O. bezeichneten Disziplinarmittel handelt, ist dem Arzt rechtzeitig Mittheilung zu machen, damit dieser Bedenken gegen die Vollstreckung bei dem Gefängnißvorsteher geltend machen kann.

Jede Verhängung einer Disziplinarstrafe ist in ein Strafbuch nach dem Muster 10 einzutragen.

Gegen die Strafverfügung steht dem Gefangenen die Beschwerde ohne aufschiebende Wirkung zu.

Rund=Verf. v. 27. Dezbr. 1898: Soll die Dauer der einsamen Einsperrung (§ 58 Nr. 8) 4 Wochen übersteigen, so ist die Genehmigung des Oberstaatsanwalts unter Beifügung einer Aeußerung des Gefängnißvorstehers und des Gefängnißarztes einzuholen.

Zur augenblicklichen Bewältigung thätlichen Widerstandes sowie zur Sicherung dürfen gegenüber den Gefangenen, sofern andere Mittel nicht ausreichen, die Zwangsjacke oder die Fesselung angewendet werden. Die Fesselung ist auch bei Transporten oder Vorführungen zulässig. Sie ist von dem Richter oder Gefängnißvorsteher nur dann anzuordnen, wenn sie nach sorgfältiger Prüfung im Einzelfalle unerläßlich erscheint (§ 48 Gef.O.).

Nach § 71 Gef.O. sind in jedem Gefängniß nützliche Arbeiten einzuführen. Die Beschaffung angemessener Arbeit für die Gefangenen liegt dem Gefängnißinspektor ob (§ 13 Gef.O.). Es kann einzelnen Gefangenen gestattet werden, andere, als die eingeführten Arbeiten zu betreiben; über die Zulässigkeit der gewählten Arbeit entscheidet der Gefängnißvorsteher. Ungesunde oder mit der Ordnung im Gefängnisse unverträgliche Arbeiten sind weder einzuführen noch zuzulassen. Beschäftigung der Gefangenen.

Den zu Gefängnißstrafe Verurtheilten ist in der Regel eine ihren Fähigkeiten und Verhältnissen angemessene Arbeit zuzuweisen; auf ihr Verlangen sind sie in dieser Weise zu beschäftigen (§ 96 Gef.O., § 16 StGB.).

Unter den, den Fähigkeiten und Verhältnissen angemessenen Arbeiten sind nicht bloß solche zu verstehen, welche der Gefangene schon früher gelernt oder betrieben hatte.

Darüber, ob eine Arbeit den Fähigkeiten und Verhältnissen des Gefangenen entspricht, hat im Zweifel der Gefängnißvorsteher zu entscheiden. Ist die Möglichkeit einer solchen Arbeit vorhanden, so ist der Gefangene dazu anzuhalten; nur ausnahmsweise kann der Vorsteher davon befreien.

Die Zutheilung eines Gefangenen zu einem bestimmten Arbeitszweige erfolgt durch den Inspektionsbeamten vorbehaltlich der Nachprüfung des Vorstehers. Die Wünsche der Gefangenen sind hierbei thunlichst zu berücksichtigen. Der Vorsteher kann Gefangene von höherer Bildung und Lebenshaltung, welche nicht wegen ehrloser Handlung und unter Aberkennung der bürgerlichen Ehrenrechte verurtheilt sind, von den Hausarbeiten (§ 71 Gef.O.) entbinden (§ 96 Gef.O.).

Bei der Zuweisung von Arbeit an die Gefangenen ist auf ihren Gesundheitszustand, ihre Fähigkeiten, ihren Bildungsgrad, ihre Berufsverhältnisse und ihr Fortkommen Rücksicht zu nehmen. Dabei ist regelmäßig ein bestimmtes tägliches Arbeitsmaß festzusetzen und dessen Leistung zu überwachen. Die verschuldete Nichtleistung ist disziplinarisch zu ahnden. Bei der Arbeitszuweisung an jugendliche Gefangene ist ein besonderes Gewicht auch auf die erziehliche Bedeutung der Arbeit zu legen (§ 71 Gef.O.).

Untersuchungsgefangene können nicht zur Arbeit gezwungen werden. Die freiwillige Betheiligung bei den in dem Gefängnisse eingeführten Arbeiten kann ihnen mit Genehmigung des Richters von dem Gefängnißvorsteher gestattet werden. In diesem Falle unterliegen sie bezüglich der Arbeitsbelohnung den Bestimmungen des § 96 Abs. 7, 8, 9 Gef.O. mit der Maßgabe, daß die Entscheidung über die Verwendung der Arbeitsbelohnung sowie über Entziehung der Verwendungserlaubniß oder über Einziehung des Guthabens dem Richter vorbehalten ist (§ 92 Gef.O.).

Die zu Haft Verurtheilten (mit Ausnahme derjenigen, welche auf Grund des StGB. § 361 Nr. 3 bis 8 eine Haftstrafe zu verbüßen haben) können zur Arbeit nicht gezwungen werden. Ihnen ist Beschäftigung, welche mit dem Strafzweck, der Sicherheit und der Ordnung im Gefängnisse vereinbar ist, zu gestatten. Es ist ihnen, sofern sie damit einverstanden sind, Arbeit zuzuweisen (§ 100 Gef.O.).

Die nach Vorschrift des § 361 Nr. 3 bis 8 StGB. Verurtheilten können zu Arbeiten, welche ihren Fähigkeiten und Verhältnissen angemessen sind, nach Maß=

gabe der im § 96 Gef.O. enthaltenen Bestimmungen, innerhalb, und, sofern sie von anderen freien Arbeitern getrennt gehalten werden, auch außerhalb der Anstalt angehalten werden (§ 103 Gef.O.).

Arbeitszeit. In der Regel beträgt die Arbeitszeit der Gefangenen an den Werktagen mindestens 10 und nicht über 11 Stunden. Innerhalb dieser Zeit haben sie eine nach ihrer Leistungsfähigkeit bemessene Aufgabe zu erledigen. Die Vollendung befreit jedoch nicht vom Fortarbeiten bis zum Schlusse der Arbeitszeit. Der Gefängnißvorsteher kann unter Umständen die Dauer der täglichen Arbeitszeit und den Umfang der Arbeitsaufgabe für einzelne Gefangene verkürzen (§ 96 Gef.O.).

Arbeitsfreie Tage. An den Sonntagen und den christlichen Feiertagen sowie an dem Geburtstage Sr. Maj. des Kaisers und Königs (Allg. Verf. v. 14. März 1900, JMBl. S. 86) ruht die Arbeit. Gefangene jüdischer Religion sollen am Sabbath und an folgenden Feiertagen: Purim (1 Tag), Passah (an den beiden ersten und den beiden letzten Tagen), Wochenfest (2 Tage), Neujahrsfest (2 Tage), Versöhnungsfest (1 Tag), Laubhüttenfest (an den beiden ersten und den beiden letzten Tagen) nicht wider ihren Willen zur Arbeit angehalten werden. Gefangene, die nach vorstehender Bestimmung von der Arbeit befreit sind, können dagegen an den Sonntagen und an den christlichen Feiertagen mit geräuschlosen Arbeiten beschäftigt werden (§ 75 Gef.O.).

Selbstbeschäftigung. Den Gefangenen, welche zu einer Arbeit nicht anzuhalten sind, steht es frei, nach eigener, der Genehmigung des Gefängnißvorstehers unterliegender Wahl sich selbst zu beschäftigen.

Ausnahmsweise wird den zu Gefängnißstrafe Verurtheilten — namentlich solchen, welche in ihrem bürgerlichen Beruf geistig beschäftigt sind —, sofern sie sich im Besitz der bürgerlichen Ehrenrechte befinden und Zuchthausstrafe noch nicht verbüßt haben, mit Genehmigung des Oberstaatsanwalts gestattet, sich selbst zu beschäftigen. Die Genehmigung ist widerruflich und kann von einer Entschädigung abhängig gemacht werden. Der eingezahlte Betrag gilt als Arbeitsverdienst im Sinne des § 96 Abs. 7 Gef.O. Selbstbeschäftigung, durch welche die Sicherheit oder Ordnung des Gefängnisses gestört wird, ist nicht zu gestatten. Die Selbstbeschäftigung unterliegt der Beaufsichtigung des Gefängnißvorstehers (§ 76 Gef.O.).

Die Selbstbeschäftigung der zu einfacher Haft Verurtheilten darf von der Zahlung einer Entschädigung nicht abhängig gemacht werden (§ 100 Gef.O.).

Beschäftigung innerhalb des Gefängnisses. Die für die Zwecke der Gefängnißverwaltung erforderlichen Hausarbeiten sind durch Gefangene zu verrichten.

Mit Schreib- und Rechnungsarbeiten für die Gefängnißverwaltung dürfen Gefangene nur dann beschäftigt werden, wenn sie in Einzelhaft gehalten werden und wenn es ausgeschlossen ist, daß durch die Arbeiten Unzuträglichkeiten für die Gefängnißverwaltung, insbesondere für die Disziplin, erwachsen. Arbeiten, welche sich auf die persönlichen Verhältnisse von Beamten oder Gefangenen beziehen, sollen den Gefangenen nicht übertragen werden (§ 71 Gef.O.).

Beschäftigung für Anstaltsbeamte. Die Bestimmungen für die Beschäftigung der Gefangenen für Anstaltsbeamte sind bei Müller S. 1938 unter Nr. 7 und Dalcke S. 127 zu finden. Unter „Beamten" sind alle bei der Anstalt gegen Gehalt oder monatlich zahlbare Remunerationen beschäftigte Personen zu verstehen. Auch die Gefängnißvorsteher gehören dazu (Reskr. v. 19. Mai 1897, I. 2440), die Arbeitsaufseher aber nicht. Die Anfertigung von Neuarbeiten ist ausgeschlossen (Cirk.Verf. v. 11. Mai 1894); unter Neuarbeiten sind nur die Neuanfertigung von Haus- und Gartengeräthen zu verstehen (Cirk.-Verf. v. 18. Dezbr. 1894, I. 5992). Welche Gegenstände angefertigt werden dürfen und gegen welche Entschädigung ist bei Müller des Weiteren S. 1938 erörtert.

Alle für das Gefängniß erforderlichen Kleidungsstücke, Lagerungs- und Einrichtungsgegenstände sowie die hierzu gebrauchten Rohstoffe müssen, wenn möglich, durch Gefangene verfertigt werden. Im übrigen ist die dauernde Beschäftigung der Gefangenen thunlichst durch Arbeiten für Staatsbetriebe zu sichern. Wo eine andere Beschäftigung der Gefangenen nicht zu vermeiden ist, soll eine Regelung dahin erfolgen, daß die Interessen des Privatgewerbes möglichste Schonung erfahren. Insbesondere ist der Arbeitsbetrieb auf zahlreiche Geschäftsbetriebe zu vertheilen und die Arbeit, soweit angängig, in Stück- oder Tagelohn zu vergeben. Eine Unterbietung der freien Arbeit ist unter Berücksichtigung der besonderen Verhältnisse der Gefängnißarbeit zu vermeiden (§ 71 Gef.O.). Beschäftigung im Staatsbetriebe und für Privatunternehmer.

Es ist untersagt, die in den Gefängnissen angefertigten Fabrikate öffentlich mit der ausdrücklichen Bezeichnung als Gefängnißarbeiten und als aus diesem Grunde besonders billig auszubieten (Cirk.Verf. v. 18. Juni 1894, I. 2868). Hierauf bezieht sich folgende Verfügung des Herrn Ministers d. Innern v. 6. März 1889 (II. S.J. 413), welche den Justizbehörden zur Nachachtung mitgetheilt ist:

Es sind mehrfach Fälle zu meiner Kenntniß gekommen, in denen Arbeitsunternehmer in Strafanstalten Bekanntmachungen erlassen haben, in denen sie ihre Fabrikate unter ausdrücklicher Bezeichnung als Strafanstaltsarbeit als besonders billig zum Kauf anboten.

Derartige Bekanntmachungen erregen in den betheiligten Handwerkerkreisen Erbitterung und tragen dazu bei, im Publikum die Vorurtheile gegen die Gefängnißarbeit zu steigern. Um diesen nachtheiligen Folgen entgegen zu wirken, ersuche ich Ew. 2c. ergebenst, in die Kontrakte über die Verdingung von Strafanstaltsarbeiten künftig jedesmal den Nichterlaß von derartigen Bekanntmachungen als Bedingung aufnehmen zu lassen . . . Unternehmer, welche dem zuwider handeln, werden in den Anstalten meines Ressorts von der Zulassung zur Arbeit in Zukunft unbedingt ausgeschlossen werden.

Ueber die Krankenversicherung, durch welche für die in Betrieben oder im unmittelbaren Dienste des Staates beschäftigten Personen eine Fürsorge in Krankheitsfällen eintritt, siehe die Allg.Verf. v. 25. April 1901 (JMBl. S. 95). Krankenfürsorge.

Gefangene können auch zu Arbeiten außerhalb der Anstalt, insbesondere zu öffentlichen oder von einer Staatsbehörde beaufsichtigten Arbeiten verwendet werden; hierbei müssen sie jedoch von freien Arbeitern getrennt gehalten werden (§ 16 StGB.). Auf die Verwendung von Gefangenen zu land- und forstwirthschaftlichen Arbeiten ist Bedacht zu nehmen, soweit die Zwecke des Strafvollzuges es zulassen (§ 72 Gef.O.). Arbeiten außerhalb des Gefängnisses.

Auch jugendliche Gefangene sollen, und zwar vorzugsweise mit landwirthschaftlichen und Gartenarbeiten, aber stets getrennt von erwachsenen Gefangenen, beschäftigt werden (Gen.Verf. v. 19. April 1887, Dalcke S. 126).

Die Beschäftigung der Gefangenen außerhalb des Gefängnisses ist nur mit ihrer Zustimmung zulässig; die letztere ist durch Erklärung zu Protokoll festzustellen und gilt für die Arbeit, für welche sie ertheilt ist, wenn nicht besondere Umstände eine Aenderung rechtfertigen, für unwiderruflich (§ 96 Gef.O.). Bei der Außenarbeit ist stets Hauskleidung zu tragen (§ 64 Gef.O.).

Die Außenarbeit der Gefangenen wird geregelt durch das Ges. v. 11. April 1854 (GS. S. 143) und die zur Ausführung desselben erlassene Ministerial-Instruktion vom 30. Mai 1854, welche in Dalcke u. Genzmer S. 209, Dalcke S. 119, Müller S. 1941, Magunna, der Preuß. Gerichtsschreiber S. 521 abgedruckt sind.

Es ist Sache des Gefängnißvorstehers, einen Tarif festzustellen, nach welchem die Arbeiten der Gefangenen (z. B. Holzzerkleinern, Erdarbeiten u. s. w.) bezahlt werden; in demselben darf den Gerichts- und Gefängnißbeamten keine Bevorzugung zu Theil werden.

Unfallfürsorge. Ueber die Unfallfürsorge für Gefangene enthält das Reichsgesetz vom 30. Juni 1900 (RGBl. S. 536), welches bei Müller S. 1974 ff. abgedruckt ist, Bestimmungen, dessen Inkrafttreten noch nicht bestimmt ist.

Arbeitsverdienst. 17. Der Ertrag der den Gefangenen zugewiesenen oder zugelassenen Arbeit fließt zur Staatskasse. Der Ertrag der Selbstbeschäftigung verbleibt den Gefangenen, soweit er nicht auf die Entschädigung (§ 76 Abs. 2 Gef.O.) zu verrechnen ist (§ 77 Gef.O.).

Nach § 96 Gef.O. kann den Gefangenen für jedes an einem Tage vollendete volle Arbeitsmaß, sowie für die an einem Tage geleistete Mehrarbeit ein Viertel des Verdienstes, insgesammt jedoch nicht mehr als 30 Pf. für den Arbeitstag, als Arbeitsbelohnung gutgeschrieben werden. Nur unter besonderen Umständen werden nach Anordnung des Oberstaatsanwalts höhere Beträge bis zu einem Drittel des Verdienstes gutgeschrieben. Der Antheil wird für die einzelnen Arbeitszweige vom Vorsteher nach Maßgabe der hierüber geltenden Bestimmungen festgestellt. Ein Recht auf Gutschrift sowie auf Auszahlung der gutgeschriebenen Beträge steht den Gefangenen nicht zu.

Die Gefangenen können während der Strafverbüßung über die Hälfte ihres Guthabens vom Arbeitsverdienste mit Bewilligung des Gefängnißvorstehers, über die andere Hälfte nur mit Genehmigung des Oberstaatsanwalts (der Aufsichtskommission, wo eine solche besteht,) verfügen.

Bei schlechter Führung der Gefangenen kann diese Erlaubniß bis zur Dauer von zwei Monaten entzogen, auch kann die Einziehung der gutgeschriebenen Beträge für gleiche Dauer, mit Genehmigung des Oberstaatsanwalts für längere Zeit, von dem Gefängnißvorsteher angeordnet werden.

Der Arbeitsverdienst der Gefangenen unterliegt nicht der Pfändung (Müller S. 1230) und nicht der Beschlagnahme (Allg. Verf. v. 11. Januar 1870 zu 7, JMBl. S. 6, Müller S. 1959, 1970 unter 23). Nach § 56 Gef.O. ist für Beschädigungen, welche die Gefangenen zum Zwecke eines Ausbruchs aus dem Gefängnisse an den Mauern, Umwährungen oder anderen Gebäudetheilen verursachen, oder welche aus Bosheit oder Muthwillen begangen sind, in erster Linie die den Gefangenen aus dem Arbeitsverdienste zufließende Belohnung in Anspruch zu nehmen.

Ueber die Verwendung des Arbeitsverdienstes der Gefangenen bestimmt die Allg. Verf. v. 13. Mai 1898 (JMBl. S. 121) Folgendes: Verwendung des Arbeitsverdienstes.

I. Von dem nach Abzug der Kosten für die Beschäftigung der Gefangenen außerhalb des Gefängnisses verbleibenden Reinertrage aus der Gefangenenbeschäftigung kann

a) ein Betrag bis zu einem Drittheil den Gefangenen selbst nach den bisher hierüber erlassenen oder noch zu erlassenden näheren Bestimmungen überwiesen und

b) ein Zwölftheil am Schlusse jedes Jahres zur Bewilligung von Remunerationen an solche mittlere und untere Gefängnißbeamte verwendet werden, welche an der Leitung oder Beaufsichtigung des Arbeitsbetriebes unmittelbar betheiligt gewesen sind.

Der gesammte, nicht den Gefangenen ausgehändigte oder ihnen gutgeschriebene, auch nicht zu Remunerationen verwendete Betrag verbleibt dem allgemeinen Staatsfonds.

II. Die einzelnen Remunerationen sind derart zu bemessen, daß sie zu den Bemühungen um den Arbeitsbetrieb in einem richtigen Verhältnisse stehen. Als Höchstbeträge dürfen nur bewilligt werden:

a) den ausschließlich im Gefängnißdienst beschäftigten

Inspektoren und Inspektionsassistenten	200 Mark,
Unterbeamten	180 „

b) den nebenamtlich im Gefängnißdienst beschäftigten

Gerichtsschreiberei- und Sekretariatsbeamten . . .	180 Mark,
Unterbeamten	150 „ .

Die Höchstbeträge dürfen nur ausnahmsweise, wenn besondere Umstände dies angezeigt erscheinen lassen, gewährt werden; in der Regel sind die Remunerationen geringer zu bemessen. Insbesondere bietet der Umstand, daß der in Ziffer I b bezeichnete Bruchtheil des Arbeitsverdienstes die nöthigen Mittel gewähren würde, für sich allein keinen Anlaß, den Beamten die Höchstbeträge zuzuwenden.

III. Für die Bewilligung der Remunerationen kommt es nicht darauf an, ob die unter II bezeichneten Beamten etatsmäßig angestellt oder nur diätarisch (als Inspektionsgehülfen, Hülfsgefangenaufseher u. s. w.) beschäftigt sind. Auch ist es zulässig, wie bisher, den für die Außenarbeit der Gefangenen vertragsmäßig gegen Tagelohn angenommenen Aufsehern Remunerationen zu bewilligen.

Die höheren Gefängnißbeamten (Vorsteher und Geistliche) dürfen Remunerationen nicht erhalten.

Die Bewilligungen von Remunerationen an die Gefängnißbeamten aus dem Arbeitsverdienst erfolgen durch den Oberlandesgerichtspräsidenten in Gemeinschaft mit dem Oberstaatsanwalt (Nr. 52 GV.).

Wegen Verrechnung der für verstorbene Gefangene aufgesammelten Arbeitsverdienstantheile ist in Abänderung der Allg. Verf. v. 13. Januar 1885 (JMBl. S. 31) bestimmt, daß die aus dem laufenden Jahre zu Gunsten anderer Gefangenen nicht verwendeten Beträge sowie die Beträge aus früheren Rechnungsjahren der Staatskasse zufließen (Allg. Verf. vom 23. März 1899 zu III, JMBl. S. 106). Verdienstantheile Verstorbener.

Nachweisungen über die Beschäftigung der Gefangenen und die Verwendung des Arbeitsverdienstes.

Die Nachweisungen über die Beschäftigung der gerichtlichen Gefangenen, sowie die Verwendung des Arbeitsverdienstes (Allg. Verf. v. 27. Oktober 1877, JMBl. S. 221; § 20 Abs. 3 und Formular 28 der Anw. der ORK.) sind nach dem im JMBl. 1887 auf Seite 203 ff. abgedruckten Formular aufzustellen und mit den aus dem Formular ersichtlichen Bescheinigungen zu versehen. Die Gefängnißvorsteher haben spätestens am 10. April die Nachweisungen dem Vorstandsbeamten des Oberlandesgerichts einzureichen (Allg. Verf. v. 19. August 1887, JMBl. S. 202).

In dem beizufügenden Erläuterungsbericht hat der Gefängnißvorsteher die Remunerationen in Vorschlag zu bringen, welche er den einzelnen Gefängnißbeamten zuzuwenden für angemessen erachtet.

Arbeitsverdienstkasse.

18. Als Nebenkassen in der Justizverwaltung gelten die Gefangenarbeitsverdienstkassen für die Wahrnehmung der Kassengeschäfte bei dem Arbeitsbetrieb in den Gefängnissen. Die Verwaltung der Arbeitsverdienstkasse liegt dem Gefängnißinspektor ob (§ 13h Gef.O.). Ueber die Rechnungsführung bestimmt Nr. 10 der Allg. Verf. v. 11. Januar 1870 (JMBl. S. 6):

Die Oberstaatsanwälte haben darauf zu halten, daß durch die Buchführung die Soll- und Isteinnahme des Arbeitsverdienstes genau nachgewiesen wird, ferner, daß nach derselben jederzeit übersehen werden kann, auf wie hoch sich der zu Remunerationen bezw. für .... bestimmten Verdienstantheile, das Guthaben der Gefangenen und der Staatskasse im Ganzen beläuft, daß die zu leistenden Ausgaben gehörig gebucht und bescheinigt werden, und endlich, daß bei solchen Gefängnissen, wo die Gefangenen für Rechnung der Anstalt beschäftigt werden, der Verbleib des angeschafften Rohmaterials und der daraus gefertigten Arbeiten kontrolirt wird. Die Rechnungen der Arbeitsverdienstkasse werden mit dem letzten März jedes Jahres abgeschlossen.

Der Gefängnißinspektor hat hiernach ein Abrechnungsbuch zu führen, in welchem der Arbeitsverdienst der Gefangenen und der ihnen ausgezahlte Betrag eingetragen wird. Die Auszahlung erfolgt mit Genehmigung des Gefängnißvorstehers; der Genehmigungsvermerk ist mit voller Namensunterschrift zu versehen. Außerdem ist eine Arbeits-Kontrole, ein Einnahme- und Ausgabe-Journal und ein Materialien-Journal zu halten.

Werthsendungen an die Arbeitsverdienstkasse sind an den Gefängnißvorsteher abzugeben und in das von diesem geführte Posteingangsnotizbuch einzutragen (Allg. Verf. v. 27. Dezember 1887, JMBl. 1888 S. 3).

Aus der Arbeitsverdienstkasse sind auch die Tagegelder der Hülfsaufseher zu zahlen, und zwar speziell aus den Einnahmen, welche durch die nach dem Gesetz v. 11. April 1854 und der Instruktion v. 30. Mai 1854 eingerichtete Beschäftigung gewonnen wird.

Die Empfangnahme der an die Gefangenarbeitsverdienstkasse adressirten Postanweisungsbeträge, Sendungen mit Werthangabe und Einschreibesendungen sowie die Oeffnung der Sendungen ist dem aufsichtführenden Richter ausschließlich vorbehalten (§ 6 Gesch.O.).

Revision.

Bei den Gefangenarbeitsverdienstkassen erfolgt die monatliche Revision und die Feststellung des Bestandes durch den Gefängnißvorsteher am 25. jedes Monats und, falls dieser Tag auf einen Sonntag oder allgemeinen

Feiertag fällt, am vorhergehenden Wochentage (Allg. Verf. v. 10. Febr. u. 3. März 1885, JMBl. S. 50, 103, § 71 KO.). Nach der Allg. Verf. v. 21. Juni 1885 (JMBl. S. 222) können außerordentliche Revisionen zu jeder Zeit vorgenommen werden.

Die Gefängnißvorsteher haben am Schlusse des Etatsjahres über die monatlichen Revisionen der Gefangenarbeitsverdienstkassen dem Oberstaatsanwalt eine Anzeige zu erstatten (§ 83 KO.).

19. Ueber außerordentliche Ereignisse im Gefängnisse, z. B. Fluchtversuche, Entweichungen, Widersetzlichkeiten, schwere Mißhandlungen und Verwundungen, Selbstmorde, Selbstmordversuche, Entdeckung einer Verschwörung oder gefährlicher Werkzeuge im Besitz von Gefangenen, Ausbruch von Feuer, Vorkommen von Unglücksfällen und dergleichen ist dem Vorsteher ungesäumt Anzeige zu erstatten (§ 49 Gef.O.). Zur augenblicklichen Bewältigung thätlichen Widerstandes sowie zur Sicherung dürfen gegenüber den Gefangenen, sofern andere Mittel nicht ausreichen, die Zwangsjacke oder die Fesselung angewendet werden. Die Fesselung ist auch bei Transporten oder Vorführungen zuläßig. Sie ist von dem Richter oder Gefängnißvorsteher nur dann anzuordnen, wenn sie nach sorgfältiger Prüfung im Einzelfalle unerläßlich erscheint (§ 48 Gef.O.). Fesseln dürfen dem Untersuchungsgefangenen nur dann angelegt werden, wenn es wegen besonderer Gefährlichkeit seiner Person, namentlich zur Sicherung Anderer, erforderlich erscheint, oder wenn er einen Selbstentleibungs- oder Entweichungsversuch gemacht oder vorbereitet hat (§ 91 Gef.O.). Außerordentliche Ereignisse im Gefängniß.

Ueber alle wichtigen Vorgänge, z. B. Meuterei, Entweichungen, Selbstmorde und dergl. hat der Gefängnißvorsteher dem Ober-Staatsanwalt unverzüglich besondere Anzeige zu machen (§ 10 Gef.Regl.).

Bei der Entweichung von Gefangenen von der Außenarbeit wird auch anzugeben sein, welche Strafe sie zu verbüßen und seit wann sie sich in Strafhaft befunden haben, um beurtheilen zu können, ob § 5 der Instr. v. 30. Mai 1854 (JMBl. S. 250) beachtet ist.

Dieser § 5 lautet: Strafgefangene, die zu einer längeren als 3monatlichen Gefängnißstrafe verurtheilt worden, sind nicht sofort zu dergleichen Arbeiten [außerhalb der Anstalt] zu verwenden, insbesondere sollen die zu einjähriger und längerer Gefängnißstrafe Verurtheilten in der Regel während der ersten 3 Monate zu denselben nicht zugelassen werden; überhaupt aber ist davon auszugehen, daß die Gefangenen die Verstattung zu Arbeiten außerhalb der Anstalt als eine Belohnung ihres guten Verhaltens anzusehen haben.

In allen Fällen ist durch Einnahme des Augenscheines und durch die Vernehmung der Beamten, Mitgefangenen oder sonstiger Zeugen der Thatbestand festzustellen, und dem Ober-Staatsanwalt dies Material entweder in Original oder in Abschrift zu unterbreiten, damit dieser sich aus dem Inhalte der Verhandlungen selbst davon überzeugen kann, ob im einzelnen Falle in Betreff der Sicherheit des Gefängnisses Mängel hervorgetreten sind oder ob einem der Gefängnißbeamten ein Versehen zur Last fällt. Ist Letzteres der Fall, so sind die Verhandlungen auch der zuständigen Staatsanwaltschaft zum strafrechtlichen Einschreiten zu übersenden (§§ 121, 347 StGB.). Wird strafrechtlich nicht gegen einen Gefängnißbeamten eingeschritten, so kann immer noch ein disziplinarisches Vorgehen gegen denselben geboten erscheinen. Bei Entweichungen von Gefangenen hat der Gefängnißvorsteher sofort Steckbriefe zu erlassen, die Orts- und Polizeibehörden, auch Gendarmen telegraphisch oder brieflich zu benachrichtigen, sowie Alles zu veranlassen, was zur Wiederergreifung des Flüchtlings angezeigt erscheinen sollte.

Amtliche Zustellungen an Gefangene.

20. Ueber die von Amtswegen zu bewirkenden Zustellungen und Bekanntmachungen bestimmt § 15 der Allg. Verf. v. 10. Dezbr. 1899 (JMBl. S. 728) Folgendes:

1. In den Gefängnissen der Justizverwaltung können die Geschäfte des Gerichtsdieners bei Zustellungen an Gefangene von dem Gefängnißvorsteher einem Gefängnißbeamten übertragen werden. Auf den Verkehr des Gerichtsschreibers mit diesem findet gleichfalls § 6 Anwendung. Ist ein geeigneter Gefängnißbeamter nicht vorhanden und der Gerichtsdiener zur Wahrnehmung der in Nr. 2b des folgenden Absatzes vorgeschriebenen Verrichtung nicht befähigt, so kann die Ausführung der Zustellungen von Ladungen zur Hauptverhandlung auch einem anderen Beamten des Gerichts oder der Staatsanwaltschaft übertragen werden.

2. Bei Zustellungen an Gefangene in Strafsachen sind folgende besondere Bestimmungen zu beobachten:

a) das zugestellte Schriftstück ist dem Gefangenen auf Verlangen vorzulegen (§ 35 Abs. 3 StPO.);

b) bei der Zustellung einer Ladung zur Hauptverhandlung ist der nicht auf freiem Fuße befindliche Angeklagte zu befragen, ob und welche Anträge er in Bezug auf seine Vertheidigung für die Hauptverhandlung zu stellen habe.

In der Zustellungsurkunde oder in einem besonderen Protokolle ist zu vermerken, ob die Befragung geschehen und welche Erklärung von dem Angeklagten abgegeben ist. Die in Bezug auf die Vertheidigung gestellten Anträge sind, falls nicht die Aufnahme zum Protokolle des Gerichtsschreibers verlangt wird, in einem besonderen Protokoll aufzunehmen.

3. Die Vorschriften der Nr. 2 finden Anwendung, auch wenn der Empfänger in einer anderen Angelegenheit, als in der Strafsache, auf welche die Zustellung sich bezieht, verhaftet ist.

4. Die Zustellungsurkunde ist, sofern nicht das Formular 2 benutzt wird, nach Maßgabe der gleichfalls auf grünem Papier herzustellenden Formulare 7 und 8 aufzunehmen (Allg. Verf. v. 28. Septbr. 1900, JMBl. S. 585).

Alle Zustellungen an Gefangene erfolgen in Gegenwart eines Gefängnißbeamten (§ 81 Gef.O.). Zustellungen durch die Post sind unzulässig (Rundverf. v. 13. Juni 1900, I. 3547, welche sich des Weiteren über die Zustellungen an Gefangene ausläßt und daher sehr beachtenswerth ist; abgedruckt bei Müller S. 1351).

Entlassung der Gefangenen. Untersuchungsgefangene und Strafgefangene.

21. Die Entlassung der Gefangenen regelt § 87 Gef.O.

Die Entlassung von Untersuchungsgefangenen darf nur auf Grund einer schriftlichen Anweisung des Richters oder des Staatsanwalts erfolgen.

Vor Ablauf der festgesetzten Strafzeit darf ein Gefangener nur auf Grund eines besonderen Befehls entlassen werden. Im Befehle soll der Grund der Entlassung (Abführung) angegeben sein.

Nach Ablauf der festgesetzten Strafzeit sind Strafgefangene ohne besondere Anweisung durch die Gefängnißverwaltung zu entlassen. Zu diesem Zwecke ist der Zeitpunkt der Entlassung zu berechnen und im Kalender für die Entlassungstermine zu vermerken.

Es wird der Tag zu 24 Stunden, die Woche zu 7 Tagen, der Monat und das Jahr nach der Kalenderzeit gerechnet. Bei Freiheitsstrafen beginnt die Strafzeit mit dem Eintritt in das Gefängniß, falls nicht ein anderer Zeitpunkt durch besondere Anordnung festgesetzt ist.

Erfolgt während des Vollzugs einer Freiheitsstrafe wegen Krankheit des Gefangenen seine Ueberführung in eine vom Gefängnisse getrennte Krankenanstalt, ohne daß gleichzeitig die Entlassung aus der Haft angeordnet ist, so wird die in der Krankenanstalt zugebrachte Zeit in die Strafdauer eingerechnet; das Gegentheil kann nur durch gerichtliche Entscheidung bestimmt werden (§ 493 StPO.).

Der Inspektionsbeamte und der Vorsteher des Gefängnisses sind dafür verantwortlich, daß kein Gefangener länger als die durch das Urtheil bestimmte Zeit in der Anstalt zurückgehalten wird. Fällt das Ende der Strafe in die Zeit von 6 Uhr Abends bis 7 Uhr Morgens, so ist die Entlassung des Gefangenen schon am Abend um 6 Uhr zu bewirken (s. hierzu § 26 Gef.O. letzter Absatz). Auf seinen Wunsch ist dem Gefangenen das Verbleiben in dem Gefängnisse bis zum nächsten Morgen zu gestatten.

Diese Bestimmung findet auf Untersuchungs- und Civilhaftgefangene entsprechende Anwendung.

Der Gefängnißvorsteher ist berechtigt, am letzten Tage der Strafdauer Gefangene aus Rücksichten auf die Eisenbahnverbindung mit dem Bestimmungsort eine mäßige Zeit vor dem Strafablauf zu entlassen.

Ueberführung in eine andere Anstalt.

Sind Untersuchungs- oder Strafgefangene nach einer anderen Anstalt zu transportiren, so sind sie behufs Feststellung ihrer Transport- bezw. Aufnahmefähigkeit vorher einer ärztlichen Untersuchung zu unterwerfen. Diese kann unterbleiben, wenn der Gefangene sich bereits einige Zeit im Gefängnisse befunden hat, ohne daß sein Gesundheitszustand zu Klagen, ärztlichen Anordnungen oder zu der Besorgniß einer Krankheit Veranlassung gegeben hat. Die Entscheidung über die Transportfähigkeit trifft in diesem Falle der Gefängnißvorsteher. Liegen Bedenken gegen die Transportfähigkeit vor, oder behauptet der Gefangene, wegen eines krankhaften Zustandes nicht transportfähig zu sein, so ist die ärztliche Untersuchung erforderlich. Bei der Uebergabe der abzuführenden Gefangenen an die Transportbehörde ist festzustellen und in den Transportpapieren zu vermerken, daß der Gefangene frei von Ungeziefer und von Hautkrankheiten übergeben worden ist (§ 89 Gef.O.).

Entlassungsanzeige.

Die Anzeige über die Entlassung eines Untersuchungs- oder Strafgefangenen ist schriftlich zu erstatten. Auf der Anzeige über die Entlassung eines Untersuchungs- oder Civilhaftgefangenen ist die Zahl der Hafttage zu bemerken, an welchen der Gefangene sich selbst beköstigt hat (§ 12 Nr. 2 KO.), um die Kosten berechnen zu können. Die Kosten der Strafhaft und die durch die Strafvollstreckung erwachsenden Transportkosten werden am Schlusse des Etatsjahrs und außerdem bei der Entlassung oder dem Tode eines Gefangenen berechnet. Der Büreaubeamte der Strafvollstreckungsbehörde (§ 12 Nr. 1 KO.) hat die Kostenrechnung unter Zugrundelegung des von der Anstaltsverwaltung übersandten Registerauszugs aufzustellen. Glaubt der Büreaubeamte gegen den Inhalt der Berechnung Bedenken erheben zu sollen, so ist die Entscheidung der Strafvollstreckungsbehörde einzuholen. Diese hat sich, wenn sie die Bedenken für begründet hält, wegen deren Erledigung mit dem Vorsteher der Strafanstalt oder des Gefängnisses in Verbindung zu setzen (§ 22 Nr. 3 KO.).

Ueber den Ansatz der Haftkosten enthalten die Allg. Verf. v. 22. März 1883 (JMBl. S. 81) und v. 12. November 1883 (JMBl. S. 339) die näheren Bestimmungen.

Civilhaftgefangene. Bei Civilhaftgefangenen, welche auf Antrag eines Gläubigers zur Haft gebracht sind, ist zu berücksichtigen, daß nach § 87 Gef.O. deren Entlassung insbesondere auch dann erfolgen muß, wenn:

der Gläubiger dies beantragt, oder der Verpflegungsvorschuß erschöpft ist, oder

die Haft die Dauer von sechs Monaten erreicht hat.

Wegen Uebertretung bestrafte Personen. Gefangene, welche eine auf Grund des § 361 Nr. 3 bis 8 StGB. erkannte Strafe verbüßen sowie diejenigen, gegen welche auf Zulässigkeit von Polizeiaufsicht erkannt ist, sind nach § 87 Gef.O. der Polizeibehörde durch rechtzeitige Benachrichtigung von der bevorstehenden Entlassung zur Verfügung zu stellen. Diese Gefangenen erhalten bei der Entlassung eine Bescheinigung darüber, wegen welcher strafbaren Handlung sie die Strafe erlitten, daß sie die Strafe verbüßt und wie sie sich im Gefängnisse geführt haben. Ist auf Ueberweisung an die Landespolizeibehörde oder auf Zulässigkeit der Polizeiaufsicht erkannt, so ist dies in der Bescheinigung zu bemerken.

Eine solche Bescheinigung ist auch anderen Gefangenen zu ertheilen, wenn sie dies ausdrücklich beantragen.

Allg. Verf. v. 23. Juli 1900 (JMBl. S. 525): Zugleich werden die Gefängnißvorsteher angewiesen, zeitig, bei länger dauernden Strafen sechs Wochen, vor der Entlassung eines Verurtheilten, gegen welchen auf die Zulässigkeit von Polizeiaufsicht erkannt ist, der im § 3 der Instr. v. 30. Juni 1900 bezeichneten Landespolizeibehörde ein Zeugniß über die Führung des Verurtheilten während der Strafverbüßung nebst einem Gutachten über die Angemessenheit der Polizeiaufsicht zu übersenden. Vor der Erstattung des Gutachtens ist der zuständige Gefängnißgeistliche und, sofern bei dem Gefängniß eine Beamtenkonferenz besteht, auch diese zu hören. In dem Gutachten ist anzugeben, ob und in welcher Weise der zur Entlassung Kommende sich der für entlassene Gefangene angeordneten Fürsorge unterstellt hat. — Die Allg. Verf. v. 15. Mai 1871 tritt außer Kraft.

Jugendliche. Jugendliche Gefangene, welche freigesprochen sind mit der Bestimmung, daß sie in einer Erziehungs- oder Besserungsanstalt untergebracht werden sollen (§ 56 Abs. 2 StGB.), sind der Polizeibehörde durch rechtzeitige Benachrichtigung zur Verfügung zu stellen.

Geisteskranke. Gemeingefährliche Geisteskranke, welche entlassen werden, sind der Polizeibehörde durch rechtzeitige Benachrichtigung zu überweisen.

Bekleidung. Bei der Entlassung sind den Gefangenen die ihnen gehörigen Kleidungsstücke, Baarschaften und sonstigen Gegenstände, sowie der ihnen auszuhändigende Betrag der Arbeitsbelohnung gegen Empfangsbescheinigung zu verabfolgen. Sie müssen bei der Entlassung so bekleidet sein, wie es mit Rücksicht auf die Jahreszeit, Gesundheit und Sitte, bei der Abführung in eine Strafanstalt zugleich mit Rücksicht auf die Dauer des Transports, erforderlich ist (§ 87 Gef.O.).

Die aus fiskalischen Beständen den zu entlassenden oder zu transportirenden Gefangenen mitgegebenen Bruchbänder brauchen der Gefängnißverwaltung nicht wieder zugeführt zu werden (Müller S. 1870, Dalcke S. 53).

Nach Befinden des Gefängnißvorstehers kann nach § 88 Gef.O. der zur Bestreitung der Reisekosten des Gefangenen nicht erforderliche Betrag der Arbeitsbelohnung der Polizeibehörde des künftigen Aufenthaltsortes oder einem dort bestehenden Vereine zur Fürsorge für entlassene Gefangene zur sofortigen oder allmähligen Aushändigung an den Entlassenen übersandt werden. Hierbei sind die Bestimmungen über die Fürsorge für entlassene Gefangene (Verf. des Ministers des Innern und des Justizministers v. 13. Juni 1895, BMBl. S. 171) zu beachten. Reisekosten.

Die Gewährung von Eisenbahnfahrkarten und von Zehrgeldern an die zu entlassenden und vorläufig zu entlassenden Gefangenen regelt sich nach den Vorschriften der Allg. Verf. v. 13. März 1893 (JMBl. S. 79, Kayser S. 853) und der dazu ergangenen Runderlasse v. 11. Juli 1893 und 8. August 1894 (Dalcke S. 55). Eisenbahnfahrkarten. Zehrgelder.

§ 33.

IV. Das Gefängnißgebäude.

1. Die in dem Gefängnisse vorhandenen Räume sind mit fortlaufenden Zahlen zu versehen. An jeder Thür der Säle und Zellen ist die betreffende Zahl sowie der Rauminhalt (in Kubikmetern) deutlich anzubringen. Auch ist durch die Buchstaben U, S, C und P kenntlich zu machen, ob in den Zellen Untersuchungs-, Straf-, Civilhaft- oder Polizeigefangene sich befinden. Im Innern der Zelle ist auf einer Tafel der Name des Gefangenen und der Tag des Eintritts in das Gefängniß, bei Strafgefangenen auch der Tag der Entlassung sowie die Strafthat zu verzeichnen (§ 60 Gef.O.). Allgemeines.

Es ist auch zweckmäßig, in den Thüren von außen mit einer verschiebbaren Klappe versehene Gucklöcher anzubringen, um die Gefangenen stets beobachten zu können (s. § 42 Gef.O.).

Die Eintheilung des Gefängnisses in besondere Abtheilungen muß überall, wo sie sich ermöglichen läßt, vorgenommen werden (§ 60 Gef.O.).

In sämmtlichen Gefängnißräumen muß stets die strengste Ordnung und Reinlichkeit herrschen. Die Gefängnißzellen, die Arbeits- und Schlafsäle sind wöchentlich einmal zu scheuern (§ 60 Gef.O.). Die Gefangenen (mit Ausschluß der Civilhaftgefangenen, § 104 Gef.O.) sind, soweit nicht eine Ausnahme durch den Vorsteher zugelassen wird, verpflichtet, ihre Zellen und deren Utensilien zu reinigen (§ 55 Gef.O.). Beschädigungen und Beschmutzungen der Wände sind zu beseitigen.

Da Beschädigungen und Beschmutzungen der Wände, namentlich wenn diese nur mit Kalkfarbe getüncht sind, leicht vorkommen, wird eine thunlich häufige Erneuerung des Anstrichs nöthig sein. Mit gutem Erfolge ist theilweise damit begonnen, allmählich den Anstrich mit Kalkfarbe durch einen Anstrich mit Oelfarbe zu ersetzen. Es genügt, wenn dieser Anstrich bis zur Höhe von 4—5 Fuß über dem Erdboden ausgeführt wird (Reskr. v. 16. April 1887, II a 796).

Für ausgiebige Lüftung der Gefängnißräume ist vorzugsweise Sorge zu tragen, die Nachtkübel sind täglich auszutragen und sorgfältig zu reinigen, die Abtritte wöchentlich einmal, die Nachtkübel täglich zu desinfiziren (§ 60 Gef.O.), wozu trockener, möglichst zerkleinerter Torfmüll zu verwenden ist (Cirk.Verf. v. 16. April 1887, II a 796).

Hausordnung. In jedem Raum (Zelle) ist ein Abdruck der Hausordnung anzuheften (§ 33 Gef.O.); auch muß in jeder Zelle eine Bibel oder ein Neues Testament oder ein geeignetes Erbauungsbuch vorhanden sein (§ 84 Gef.O.). Feuerzeuge sind in den Zellen in der Regel nicht zu dulden (§ 70 Gef.O.).

Verschluß. 2. Die Eingänge zu den Gefängnißgebäuden und Gefängnißhöfen, die Thüren, welche ganze Abtheilungen begrenzen, sowie die Thüren der Räume, in welchen sich Gefangene befinden, insbesondere die Thüren der Gefängnißzellen und die in denselben befindlichen Klappen, müssen stets verschlossen gehalten werden. Nur während der Freistunden und während der unter Aufsicht des Gefangenaufsehers vorzunehmenden Reinigung bleiben die Thüren geöffnet. Auf die sichere Aufbewahrung der Schlüssel ist ein besonderes Augenmerk zu richten. Sie dürfen nirgends stecken oder liegen bleiben, noch weniger einem Gefangenen, sei es auch nur zum Ueberbringen an einen anderen Beamten, anvertraut werden. Die nur zeitweise zum Gebrauch kommenden Schlüssel sind unter besonderem Verschlusse zu halten. Der Vorsteher und der Gefängnißinspektor oder, falls derselbe nicht im Gefangenhause wohnt, der dort wohnende Gefangenaufseher, verwahrt einen Hauptschlüssel zu dem Gefängnisse, von dem jedoch nur in dringenden und eiligen Fällen (z. B. bei Feuers- oder anderer drohenden Gefahr) Gebrauch zu machen ist (§ 42 Gef.O.). Der Verschluß der äußeren Zugänge zum Gefängniß und der Verschluß der Gefängnißzellen liegt dem Gefangenaufseher ob (§ 15 zu b Gef.O.).

Einzelzellen. 3. In jedem Gefängnisse sind Zellen zur Einzelhaft und zur Gemeinschaftshaft einzurichten. Die Gefängnißstrafe kann sowohl für die ganze Dauer, wie für einen Theil der erkannten Strafzeit in Einzelhaft vollstreckt werden, sofern nicht eine Gefahr für den körperlichen oder geistigen Zustand des Gefangenen zu befürchten steht (§ 37 Gef.O.). Wo die örtlichen Verhältnisse es gestatten, beginnt die Strafe in der Regel mit Einzelhaft, die darin besteht, daß der Gefangene in eine besondere Zelle gebracht und hier bei Tage und bei Nacht außer Gemeinschaft mit anderen Gefangenen gehalten wird. Die Bestimmung darüber, ob die Einzelhaft in Anwendung zu bringen ist, trifft der Gefängnißvorsteher (§ 38 Gef.O.).

Die Einzelhaft wird vorzugsweise angewendet, wenn

1. die Strafe die Dauer von drei Monaten nicht übersteigt, oder
2. der Gefangene das fünfundzwanzigste Lebensjahr noch nicht vollendet hat, oder
3. der Gefangene Zuchthaus-, Gefängniß- oder geschärfte Haftstrafe noch nicht verbüßt hat.

Dem Wunsche von Gefangenen, welche sich im Besitz der Ehrenrechte befinden, ihre Strafe in Einzelhaft verbüßen zu dürfen, ist, soweit thunlich, Folge zu geben (§ 38 Gef.O.).

Einzelhaft ist ausgeschlossen, wenn eine Gefahr für den körperlichen oder geistigen Zustand des Gefangenen zu befürchten steht.

Der Vorsteher des Gefängnisses hat, wenn die Einzelhaft länger als drei Monate dauern soll, den Arzt darüber zu hören, ob die Anwendbarkeit der Einzelhaft einem Bedenken unterliegt (§ 39 Gef.O.).

Die Genehmigung, Gefangene unter 18 Jahren länger als 3 Monate in Einzelhaft zu halten, ist bei dem Oberstaatsanwalt regelmäßig nachzusuchen und von diesem zu ertheilen, sofern nicht besondere Bedenken obwalten (Cirk.Verf. v. 27. Dezbr. 1898, I. 7872).

4. Die zur Gemeinschaftshaft bestimmten Gefängnißzellen sind in der Regel mit mindestens 3 Personen zu belegen. Ausnahmsweise kann die Belegung mit 2 Personen erfolgen, insbesondere wenn sie in Rücksicht auf Krankheit eines Gefangenen nothwendig erscheint. Die Zusammenlegung von Erwachsenen und Jugendlichen ist untersagt. Bei den Personen, welchen eine gemeinschaftliche Zelle angewiesen wird, ist Alter, Stand und Bildung der Gefangenen sowie die Beschaffenheit ihrer Strafthat nach Möglichkeit zu berücksichtigen (§ 41 Gef.O.). Gemeinschaftszellen.

5. Für die Nacht werden die Gefangenen, soweit thunlich, von einander getrennt; es sei denn, daß der Zustand Einzelner eine gemeinsame Verwahrung nöthig macht (§ 41 Gef.O.). In der Nacht sind die mit 12 oder mehr Gefangenen belegten Schlafräume, so lange es dunkel ist, erleuchtet (§ 70 Gef.O.). Arbeitsräume sollen, wenn möglich, nicht zugleich als Schlafräume benutzt werden (Reskr. v. 21. Juni 1878, I. 2266). Schlafräume.

6. Bei Neubauten oder Reparaturbauten von Gefängnissen soll nach dem Reskr. v. 21. Juni 1878 (I. 2266) Folgendes bezüglich des Rauminhalts der Zellen als Regel gelten: Rauminhalt der Gefängnißräume.

Bei Herstellung von Einzelzellen, welche zum Aufenthalte bei Tage und Nacht bestimmt sind, ist ein Luftraum von 25, und wenn dieselben zum Aufenthalte nur bei Nacht bestimmt sind, ein solcher von 12 Kubikmetern, für die Fenster der Zellen eine Lichtfläche von 1 Quadratmeter als Mindestmaß anzunehmen; die Fenster, — welche übrigens mit eisernen Traillen versehen sein müssen, — müssen mindestens zur Hälfte geöffnet werden können. Gemeinschaftliche Schlafräume müssen mindestens 10, geschlossene Arbeitsräume mindestens 8 Kubikmeter Luftraum für jede unterzubringende Person enthalten. Arbeitsräume dürfen nicht zu gleicher Zeit als Schlafräume benutzt werden. Die Höhe der einzelnen Räume darf nicht unter 3 Meter betragen.

7. Wo es die Verhältnisse gestatten, ist eine besondere Zelle zur ersten Aufnahme zu bestimmen (Aufnahmezelle), in welcher die nach § 30 Gef.O. vorgeschriebene körperliche Durchsuchung des Aufzunehmenden stattzufinden hat. Aufnahmezelle.

8. Kranke Gefangene, deren Behandlung eine Aufnahme in eine von dem Gefängniß getrennte Krankenanstalt nicht nothwendig erscheinen läßt, Krankenzelle.

sind bis zu ihrer Heilung in besonders hierzu bestimmten, vorzugsweise gesund gelegenen Zellen zu verwahren und zu behandeln (§§ 28, 85 Gef.O.).

Arrestzelle.

9. Zur Vollstreckung der Arreststrafe ist eine besondere Zelle zu bestimmen, welche erforderlichenfalls verdunkelt werden kann (§ 58 Nr. 8 Gef.O.). In diese Zelle können Gefangene, welche die Ordnung stören und der ihnen ertheilten Warnung des Gefangenaufsehers nicht Folge leisten, sofort durch den Aufseher abgeführt werden (§ 47 Gef.O.).

Reinigungs- und Badezelle.

10. Die Gefangenen sind bei der Aufnahme nöthigenfalls zur Reinigung ihres Körpers anzuhalten (§ 30 Abs. 2 Gef.O.) und, so oft dies angeht, zu baden (§ 62 Gef.O.); zu diesem Zwecke pflegen in den Gefängnissen besondere Badezellen eingerichtet zu sein; die Einrichtung einer Reinigungszelle wünscht der Herr Minister durch Reskript v. 16. April 1887 (IIa 796).

Haarschneiden.

Kopf- und Barthaar, deren Tracht nur aus Gründen der Reinlichkeit und Schicklichkeit zu verändern ist, werden so oft als nöthig verschnitten. Bei Untersuchungsgefangenen ist darauf zu achten, daß Haar- und Bartwuchs unverändert so erhalten wird, wie er bei der Aufnahme der Gefangenen beschaffen war (§ 62 Gef.O.).

Rasiren.

Die zu mehr als einer Woche Gefängniß oder Haft Verurtheilten sind, sofern sie es wünschen oder die Reinlichkeit es verlangt, wöchentlich einmal zu rasiren. Hierbei ist darüber zu wachen, daß kein Gefangener, mit Ausnahme derjenigen, denen dies ausdrücklich gestattet ist, in den Besitz eines Rasirmessers gelangt (§ 62 Gef.O.).

Das Haarschneiden wird bei vielen neu eintretenden Gefangenen zu veranlassen und bei den meisten Gefangenen etwa alle 2 Monate zu wiederholen sein. Dasselbe kann durch einen geeigneten Gefangenen oder durch einen Aufseher bewirkt werden, im Nothfalle ist ein Barbier anzunehmen (Reskr. v. 20. Febr. 1883, IIc. 1907). Ob das Rasiren durch einen Aufseher bewirkt werden soll, darüber entscheidet der Oberstaatsanwalt (Reskr. v. 1. April 1885, I. 554; Müller S. 1918).

Kleiderkammer.

11. Die nicht im Gebrauche befindlichen Kleider- und Wäschebestände sind in einem möglichst luftigen Raume aufzubewahren (§ 64 Gef.O.).

Raum für die abgenommenen Kleider.

12. Die dem Gefangenen bei der Einlieferung abgenommenen Kleidungsstücke werden, soweit es nothwendig erscheint, gereinigt, bezettelt, in einem geeigneten Raume unter sicherem Verschluß aufbewahrt und dem Gefangenen bei der Entlassung ausgehändigt (§ 64 Gef.O.).

Sie sind gegen Diebstahl und Verderben zu schützen und werden in ein nach dem Muster 9 zu führendes Verzeichniß eingetragen (§ 31 Gef.O.).

Zuweisung in die Gefängnißräume.

13. Für die Zuweisung in die Gefängnißräume gelten nach § 34 Gef.O. folgende Regeln:

I. Die Gefangenen sind nach der Art der Haft von einander zu trennen. Falls die räumlichen Verhältnisse die Unterbringung von Gefangenen verschiedener Gattungen in ein und demselben Gebäude nöthig machen, sind, soweit thunlich, abgesonderte Räume zu bestimmen für:

1. Untersuchungsgefangene,
2. Strafgefangene, unter thunlichster Scheidung der zu Gefängnißstrafe, Haft und geschärfter Haft (§ 361 Nr. 3 bis 8 StGB.) Verurtheilten,
3. Civilhaftgefangene,

4. Polizeigefangene,
5. Gefangene, welche rechtskräftig zur Festungshaft verurtheilt und noch nicht in die Verbüßungsanstalt abgeführt sind.

II. Gefangene verschiedenen Geschlechts dürfen niemals in eine Zelle zusammengebracht werden.

Gestatten die Räumlichkeiten des Gefängnisses nicht, die Gefangenen verschiedenen Geschlechts in besonderen Gebäuden oder völlig getrennten Abtheilungen desselben Gebäudes unterzubringen, so sind wenigstens, wo es irgend angeht, besondere Zellen zur ausschließlichen Verwahrung von weiblichen Gefangenen zu bestimmen und die nothwendigen Einrichtungen zu treffen, um jeden Verkehr zwischen männlichen und weiblichen Gefangenen zu verhüten.

III. Gefangene, welche das 18. Lebensjahr nicht vollendet haben, sind von erwachsenen Gefangenen derart getrennt zu halten, daß jeder Verkehr zwischen ihnen ausgeschlossen bleibt.

Zur Verbüßung der Strafen, jedenfalls solcher, deren Dauer einen Monat übersteigt, werden sie der Regel nach in besonderen Anstalten (Abtheilungen) untergebracht. Sie können darin bis zum vollendeten 20. Lebensjahre und, falls der dann noch zu verbüßende Strafrest die Dauer von 3 Monaten nicht übersteigt, bis zur Verbüßung dieses Strafrestes behalten werden. Anderenfalls sind sie in ein Gefängniß (eine Abtheilung) für erwachsene Gefangene zu versetzen.

Sind vorübergehend wegen Ueberfüllung der Gefängnisse Abweichungen von den Grundsätzen über die Unterbringung der Gefangenen nicht zu vermeiden, so hat der Vorsteher hiervon dem Oberstaatsanwalt Anzeige zu machen, der, soweit er nicht durch Maßnahmen innerhalb seines Bezirks Abhülfe schaffen kann, an den Justizminister zu berichten hat (§ 35 Gef.O.).

Einer Anzeige bedarf es nur, wenn die Ueberfüllung voraussichtlich länger als 2 Wochen anhalten wird (Cirk.Verf. v. 27. Dezbr. 1898, I. 7872).

14. Ist im Gefängniß ein besonderer Raum zur Abhaltung der Gottesdienste nicht vorhanden, so ist nach Bedürfniß eine größere Zelle dazu herzurichten. Gottesdienstliche Räume.

Zu der Ausstattung des gottesdienstlichen Lokals gehört in allen Fällen: die Bekleidung des Altars oder des die Stelle desselben vertretenden Tisches mit einer Decke, die Aufstellung eines Kruzifixes auf demselben, mindestens die eines schwarzen Kreuzes und die Auflegung einer Bibel. An den hohen Festtagen ist auch die Anzündung zweier Lichter erforderlich (§ 5 d. Anw. d. Ev. Oberkirchenr. v. 24. Dezbr. 1858, JMBl. 1859 S. 346). Die erforderlichen Wachskerzen können aus der Staatskasse angeschafft werden (Reskr. v. 21. Februar 1856, Müller S. 1982).

15. Die Heizung der Gefängnißräume muß soweit erfolgen, als dies für die Erhaltung der Gesundheit der Gefangenen erforderlich ist (§ 69 Gef.O.). In der Nacht sind die mit 12 oder mehr Gefangenen belegten Schlafräume, sowie die Treppen und Flure, so lange es dunkel ist, zu erleuchten. Im Falle guten Verhaltens kann Gefangenen auf ihr Ansuchen das Brennen von Licht, jedoch nicht über 10 Uhr Abends hinaus, gestattet werden. Inwieweit im Uebrigen die Erleuchtung der Gefängniß- Heizung, Beleuchtung, Reinigung.

räume in besonderen Fällen zu erfolgen hat, bestimmt der Gefängnißvorsteher (§ 70 Gef.O.).

Ueber die Reinigung, Heizung und Beleuchtung der Gefängnisse bestimmt Nr. 61 der Etats-Vorschriften Folgendes:

Die Reinigung, Heizung und Beleuchtung der Gefängnißräume, einschließlich der Hofräume und Straßen, erfolgt seitens der Gefangenaufseher und Hülfsgefangenaufseher ohne Entgelt. Diese sind berechtigt, nach näherer Bestimmung des Gefängnißvorstehers sich der Hülfe der Strafgefangenen zu bedienen. Bei denjenigen Gefängnissen, bei welchen besondere Gefangenaufseher nicht bestellt sind, liegt die Reinigung, Heizung und Beleuchtung den zugleich als Gefangenaufseher fungirenden Gerichtsdienern gleichfalls ohne Entgelt ob.

Für die bei der Reinigung und Beleuchtung notwendigen Geräthe und Materialien sowie für die bei der Heizung erforderlichen Geräthe, wird bei den Gefängnissen, bei welchen ein besonderer Inspektionsbeamter (Inspektor, Inspektionsassistent, Inspektionsgehülfe) nicht beschäftigt ist, den Gefangenaufsehern ein Pauschquantum gewährt. Geräthe und Materialien, welche nach Nr. 60 E.V. von den Kastellanen und Gerichtsdienern nicht beschafft zu werden brauchen, werden auch für die Gefängnißräume auf Staatskosten angeschafft. Das Pauschquantum beträgt bei Gefängnissen mit einer Tagesdurchschnittszahl

bis zu 5 Gefangenen	30 Mark,
von mehr als 5 Gefangenen bis zu 20 Gefangenen	60 Mark,
von mehr als 20 Gefangenen bis zu 60 Gefangenen	90 Mark,
von über 60 Gefangenen	120 Mark.

Für die Bemessung der Durchschnittszahl ist das zuletzt abgelaufene Etatsjahr zu Grunde zu legen. Die Polizeigefangenen sind hierbei nur dann in Berücksichtigung zu ziehen, wenn ihre Aufnahme in die gerichtlichen Gefängnisse auf Grund gesetzlicher oder allgemein im Verwaltungswege getroffener Bestimmungen erfolgt ist. Die Zahlung der Pauschalentschädigung erfolgt in vierteljährlichen auf das Jahr gleichmäßig zu vertheilenden Nachzahlungen.

In den Fällen, in welchen die oben festgesetzte Pauschalentschädigung nach den örtlichen Verhältnissen für unzureichend zu erachten ist, sowie bei denjenigen Gefängnissen, bei welchen ein besonderer Inspektionsbeamter beschäftigt ist, werden die Kosten der Geräthe und Materialien für die Reinigung, Heizung und Beleuchtung im Einzelnen berechnet und aus der Staatskasse gezahlt.

Die Entscheidung darüber, ob die Pauschalentschädigung zu gewähren ist, die Festsetzung der letzteren, sowie die Bestimmung darüber, welchem unter mehreren Gefängnißbeamten die Entschädigung zu gewähren ist, erfolgt durch den Gefängnißvorsteher.

Unterhaltung der Gebäude.

16. Die Ausführung baulicher Arbeiten erfolgt nach Maßgabe der bestehenden Bestimmungen (§ 107 Gef.O.; Müller S. 1691; siehe auch den Abschnitt „der Baufonds“ in § 25).

Feuerlöschordnung.

17. Nach § 42 Gef.O. ist von dem Gefängnißvorsteher eine Feuerlöschordnung für das Gefängniß zu erlassen, wobei auf die Ausführungen Seite 131 hingewiesen wird. Eine sehr zweckmäßige Anweisung für den Fall des Ausbruchs eines Feuers enthält § 17 der Gef.O. v. 24. Oktbr.

1837 (JMBl. 1839 S. 270, Dalcke S. 131, Müller S. 1890). Wegen Gebrauchs von Gesichtsmasken bei Feuersgefahr s. die CirkVerf. v. 12. Dezbr. 1899 (I. 7823, Müller S. 1724).

§ 34.

V. Die Gefängnißregistratur.

Nach § 108 Gef.O. sind in jedem Gefängniß folgende Bücher und Listen zu führen (ob außer denselben noch andere Listen zu führen sind, bestimmt sich nach dem Bedürfniß):

1. Die 4 Gefangenbücher (Muster 1 bis 4, JMBl. 1898 S. 325 bis 339) und zwar Gefangenbücher.

Gefangenbuch I für Untersuchungsgefangene,
Gefangenbuch II für Strafgefangene,
Gefangenbuch III für Civilhaftgefangene (Zwangshaft und Ordnungsstrafen),
Gefangenbuch IV für Polizeigefangene.

Die Bücher I, II und IV zerfallen in 2 Abtheilungen
A. für männliche Gefangene,
B. für weibliche Gefangene.

Die Stärke jedes Buches ist so zu bemessen, daß es für mehrere Jahre ausreicht.

Die Anweisung zur Führung der Gefangenbücher befindet sich im JMBl. 1898 S. 334 bis 336.

2. Das Belegungsbuch (Muster 5, JMBl. 1898 S. 341). Belegungsbuch. Dasselbe ist nur auf ein Rechnungsjahr anzulegen und besteht aus 1 Titelbogen und 6 Einlagebogen. Diese 7 Bogen werden beim Beginn des Jahres in einem steifen Aktendeckel zusammengeheftet. Das Buch wird mit Seitenzahlen versehen. Das Belegungsbuch soll für jeden Tag gesondert

1. die Zahl der in dem Gefängniß verwahrten Personen, und zwar geschieden nach:
a) Geschlecht (Männliche, Weibliche),
b) Alter (Erwachsene, Jugendliche),
c) Zweck der Haft (Untersuchungsgefangene, Strafgefangene),
d) Strafart (Gefängnißstrafe, einfache Haft, geschärfte Haft),
darstellen;

2. über die Verwendung der Gefängnißräume, insbesondere die Haltung der Gefangenen in Einzelhaft, bei Tag und Nacht, Auskunft geben;

3. eine Nachweisung über die Beschäftigung der Gefangenen enthalten.

Die Anweisung zur Führung des Belegungsbuches befindet sich im JMBl. 1898 S. 342 bis 344.

3. Das Verzeichniß der den Gefangenen abgenommenen Gegenstände (Muster 9, JMBl. 1898 S. 351). Verzeichniß der abgenommenen Gegenstände.

In dies Verzeichniß werden die den Gefangenen abgenommenen oder von den Behörden eingelieferten Gegenstände eingetragen.

Disziplinar-Strafbuch.

4. Das Strafbuch über die Disziplinarbestrafungen (§ 58 Gef.O., Muster 10, JMBl. 1898 S. 353).

Das Strafbuch wird nach Jahrgängen geführt. In dasselbe werden alle im Laufe des Jahres gegen Gefangene festgesetzte Disziplinarstrafen in der aus der Zeit der Strafverfügung sich ergebenden Reihenfolge eingetragen.

Die Anweisung zur Führung des Strafbuchs befindet sich im JMBl. 1898 S. 354.

Kalender für Entlassungstermine.

5. Der Kalender für die Entlassungstermine (Muster 11, JMBl. 1898 S. 355).

Nach der Entlassung ist der betreffende Name in dem Kalender zu streichen.

Nachweisung der Bestände.

6. Die Nachweisung der Bestände (Muster 12, JMBl. 1898 S. 357).

Die Nachweisung ist in 2 Theilen zu führen:

A. für Einrichtungsgegenstände des Gefängnisses,

B. für Lagerungs- und Bekleidungsgegenstände.

Bei größeren Gefängnissen kann nach Befinden des Gefängnißvorstehers die Nachweisung B in 2 Abschnitte zerfallen, nämlich:

a) für Anschaffungen, welche, den Vorrath bildend, noch nicht zum Gebrauch gegeben sind, und

b) für Gegenstände, welche sich im Gebrauch befinden.

Der Bestand ist beim Beginn des neuen Jahres von Neuem vorzutragen.

Siehe auch die Bemerkungen im JMBl. 1898 S. 358.

Revisionsbuch.

7. Das Revisionsbuch (Muster 13, JMBl. 1898 S. 361).

In das Revisionsbuch hat der Revidirende Tag, Stunde und Ergebniß der Revision, sowie etwaige Erinnerungen, einzutragen. Revisionen bei Nacht sind durch Unterstreichen kenntlich zu machen. Das Ergebniß ist von dem revidirenden Beamten unter Hinzufügung seines Amtscharakters zu unterschreiben.

Zu- und Abgangslisten.

8. Zu- und Abgangslisten (Muster 7 und 8, JMBl. 1898 S. 347 bis 350).

In Gefängnissen mit einem etatsmäßig angestellten Inspektionsbeamten sind außerdem die Listen über den Zu- und Abgang im Gefangenenbestande zu führen.

Die Anweisung zur Führung dieser Listen befindet sich im JMBl. 1898 S. 348.

§ 35.

VI. Revisionen.

Gefängnißrevisionen durch den Oberstaatsanwalt.

1. Die Gefängnisse werden nach näherer Anordnung des Justizministers mindestens alle 2 Jahre einmal von dem Oberstaatsanwalt oder dessen Beauftragten revidirt (§ 24 Gef.O.).

Gefängnißrevisionen durch den Gefängnißvorsteher.

2. Der Gefängnißvorsteher hat mindestens einmal in der Woche, von Zeit zu Zeit, — mindestens halbjährlich einmal — auch des Nachts, das Gefängniß zu revidiren und den Befund in dem Revisionsbuche zu

vermerken. Gefangene in Einzelhaft hat er monatlich mindestens einmal zu besuchen (§ 8 Gef.O.).

In Fällen der Vertretung des Gefängnißvorstehers durch einen Beamten, der nicht am Orte des Gefängnisses seinen Amtssitz hat, genügt, von besonderen Anlässen abgesehen, eine einmalige monatliche Revision, welche thunlichst bei Gelegenheit einer zu anderen Geschäften unternommene Dienstreise auszuführen ist (Allg. Verf. v. 14. März 1900, JMBl. S. 86).

3. Dem Gefängnißinspektor liegt die besondere Ueberwachung der Gefangenaufseher ob, in deren Ausübung er insbesondere wöchentlich mindestens zweimal, von Zeit zu Zeit — mindestens alle 2 Monate — auch des Nachts, das Gefängniß zu revidiren und den Befund in dem Revisionsbuch zu vermerken hat (§ 13 zu d Gef.O.). Gefängnißrevisionen durch den Gefängnißinspektor.

4. Die Gefangenaufseher haben sich täglich zu verschiedenen Zeiten davon zu überzeugen, daß die Fenstervergitterungen, Thürverschlüsse, Decken, Wände, Dielen, Oefen und Einrichtungsgegenstände unbeschädigt sind und daß in den Betten und Strohsäcken und in den Winkeln der Gefängnisse nichts Verdächtiges vorhanden ist. Sie habeu zu gleichem Zwecke auch die Kleidungsstücke der Gefangenen zu untersuchen und bei gefesselten Gefangenen sich von der Unversehrtheit der Fesseln zu überzeugen. Zum Nachsehen der Gefängnisse ist am besten die Zeit der Freistunden zu benutzen. Die Gefangenaufseher haben sich ferner Abends beim Einschließen der Gefangenen in dic Schlafräume und Morgens beim Aufschließen davon zu überzeugen, daß die ihnen zur Bewachung überwiesenen Gefangenen wirklich vorhanden sind (§ 44 Gef.O.). Gefängnißrevisionen durch die Aufseher.

5. Nach dem Reskr. v. 9. Februar 1898 (I. 566) sind die für außerhalb des Gefängnisses in land- und forstwirthschaftlichen Betrieben arbeitende Gefangene zu errichtenden Stationen und zu bestimmenden Arbeitsplätze monatlich zweimal durch die Gefängnißvorsteher, dagegen überhaupt nicht durch die Inspektionsbeamten, zu revidiren. Für die zu diesem Zwecke erforderlichen Dienstreisen soll den Gefängnißvorstehern an Stelle von Tagegeldern und Reisekosten eine gemäß Art. III des Gesetzes v. 21. Juni 1897 (GS. S. 193) festzusetzende Pauschvergütung gewährt werden; für die Höhe derselben werden örtliche Verhältnisse, namentlich die Entfernung der Station oder des Arbeitsplatzes vom Amtssitz des Gefängnißvorstehers von Einfluß sein (Müller S. 1954). Revision der Arbeitsstationen.

6. Nach § 31 Gef.O. hat der Gefängnißvorsteher das Vorhandensein der den Gefangenen abgenommenen und aufbewahrten Gelder und Werthgegenstände allmonatlich festzustellen. Findet bei dem Gefängniß eine Prüfung der Arbeitsverdienstkasse statt, so ist jene Feststellung damit zu verbinden. Ueber den Befund ist ein Protokoll aufzunehmen; das Verzeichniß ist mit dem Prüfungsvermerk zu versehen. Die Behandlung der einem Gefangenen abgenommenen Geldbeträge regelt die Allg. Verf. vom 25. Novbr. 1901 (JMBl. S. 267). Revision der den Gefangenen abgenommenen Gelder und Werthsachen.

7. Durch Reskr. v. 15. Dezember 1881 (I. 4877) ist angeordnet worden, daß das Register der den Gefangenen abgenommenen Gegenstände vierteljährlich durch den aufsichtführenden Richter zu revidiren ist. Revision der den Gefangenen abgenommenen Kleidungsstücke 2c.

Von dem Präsidenten des Landgerichts kann bei größeren Amtsgerichten mit Vornahme dieser Revision ein anderer Richter beauftragt werden. Das Ergebniß der Revision ist durch ein Protokoll festzustellen, aus dem hervorgehen muß, ob die Gegenstände, welche listenmäßig vorhanden sein sollen, auch wirklich vorgefunden sind, ob die Buchführung und die Verwahrung den bestehenden Vorschriften entspricht. Die geprüfte Liste ist mit einem Revisionsvermerk zu versehen.

Revision der Inventarien.

8. Die Inventare über die Utensilien, über die Lagerungs- und Bekleidungsgegenstände, sowie über die Bücher, sind alljährlich am Jahresrechnungsschlusse zu revidiren. Es ist hierbei zu prüfen, ob die Inventare ordnungsmäßig geführt, die Zugänge richtig nachgetragen, die Abgänge als unvermeidlich nachgewiesen und die als verblieben aufgeführten Inventarstücke oder Bücher wirklich vorhanden sind (Nr. 58 E.V.).

§ 36.

VII. Geschäftsberichte.

Bericht über den Stand der Gefängnißverwaltung.

1. Nach der Allg. Verf. v. 5. Februar 1883 (JMBl. S. 29) haben die Gefängnißvorsteher in jedem zweiten Jahre, beginnend mit dem Jahre 1884, den Oberstaatsanwälten bis zum 15. Mai einen Bericht über den Stand der Gefängnißverwaltung einzureichen, welchen diese für ihren dem Justizminister einzureichenden Generalbericht verwerthen.

Nach der Cirk.Verf. v. 4. Dezember 1895 (I. 6888) hat sich der Minister die Bestimmung des Zeitpunkts für die Erstattung des nächsten Generalberichts vorbehalten.

In diesem Bericht sind die nachbezeichneten Punkte in der angegebenen Reihenfolge nach Vorschrift der Cirk.Verf. v. 19. April 1882 (I. 1522) zu behandeln, wobei nicht zu übersehen ist, daß die Berichterstattung sich auf zwei Jahre zu erstrecken hat und daß deshalb das Material nach den Etatsperioden getrennt dargestellt werden muß.

1. Die Gefängnißgebäude, insbesondere ihr baulicher Zustand und die innere Einrichtung (Verhältniß der Isolirzellen zu den gemeinschaftlichen Zellen, räumliche Verhältnisse in Vergleichung mit der Zahl der Gefangenen u. s. w.).

2. Das Beamten-Personal (Qualifikation, disziplinares Verhalten desselben, Zahl der Beamten im Verhältniß zur Zahl der Gefangenen). Es ist anzugeben, wie viele etatsmäßige und wie viele Hülfsbeamte vorhanden sind und wie sich die Zahl derselben zu der Durchschnittszahl der Gefangenen stellt. Es ist ferner bei den Bemerkungen über das Verhalten der Beamten anzugeben, ob und welche Disziplinarstrafen verhängt sind bezw. ob eine strafrechtliche Verfolgung einzelner Beamten stattgefunden hat.

3. Gefangenenstand und Bewegung desselben.

Es genügt für den Bericht die Angabe der höchsten und niedrigsten Tageszahlen und der Durchschnittszahl unter Hervorhebung der Zahl der Untersuchungsgefangenen, der männlichen und weiblichen und der jugendlichen Gefangenen.

Hinsichtlich der Abschnitte 1, 2 und 3 werden im Allgemeinen erläuternde Bemerkungen zu den durch die Allg. Verf. v. 18. April 1882 (JMBl. S. 93) angeordneten tabellarischen Uebersichten genügen, es wird sich jedoch der Anlaß bieten, Bemerkungen über auffällige Erscheinungen, über das Zahlenverhältniß hinsichtlich der einzelnen Kategorien von Gefangenen, der Geschlechter und der jugendlichen im Vergleiche mit den erwachsenen Gefangenen anzuknüpfen, und nach mehrjährigen Beobachtungen die Erscheinungen des Berichtsjahres mit denen früherer Jahre zu vergleichen. Auch für die übrigen Abschnitte des Berichts wird sich hierzu Gelegenheit aus dem Material ergeben, welches dem Gefängnißvorsteher durch die Eintragungen in die Gefangenbücher, Rapportlisten, das Strafbuch über die Disziplinarstrafen u. s. w. zur Verfügung steht.

4. Vertheilung der Gefangenen in das Gefängniß nach der Strafdauer und dem Einlieferungsbezirke.

5. Ordnung im Gefängniß (Tagesordnung).

6. Beköstigung (Organisation und Kosten derselben), Lagerung und Bekleidung der Gefangenen.

Es ist darzustellen, wie die Verpflegung geordnet ist und was dieselbe pro Tag und Kopf, sowie im Ganzen in jedem Jahre gekostet hat. Desgleichen ist anzugeben, woher die Lager- und Bekleidungsgegenstände bezogen, ob dieselben in der Anstalt angefertigt, ausgebessert und gewaschen werden, wie bei der Aufbewahrung verfahren wird und welche Beträge für die Beschaffung, Reinigung u. s. w. gezahlt worden sind.

7. Beschäftigung der Gefangenen (Art, Umfang und Organisation derselben), Arbeitsverdienst und Verdienstantheile der Gefangenen.

Der Bericht muß ersehen lassen, wie die Gefangenen beschäftigt gewesen sind, ob in der Anstalt oder auf Außenarbeit, welcher Prozentsatz der Gefangenen beschäftigt gewesen ist, was der einzelne Gefangene verdient hat und auf wie hoch sich die Totalsumme des Arbeitsverdienstes beläuft, sowie welche Summe als Verdienstantheil der Gefangenen sich ergeben hat.

8. Gottesdienst und Seelsorge, Religions- und Schulunterricht, Gefängnißbibliothek.

9. Gesundheitszustand der Gefangenen (außergewöhnliche Krankheitserscheinungen, epidemische Krankheiten, Todesfälle, Selbstmorde, Geistesstörungen).

Bezüglich dieses Abschnittes bemerkt der Herr Justizminister:

Um beurtheilen zu können, ob die Gefängnisse im Allgemeinen den billigerweise vom sanitären Standpunkte an sie zu stellenden Ansprüchen genügen, und ob die den Gesundheitszustand der Gefangenen betreffenden Vorschriften des Gefängniß-Reglements gewissenhaft befolgt werden, ist es erforderlich, über die Zahl der Erkrankungen und Todesfälle überhaupt, ferner in Betreff der ersteren über das Auftreten ansteckender Krankheiten Kenntniß zu erhalten und hierbei zu erfahren, welche Zahl der Erkrankten

a) in den Gefängnissen ärztlich behandelt worden,

b) an Krankenanstalten (unter Fortdauer der Haft) zur ärztlichen Behandlung abgegeben,

c) unter Aufhebung der Haft entlassen worden ist.

Diese Daten werden sich am besten in einer tabellarischen Uebersicht für jedes Jahr nach dem nachstehend abgedruckten Muster übersichtlich darstellen lassen.

Gesundheitszustand der Gefangenen.

Laufende Nummer.	Gefängniß zu	Zahl der Erkrankungsfälle								Täglicher Durchschnitt der Erkrankungsfälle.	Prozentverhältniß desselben zur Durchschnitts-Kopfstärke.	Todesfälle						Bemerkungen.
		überhaupt.	darunter an					darunter				überhaupt.	darunter an					
			Cholera.	Typhus.	Ruhr.	Pocken.	anderen ansteckenden Krankheiten.	wegen Krankheit aus der Haft entlassen.	in der Anstalt behandelt.				Cholera.	Typhus.	Ruhr.	Pocken.	anderen ansteckenden Krankheiten.	
1.	2.	3.								4.	5.	6.						7.

Bei der Besprechung der vorgekommenen Fälle von ansteckenden Krankheiten wird der Einblick in diese Tabelle ergeben, ob dieselben nur sporadisch vorgekommen, oder ob sie in einzelnen Gefängnissen in größerer Zahl aufgetreten sind und dadurch einen epidemischen Charakter gezeigt haben; hieran werden sich Mittheilungen über die zu vermuthende Ursache der Entstehung und die zur Bekämpfung ergriffenen Maßregeln anzureihen haben.

Prozentuale Vergleichungen über die Zahl der Erkrankungen gegenüber der Zahl der Gefangenen werden nur für die Gesammtzahl der Gefangenen im Oberlandesgerichtsbezirke und event. für größere Gefängnisse anzustellen sein.

Bei den Mittheilungen über die vorgekommenen Fälle von Selbstmord und von Geistesstörungen wird es von Werth sein, festzustellen, auf welche Ursachen dieselben zurückgeführt werden.

Zur Herbeiführung eines einheitlichen Verfahrens bei Aufstellung der Krankenlisten hat der Herr Justizminister unterm 4. August 1887 (I. 2643) angeordnet, daß jeder Gefangene, welcher einer ärztlichen Behandlung unterliegt, als „krank" angesehen und in die Krankenliste eingetragen werden soll. Um den in den einzelnen Gefängnissen herrschenden Gesundheitszustand besser beurtheilen zu können, wird es sich ferner empfehlen, in der nach jenem Grundsatze zu bestimmenden Kategorie der kranken Gefangenen diejenigen, welche im Lazareth verpflegt werden, von denen zu sondern, welchen die ärztliche Behandlung im Revier gewährt wird.

10. Disziplinares Verhalten der Gefangenen, Disziplinarstrafen, Entweichungen.

Außer der Zahl der vorgekommenen Fälle von Disziplinarstrafen ist noch eine Angabe nach folgendem Schema beizufügen (Reskript vom 16. April 1887, II a. 796):

Es kommen auf 100 detinirte Personen

im Jahre	a. bestrafte Personen.	b. Disziplinarstrafen.
1. 19..	x.	x.
2. 19..	x.	x.

Unter x ist außer der Zahl der disziplinarisch bestraften Personen (jede Person zählt nur einmal) und der Zahl der vorgekommenen Fälle von Disziplinarstrafen das Schema in der Weise auszufüllen, daß in Spalte a das Prozentverhältniß der in dem betreffenden Jahre disziplinarisch bestraften Personen, dagegen in Spalte b das Prozentverhältniß der Disziplinarstraffälle einzustellen ist. Anlangend die Disziplinarstraffälle ist zu bemerken, daß eine in Spalte a einmal gezählte Person in Spalte b je nach der Zahl der Fälle mehrere Male zu zählen ist.

11. Besondere Anstalten der Gefängniß-Abtheilungen für jugendliche Gefangene (Einrichtung, Belegung und erzielte Resultate).

12. Finanzielle Ergebnisse der Gefängnißverwaltung.

Der Herr Justizminister bemerkt zu diesem Abschnitt:

Die Centralstelle hat ein Interesse daran, aus der vergleichenden Uebersicht der finanziellen Ergebnisse während mehrerer Jahre in dem Bezirke jedes einzelnen Oberlandesgerichts zu ersehen, welche Erscheinungen innerhalb desselben zu Tage getreten sind und durch eine Vergleichung der Ergebnisse in sämmtlichen Oberlandesgerichtsbezirken ein klares Bild darüber zu gewinnen, wo noch die bessernde Hand anzulegen ist. Den besten Anhalt zur Vergleichung bietet der Kostenaufwand, welcher nach Gegenüberstellung der Einnahmen und Ausgaben für die einzelnen Etatstitel und demnach auch im Ganzen durchschnittlich für einen Gefangenen im Jahre (bei der Beköstigung pro Tag) erwachsen ist. Es empfiehlt sich daher, die in den Berichten zu gebenden Zahlenangaben in einer die Vergleichung wesentlich erleichternden tabellarischen Form zur Darstellung zu bringen; ich empfehle daher für die Berichte die Benutzung des abschriftlich beigefügten (auf S. 216 abgedruckten) Formulars, in welchem sich sowohl A die Resultate für jedes einzelne der Gefängnisse mit besonderem Etat, als auch B die Resultate für die Gesammtheit aller übrigen Gefängnisse übersichtlich darstellen lassen. Der Unterschied zwischen den Gefängnissen zu A

Nachweisung

der

in dem Etatsjahr $\frac{190..}{190..}$ geleisteten Ausgaben für die Gefängnißverwaltung zu ....

Etatsjahr.	Besoldungen.	Andere persönliche Ausgaben.	Für Büreaubedürfnisse.	Miethsentschädigung und sonstige vermischte Ausgaben.	Kosten der baulichen Unterhaltung.	Ausgaben für ökonomische und häusliche Bedürfnisse.					Tägliche Durchschnittszahl der Gefangenen.	Es entfallen demnach auf jeden Gefangenen von den Ausgaben (Kol. 7) für					Die Beköstigungskosten pro Tag und Kopf betragen.	An Transportkosten sind erwachsen.	Bemerkungen.
						a. Utensilien und Lagergeräthe.	b. Beköstigung.	c. Bekleidung.	d. Sonstige Kosten.	e. Gesammtsumme von a. b. c. d.		a. Utensilien und Lagergeräthe.	b. Beköstigung.	c. Bekleidung.	d. Sonstige Kosten.	e. Von der Gesammtsumme zu a. b. c. d.			
	ℳ ₰	ℳ ₰	ℳ ₰	ℳ ₰	ℳ ₰	ℳ ₰	ℳ ₰	ℳ ₰	ℳ ₰	ℳ ₰		ℳ ₰	ℳ ₰	ℳ ₰	ℳ ₰	ℳ ₰	ℳ ₰	ℳ ₰	
1.	2.	3.	4.	5.	6.	7.					8.	9.					10.	11.	12.

und B wird im Wesentlichen darin bestehen, daß die ersteren ein vollständiges, ausschließlich für den Gefängnißdienst bestimmtes Beamtenpersonal haben, während bei den letzteren die sämmtlichen Beamten oder doch einige derselben nur nebenamtlich mit den Geschäften der Gefängnißverwaltung betraut sind. Unter Einrechnung der Beamtenbesoldungen und der Büreaubedürfnisse können nur die Gefängnisse zu A, für alle übrigen Etatspositionen (Utensilien und Lagerungsbedürfnisse, Beköstigung, Bekleidung und sonstige Kosten) dagegen sämmtliche Gefängnisse zu A und B mit einander verglichen werden. Die im Texte zu gebenden Ausführungen werden sich nach Aufstellung einer solchen Tabelle im Wesentlichen auf Erläuterungen der eingetretenen Veränderungen beschränken können.

13. Begnadigungen und vorläufige Entlassungen.

Es ist anzugeben, in welchen einzelnen Fällen in jedem der beiden Jahre Begnadigungen und vorläufige Entlassungen vorgekommen sind. Dabei sind die Namen der Begnadigten und die Strafthat, derentwegen die Verurtheilung erfolgt ist, kurz zu bezeichnen.

14. Fürsorge für entlassene Gefangene.

15. Revisionen des Gefängnisses.

16. Besondere Ereignisse.

Jahrestabellen über den Gefangenenbestand ꝛc.

2. Die Gefängnißvorsteher haben alljährlich bis zum 15. April für das verflossene Etatsjahr eine Uebersicht über die Gefängnißräume, die Belegung des Gefängnisses und das Beamtenpersonal nach Maßgabe des der Allg. Verf. v. 13. Februar 1897 (JMBl. S. 38) beigelegten Formulars aufstellen zu lassen und dem Ersten Staatsanwalt bei dem betreffenden Landgerichte zuzusenden. Die Bestimmungen der Allg. Verf. v. 18. April 1882 (JMBl. S. 93) und der Allg. Verf. v. 5. Februar 1883 (JMBl. S. 29), insbesondere die Anweisungen zu den früheren Formularen im JMBl. 1882 S. 102 u. 108 finden auf die Aufstellung der jetzt vorgeschriebenen Uebersichten und der zu denselben zu fertigenden Zusammenstellungen entsprechende Anwendung (Allg. Verf. v. 13. Februar 1897, JMBl. S. 38).

Bei Ausfüllung der Tabellen sind folgende Bestimmungen zu beachten

1. Cirk.Verf. v. 10. Februar 1885 (II d. 3379).

Ergiebt sich bei Ausfüllung der Spalten (3, 5 u. 7) des Absch. I der Uebersicht, daß die Zahlen nicht mehr mit den Zahlen in der Tabelle des Vorjahres übereinstimmen, so wird die Differenz jedesmal in einer der Tabelle beizugebenden Erläuterung aufzuklären sein. Diese Erläuterungen sind den Jahrestabellen beizufügen und ist bei der betr. Zahl der Tabelle auf die Erläuterungen zu verweisen.

Räume, welche für andere Zwecke bestimmt waren, sind nur mit zu zählen wenn sie zur Belegung mit Gefangenen eingerichtet sind, nicht aber, wenn sie hierzu nur vorübergehend verwendet werden.

Der Umstand, daß die Ueberfüllung der Gefängnisse nicht selten und dauernd eine stärkere als die normalmäßige Belegung nothwendig gemacht hat, darf eine abweichende Berechnung nicht rechtfertigen. Einer Aufklärung über den unzulänglichen Kubikinhalt in den Erläuterungen bedarf es nur in dem Falle, wenn solche Nachtheile zu Tage getreten sind, daß es wünschenswerth, vielleicht sogar geboten erscheint, dieselben überhaupt nicht mehr zur Belegung mit Gefangenen zu verwenden.

2. Cirk.Verf. v. 8. Juli 1897 (I. 3218):

In den Spalten 59 bis 62 des Formulars zur Uebersicht über die Gefängnißräume, die Belegung des Gefängnisses und das Beamtenpersonal sind auch die auf Grund eines Vertrages angenommenen Beamten, wie z. B. Nachtwächter, Küchenmeisterinnen u. s. w., aufzuführen, sofern sie entweder dauernd oder ein Jahr und länger im Gefängnißdienst beschäftigt sind und aus Staatsmitteln besoldet werden. Ist die Annahme durch Vertrag erfolgt, so ist dies an betreffender Stelle durch einen entsprechenden Vermerk anzudeuten. Dagegen sind Arbeitsaufseher, welche aus der Gefangenarbeitsverdienstkasse entschädigt werden, in die Uebersicht nicht aufzunehmen.

Nachträge.

Ortschaftsverzeichniß. Entfernungstabellen.

Zu § 18 (Seite 74). Außer dem den Generalakten vorzuheftenden Ortschaftsverzeichniß ist für ein richtiges Verzeichniß der zu dem Bezirk des Amtsgerichts gehörigen Ortschaften nebst Angabe ihrer Entfernungen von dem Sitze des Amtsgerichts und von den Gerichtstagsorten Sorge zu tragen. Es ist womöglich in jeder Gerichtsschreiberei und in der Kasse ein Exemplar dieser Entfernungstabellen zum Gebrauch niederzulegen. Das Verzeichniß muß namentlich in Bezug auf die angegebenen Entfernungen von den Vorstandsbeamten des Landgerichts genehmigt und zum dienstlichen Gebrauch bestimmt sein; etwaige Unrichtigkeiten, welche sich in der Praxis herausstellen, wird der aufsichtführende Richter den Vorstandsbeamten des Landgerichts mittheilen und die Genehmigung zur Richtigstellung der Entfernungsangabe einholen müssen. Dies Verzeichniß ist für die Berechnung der Reisekosten, der Zeugen- und Sachverständigengebühren u. s. w. maßgebend.

Form der Berichte.

Zu § 19 (Seite 80). Die Cirk.Verf. v. 13. Mai 1885 (I. 1839, Müller S. 1788) trifft über die Einrichtung der Berichte in Begnadigungssachen Bestimmung. Ueber diese Berichte ist neuerdings die Allg. Verf. v. 3. April 1902 (JMBl. S. 76) ergangen.

Mittheilungen an Centralbehörden.

Zu § 19 (Seite 83). Ein direkter schriftlicher Verkehr der Gerichte mit anderen Centralbehörden als dem Justizminister soll in der Regel unterbleiben (Müller S. 1391). Nach der Rundverf. v. 17. April 1902 (I. 2765) treten hinzu der Reichstag und die beiden Häuser des Landtags; für den Schriftwechsel mit diesen ist die Vermittelung des Justizministers nachzusuchen. Insbesondere ist auch in Fällen, in denen von diesen Körperschaften oder ihren Büreaus ein Ersuchen an eine Justizbehörde gerichtet werden sollte, die darauf zu ertheilende Antwort dem Herrn Minister einzureichen; dies gilt auch von dem Ersuchen um Mittheilung von Akten.

Quellenregister.

1880.

1881.

1882.

Sachregister.

(Die Zahlen beziehen sich auf die Seiten.)

A.

B.

E.

F.

G.

H.

J.

K.

L.

M.

Q.

R.

S.

V.

Lippert & Co. (G. Pätz'sche Buchdruckerei), Naumburg a. S.

FSC
www.fsc.org
MIX
Papier | Fördert gute Waldnutzung
FSC® C083411

Kolibri 360 GmbH
Ferdinand-Jühlke-Straße 7
99095 Erfurt, Deutschland
produktsicherheit@kolibri360.de